The WEST 西方是什麼

A New History of an Old Idea

諾伊絲．麥克．斯維尼 陳錦慧——譯
Naoíse Mac Sweeney

獻給吉安尼和瓦倫蒂諾

目次

作者的話

我在這本書裡提到「**西方文明**」時，會以粗體字呈現，強調這是虛構的抽象語詞，而非不帶色彩的敘述詞。同樣的道理，如果我在書中使用粗體字「**西方**」，就代表抽象的政治文化概念，隱含文化與文明等含義。如果我使用正常字體，就是純粹地理上的描述。比方說，當我提及歐洲大陸中部地區，我用的是「歐洲中部」，而不是「歐洲**中部**」。至於各大陸名稱的字體則維持不變。

種族用語也採用類似原則。比如「黑人」或「黃種人」，如果使用粗體字，就是在強調這些用詞是虛構的抽象語詞，而非不帶色彩的敘述詞。純粹指稱膚色時，使用正常字體。

在人名與地名方面，我傾向使用最常見的拉丁拼寫法，既保持一致，也方便讀者閱讀。只是，本書提及的部分人名存在多種拉丁拼寫法，在這種情況下，我會選擇現存英語文獻中看起來最常用的拼寫法。除非特別說明，否則書中譯文都由我所作。

本書的主題涉及人類歷史各個不同時期，來自許多不同文化與社會。因此，在撰寫某些章節時，我高度仰賴二手文獻。如果討論的主題超出我個人的專業領域，我會盡力向擅長該主題、地區與時期的學者專家請益。儘管如此，本書不可能所有內容都像由各領域專家撰寫那般精確、詳盡與細膩，我預期其中或許存在某些事實或解讀上的誤差。不過，本書只是針對某個主題提供廣泛的綜合概述，我相信這樣的書籍具有一定的價值。當我們放大視野，看見更廣闊的景物，難免會犧牲部分細節與清晰度，但有些時候大局觀也很重要。

引言

起源的重要性

起源很重要。當我們問：「你是哪裡人？」通常我們真正想問的是：「你是什麼人？」不管對於個人、家族或整個國家，都是如此。對於**西方**這樣一個龐大又複雜的實體，這點依然適用。

西方正受到文化戰爭的撼搖，而這些文化戰爭的核心，正是起源與身分認同的交叉點。過去十年來，我們目睹政治語言的惡性分化，看見雕像被推倒，也看見現任國家領袖在大選中舞弊。**西方**的身分認同問題，主要是對全球趨勢的回應。世界在改變，**西方**的主導地位也在動搖。在歷史上的這個時刻，我們有機會徹底重新思考**西方**這個概念，重新塑造它，以創造更美好的未來。只是，要做到這點，我們必須願意面對過去。只有弄清楚**西方**從哪裡來，我們才能知道**西方**可以如何、應該如何。

「**西方**」這個詞指的可以是地緣政治上的組合，也可以是文化群體，通常用來稱呼一組共享文化特色與政治經濟理念的民族國家。這些特色與理念包括代議民主與市場資本主義等方面的準則，建立在猶太教與基督教道德架構上、名義上的非宗教國家，心理上傾向個人主義。[1]這些都不是**西方**專屬，也並非整個**西方**普遍如此。不過，經常出現全部或其中大多數，就算是典型。許多更為老套的西方象徵，比如香檳、可口可樂、歌劇院和購物中心，也是同樣的情況。不過，**西方**倒是有個明確特徵，那就是基於共同的歷史、傳承與身分認同，認為彼此擁有相同的根源。

在**西方**的起源神話中，**西方**歷史順著時間不間斷往上追溯，穿過現代大西洋和歐洲啟蒙運動，通過璀璨的文藝復興和黑暗的中世紀，最後回到它的起源，亦即羅馬和希臘的古典世界。這已經變成標準版的**西方**歷史，既權威又陳腐。但這是錯的。這個版本的**西方**歷史不但偏離事實，也是意識形態的產物。這是一段恢宏的故事，將**西方**歷史塑造成單一、連續不斷的線，從柏拉圖連接到北大西洋公約組織，[2]並且經常被冠以「**西方文明**」這個便利的簡略用語。

容我澄清，本書的重點並不是探討**西方**這個文化或政治實體的興起。坊間已經有太多這方面的書籍，從各種角度說明**西方**如何取得全球主導地位。[3]相反地，本書旨在探討某個特定版本的**西方**歷史如何崛起。這個版本如今已經無所不在、根深蒂固，人們幾乎不假思索地接受。然而，這個版本卻有道德上的疑義，也不符事實。本書要拆解「**西方文明**」這個恢宏故事，消除其中的歧義。

這個版本的**西方**歷史——這套**西方文明**的恢宏故事——在我們周遭隨處可見。我還記得我在什麼情況下真正意識到它有多麼根深蒂固。當時我在華盛頓國會圖書館的閱覽室，不經意抬頭望向天花板，突然有種被人盯著的不舒服感受。盯著我的不是認真盡職的圖書館員，而是十六尊真人尺寸青銅雕像，就站在金色圓頂下的藝廊裡。其中來自古代*的有摩西、荷馬、梭倫†、希羅多德（Herodotus）、柏拉圖和聖保祿。來自歐洲舊世界的有哥倫布、米開朗基羅、培根、莎士比亞、牛頓、貝多芬和歷史學家愛德華·吉朋（Edward Gibbon）。來自北美

* 譯注：antiquity，歐洲歷史三大階段的第一階段。大約從西元前七、八世紀古希臘黑暗時代起，到第六世紀基督教出現、羅馬帝國衰弱為止。之後兩個階段分別是中世紀（第六世紀到羅馬帝國滅亡）與近現代。

† 譯注：Solon（西元前六三八－前五五九），古希臘時期知名改革家，是雅典城邦第一任執政官。

新世界的有法學家詹姆斯・肯特（James Kent）、工程師羅伯特・富爾頓（Robert Fulton）和科學家喬瑟夫・亨利（Joseph Henry）。那一瞬間我醒悟到，這間閱覽室的配置（不只雕像，還有牆上的壁畫，甚至書架的排列）都在強調一件事：我們這些坐在裡面的人，都屬於一個往上回溯數千年的知性與文化傳統。我們在閱讀時，那個傳統裡的祖先真正意義上看著我們，目光裡帶著鼓舞，或是評斷。[4]

當時我腦海閃過兩個不愉快的念頭。首先，我直覺認為自己格格不入。我覺得在一個想像中以白種精英男性為代表的傳統裡，像我這樣的混血女性不屬於這裡。我又覺得這個想法太可笑，連忙將它驅除，畢竟當時我就以特殊資格坐在裡面。可是，另一個更沉重的念頭緊接著冒出來。這十六位人物真能代表**西方**的過去？將他們串連在一起的那段故事是真正的**西方**歷史嗎？

西方文明的標準故事無所不在，我們幾乎從不費心推敲，更不會提出質疑。事實上，雖然越來越多人挑戰這個標準故事，而且挑戰成功，它依然充斥在我們周遭。不管是學校教科書或暢銷歷史書籍，在解說**西方**歷史時，通常「從希臘羅馬時代開始，經過以歐洲對外探險與征服時代為焦點的歐洲中世紀，而後在現代世界裡詳加分析」。[5]這類著作中用來描述**西方文明**

的文字通常布滿世代傳承的隱喻，使用「傳承」、「演進」與「祖先」這類詞語。[6]我們一而再，再而三聽到「西方文明是古代希臘人、羅馬人和基督教會留下的遺產，透過文藝復興、科學革命和啟蒙運動傳遞到我們手上」。[7]我們從小就被灌輸這種概念，認為**西方文明**是連續不斷的文化傳承。有一套頗有影響力的奇幻探險童書在前言形容**西方文明**是「活生生的力量……是火焰」，起源於希臘，從那裡傳遞到羅馬，而後抵達德國、法國和西班牙，在英格蘭停留幾個世紀，最後花落美國。[8]起源很重要，當我們聲稱**西方**從哪裡來，就是在說明**西方**究竟是什麼。

不管是民粹主義政治家的演說、新聞工作者的措辭或權威人士的分析，都明確提及這個假想的**西方**文化宗譜，所有政治人物使用的標誌與辭令也看得見它的蹤影。此外，人們會刻意強調古代的希臘羅馬是**西方**的發源地，當代政治辭令也頻繁提及古希臘與古羅馬。二〇二一年一月六日示威群眾衝進美國國會大廈，宣稱要捍衛**西方**價值觀。他們高舉的旗幟寫著古希臘標語，手中的海報也將前總統唐納・川普（Donald Trump）描繪成凱撒大帝（Julius Caesar）。有些人頭戴複製的古希臘頭盔，更有人身穿全套羅馬軍服。[9]二〇一四年歐洲聯盟（European Union，以下簡稱歐盟）著手解決非法移民與難民潮問題，選用的名稱是「祖訓行動」（Operation Mos Maiorum），指涉古羅馬傳統。[10]二〇〇四年奧薩瑪・賓・拉登（Osama bin Laden）宣布對**西方**發動聖戰，號召穆斯林共同「對抗新羅馬」。[11]然而，這個**西方文明**故事不只反覆出現在歷史書籍和政治現場，它也圍繞著我們，成為我們日常生活的一部分。我們在電影和電視裡看見它的蹤影，深植在選角導演、服裝設計師和配樂師的選擇裡。我們看見它銘刻在石碑上，不只在國會圖書館，也在全世界不管是帝國首都或殖民地建築物的新古典建築風格裡。[12]它是如此普遍，我們大多數人都視為理所當然。但它是真的嗎？

在華盛頓那個陰雨的午後，這些念頭快速閃過我腦海。在那之前將近二十年的時間裡，我研究的正是**西方**這些假想起源，而那也是**西方**身分認同的主要根源。我研究古希臘人如何理解他們的起源，也探究他們建構的神祕宗譜、他們的古老信仰，以及他們如何述說他們的遷徙與根基。我以自己的職業為榮（至今依然），但在那個當下我侷促不安，因為我意識到自己成為共犯，擁護一個意識形態與真實性都十分可疑的知性騙局——**西方文明**的恢宏故事。從那一刻開始，我改變過去探討古代身分認同與起源的分析方法，並且應用到我周遭的現代世界。這本書就是成果。

這本書提出兩個論點。第一：**西方文明**的恢宏故事與事實不符。現代**西方**並不是簡單明瞭地起源於古代，也不是直線般不間斷從古代傳到中世紀基督教世界，經過文藝復興和啟蒙運動來到現代。**西方**的身分認同與文化不是傳承而來，不是像紐約大學哲學教授克瓦米・安東尼・阿皮亞（Kwame Anthony Appiah）所說，是沿著這條線傳遞下來的「金塊」。[13]這個恢宏故事的問題早在一百多年前就被發現，如今更是有了壓倒性的反證。時至今日，所有嚴謹的歷史學家和考古學者都承認，整個人類歷史中不乏「**西方**」與「非**西方**」文化彼此增益的實例，也認為現代**西方**文化的DNA很大程度來自形形色色的非歐洲與非白種人祖先。[14]然而，這些文化交流的本質與細節還沒有完全揭曉，也還沒有全新的恢宏故事來取代**西方文明**的恢宏故事。我寫這本書的動機之一，就是想在這方面做點貢獻。另外，目前已經累積不少歷史證據與學界共識，足以反駁**西方文明**的恢宏故事。然而，這對廣大群眾的影響還是十分有限，這個惱人的事實成為我寫這本書的另一個動機。這個恢宏故事依然普遍存在當代**西方**文化裡。明明是一個不可信的歷史幻覺，我們（泛指**西方**社會）為什麼頑固地緊抓不放？

本書的第二個主要論點是：**西方文明**這個恢宏故事之所以被編造出來、廣為流傳且歷久不衰，都是因為它意識形態上的實用性。這個故事能夠存在，而且在它的事實基礎早就被徹底推翻的今天依然存在，是因為它具有某種功用。它作為概念性的架構，可以為**西方**的擴張與帝國主義辯解，也能為持續存在的**白種人**優勢地位提供理由。這不代表**西方文明**的恢宏故事是某些邪惡天才的智慧結晶，那些人陰謀策劃出虛假的歷史觀點，藉此圖謀一己私利。恰恰相反。這個故事的編造零碎且隨意，既是意外的收穫，也是盤算的結果。這個恢宏故事是由許多微故事組成，這些微故事彼此連接，相互交織，各自為特定的政治目的服務。其中包括將古雅典視為民主的燈塔，作為現代**西方**民主的創建憑證；[15]認為古羅馬人基本上都是歐洲人，古羅馬是歐洲共享的傳承；[16]認為十字軍東征只是基督教與伊斯蘭兩大文明的衝突，同時為反**西方**的吉哈德*和「反恐戰爭」辯解。[17]這一類微故事的意識形態功用在文獻上有詳盡的記載，每個微故事之所以被闡述，是因為它符合特定敘述者的期待與理想。這些故事每一篇都豐富多彩，令人著迷，希望讀者在閱讀本書的過程中體驗到它們令人驚嘆的多樣性。不過，它們共同組成**西方文明**的恢宏故事，也變成**西方**的起源神話。[18]

當然，在所有社會政治實體中，並不是只有**西方**以追溯方式編造出過去的故事，來呼應當前的需求與自我形象。從政治的角度重新詮釋歷史，其實是相當標準的做法。人類以文字記錄歷史的時間有多長，這種做法就存在多久，或許更早以前就透過口述歷史和故事傳誦的方式進行。據說在西元前六世紀的雅典，荷馬的《伊里亞德》†被添加文字，暗指愛琴娜島

（Aegina）在英雄時代‡屬於雅典。不出意料，這些文字增添的時間點，正是雅典企圖控制愛琴娜島的時候。[19]另一個比較近期的例子：土耳其這個民族國家在一九二三年建立後，就推出錯綜複雜的歷史與考古計畫，名為「土耳其史觀」，目的在強調土耳其屬性（Turkishness）與安那托利亞（Anatolia）這片土地不可分割。[20]再來一個更近期的例子，習近平領導的中國推出全新的官方聲明，極力宣揚中國在第二次世界大戰扮演的角色，其中的訊息究竟令人憂心或激勵人心，取決於你的觀點。[21]而在二〇二一年七月，俄羅斯軍隊集結在烏克蘭邊境，準備發動攻擊，俄羅斯總統弗拉迪米爾·普丁（Vladimir Putin）發布一篇專論，聲稱俄羅斯與烏克蘭人民在歷史上是一個整體。

---

* 譯注：*Jihad*，一般譯為「聖戰」。此字本義有「奮鬥」的意思，對內指鍛鍊自己的心靈，比如約束欲望，安於貧窮；對外則是以暴力或非暴力手段對抗伊斯蘭的敵人。

† 譯注：*Iliad*，古希臘詩人荷馬的作品，故事背景是特洛伊戰爭，成書期間據估計是在西元前七六〇到七一〇年之間。

‡ 譯注：the age of heroes，在希臘神話中，英雄時代指從希臘人抵達希臘的色薩利（Thessaly）到希臘戰士從特洛伊返回的期間。

為了政治目的改寫歷史的人，未必都是心懷惡意或說謊成性。想要改寫歷史，也不一定需要弄虛作假。改寫歷史的方法，也可以是選擇納入傳統歷史中的某些事實。二〇二〇年，英國人為過去的帝國主義歷史爭執不下，英國國民信託組織（National Trust）發表一份報告，闡述殖民政策、奴隸制度與該組織維護的歷史建築之間的關聯，讓已經十分激烈的爭辯更加火熱。[22]有人說，那段殖民、奴役與剝削的尷尬歷史應該在中小學課程裡占更高比例，博物館和其他古蹟也應該對公眾提供這方面的資訊。這些論點強調的是尊重史實，但本質上也是政治行為，依據政治原理，追求政治目標。那個目標就是爭取更大的社會正義，承認歷史錯誤。反對的人認為，不需要過度強調這些尷尬議題，應該把重點放在更為正面的題材。這種論點背後同樣帶有政治目的，只是這些人想要的是維持現狀。

這場爭辯透露出兩個重點。首先，所有的歷史都帶有政治性。選擇重新編寫、重新思考或重新修訂官方歷史，是政治行為。同樣地，選擇不改寫歷史，也是政治行為。第二個重點是，引發爭議的未必是歷史事實本身。相反地，爭議的焦點可能是哪些史實需要強調，以及在什麼時間與地點強調。思考過這兩個重點，我們必須承認，以政治觀點撰寫歷史，本質上沒什麼不對。事實上，歷史只能以這種方式寫下來！只是，如果你寫的歷史違背現有的事實，這就會是問題。

這就是**西方文明**的恢宏故事最大的問題。它的證據基礎早就崩塌了，雖然個別元素得以留存，整體的故事已經跟我們所知的事實不相符。只是，**西方**仍然有人堅守這個恢宏故事，只為了它在意識形態上的價值。這就帶出**西方文明**恢宏故事的第二大問題：它的意識形態基礎已經不再符合現代**西方**的理念。二十一世紀中期**西方**社會的主流意識形態已經改變，跟十九世紀中期**西方文明**的恢宏故事達到巔峰時有所不同，跟十八世紀中期**西方文明**的恢宏故事剛出現時也不相同。在現今**西方**很多人心目中，**白種人**至上的概念和帝國主義不再是**西方**身分認同的核心，被以自由主義、社會寬容與民主為基礎的意識形態取代。（**西方**也有不少人不贊同，寧可回歸十九世紀的**西方**身分認同，這點我會在總結時再詳加討論。）

我們必須擺脫**西方文明**的恢宏故事，認清它既不符史實，意識形態也已經過時。它是一種不再適用的起源神話：既不能正確敘述**西方**歷史，也不能為**西方**身分認同提供令人滿意的意識形態基礎。我寫這本書的目的就是要對治**西方文明**的恢宏故事，先拆解其中的微故事，再卸下壓在上面的意識形態包袱。

本書的主題是個抽象概念（儘管極其強大又重要），撰寫過程很容易在理論上打轉。為了防範這個問題，我的敘述會以十四位真實歷史人物的生平為依歸，其中某些人的名字或許耳熟能詳，其他人可能知名度較低。不過，從奴隸詩人到流亡皇帝，從修士外交家到受困的官員，他們的故事為**西方**歷史提供全新樣貌。在每一章裡，我除了介紹一位傑出人物的生平，也會描述那個人物生存的時間與地點，作為討論同時代其他重要人物的背景資料。

本書第一部分探討**西方文明**這個恢宏故事的歷史謬誤，檢視**西方**的虛假起源，拆穿它單一不間斷文化傳承的假象。第一章和第二章討論的兩個人物來自古典世界，那是**西方**的虛假發源地。我要證明古代的希臘人和羅馬人都不認為自己純粹是**西方**人或歐洲人。第三到五章介紹三個來自所謂的中世紀「黑暗時代」的人物，分別探討在伊斯蘭、歐洲中部與拜占庭的背景中，希臘與羅馬的傳承如何被擁抱、拒絕與重新詮釋。這一部分最後兩章的主人翁帶我們來到文藝復興和現代早期，當時文明的發展朝著相互矛盾的不同路線前進，將歐洲大陸與更廣大的基督教世界切割開來，否決了完整的**西方**這個概念。

本書第二部分探討**西方文明**這個意識形態工具如何發揮作用，並且追溯它何時出現，又如何發展成當前我們如此熟悉的恢宏故事。其中第八到十章提到，十六、十七世紀宗教與科學、全球擴張與帝國主義、政治契約等方面的觀念在改變，**西方文明**的概念也因此逐漸浮現。第十

一、十二章討論**西方文明**這個概念如何發展至成熟階段，成為**西方**帝國主義與普遍存在的種族優勢的依據。第十三、十四章介紹最後兩位人物，他們演示現階段**西方**與**西方文明**面臨的兩大挑戰，亦即內部的批判與外在的競爭，闡明我們生活的這個世界不斷在改變，我們迫切需要全面反思**西方**的根本特質和**西方文明**的起源神話。

這十四位人物相當於在國會圖書館讓我坐立難安的那些青銅雕像。不過，他們跟那一組假想祖先不同。我介紹他們的生平，不是為了推選他們作為他們的年代最重要或最有影響力的人。我無意在這本書裡建立「偉人榜」。相反地，我挑選這十四位人物，是因為我們可以在他們身上看到某種時代精神。透過他們的經歷、行動與著作，我們看到了文明繼承與假想文化宗譜方面的觀念在演變。當然，我能選出來在這本書裡討論的人物不只這些，我相信讀者如果要寫類似書籍，各自都會做出不同選擇。不過，這十四位確實能夠證實我的論點。他們能夠證明，**西方文明**的恢宏故事明顯是假的，它的意識形態也已經破產。在個別人類的層面，他們說明我們為什麼需要永遠揚棄這個恢宏故事。另外，他們也提出一套更豐富、更多樣化的歷史宗譜，讓我們從中找到全新版本的**西方**歷史來取而代之。

第一章　摒棄純粹

——希羅多德（Herodotus）

很明顯，歐羅芭*這名女子來自亞洲，她不曾踏上希臘人稱為「歐洲」的那片土地。

——希羅多德（西元前五世紀晚期）1

一名異鄉客站在海灘上眺望大海，他的心和他的視線都飄向他的故鄉，那地方跟他相隔一片大陸、一段人生。幾年前他遠離故土，搭上一艘過度擁擠的船隻，從波濤洶湧的土耳其海岸出發。當時他是為了逃離迫害百姓的暴君和憤怒的基本教義派暴民，希望在歐洲最繁華、最國

* 譯注：Europa，希臘神話中的腓尼基公主，天神宙斯為她的美貌傾倒，將一塊無名大陸送給她，那就是歐洲。

際化的城市開啟嶄新的未來。只是，當他終於抵達那座大城，他的夢想很快就破滅了。他想在那裡得到成功，卻遭受懷疑；他以為能在那裡找到機會，卻備受限制。後來，官方對外來者越來越不友善，制定嚴苛的公民法，他離開了。於是此刻他站在這裡，在另一處異鄉海灘，尋找另一個新起點。也許這次他能如願以償。

這個故事可以用來描寫二十一世紀任何移民，但在這裡，它的主角是這本書裡十四位人物的第一位，那就是古希臘歷史學家希羅多德。當然，希羅多德抵達義大利南部海岸時，懷著什麼樣的心情，我們只能憑空猜測，正如我剛才那一番揣摩。事實上，希羅多德如今雖然是廣為人知的「歷史之父」，我們對他的生平所知卻相當有限。西元前五世紀初，他在哈利卡那索斯（Halicarnassus）出生，那裡就是如今土耳其的博德魯姆（Bodrum）。他在雅典工作幾年，最後在塔蘭托灣（Tarentine Gulf）的小鎮圖里（Thurii）度過餘生。他兩度遷徙，兩度定居之後，在這個小鎮寫出他的傳世之作《歷史》（*Histories*）。

《歷史》普遍被認為是**西方**傳統上最早的史書。在這本書裡，希羅多德主要敘述西元前四九九到四七〇年之間，希臘各城邦如何合力擊退波斯帝國阿契美尼德王朝（Achaemenid）的侵略，不過他的重點放在西元前四九九到四七九年。波斯帝國擁有人數、資源與組織上的優勢，當時整個帝國版圖從現今的保加利亞到阿富汗，從埃及到黑海。相較之下，當時有幾百個獨立的小群體或多或少自認是希臘人，彼此間爭執不斷，在各自的領土上艱難謀生。然而，出乎所有人的意料，希臘人擊敗波斯人，成功將他們趕走。這個故事被後世傳誦了三千年，人們至今依然津津樂道。[2]

《歷史》的人氣之所以歷久不衰，原因之一在於它對**西方**的假想歷史別具意義。對於許多人，它是**西方文明**的奠基憑證，為「文明衝突」這個現代概念提供古代先例。《歷史》序言開頭那幾句話似乎符合這套腳本。希羅多德開宗明義指出，他寫《歷史》是為了記錄希臘人和蠻族（他指的是非希臘人）的豐功偉業。這句話直接點出雙方的二元對立：希臘人與蠻族、歐洲與亞洲、**西方**與**東方**（更正確的說法或許是**西方**與**其他**）。接著希羅多德開始陳述背景故事，追溯更古老的歷史，尋找衝突的前因。他告訴我們，一切都從腓尼基商人抓走希臘阿爾戈斯城（Argos）一位公主開始。希臘人以牙還牙綁走一名腓尼基公主，引發一連串跨大陸強暴事件。這波衝突的頂點是斯巴達的海倫被綁架，這也是特洛伊戰爭的導火線。根據希羅多德的說法，接下來特洛伊城被毀，衝突規模急遽擴大，這才是亞洲人與希臘人敵對的真正原因（《歷史》一：五）。

希羅多德的序言讀起來就像**西方文明**故事的早期版本，兩大關鍵要素已經齊備。首先，我們看到勢不兩立的敵對雙方：希臘（意思是「**西方**」）和亞洲（意思是「**其他**」）。而後，我們看到歷史上的當下被投射到過去。波斯人跟神話中的特洛伊人合而為一，希臘人等於洗劫特洛伊的亞該亞人*。希羅多德不只為我們提供古代版「文明衝突」，還提供了**西方**文化宗譜的早期構想。至少，事情看起來好像是這樣。

很多讀者讀到《歷史》的這層表面意義，信以為真。哈佛大學教授薩謬爾・杭亭頓（Samuel Huntington）在他那本頗受批判的暢銷書《文明衝突與世界秩序的重建》（*The Clash of Civilizations and the Remaking of the World Order*）中提出的文明關鍵特徵，就是參考希羅多德。[3]美國政治科學家安東尼・派格登（Anthony Pagden）認為，希羅多德的《歷史》的主題是「歐洲與亞洲無休無止的敵意」。[4]美國導演查克・史奈德（Zack Snyder）二〇〇七年發表的電影《三〇〇壯士：斯巴達的逆襲》（*300*）引發爭議，因為他將希羅多德筆下的斯巴達人塑造成愛好自由的白種歐洲人，波斯人則是道德淪喪、外形醜陋的亞洲與非洲人。

希羅多德受到誤解並不奇怪，《歷史》之中確實有許多段落看似在刻畫「文明衝突」。然而，書中也有不少段落恰恰相反。如果我們用心閱讀希羅多德，會發現他提出文明衝突這個概念，正是為了加以駁斥。我們發現希羅多德並沒有將世界劃分為「**西方**」與「**其他**」，他也不認為歷史是同一段無止境衝突沒完沒了地重演。簡言之，希羅多德並沒有創造早期版本的**西方文明**故事，他也沒有將自己和希臘人歸類在相當於現代**西方**的地緣文化群體裡。相反地，他一生的著作都指向相反方向。希羅多德過世兩千五百年後，經常被用來提倡他設法抹除的「我們相對於他們」的意識形態，這算是歷史的反諷。

歷史之父，謊言之父

雖然如今我們偶爾稱呼他是「歷史之父」，希羅多德卻不是史上第一位歷史學家。[5]美索不達米亞的歷史文獻比他早一千年以上，而第一本古希臘文歷史著作出現在他出生前將近兩百年。[6]不過，希羅多德雖然沒有編造歷史，卻用精彩的筆法再造歷史。他並不注重闡述連續事

＊ 譯注：Achaeans，亞該亞人是希臘南部伯羅奔尼撒半島北部的部族，荷馬在《伊里亞德》中用這個詞指稱進攻特洛伊城的希臘軍隊。

件，而是偏重歷史因果關係的模式，將重點從「什麼」轉移到「為什麼」。[7]

當然，《歷史》也記載波希戰爭之中發生了什麼，詳盡描述這場戰役各種事件與插曲。故事大約是這樣的：這場戰爭源於西元前四九九年的愛奧尼亞起義（Ionian Revolt），當時小亞細亞愛奧尼亞島的希臘城市帶領群眾反抗波斯帝國，得到雅典人和愛琴海周邊希臘城邦的支持。叛亂最後被平息，波斯人的視線轉向西方。西元前四九二年波斯國王大流士（Darius）入侵希臘半島，在馬拉松戰役（Battle of Marathon）被雅典人帶領的軍隊打敗。當時波斯帝國叛亂四起，要到十年後的西元前四八〇年，波斯才再度侵略希臘，這回由大流士的兒子薛西斯（Xerxes）主導。薛西斯的軍隊進擊希臘半島時，在溫泉關（Thermopylae）短暫受阻，因為三百名斯巴達戰士在那裡奮勇抵抗，全部壯烈犧牲。波斯人終究抵達雅典城，大肆劫掠，殺害無數百姓，搶走珍貴寶物。之後情勢意外逆轉，波斯人兩度慘敗，先是在海上的薩拉米斯戰役（Battle of Salamis）鎩羽，又在陸地上的普拉提亞戰役（Battle of Plataea）落敗。鑑於軍心渙散，雅典城也已經滿目瘡痍，波斯人決定及時止損，重返家園。

事情為什麼會變這樣？為了回答這個棘手問題，希羅多德發現他的視野不斷往外擴展，開啟越來越廣闊的視角，將事件放置在越來越廣大的背景裡。他說，想要了解波斯人為什麼洗劫雅典，必須先弄清楚波斯與雅典外交關係的背景故事。想要徹底看懂波斯與雅典外交關係，就得對兩國的政治結構有所認識。想要真正認識一個國家的政治結構，就不能不知道那個國家的歷史、發展和起源。不難想像，希羅多德的解說觸角不停向外伸展。

於是，《歷史》這本書向我們陳述的不只是波希戰爭，還有希羅多德對波斯歷史的看法，包括波斯帝國的建立，以及帝國行政組織的介紹。只是，他的某些看法雖有具體證據，顯然也不乏個人揣測。他的敘述不斷向外探索，對波斯的文化與社會提供生動的人種學描述，還有波斯歷史上重要人物的個人生平與性格研究。希羅多德這種多層次細節的描述，對象不只是波斯人，還包括定居在波斯帝國的眾多種族，從南邊的埃及人到北邊的塞西亞人（Scythian），從東邊的印度人到西邊的希臘人。當然，希羅多德處理希臘人的手法，跟處理其他群體略有不同。他使用的語言是希臘文，讀者主要是希臘人，不需要說明基本的希臘文化與習俗。不過，他倒是陳述了幾個希臘城邦各自的歷史，探討他們獨特的發展軌跡，突顯他們的特性。

由於他把重點放在「為什麼」，他的《歷史》因此規模宏大（橫跨數百年之久、幾千公里之遠），細節格外豐富（包括各種軼事祕聞，從君王的性生活到漁民在海上的災難）。因此，希羅多德表面上描寫的是波希戰爭，卻在敘述過程中為我們端出史料編纂上的美味餐前小菜，包括人種學的解說（你知不知道塞西亞君王遺體下葬前要先抹一層蠟）、[8]哲學辯論（比如波斯人討論哪種形式的政府最好，有趣的是，最後他們投票決定採行君主政體）、[9]從理論的角度談地理（希羅多德熱烈投入有關尼羅河源頭的爭論，也親自踏進過尼羅河），[10]還有調查報導（感謝不知名消息來源，我們得知有人利用隱藏的刺青傳遞祕密訊息）。[11]

《歷史》內容的豐富多樣，或許不可避免地為希羅多德招來第二個外號。在希羅多德過世大約四百年後，羅馬共和國哲學家西塞羅（Cicero）稱他是「歷史之父」。再過大約兩百年，希臘作家普魯塔克（Plutarch）卻說他是「謊言之父」。[12]普魯塔克純粹認為希羅多德的某些故事太難以置信，太異想天開，娛樂效果高得可恥，不可能是事實。普魯塔克這話不無道理。希羅多德的某些故事確實太牽強，比如印度某種螞蟻會挖黃金，撒哈拉地區有狗頭人。[13]另一些荒誕故事或許來自文化上的誤解，比如塞西亞人取母馬乳汁的方法是用骨笛對牠們的陰道吹氣，以及巴比倫女性一生至少要充當一次廟妓。[14]不過，希羅多德知道他的故事不一定都是真的，只要說起比較荒誕的故事，他都會先來一番免責聲明，也不以自己的口吻撰寫，強調這是二手訊息。這些段落經常可以看到「有人說」或「當地人聲稱」之類的語詞。希羅多德不會全盤相信聽來的消息，也不期待他的讀者相信。

只是，即使用批判的眼光仔細閱讀，也很難平息普魯塔克的怒氣。他之所以質疑希羅多德，還有更深層的理由。基本上，他發現《歷史》對波斯人的評論太公平，對非希臘人的描述太正面。普魯塔克說，希羅多德顯然有「戀蠻族情結」，他寫的東西完全不可信。另一個問題在於，希羅多德很愛責難希臘人。他一方面描寫波斯國王坎比塞斯（Cambyses）的瘋狂嗜殺和薛西斯的傲慢殘酷，[15]另一方面也敘述米利都（Miletus）貴族阿里斯塔格拉斯（Aristagoras）的自私，以及雅典將領特米斯托克利（Themistocles）的貪婪。[16]愛鄉愛國的普魯塔克定居的希臘已經變成羅馬帝國行省，希羅多德的《歷史》冒犯了他心目中的美好希臘。

那麼，希羅多德究竟是什麼，是歷史之父，或謊言之父？他滿腦子幻想，為蠻族辯護，狡猾地編造荒誕不經的故事？或者他是審慎的改革者，透過重新思考人類與過去的關係，突破人類知識的極限？對於本書讀者，最重要的或許是，他是不是創造出**西方**原型、為我們如今的**西方**概念打下基礎？他為我們提供了**西方文明**恢宏故事的藍圖嗎？這些問題的答案，就在希羅多德這個人的生平裡，也在希羅多德這個歷史學家的著作裡。只是，雖然他在《歷史》裡寫了許多內容豐富的傳記，我們對他的人生經歷所知卻十分有限。

我們知道希羅多德西元前五世紀初在哈利卡那索斯出生，就在現今土耳其的愛琴海沿岸。

雖然哈利卡那索斯名義上是希臘城邦，卻是多種族聚居，也珍視安那托利亞的固有傳統。[17]希羅多德的家族就是當地文化混雜的最佳寫照。「希羅多德」是希臘名字，他母親的名字德芮歐（Dryo）也是。然而，他家族有幾個人的名字來自安那托利亞的卡里亞語（Carian），包括希羅多德的父親萊西斯（Lyxes）和他的堂哥詩人尼阿西斯（Panyassis）。[18]

年輕時的希羅多德對政治的興趣可能高於歷史。他看不慣城裡的世襲統治者[19]里格達米斯王朝（Lygdamis），被迫逃往不遠處的薩摩斯島（Samos）。日後他會再回來，參與推翻里格達米斯王朝的政變，支持在城裡建立新政權。但不久後他又被迫離開，這回是為了逃避里格達米斯王朝擁護者的怒火。接下來那幾年希羅多德似乎善用這段流亡生涯，遊歷古代世界許多地方。[20]整本《歷史》之中穿插許多個人軼事或親眼所見的故事。希羅多德告訴我們，他探索了埃及的名勝，乘船順著尼羅河而下，最遠去到象島（Elephantine）。他讚嘆腓尼基的泰爾城（Tyre）繁忙的港口與國際化的市集；也親眼看到巴比倫神廟美輪美奐的裝飾。如果他的文字可信，他想必是個讓人精神疲憊的旅伴，因為他不停向導遊提問，跟街頭小販爭論。不管是在地顯貴或平凡的賣水人，他都纏著不放，要對方跟他說說自己的見聞。不出意料，他的作品顯示他對安那托利亞非常熟悉，不只是西邊的愛琴海岸，還包括北部黑海沿岸與赫勒斯滂

（Hellespont，即今達達尼爾海峽）周邊地區。在希臘本島，他好像親自走訪過斯巴達、德爾菲（Delphi）和維奧蒂亞（Boeotia）等地，當然還有雅典。

西元前五世紀中期的希臘世界或許政權分散，雅典卻是它不容置疑的文化首都。[21] 這是政治家伯里克里斯（Pericles）與哲學家蘇格拉底的年代，也是雕刻家菲迪亞斯（Pheidias）和悲劇作家尤里比底斯（Euripides）的年代。這裡有世界各地的知識分子和政治激進分子，有豔名遠播的交際花和腰纏萬貫的公子哥。這裡的市場不乏來自三個大陸的商賈，廟宇擠滿朝聖客，各地能工巧匠遠道而來，在衛城的豪華新建築一展長才。就像世紀末的維也納（fin-de-siècle Vienna）、咆哮二〇年代（Roaring Twenties）的紐約或搖擺六〇年代（swinging sixties）的倫敦*，西元前五世紀的雅典像一塊磁鐵，吸引有創意有野心的人前往。對於希羅多德，雅典肯定是座難以抗拒的城市。

* 譯注：fin-de-siècle Vienna，指十九世紀末維也納的文化榮景，在藝術、建築與經濟上的表現都躍上世界舞台。Roaring Twenties，或譯興盛的二〇年代，指一九二〇年代因為經濟蓬勃發展，帶動社會、文化與藝術的振興。swinging sixties，指一九六〇年代中後期英國年輕人推動的文化革命，以「搖擺倫敦」為中心，藝術、音樂與時尚蓬勃發展。

希羅多德抵達這座大城後，似乎迅速加入那裡的文學圈，跟悲劇作家索福克里斯（Sophocles）結為好友。[22] 我們知道希羅多德數度公開朗讀自己的作品，其中一場特別成功，為他帶來的收入是令人咋舌的十塔蘭特（talents）。當時一塔蘭特就足夠支付雅典海軍一艘戰艦全體官兵一個月的薪餉。[23] 然而，雖然他嶄露頭角，卻在短短幾年後離開雅典，揮別他的新朋友，放棄如日中天的事業。於是，我們看到本章開頭提到的他，站在義大利南部塔蘭托灣，準備在圖里小鎮度過餘生。

希羅多德為什麼離開雅典，放棄他在這座大城追求名利的夢想？在那個他稱得上名利雙收的時刻，他為什麼突然拋下一切，再度飄流？當然，任何私人因素都會左右他的決定，但雅典的政策可能不無影響。當時雅典有個激進的新政策，背後摻雜了君權、仇外與一段類似**西方文明**的虛構故事。

世界的樣貌

現代的民族國家希臘已經建立超過兩百年，豐富多彩的歷史足以自誇。[24] 然而，現代希臘跟古希臘並不相同。[25]西元前五世紀希羅多德生存、寫作的時間裡，希臘人並沒有結合成單一國家或民族。相反地，希臘世界由數以千計的城邦和小區域組成，各自有獨立的政府。[26]這些國家通常極為獨立，有強烈的個別身分認同，其中很多人認為他們最主要的身分是雅典人、科林斯人（Corinthian）或斯巴達人等。有時多個希臘國家會結合起來，組成地區同盟或聯邦，但在聯盟內部依然維持自己的身分認同。[27]直到希羅多德過世後大約一百年，馬其頓的亞歷山大（Alexander of Macedon）南征北討，橫跨廣大領土的無數希臘人這才歸屬單一希臘政府管轄。不過，當時很多人質疑他們的馬其頓領袖算不算真正的「希臘人」。[28]然而，就連這個希臘超級大國也沒有包含黑海和地中海中、西部的希臘人。

在希羅多德的時代，希臘人不但政治上分裂，地理上也四散分離。西元前五世紀晚期，希臘城邦遍布在地中海與黑海周遭，從西班牙到塞浦路斯、從利比亞到克里米亞。如今很多地方還能看到他們留下的遺跡，包括法國的馬賽和埃及的納烏克拉提斯（Naucratis），土耳其地中海沿岸從阿達納（Adana）到伊斯坦堡，以及黑海沿岸從喬治亞的波季（Poti）到保加利亞的索佐波爾（Sozopol）。[29]

我們不免好奇，是什麼讓這些各不相同的群體凝聚在一起，畢竟他們政治獨立，地域分散。就連古代的評論家也對誰是希臘人、何謂希臘人各持己見。古希臘演說家狄摩西尼（Demosthenes）認為，馬其頓人不是真正的希臘人。但希羅多德認為，雅典人也不是希臘人，因為他們的祖先是非希臘人的「蠻族」。[30]更複雜的是，古希臘人其實從來不曾自稱「希臘人」。這個詞是羅馬人造出來的，他們用 Graeci 這個拉丁字來指稱全體「希臘人」。希臘人自己用的是 Hellene，以神話人物赫倫（Hellen）為他們的祖先。（切勿混淆赫倫與海倫，赫倫是古希臘人傳說中的祖先，海倫則是那位與特洛伊戰爭密切相關的女子。）

因此，希臘人的自我定義是以宗譜為依據，建立在共同的歷史和共同的祖先。不過，如果我們以現代對種族的認知，將希臘性視為另一形式的種族，就必須謹慎。古希臘人不是一個同氣連枝、跟其他種族界線分明的種族。對於古希臘人，宗譜可以將人與人連結在一起，而那些人基本上擁有不同起源。[31]因此，希臘人擁有共同血源的神話，通常與另類、非希臘宗譜的說法並存。比方說，底比斯人（Thebes）聲稱腓尼基英雄卡德摩斯（Cadmus）是他們的祖先；阿爾戈斯人自稱是埃及國王達那俄斯（Danaus）的女兒的後裔。阿卡迪亞人（Arcadian）和雅典人有點奇怪，都聲稱自己土生土長，就來自他們居住的地方。有些希臘人自稱跟波斯人、猶太人和羅馬人擁有共同祖先。對於這些宗譜上的說法，我們不能照單全收，也不該假設古希臘人都這麼認為。如同所有創始神話，這些都是針對身分認同與從屬關係刻意提出的聲明，表達的可能是人們希望自己是什麼人，也可能是他們真正是什麼人。不過，這些宗譜上的宣示確實透露出古希臘人的心態。擁有共同的希臘血統當然很重要，但希臘人幾乎都不認為這個血統毫無摻雜。32

還有另一個因素維繫希臘城邦，作用或許比假想的希臘血統更大，那就是對共同文化的認知。這包括希臘語言與字母、伴隨語言文字而來的著述傳統，以及共有的大量神話與故事。另外就是奧林帕斯＊多神信仰，城市與城市之間有類似的宗教儀式與教派常規，更別提樣式雷同的神廟造型。日常生活也有共通的習俗和模式，對不同事物的看法出奇地相近，比如核心家族的結構、社會規則、教育準則、建築傳統和手工技藝的操作。身為希臘人的重點之一，是以希臘的方式做希臘的事。正如西元前四世紀演說家伊索克拉底（Isocrates）所說：「希臘人這個名稱適用於所有跟我們有相同文化的人，而不是跟我們有共同血統的人。」希羅多德自己界定的希臘身分既依據血源，也依據「共同的語言、同樣的神廟和對神的獻祭，還有相同的生活

＊ 譯注：Olympus，希臘羅馬神話中眾神的住所。

方式」（《歷史》八．一四四）。[33]

在這廣泛的希臘文化之中，當然也有在地傳統。[34]希臘世界是如此分散又多樣，怎會千篇一律？雅典女子的理想典型是嫻淑安靜、足不出戶，斯巴達女子則是熱愛戶外的運動健將。克拉佐美納伊城邦（Clazomenae）的人將亡者單獨放進精美的彩繪陶棺裡埋葬，科林斯人則是將亡者一起安葬在岩石鑿出的墓室裡。[35]女神阿提米絲（Artemis）在西西里是適婚女子的形象，在以弗所（Ephesus）則是強悍的馴獸女，脖子上掛著一串公牛睪丸。[36]這些地區性差異是與非希臘文化接觸的結果。前面談到過，安那托利亞本地人是希臘城邦哈利卡那索斯不可或缺的一部分，但整個希臘世界都有類似的跨文化現象。在那不勒斯灣的匹德庫塞（Pithekoussai），希臘文化特徵往往摻雜腓尼基、伊特魯里亞（Etruscan）和其他義大利語族元素。[37]在埃及的納烏克拉提斯，來自其他希臘城市的希臘人跟埃及人、利比亞人和阿拉伯人密切往來。[38]混雜的風格、常規與身分認同就此出現，再回饋到潛藏在希臘性之中那份對文化共通性的認知。

但我們千萬不能陷入誤區，以為古希臘世界是個多元文化與種族的烏托邦，所有人都在希臘這片廣闊遮篷下享有生存空間。種族主義和仇外心理是司空見慣的事，就連亞里斯多德這種傑出思想家都認為，希臘人擁有與生俱來的優越性，他們奴役非希臘人再正常不過。有趣的是，這種優越心態的基礎卻不是「**西方**相對於**東方**」。相反地，亞里斯多德覺得希臘世界跟**西方**和**東方**都不一樣，比歐洲和亞洲都更卓越。他說：「居住在寒冷地區和歐洲各地的人精神抖擻，卻欠缺才智與技巧，因此他們不受拘束，政治上毫無章法，沒有能力統治他們的鄰居。亞洲人頭腦聰明又靈巧，卻鬆懈懶散，於是他們被統治、被奴役。反觀希臘這個種族，因為他們住在歐亞之間，兼具二者的優點，既勇敢又聰明。」[39]

很明顯，古希臘人對各大陸的看法跟我們不同，他們本身的看法也並不一致。不是所有人都跟亞里斯多德一樣，認為地中海和黑海周邊的地域（也就是希臘人定居的區域）處在各大陸之間。稍後我們會討論到，希羅多德覺得這種區隔不同大陸的想法很可笑。

不過，在古希臘大部分的歷史裡，最緊迫的問題卻不是希臘人與非希臘人的區分，而是在不同希臘族群之間劃出鮮明界線。我猜正是這種劃分對希羅多德的生命造成巨大衝擊，迫使他離開雅典，前往圖里追求相對的安詳與寧靜。由於編造出**西方文明**恢宏故事那個版本的歷史的存在，如今我們想到雅典，都認為那是民主的發源地，認為主權在民與法律之前人人平等這些概念都來自那裡。這些事雖然有一定程度的真實性，但雅典的民主遠遠比不上如今我們提到**西**

方就會聯想到的現代自由民主理念。首先，女性被排除在外，同樣被排除的還有成千上萬的奴隸，而這些人的勞力是雅典經濟的支柱。[40]甚至，雅典雖然賦予所有男性公民平等權利，其他人卻沒有這種待遇。不管是其他城市的希臘人，或者非希臘人，只要不是雅典人，都被視外來者。古雅典的民主並非人們想像中那種平等包容的制度。反之，那是排外的男孩俱樂部，只對出生在「對的」家庭的人開放。

西元前五世紀雅典的文化動力依據的不是開明的政治平等，而是帝國主義。[41]雅典帝國的出現，是因為波希戰爭期間希臘各城邦組成聯盟共同對抗波斯人。雅典操弄其他希臘人對雅典慘遭波斯人劫掠後的同仇敵愾心理，以及雅典在馬拉松戰役與薩拉米斯戰役的英勇表現，先聲奪人拿下這個聯盟的主導權。但聯盟的主導權很快演變成控制。各城邦必須每年繳納錢財，背叛的「盟友」會遭到殘酷的懲罰。比較幸運的城市遭到洗劫，城牆被推倒，政治人物遭到流放或處死，雅典會在城裡設置駐軍，扶植親雅典的傀儡政權。比較不幸的會遭到終極懲罰，比如米洛斯島城邦（Melos），所有成年男性都被殺，女人和小孩淪為奴隸。[42]

而在雅典，公眾的情緒是志得意滿。西元前四五三年，政治家伯里克里斯在雅典衛城豎起兩座巨大的石碑，每座高約四公尺，公布每個城邦對雅典的進貢金額。這是宣揚雅典霸權的廣告看板。兩年後，他頒布更嚴格的雅典公民法，只有父母雙方都是雅典公民的人才具有公民資格（過去只要一方即可），大筆一揮就剝奪了許多人擁有一輩子的公民資格。[43]

西元前五世紀慢慢往前推移，雅典人與其他希臘人之間的隔閡漸漸擴大。雅典人開始覺得自己與眾不同、出類拔萃、本質上更優秀。這點我們可以從泛雅典娜節（Panathenaia）的改變看得出來。這是雅典每年最重大的宗教慶典，雅典公民在慶典中盡情享受，定居城裡的外邦人必須到場服侍雅典人，捧托盤、提水、拿傘和椅凳。[44]當這個世紀接近尾聲，劇作家尤里比底斯推出一齣新戲，重新塑造雅典人的起源。傳統神話聲稱雅典人是本地人和英雄赫倫的後裔，因此他們也是廣大希臘家族的一分子。然而，尤里比底斯在他的作品《愛奧尼》（*Ion*）中改寫這個神話宗譜，以太陽神阿波羅取代赫倫，將雅典人的祖先從赫倫變成神祇。在尤里比底斯的戲劇裡，雅典的特殊性不只在於他們比其他希臘族群更優秀，更在於他們根本不是希臘人。

雅典人是怎麼辦到的？除了幾乎掌控所有海軍，雅典還極力向其他希臘人宣揚跟雅典「結盟」的好處。雅典人說，所有希臘人都必須時時警惕，防止卑鄙的波斯人捲土重來。他們說，雅典人必須擁有海軍的支配權，幫助希臘人抵擋波斯人始終存在的威脅。雅典的宣傳員激起對波斯人的仇恨，塑造出東方蠻族的刻板印象：秉性柔弱、貪圖享受、懦弱無能，在此同時也奸詐、虛偽、狡猾。[45]相較之下，希臘人充滿男子氣概、強悍又勇敢，待人以誠信，致力追求個人自由。只要讀一讀伊索克拉底的演說詞，看一看埃斯庫羅斯（Aeschylus）的催淚悲劇《波斯人》（*The Persians*），或觀賞數以百計描繪希臘戰士擊敗孱弱波斯對手的雅典紅色人像花瓶，就能看到這些刻板印象。根據這些刻板印象，波斯人不只當時與希臘人為敵，從過去以來一直如此。波斯人常常被拿來跟特洛伊人相提並論，或者被視為特洛伊人，將過去的傳說與亞洲的當前合而為一。[46]首創「文明衝突」說詞的是西元前五世紀的雅典人，用來作為希臘人控制希臘人的帝國主義工具。

如果聽起來似曾相識，那是因為你曾經聽說過。在現代**西方**，流行文化中不時能看到亞洲人羸弱卻狡猾的刻板印象。正如愛德華．薩依德（Edward Said，見第十三章）所說，我們在歐洲帝國主義的文學與藝術作品中看到，也在好萊塢電影、暢銷小說和報紙漫畫裡看到。在我們所處的現代，這種非**西方**「他者」是透過一系列對立概念，根據理想**西方人**的反面形象建立起來的。這些概念上的對立包括**西方**對**東方**、陽剛對陰柔、強對弱、勇敢對懦弱、白皮膚對深色皮膚。在如今的**西方**，這種辭令尷尬地隱藏在可被接受的政治對話底下，偶爾冒出表面。在西元前五世紀的雅典，這樣的種族歧視是主流。

雅典的西元前五世紀中期被視為文化、文學、藝術與民主的黃金時代。這種看法沒有錯，但這些成就是帝國的產物，而這個帝國壓迫其他希臘人，靠種族主義宣傳手段為自己正名。那些宣傳詞將外來者和非希臘人描述為危險的「他者」，也為雅典打造「品牌」，成為理想希臘性的典型。[47]在雅典定居的希羅多德必然強烈地察覺到這點。[48]那裡的環境越來越不友善，諸如種族純正度、民族優越性和對移民的排擠這些有害議題主導雅典政治。希羅多德這個來自亞洲的雙文化移民在這裡不再感到安心，這值得驚訝嗎？他再度橫渡大海，來到我們在本章開頭見到他的那片義大利海灘，這有什麼好奇怪的？而後他坐下來撰寫他的傑作，用這本書精彩地還擊將他驅趕至此的意識形態，我們該感到意外嗎？

提問

希羅多德想必花了許多年才寫完《歷史》。事實上，《歷史》的結構顯示，這本書是分成幾個獨立段落撰寫，最後集結成一本前後連貫的著作。因此，或許有些部分是在雅典寫的，但希羅多德對這本書的整體展望應該是在圖里成形。這個展望就表達在書本知名的序言裡。我們前面已經提到過這篇序文，希羅多德在此介紹他所稱的「提問」（希臘文 historiē）：

> 哈利卡那索斯的希羅多德的提問就從這裡開始，目的在避免人們的成就在歲月中被淡忘，也避免希臘人與蠻族建立的豐功偉業失去光彩，其中包括他們向彼此開戰的原因。[49]

這幾句話的意思似乎相當清楚明白。我們面對的是希臘人與蠻族（指所有非希臘人）的對立，明顯是文明的衝突。正如我先前也說過，接下來希羅多德告訴我們，這種大陸之間的敵意源於一連串綁架事件，在海倫被綁架和特洛伊城被洗劫達到頂點。到目前為止都很熟悉。不過，緊接著希羅多德說的話，才是我們需要仔細琢磨的。

希羅多德說，這些故事都是不可靠的神話。他明言駁斥它們，正如稍後他會駁斥挖黃金的螞蟻和狗頭人的荒誕故事。重要的是，他並不是以作者的口吻敘述那些強暴事件，而是藉他人之口說出，聲稱「波斯作家說，腓尼基人是這些爭端的始作俑者」。接著他用腓尼基人所說的另一則故事進一步質疑這些事件的真實性。他告訴他的讀者，「腓尼基人不贊同波斯人的說法」。在希羅多德看來，以神祕又遙遠的過去作為古老仇恨的根源，不但荒謬可笑，也不合理。那只是一套自相矛盾的虛構故事，由不可靠的人基於各自的私心編造而成。

希羅多德說，如果我們真想弄清楚希臘與波斯之間的敵意，就得檢視更近期的真實歷史事件，就從「第一個征服希臘人、要求他們進貢的蠻族」開始。希羅多德告訴我們，這個蠻族是利底亞王克羅伊斯（Croesus），如今他最為人知的是他的豪富。[50]希羅多德的提問跟其他人闡述的可笑神話不同，他細心地指明，他自己的提問是從這種帝國主義支配行為出發。在某個層面上，他描寫的當然是小亞細亞的愛奧尼亞人遭到鄰近的利底亞人壓迫。但對於他的原始讀者，他選擇的語言會引發更多當代的共鳴。在西元前五世紀，「征服希臘人、要求他們進貢」的不是蠻族，而是雅典人。在這裡，希羅多德提到「貢金」用的是希臘語 phoros。這個字是雅典特地造出來的，用來指稱「盟友」支付給他們的金錢。[51]克羅伊斯的時代已經過去一百年，當時還沒有這個字，所以這是驚人的時代錯置。字彙的選擇才是政治炸彈。

因此，如果我們仔細閱讀希羅多德的序文，就知道他關注的主題不是希臘人與非希臘人的衝突。他的確探討了「他們向彼此開戰的原因」，但這只是「其中」一個主題。相反地，在他心目中，以及在整本《歷史》裡，他最重視的是「人們的成就」，特別是「希臘人與蠻族建立的豐功偉業」。這句話隱含的公平性非比尋常。建立偉大功業的不只是希臘人，還包括非希臘人。另外，希羅多德想為後世記錄的成就，基本上是「人們」（他使用的字彙是anthropoi）的成就。希羅多德不只在序文指出這點，也在整本《歷史》切實執行。在《歷史》的書頁裡，我們看到了埃及法老的慷慨和塞西亞女王的英勇，看到巴比倫工程師的心靈手巧和衣索比亞男子的魅力。[52]希羅多德的《歷史》最主要的焦點是頌揚人類的偉大成就，所有人類，不只希臘人。

因此，當希羅多德在序文中談到希臘人和亞洲人的對立，並不代表他贊同這種觀點。他提出這個觀點，是為了加以批判、將它推翻，用一個又一個例子證明那是假的。他說，希臘人本身受到來自西亞更古老文化的影響。他又說，世上最古老的文明，是安那托利亞的弗里吉亞人（Phrygian），他們創造了人類最古老的語言（《歷史》二：二）。他告訴我們，安那托利亞另一支民族利底亞人將貨幣制度和商業等概念介紹給希臘人，希臘人許多遊戲和娛樂也來自他們（《歷史》一：九四）。腓尼基人則是傳授希臘人書寫技巧與字母（《歷史》五：五八）。但讓希臘人受惠最多的，是埃及人。有關神的知識從埃及傳到希臘（《歷史》二：五〇），一同傳過來的還有一整套宗教習俗（《歷史》二：五一），另外就是曆法的計算、占星學和占卜術（《歷史》二：八一）。希羅多德告訴我們，希臘文化一點都不純正。

在希羅多德看來，希臘人不只文化血統混雜，他們生物上的血統也不純正。他說，當時最強大的兩個希臘城邦斯巴達與雅典分屬不同族群，有不同的宗譜（《歷史》一：五六）。斯巴達人是真正的赫倫後裔，卻是遷徙的族群（希羅多德用的字彙是polyplanētos，意思是四處流浪）。相較之下，雅典人根本不是希臘人，他們的祖先是非希臘裔的佩拉吉斯人（Pelasgian，《歷史》一：五八）。希羅多德聲稱，其他希臘城邦同樣血統混雜。他故鄉所在的愛奧尼亞各城既有安那托利亞本地血統，也有希臘血統（《歷史》一：一四七－八）。阿爾戈斯人是埃及女性的後裔（《歷史》二：九一；四：五三；四：一八二）。伯羅奔尼撒人的名稱來自弗里吉亞移民（《歷史》七：一一），希臘中部的底比斯人的祖先是腓尼基人（《歷史》五：一八二）。同樣地，某些非希臘人也有部分希臘血統，比如塞西亞人（《歷史》四：八－一〇），甚至有人說波斯人的祖先是希臘英雄帕修斯（Perseus）（《歷史》七：一五〇）。

希羅多德認為，希臘人之間的區隔，既不在文化，也不在血統，他們的倫理道德和信念也沒有不同。根據《歷史》的記載，某些希臘人確實自稱愛好自由：我們經常將這種理念與現代**西方**連結。「自由」這個詞多次出現在希臘人反抗波斯人壓迫的情境（比如《歷史》一：一七〇；七：一三五；八：一四三；九：九八）。但它也會出現在非希臘的情境裡，顯示波斯人、埃及人和其他非希臘人也會為自由而戰（例如《歷史》一：九五；二：一〇二；三：八二；

七：二）。或許最出乎意料的是，這個詞也用在希臘人對希臘人的戰爭中，顯示不只蠻族會剝奪希臘人的自由，希臘人也會奪走自己人的自由（例如《歷史》一：六一；三：一四二；六：五）。希羅多德寫《歷史》的時候，「自由」這個詞似乎特別適用，那時雅典和斯巴達之間的伯羅奔尼撒戰爭正是激烈，許多希臘小城邦遭到戰火波及。

希羅多德對「文明衝突」說詞最赤裸裸的反駁，大概就是談論大陸地理的時候。他不以為然地說：「我嘲笑那些繪製世界地圖的人，他們畫的時候不動腦子。」他說，將世界分割為歐洲和亞洲最為可笑（《歷史》四：三七），將他認為的「一個世界」分割成不同大陸毫無必要，隨便以女性的名字為這些大陸命名，更是十足荒謬（《歷史》四：四五）。希羅多德本身既是跨大陸移民，也是政治難民，所以他的立場不難理解。在他的經驗中，歐洲和亞洲差別不大。兩個大陸上都住著殘酷的人和友善的人，住著偏執的人和熱情的人。兩個大陸上都有希臘人和非希臘人，而像希羅多德這樣的人則兼具兩種身分。

希羅多德沒有用「我們和他們」這麼露骨的話語來描述整個世界，相反地，他從文化、宗譜、種族和地理等視角來削弱這種劃分。但有些古希臘人看事情的角度不一樣。普魯塔克當然是其中之一，另外還有西元前五世紀雅典帝國的思想家，而希羅多德則不算在內。他筆下的世界色彩繽紛，而非黑與白。希羅多德憧憬的人類世界豐富多元，擁有混雜的文化，那是他年少時在哈利卡那索斯生活的那個世界。但他也明確排斥西元前五世紀雅典那個仇外的世界。他的《歷史》呈現的多樣化令人目眩神馳，描繪出一個更多元、更複雜的古代世界。這幅景象跟我們在**西方文明**的恢宏故事裡看到的那個古代希臘截然不同。在那個古代希臘裡，古希臘人被視為純正歐洲人和**白種人**文明的起源。這種觀點，希羅多德光是想想都會渾身戰慄。

將古典希臘世界想像成早期版的**西方**，是徹底的誤解。首先，現代**西方**在歷史上以歐洲、歐洲人後裔建立的北美各國和更廣大的英語世界為核心。相較之下，古希臘人不認為自己是歐洲人。事實上，從亞里斯多德和希羅多德的著作明顯看得出來，歐洲經常跟蠻族畫上等號。現代**西方**還有另一個不可言說的含義，那就是他們是白種人，非**西方人**則通常被歸類為**黑人**、**棕色人種**和**黃種人**。相較之下，古希臘人的身分認同有一部分來自共同的血統和種族，但這從來不是指外貌上的差異，更不會是膚色的不同。在古希臘世界，膚色根本不像如今在我們的世界這般重要。膚色有時雖然是某些族群的身分標記（高盧人通常以乳白色皮膚聞名，衣索比亞人則膚色黝黑），但在古代有關希臘性的討論中，它並不重要。[53]

古希臘與現代**西方**在意識形態上倒是有個共通點，那就是都存在「我們」與「他們」的二元文化對立。古希臘世界有希臘人與蠻族的對立，被認為是源於古代的衝突，可以向上追溯無數世代：勇敢、陽剛、熱愛自由的「我們」，對照懦弱、陰柔、卑屈的「他們」。這種性格描述或許偏向極端，卻是隱藏在**西方**與**其他**對立的現代意識形態底下的基本概念。這並不是因為現代**西方**被動地繼承古希臘的觀念，而是因為這種思維模式在這兩種情況下發揮了同樣的作用，實踐了同樣的政治功能：為擴張主義、種族主義和父權主義意識形態服務。正如我們將在本書後面的章節裡看到，**西方**這個概念的興起，以及**西方文明**歷史的捏造，一開始也是為帝國主義服務的工具。在那之後這個工具轉變為不同形態，衍生不同的社會與文化意義，但它一開始確實是出現在帝國主義的情境中。「希臘精神」這個雅典帝國政治武器也是如此。[54]

希羅多德反對的，正是這種看待希臘身分認同與文化差異的觀點，他用《歷史》這本書強力駁斥希臘與蠻族的對立。希羅多德構想的世界更靈活、更多變，在那裡，區隔人們的文化、種族、信念和地理等界線都模糊了。考量到他的自身經歷，這一定是他看見的世界，而且他並不孤單。荷馬筆下的特洛伊戰爭並不是文明的衝突，而是兩個密切相關的群體之間的衝突，他們不只有共同的文化與習俗，還有姻親與家族關係。[55]尤里比底斯創作的悲劇再度逆轉風向，質疑哪一方的行為比較像蠻族，是希臘人或非希臘人？[56]古希臘歷史學家修昔底德

（Thucydides）認為，共通的希臘身分認同是相當近期編造出來的，是一把不舒適的大傘，納入一群不同血源的人。[57]

西方文明的恢宏故事斷定**西方**的起源在古希臘世界，卻不是在真正的古希臘世界，不是希羅多德、荷馬與修昔底德筆下那個生氣勃勃、活力十足的世界。相反地，它依附著伯里克里斯等雅典政治家為了合理化帝國的擴張而宣揚的古希臘幻象，那是一個被「我們」與「他們」的巨大鴻溝撕裂的世界。我們下一章的主題人物卻沒有這種觀念，那個群體通常被視為希臘人的後繼者，也是下一個出現在**西方文明**宗譜上的族群。

第二章　亞裔歐洲人

——莉薇拉（Livilla）

謹向安紀塞斯（Anchises）的後裔莉薇拉致敬，她就像女神阿芙蘿黛特（Aphrodite），為這最神聖的世系做出最多、最偉大的貢獻。

——伊里翁城（Ilium）銘文（西元一八至一九年）[1]

莉薇拉是出了名的美人，同時也冷酷無情、野心勃勃。她是羅馬帝國第一位皇帝奧古斯都最疼愛的孫女。她的人生軌跡在年幼時就確定了。她會長大成人，嫁個好對象，跟丈夫一起統治羅馬帝國。問題在於，莉薇拉的丈夫總是英年早逝，而且死因頗為可疑。[2]這些當然跟本章開頭的銘文無關。[3]銘文本身並不罕見。羅馬帝國各地城市都會以類似碑文向不同皇家成員致敬，希望爭取皇室的眷顧。但這段銘文獨具一格，強調血統和宗譜，實在奇怪。土耳其西北部偏遠行省的居民為什麼要立個碑文，用這麼特別的方式描述莉薇拉？

答案就在這個偏遠城市的歷史裡。西元一世紀初，伊里翁只是一座小城，沒有戰略或實用價值，經濟主要仰賴並不突出的農業生產。到了世紀末，這座城變成蓬勃的文化中心，也是政治重鎮。這種運勢的逆轉主要是因為伊里翁得到日益強盛的羅馬帝國的眷顧，而這份特殊待遇來自帝國眾所周知的虛構傳承。「伊里翁」這個名稱能讓羅馬人聯想到這個傳承，但生活在現代世界的我們比較熟悉這座城的另一個名稱：特洛伊。

無論在古代或現代，這座城都對遊客充滿吸引力。據說波斯王薛西斯前往希臘途中，非得進這座城一遊。亞歷山大大帝曾經在這裡停留幾天，向諸神獻祭，還舉辦運動競賽，紀念《伊里亞德》描寫的死難英雄。在一世紀中葉，凱撒大帝來到特洛伊發表政治宣言。這份宣言跟著名的特洛伊戰爭神話關係不大，跟戰爭之後的傳說關係比較大。據說特洛伊被洗劫後，忠貞的特洛伊王子埃涅阿斯（Aeneas）帶領倖存者逃走，最後去到義大利中部（途中在迦太基與蒂朵女王共譜一段悲劇戀曲）*。後來埃涅阿斯的雙生子後代羅慕勒斯（Romulus）和雷姆斯（Remus）建立了羅馬城。[4]

對於現代人，這樣的神話乍聽之下有點奇怪。如今只要談到歐洲的宗譜，特別是歐盟成員的宗譜，必定會提到羅馬，羅馬人卻自稱祖先來自亞洲，而非歐洲，似乎違反直覺。[5] 同樣違反直覺的是，擁有強大武力和皇權的羅馬人，竟然認為自己是難民的後代，是古代最知名戰役落敗的一方。過去十年來，這個觀點似乎特別刺耳，因為大批難民為了追求安全富足的新生活，鋌而走險湧向義大利海灘，義大利政府疲於應付。這些現代難民與埃涅阿斯和特洛伊百姓的神話明顯相似，這點引發義大利反移民團體的怒吼，他們大聲抗議「埃涅阿斯不是難民！」[6] 最後，如果我們透過**西方文明**的視角回顧歷史，也會覺得羅馬人的祖先來自特洛伊這個概念違反直覺。畢竟，根據**西方文明**的恢宏故事，羅馬人應該是希臘人文化上的繼承人，而不是他們敵人生物學上的子嗣。

可是羅馬人沒有現代**西方文明**的概念。他們看不出為什麼自己的起源應該是**西方**而非**東方**，應該是歐洲而非亞洲。他們通常不認為自己是希臘人的後裔，反倒自認是希臘人的征服

＊ 譯注：蒂朵（Dido）是迦太基城的建立者，根據古羅馬詩人維吉爾（Vigil）的《埃涅阿斯記》（*Aeneid*），埃涅阿斯與蒂朵相戀，但為了建立羅馬帝國，不得不離開，蒂朵女王傷心地結束生命。

者。最後，羅馬人認為自己的血統基本上是混雜的，受到來自四面八方的血統與文化的影響。不難看出，這是假想的血統，透過莉薇拉這個用心塑造出來的公共形象傳揚出去。

混血民族

幾乎沒有哪個帝國像羅馬人那樣不在乎文化與種族的純正度。即使撇開埃涅阿斯的神話不談，羅馬據說打從一開始就是一個熔爐。古羅馬歷史學家李維（Livy）說，羅馬城最早的居民是受到羅慕勒斯的不歧視政策吸引，從天南地北遷移過來的。李維斷言，正是這初期的開放態度，為羅馬城日後的力量與成功奠定基礎（李維《羅馬史》一：五－六）。羅馬人說，羅馬建城之後，世世代代都是多文化並存。傳統說法指出，羅馬城的傳奇君王之中，只有少數是羅馬裔，其他都是外來移民，以個人的美德與功績被推舉為王。[7] 隨著帝國版圖擴張，橫跨三個大陸，羅馬積極吸收新文化，接納新加入的族群。某些人可能會覺得太積極，比如詩人尤維納利斯（Juvenal）就抱怨文化變遷的速度太快（尤維納利斯《諷刺詩》三）。

在匯入羅馬主流文化的眾多文化之中，希臘文化肯定極具影響力，因為希臘與羅馬的神話、信仰、藝術與知性生活有太多重疊與借用。這種現象在羅馬皇帝哈德良（Hadrian）在位期間最明顯。哈德良個性靦腆，喜愛希臘文化，為西元前五世紀的雅典著迷，導致這段時期的雅典在羅馬文學與藝術的地位超越古希臘其他時期與地區，最後更被標記為「最優越的」（classicus），這也是如今我們對「古典」（classical）這個詞的概念的根源，第十一章我們會再回到這個話題。[8]然而，某些我們以為專屬希臘羅馬的特色，其實是古代地中海與西亞更多族群共有的。比方說，除了希臘人與羅馬人，還有許多不同種族信奉相同神祇。希臘的愛神阿芙蘿黛特在拉丁文裡是維納斯（Venus），在腓尼基則是艾絲達（Astart），到了美索不達米亞則變成伊絲塔（Ishtar）。希臘人推崇的英雄赫拉克勒斯（Herakles），羅馬人稱他海克力斯（Hercules），到了腓尼基則是梅爾卡特（Melqart）。

確實，羅馬接受來自整個帝國乃至帝國以外的文化。羅馬人信奉埃及的生命女神伊西斯（Isis）、波斯光明之神密特拉（Mithras）和弗里吉亞眾神之母希布莉（Cybele）。帝國各地的商業活動也將各式各樣的文化帶往羅馬。即使羅馬收入最普通的家庭，一家人吃晚餐時，餐桌上不難看到埃及穀物製作的麵包，用葡萄牙的魚醬調味，灑上利比亞橄欖油，全都盛裝在高盧製作的餐盤裡。[9]比較富裕的羅馬人渴望穿上中國來的絲綢衣裳，仿效德意志人染髮。[10]而在最上層社會，登上王座的不只義大利人，還有伊比利亞人、阿拉伯人、敘利亞人和來自巴爾幹半島各地的人。[11]

這種世界大同未必都是愉快共存的結果。羅馬的帝國主義推行過程有時相當殘暴，羅馬治世（Pax Romana）通常是刀鋒劍刃創造而來。[12]不是所有人都想被吸收或被同化。西元六〇年不列顛愛西尼（Iceni）部落的女酋長布狄卡（Boudicca）反抗羅馬人入侵，結果遭到鞭笞，她的女兒也被強暴，羅馬以此宣示征服不列顛。[13]幾年後的西元六六年，猶太人起義，羅馬帝國於是掠奪耶路撒冷的廟宇，對猶太地區發動殘酷戰爭。[14]從帝國東端到西端，大屠殺、奴役、經濟剝削和文化壓迫都是常見的統治手段。[15]不過，儘管手段殘暴，羅馬帝國主義的中心思想並不包括文化、族群或人種方面的排外。恰恰相反，不同文化與族群的融合是羅馬國的建國理念。事實上，羅馬以族群混雜為榮。主要的原因在於羅馬的起源神話，也就是一群來自亞洲的難民，先流浪到希臘，再到突尼西亞，最後抵達義大利，跟當地人通婚繁衍，終於建立一個多種族國家。

既然現代**西方**格外重視純正度與真實性，這個神話乍看之下似乎跟**西方**自己對自身起源的陳述不一致。但對於羅馬，這個混合血統的神話卻是皇權的憑證。它為羅馬人提供歷史正當性和意識形態武器，將羅馬人的帝國主義轉變成回歸行動，將對地中海東部的征服詮釋為合法取回失去已久的遺產。[16]羅馬人欣然接受他們是亞洲難民這個概念。羅馬是個跨大陸的多文化帝國，由一個自認同樣跨大陸多文化的族群統治。[17]這樣的意識形態由下往上直達頂端。羅馬第一個王朝朱里奧克勞狄家族（Julio-Claudian）將他們的宗譜往上追溯到埃涅阿斯本人，這個神話於是不但為帝國服務，也為他們的家族服務。

這個王朝的創始人凱撒大帝處理自己的公共形象就跟管理軍隊一樣深具謀略。西元前四八年他造訪特洛伊，賦予這座城特殊的稅賦與行政地位。回到羅馬後他出資建造一座廣場，在廣場正中央建一座壯觀的全新維納斯神廟。根據神話，維納斯是埃涅阿斯的母親，因此可以算是整個羅馬族群的母親。神廟落成時凱撒舉辦賽馬活動加以慶祝，之後變成一年一度的「特洛伊競賽」，很快就成為羅馬城運動競賽的固定項目。彷彿這還不夠似的，接下來十年裡，凱撒發行的新錢幣通常有維納斯頭像，其中一枚還描繪了埃涅阿斯逃離特洛伊的情景，這幅畫像日後將會成為代表性圖騰。[18]

凱撒也帶動一股潮流。不久後，就連次級的貴族世家也陸續「尋找」他們的亞洲祖先。為了滿足這方面的需求，詩人瓦羅（Varro）和希吉努斯（Hyginus）都撰寫了名為「關於特洛伊家族」的指南，列出族譜圖和世系表，說明羅馬貴族家族跟特洛伊戰爭的神話英雄之間的血統關係。[19]性情乖戾的諷刺作家尤維納利斯不抱怨城裡外邦人泛濫的時候，就哀嘆某些半途發跡的中產階級如今學會裝腔作勢故作高雅，有些人甚至聲稱自己是「特洛伊後代」（《諷刺詩》一：一〇〇）。對於努力向上爬的羅馬人，身為亞洲難民的後裔並不是汙名。

凱撒大帝的義子兼繼位者奧古斯都會將這項神話宣傳策略提升到另一個高度。[20]他在登上帝位之前，就已經模仿凱撒大帝某些錢幣的圖案，重製當時已經十分出名的埃涅阿斯逃離特洛伊圖像。這幅圖像描繪埃涅阿斯背著父親拉著幼子逃出深陷火海的故鄉，短時間內變成整個帝國無人不知、無人不曉的畫面，以各種版本呈現在錢幣上，在商人的荷包裡叮噹作響，或製作成手掌大小的還願赤陶像，大量生產在城裡販賣，或仿造成居家壁畫。[21]不過，其中最知名的例子，大概是這幅圖像被製成紀念雕像，設置在奧古斯都的新廣場。在廣場上占據重要位置的埃涅阿斯雕像將近四公尺高，醒目的程度只有羅慕勒斯的雕像能跟它匹敵。

奧古斯都跟特洛伊套關係的各種舉動之中，最知名的或許是古羅馬詩人維吉爾（Virgil）的史詩《埃涅阿斯記》。這本書是奧古斯都贊助寫成，目的在頌揚整個羅馬帝國，特別是朱里奧克勞狄家族本身。[22]在整首詩裡，維吉爾刻意模糊安那托利亞與義大利、特洛伊與羅馬、亞洲人與歐洲人之間的差別，不但將二者畫上等號，還用可代換的含糊語詞描述它們。[23]比方說，埃涅阿斯透過預言得知自己的羅馬子孫的輝煌未來，他聽見的預言是：「特洛伊的後代會獲得榮耀，他們的子孫會是義大利人。」（《埃涅阿斯記》六：七五六－七）這段話並沒有表明這一個血統從哪裡開始，另一個又是在哪裡結束，於是特洛伊的後代也會是義大利人的後代。但或許關鍵就在這裡，維吉爾的重點在於血統的混合（《埃涅阿斯記》六：七六二），羅馬人會從中汲取根本力量。同樣在這個段落，維吉爾筆下的羅馬彷彿是人類，擁有自己的宗譜。他告訴我們，羅馬不只是羅慕勒斯的後代（《埃涅阿斯記》六：七八一），「也會有好子孫」（《埃涅阿斯記》六：七八四）。接著維吉爾做了一個比喻，拿羅馬跟安那托利亞女神希布莉做比較，「為她的非凡後代欣喜，擁有上百名子孫」（《埃涅阿斯記》六：七八三）。祖先和宗譜這類語詞隨處可見，巧妙地運用來模糊特洛伊與羅馬這兩座城之間的差別，也模糊亞洲人與歐洲人這兩個族群之間的界線。

如同凱撒大帝，奧古斯都也造訪過特洛伊城，斥資翻新城市面貌，包括建造新建築物，整修神廟。[24]當然，特洛伊城的百姓熱情表達他們的感謝，在城裡建了至少三尊奧古斯都雕像和一座小神廟。隨著時間過去，日後還會出現奧古斯都的義子兼繼位者提比留斯（Tiberius）、他的女婿阿格里帕（Agrippa）、他不走運的孫子蓋烏斯（Gaius，莉薇拉的第一任丈夫），還有後來的皇帝克勞狄烏斯（Claudius）和尼祿（Nero），以及朱里奧克勞狄王朝多位次要成員，包括兩個安東尼婭（Antonia）、兩個阿格里皮娜（Agrippina）、一個奧克塔薇亞（Octavia）和一個不列塔尼庫斯（Britannicus）。我們就是在這些雕像之中找到謎樣的莉薇拉那奧妙的銘文。

醜小孩

當時首屈一指的歷史學家塔西佗（Tacitus）說莉薇拉「豔冠群芳」。不過，塔西佗又不客氣地補了一句，她小時候長得不好看。[25]儘管如此，她似乎有個快樂的童年。身為奧古斯都的孫女，她跟哥哥和弟弟在羅馬的皇宮裡成長，有許多堂表兄弟姊妹相伴，其中包括美麗動人的阿格里皮娜（她稍後還會出現）。在這群孩子之中，她的祖母皇后莉薇亞（Livia）最喜歡她，她的名字就是取自她的祖母。莉薇拉的全名雖然是克勞狄亞・莉薇亞・茱莉亞，卻被暱稱為莉薇拉（意為小莉薇亞），證實兩人關係親密。[26]

莉薇拉一到青春期的年歲，就跟表哥蓋烏斯訂婚，不過，這對十多歲的未婚夫妻究竟有沒有完婚，各方說法不一。[27]無論如何，兩人訂婚後不久，朝氣蓬勃的蓋烏斯就離開羅馬前往東部行省，十三歲的莉薇拉心情想必相當複雜。在個人層面，跟蓋烏斯分別後，她的感受從遺憾到鬆一口氣都有可能。（可惜的是，我們對羅馬皇室女性的情感所知不多，尤其不知道她們對皇室安排的婚姻有什麼看法。）無論如何，她想必心情振奮。羅馬的政治評論家認為，奧古斯都對蓋烏斯信任有加，可能將他視為繼位人選。[28]前途顯然一片光明的蓋烏斯在阿拉比亞（Arabia）和美索不達米亞取得外交上的重大成果，在亞美尼亞平叛時卻受了輕微的皮肉傷。[29]之後他的傷口化膿，身體與精神狀況開始惡化，在返回羅馬的途中過世。歷史文獻沒有告訴我們莉薇拉對丈夫驟逝有什麼感受，也沒有說明她在蓋烏斯過世不到一年又被安排第二段婚姻心情如何。當時她才十七歲。

莉薇拉的第二任丈夫是她的另一位表哥，也就是以脾氣暴躁聞名的德魯蘇斯（Drusus）。蓋烏斯死亡後，德魯蘇斯的父親提比留斯變成皇位第一順位繼承人。也就是說，莉薇拉原本是皇位繼承人的妻子，現在變成皇位繼承人的媳婦。這段時間裡，莉薇拉在歷史紀錄中消失了幾年。我們知道她盡職地生下女兒茱莉亞（Julia），也猜到她可能非常不快樂。即使最溫和的消息來源都認同德魯蘇斯脾氣不好，更有人說他生性放蕩又殘忍，還經常在公開場合暴怒。[30]至於他私底下如何對待妻子和女兒，我們只能憑空想像。不過，德魯蘇斯雖然無法克制怒氣，依然有望繼承皇位。提比留斯確實接替奧古斯都登上帝位，但他卻不受歡迎，既不得民心，在政治上也得不到元老院的支持。提比留斯知道自己地位不穩，於是精心培養接班人德魯蘇斯，鼓勵他擔任執政官跟元老院配合，贊助角鬥士競賽來爭取百姓的愛戴。一開始這個策略好像收到成效，可是到了西元一七年，一切都變了。

莉薇拉的哥哥日耳曼尼庫斯（Germanicus）在北部行省日耳曼尼亞（Germania）和伊利里亞（Illyricum）作戰多年後回到羅馬，當時莉薇拉三十歲。他帶著表妹妻子阿格里皮娜回來。對比這兩對皇室夫妻，一邊是莉薇拉和德魯蘇斯，一邊是日耳曼尼庫斯和阿格里皮娜，差異相當明顯。日耳曼尼庫斯在平息兵變並擴展北部邊界時，德魯蘇斯一直待在羅馬。莉薇拉只生下一個體弱多病的女兒，阿格里皮娜則生了九個健壯的孩子。[31] 日耳曼尼庫斯和阿格里皮娜立刻大受歡迎，一直以來吝惜讚美提比留斯和他兒子的百姓陷入狂喜，熱情擁戴這對夫妻。[32] 日耳曼尼庫斯的戰功其實相當有限，但他還是舉辦盛大的凱旋儀式大肆慶祝，將自己的功績誇耀成轟動一時的勝利。[33]

提比留斯覺得日耳曼尼庫斯和阿格里皮娜威脅到他的權位，於是用最快的速度將這對年輕夫妻送出羅馬，理由是只有沉著冷靜的日耳曼尼庫斯能安撫東部行省的叛軍。[34]德魯蘇斯則覺得日耳曼尼庫斯的聲勢對他構成挑戰。日耳曼尼庫斯的成功激勵他親自上陣，前往紛擾不斷的伊利里亞行省擔任總督，策劃推翻一名與帝國敵對的日耳曼王，穩固羅馬的北方邊境。[35]對於莉薇拉，爭取百姓好感的方法比較少，也危險。但她是從小生長在皇宮的朱里奧克勞狄王朝成員，她要證明自己在羅馬宮廷政治這場遊戲裡遊刃有餘。

她做的第一件事是找個情人。[36]她選中的男人是塞揚努斯（Sejanus），這人是個受勛軍人，也是禁衛隊隊長，而禁衛隊就是皇帝的私人保鑣。塞揚努斯出身平凡的義大利家庭，在擔任禁衛隊長之前曾立下赫赫戰功。過去他曾受到奧古斯都的信任，這時也跟提比留斯建立親近的友誼，得到提比留斯的高度讚揚和大方賞賜。[37]莉薇拉做的第二件事是懷孕。我們不確定孩子的父親是德魯蘇斯或塞揚努斯，因為事件的先後次序始終是謎團。[38]我們只能確定德魯蘇斯在西元一七年下半年離開羅馬前往伊利里亞，莉薇拉則在一九年底生下雙生子，而那段時間她跟塞揚努斯維持不倫戀情。

莉薇拉的雙生子出生後，帝國各地紛紛舉辦熱烈的慶祝活動，盛況空前，超越日耳曼尼庫斯大張旗鼓的凱旋式。提比留斯沒完沒了地吹噓自己的雙胞胎孫子，把元老們都聽煩了。[39]為了慶祝這樁喜事，他命人繪製莉薇拉和兩個孩子的肖像，在各行省散布。羅馬、科林斯和昔蘭尼加（Cyrenaica）同步發行紀念幣。[40]塞浦路斯有個新成立的祭司團以他們為名，以弗所某座私人聖殿是獻給他們的。[41]同樣在這個時候，市面上出現刻有莉薇拉典雅肖像的寶石或浮雕貝殼。其中一個特別精緻的版本將她描繪成羅馬神話中的豐收女神克瑞絲（Ceres），手拿象徵富足的豐饒角，底下附有她兩個兒子的迷你肖像。莉薇拉和她的雙胞胎被全力塑造成帝國的未來，王朝的下一代統治者。

從很多方面來看，莉薇拉生產的日子（十月十日）都是命定的一天。據說就在她兩個兒子來到世上的那一天，她哥哥日耳曼尼庫斯離開了人世。日耳曼尼庫斯在敘利亞罹患不知名的怪病，最後喪失性命。羅馬街頭則是謠言滿天飛。小道消息指出提比留斯謀害日耳曼尼庫斯，命令他的密探使用黑魔法害日耳曼尼庫斯生病，[42]奪走他的性命。很多對日耳曼尼庫斯的死因起疑的百姓將他們的忠心投向他的孩子和未亡人阿格里皮娜。對於莉薇拉而言，這段日子想必十分煎熬。她哥哥喪命的情況跟她第一任丈夫類似，另外，當時她終於完成羅馬婦女的職責，生下兩個健康的男性繼承人，就在最揚眉吐氣的時刻，阿格里皮娜再度搶了她的風頭。日耳曼尼庫斯的死引發的責難摻雜了皇室陰謀和黑魔法的謠言，玷汙了還在哺育一對新生兒的莉薇拉。

戰線已經劃下，羅馬百姓分為兩大陣營，一邊支持阿格里皮娜，主張由日耳曼尼庫斯的孩子繼位；另一邊支持莉薇拉和她的雙生子。這兩名女子如今彼此敵對，展開一場致命的權位之爭。

跨大陸之母

阿格里皮娜和莉薇拉爭鬥的場景不是在戰場，也不是在元老院發言台，而是在輿論這個無情的競技場。只要贏得羅馬人民的支持，就會是勝利者，得到的獎賞會是榮耀、權力和對帝國的掌控。而在羅馬宮廷政治這場危險遊戲裡，失敗者受到的懲罰會是恥辱與死亡。

德魯蘇斯是第一個重大傷亡。西元二三年，雙胞胎才三歲，他突然死亡。起初看起來似乎是疾病所致，但莉薇拉和她的情人塞揚努斯很快受到懷疑。只是，羅馬的好事者對他們下毒的方式爭執不休。有些人覺得他們長期對德魯蘇斯下毒，持續多年，也有人認為是一次斃命。據說某天晚上在家族晚餐會上，塞揚努斯悄悄告訴提比留斯，德魯蘇斯在他的酒杯裡投毒，多疑的提比留斯於是將他的酒杯跟德魯蘇斯的酒杯交換，驗證塞揚努斯的說法，結果驚愕地目睹德魯蘇斯喝光杯中酒之後倒地死亡。聽起來雖然不可置信，這個謠言卻滿足了百姓的想像力，因為它誇張地描繪出皇室成員的面貌：狡猾的塞揚努斯和詭計多端的莉薇拉操縱年邁皇帝的恐懼心理，成功謀殺暴躁的酒鬼德魯蘇斯。[43]不久後莉薇拉和塞揚努斯請求結婚被高傲的提比留斯拒絕，謠言更是傳得滿城風雨。[44]不管我們對莉薇拉和塞揚努斯觀感如何，他們之間似乎的確有真愛。之後這段感情又持續了七年，兩人終於不顧提比留斯和羅馬人民的反對，結成連理。[45]

在此同時，莉薇拉全力提升她和兩個兒子的公共形象。她讓女兒嫁給阿格里皮娜的長子，試圖修復王朝的裂痕。大約在這個時候，她兩個兒子的肖像開始出現在代幣上。這種代幣以鉛鑄造，發給窮人作為領取穀物和其他食物的憑據，類似現代的食物券。[46]這是刻意設計來為雙胞胎博取大眾的喜愛。

阿格里皮娜也在玩類似的把戲。她把自己包裝成悲劇女主角，扮演備受愛戴的日耳曼尼庫斯悲傷的遺孀，爭取世人的同情。當時她的肖像呈現一張柔和沉思的臉龐，濃密的鬈髮梳成華麗的髮型，耀眼地垂落後頸。[47]相較之下，同時期的莉薇拉肖像風格截然不同。她的五官比較嚴肅，頭髮中分往後梳，在後頸的位置盤成簡單的圓髻。[48]如果阿格里皮娜要扮演浪漫迷人的寡婦，莉薇拉就要將自己塑造成端莊賢淑的羅馬母親。如果阿格里皮娜以精緻華麗的造型出現，莉薇拉就刻意強調簡樸的面貌。阿格里皮娜的肖像想激發情感反應，莉薇拉的造型則是直接要求尊重。這兩個女人不但各自擔任對立黨派的領袖，也代表相反的女性典範。當然，她們本人是不是符合各自展現的形象，那就另當別論了。[49]

這個精心塑造的公共形象讓我們回想起特洛伊的銘文。在那段明確提及家族關係與血統的文字裡，莉薇拉被拿來跟女神阿芙蘿黛特相提並論，而人們信奉阿芙蘿黛特不只是因為她是愛神，還因為她是羅馬族群的女性祖先。那段銘文還說莉薇拉是「安紀塞斯的後裔」，安紀塞斯是阿芙蘿黛特在凡間的戀人，也是埃涅阿斯的特洛伊人父親。因此，莉薇拉在這裡被描繪成最根本的母親，整個譜系的母親。這塊豎立在羅馬人在亞洲的祖地主要公共廣場的碑文選中她，宣稱她是特洛伊與羅馬血統連結的關鍵人物，她等於坐擁意識形態上的強大地位。

這塊碑文致敬的對象是莉薇拉而非阿格里皮娜，這件事值得注意。尤其幾年前阿格里皮娜才跟日耳曼尼庫斯短暫造訪這座城，就在日耳曼尼庫斯去世前不久。[50]通常皇室成員到訪後，城裡就會急忙推出致敬碑文。但是在特洛伊，對阿格里皮娜的致敬明顯缺席了。[51]不只如此，這段碑文不但對莉薇拉極盡讚美之能事，還向她母親安東妮婭致敬，也提到她的兄弟克勞狄烏斯和日耳曼尼庫斯，既讚揚莉薇拉，也緬懷日耳曼尼庫斯，卻沒有提到後者的未亡人阿格里皮娜。

這是鮮明的政治宣言。特洛伊的百姓在聲明他們支持莉薇拉的黨派、反對阿格里皮娜的黨派。

只是，這個偏遠城市的本地精英的支持，在羅馬能激起任何火花嗎？當特洛伊城的耆老將他們對莉薇拉的支持銘記在碑文裡，她在乎嗎？如果這是帝國其他任何一座偏遠城市，答案會是否定的。但特洛伊不一樣，特洛伊人的支持會是珍貴的政治彩金。正如特洛伊是羅馬祖先所在的母親之城，莉薇拉以兩種方式將自己塑造成羅馬的終極母親。首先，她是下一任皇帝的生母；其次，她是全體羅馬人象徵意義上的母親。

莉薇拉的故事結局並不美好。西元三一年，塞揚努斯企圖推翻提比留斯被處死，莉薇拉遭到囚禁。她在牢裡可能是餓死，也可能是自殺。[52]她的對手阿格里皮娜處境並沒有比較好，早幾年前就被流放到礫石遍地的潘達特里亞島（Pandateria），餓死在那裡。[53]好消息來得太晚，最後接替提比留斯登上帝位的不是莉薇拉的兒子，而是阿格里皮娜的兒子，也就是反覆無常的暴君卡利古拉（Caligula）。卡利古拉死後無嗣，皇位重新回到莉薇拉這一支，繼任的是她那個不愛出風頭、總是被忽略的弟弟克勞狄烏斯。

王朝、宗譜與傳承，早期的羅馬帝國沉迷於血統這個概念。一個如此注重血統的族群，會頌揚多樣化起源並非偶然。羅馬自認擁有跨大陸血統，祖先來自亞洲特洛伊城，這告訴我們，在羅馬統治者眼中，他們的帝國不是**西方**或歐洲世界。

雖然有眾多的壓倒性證據（不管假想或真實）證明羅馬帝國血統的混雜，**西方**很多現代居民卻依然緊抓著對古羅馬的錯誤觀點不放。尤其是將羅馬人當成現代**西方**的祖先的人，他們通常聲稱羅馬人是**白種人**，將特定種族與外貌上的語詞套用在羅馬人身上，偏偏羅馬人將自己劃分為另一種人。比方說，二〇一九年夏天，英國廣播公司（ＢＢＣ）一幅漫畫在英國引起爭議。這幅漫畫裡的人物是一個住在哈德良長城（Hadrian's Wall）附近的多種族羅馬家庭，[54]部分人士被激怒的原因在於，羅馬統治階級竟然出現深色皮膚人種，然而，已經有許多文獻證明這個事實。[55]

同樣地，世人仍然傾向認為羅馬帝國主要是個歐洲現象。這個概念展現在一九五七年歐洲各國簽約成立歐盟那場華麗、具象徵意義的政治戲碼上。當時《羅馬條約》簽訂地點是羅馬市的卡比托利歐山（Capitoline Hill），就在保守宮（Palazzo dei Conservatori）的荷拉提與庫里亞提廳（Hall of the Horatii and Curiatii）。這個空間的牆面布滿壁畫，都是李維《羅馬史》裡有關羅馬帝國初創與早期歷史的景象。二〇一七年英國即將脫離歐盟，其他會員國在同一個地點簽署《羅馬宣言》，宣示歐洲團結能夠共享羅馬傳承。我們在本書的序言中提到過，歐洲解決非法移民與難民潮問題的計畫取名為「祖訓行動」，刻意強調歐洲共有的文化傳承，跟移民所屬的非洲和亞洲做對比。[56]非洲和西亞是羅馬帝國不可分割（也是根本）的一部分，西亞甚至是羅馬身分認同的核心，但這都沒有改變羅馬在歐洲意識形態中的地位。

最後，很多人執意將羅馬當成文化價值的典型，他們聲稱這種文化價值是**西方**的核心，尤其是某些政治理念。比方說，二〇二一年一月抗議群眾衝進美國國會大廈之前，當時美國總統川普的支持者利用社群媒體呼籲他「拯救我們的共和國」，使用 #CrossTheRubicon *這個標籤傳遞訊息，引用的典故就是凱撒大帝帶兵攻進羅馬成功奪權。[57]川普的支持者誤以為自己抗議大選舞弊是在維護民主，好像沒注意到凱撒大帝使用武力推翻更傾向代議制的政府，自己擔任獨裁者。

總之，古羅馬不是我們想像中那個種族是**白種人**、位置在歐洲、文化上屬於**西方**的世界。雖然某些人刻意塑造，但它不是我們想像中現代**西方**在古代的翻版。特洛伊碑文忠實記載了莉薇拉的政治操作，完美證實這點。她的地緣政治視角廣闊得多，就跟羅馬帝國一樣。

* 譯注：Cross The Rubicon 字面意思是橫渡盧比孔。盧比孔河在義大利北部，西元前四九年凱撒大帝違反當時羅馬法律規定，帶兵渡過盧比孔河與龐培（Pompey）作戰，最後獲得勝利。這個成語引申為破釜沉舟。

第三章　古代的全球繼承人

——肯迪（Al-Kindī）

無論真相從哪裡來，即使它來自遙遠國度，來自外邦人，我們都不該恥於讚賞真相，也不該羞於獲知真相。

——肯迪（約八七〇年）1

莉薇拉死後，羅馬帝國起起落落。到了第三世紀晚期，帝國無可挽回地一分為二，西半部漸漸碎裂成許多獨立王國，東半部發展成拜占庭帝國。羅馬文化與學術的某些元素遺失了，某些保留下來，另一些則以全新的方式做改變，投入一個全新的世界，也就是中世紀早期的世界。

傳統的**西方文明**故事將這個階段描繪成落後與野蠻的黑暗時代，但唯有將目光鎖定歐洲北部和西部，這個時期看起來才會像黑暗時代。在地中海東部，拜占庭帝國散發著華麗與成熟的光彩。[2]伊斯蘭世界（正如我們即將在本章看到）從西歐的塞維亞（Seville）到中亞的撒馬爾罕（Samarkand），從伊拉克的摩蘇爾（Mosul）到西非的馬利（Mali），享受一段無可匹敵的繁榮，藝術與科學都有長足的進展。在東亞，唐朝改造了中國，佛教帝國三佛齊（Srivijaya）則帶領東南亞群島走進黃金時期。可是在歐洲，套用某位知名歷史學家的話，人們「千辛萬苦」[3]才留住**西方文明**。傳統說法聲稱，這些珍貴的古典傳承能夠保存下來，歸功於修士與修女（但主要是修士）的努力，他們在整個歐洲冷清偏僻的圖書室和繕寫室賣力抄寫，為後代保存古代的文化遺產。只是，說句直白的話，這個關於中世紀的看法是錯的。

首先，近幾十年來的研究已經有效破除歐洲中世紀是黑暗時代這個迷思，揭露那個時代在科學與藝術上的成就。很多文化創新出自修道院這個理當貧瘠的環境，比如英國方濟各會哲學家修士羅傑・培根（Roger Bacon）的論述，以及學識豐富的修女賓根的希德格（Hildegard of Bingen）的醫學著作。中世紀並不像過去人們想像中那麼黑暗。[4]那個階段跟「中間」（middle）這個詞也扯不上關係。我們稱呼它 Middle Ages，彷彿那幾個世紀的關鍵特色就是它介於兩個更重要的歷史時期之間。Medieval 這個字只是稍微好一點，我在這本書裡保留這個字，純粹為了使用上的方便。[5]我們不該再認為中世紀的人們生活在一個臨時性質的短暫時期，卡在兩個重要時代之間。他們的世界忙碌又有趣，而且肯定多彩多姿，本身就值得關注。

其次，古希臘和古羅馬的文化並不是只靠西歐的修士和修女獨力保存下來。雖然很多拉丁文著作確實是在修道院保存或抄寫下來的，雖然愛讀書的神職人員確實運用了中世紀的科學與神學思維，但這麼做的絕對不只他們。我們認知中的**西方文明**血統肯定不是循著單一管道流動，從希臘到羅馬，再從羅馬到西歐。相反地，那血統散亂地灑向四面八方，將中世紀希臘與羅馬的文化遺產帶往羅盤上的所有方向。

古代遺產的繼承人

西方文明的理論斷定，西歐和中歐的人們是古代的主要繼承人。杭亭頓在他那本頗受非議的著作《文明衝突與世界秩序的重建》裡宣稱，「**西方**從過去的文明繼承許多遺產，其中最著名的是古典文明……伊斯蘭和東正教文明同樣傳承了古典文明，但程度上完全無法與**西方**相比」。[6]杭亭頓說的倒不是全錯，西歐當然是繼承希臘羅馬世界某些遺產的地區之一（我們會在第四章談到）。但杭亭頓說西歐是古代希臘羅馬的主要繼承者，而拜占庭和伊斯蘭世界接收到的遺產比較少，這點大錯特錯。

我們先談談標準版故事裡那些確實有點真實性的論點。雖然哥德國王阿拉里克（Alaric）在四一〇年洗劫羅馬城，西羅馬帝國「陷落」（事實上不算滅亡，而是分裂），但某些文化卻是延續到中世紀早期，包括大量的羅馬法律、[7]道路與橋梁等羅馬基礎設施，[8]還有拉丁文。其中拉丁文依然是文學、學術與教會的主要語言。不過，教會雖然愉快地繼續使用拉丁文，卻也對古代那些太過明顯的異教元素抱持懷疑。當這種懷疑化為行動，就是蓄意摧毀古代藝術與文學。比方說，我們在聖徒傳記《聖馬爾定傳》（*Life of St Martin*）裡看到，聖馬爾定做過的聖善工作包括摧毀或企圖摧毀法國幾座村莊的異教神廟。[9]不過，整體來看，希臘羅馬文化在西歐失傳，未必真的是可鄙的基督教基本教義派蓄意謀劃的結果。[10]事實是，基督教信仰廣為流傳之後，包括文學作品與藝術形式在內的許多古代文化元素都無聲無息地、漸漸地不受重視。因此，問題不在燒書這種激進行為，而在沒有人抄寫書籍這種不起眼的忽略。

文化傳承面對的另一項更大挑戰，是在原來的羅馬帝國西半部冒出的無數王國，包括義大利的哥德王國，法國南部和伊比利亞（Iberia）的西哥德王國、不列顛的盎格魯－撒克遜王國、北非的汪達爾王國，還有在現今法國的法蘭克王國、蘇維比王國（Suebi）和勃艮第王國。因此，西歐並沒有單一的羅馬傳統，而是有許多。[11]重點在於，古羅馬的不同元素隨著各地環境的差異，跟在地風俗混合在一起。在不列顛諾桑布里亞（Northumbria）的聖島林迪斯法恩（Lindisfarne），修士奧爾德雷德（Aldred）以拉丁文抄寫福音書，卻又用繁複的凱爾特繩結圖案裝飾，並且在內頁行間以古英語添加注釋。[12]同樣地，雖然法國南部亞爾（Arles）的露天圓形競技場在整個中世紀持續得到整修維護，但這是因為它被變更為要塞，周遭更是增建四座方塔。[13]另外，拉丁語也發展出地區差異，以至於第九世紀法蘭克國王查理曼（Charlemagne）抱怨道，就連學識豐富的神職人員寫的正式信件也有太多地區性語言變異。[14]古代的遺產並沒有死亡或僵化、像博物館的收藏品般固定不變。它活躍又多變，在數百年歲月裡調整，適應在地的需求與情境。於是，西歐的羅馬文化傳承不可避免地跟它的政治遺產一樣，漸漸分散碎裂。

至於政治遺產，只有一個國家能夠宣稱直接承襲自古代，那就是拜占庭帝國。[15]在第六世紀的巔峰期，拜占庭帝國控制整個地中海東岸和地中海西岸的義大利與突尼西亞部分地區。不過，它的核心區域是安那托利亞和愛琴海周邊，君士坦丁堡這座偉大城市則是橫跨博斯普魯斯海峽。從政治的角度來說，拜占庭帝國是東羅馬帝國的延續，據守同樣的疆域，採用同樣的政府組織、法律與行政部門。重點是，它的百姓從來不自稱「拜占庭人」，而是自稱「羅馬人」（這點第五章有更詳細的討論）。畢竟，到了第九世紀本章主人翁肯迪出生時，希臘半島和君士坦丁堡已經屬於羅馬超過一千年。

在文化上，拜占庭人同時接收了希臘與羅馬的傳統。他們說希臘語，古希臘文本依然是精英教育的標準教材。拜占庭學者為了展現學識，通常會仿效希羅多德、索福克里斯和柏拉圖等人的古阿提卡語*作品，寫出浮誇的時代錯置著作。比方說，十二世紀的拜占庭公主安娜・科穆寧（Anna Komnene）除了學術著作之外，還以高級阿提卡文體創作了一篇名為《阿列克修斯傳》（*the Alexiad*）的史詩，頌揚她父親在戰場上的英勇表現。[16]在那個時候，她使用的阿提卡文體已經有大約一千四百年歷史。同樣的事拿到現代來說，就等於二十一世紀的英國作家用古英語寫作，而古英語是第七世紀盎格魯－撒克遜作家創作類似《貝奧武夫》†這類史詩的語言。拜占庭的學者也爬梳古代文本，從中尋找技術性的資訊。他們篩選古代手抄本，整理出所有實用訊息，從騎術到養蜂訣竅都有，編成內容廣博的參考書籍，比如第十世紀的《君士坦丁摘錄》（*Constantinian Excerpts*）。[17]拜占庭人或許是古羅馬政治的繼承人，卻也是古希臘文化的傳人。

然而，拜占庭選擇性地接收古希臘羅馬的傳承。拜占庭的東正教基督徒跟他們西邊的鄰居一樣，對古代異教信仰心懷警惕。他們積極審查某些古代文本，毀壞某些藝術作品。不過，就像在西歐的情況，很多作品直接被忽略、遺忘或改造後再利用。這是大多數古代神話、詩歌和戲劇作品的命運，我們知道有數以百計的古代文學作品就是這樣失傳的。拜占庭人能看到戰略家埃涅阿斯（Aeneas Taktikos）的圍城戰軍事手冊、狄摩西尼的法學演說稿和修昔底德的政治史的實用價值，卻不大確定該不該費心抄寫古希臘作家薩索斯的赫格蒙（Hegemon of Thasos）的喜劇、赫卡塔埃烏斯（Hekataios）的宗譜學和莎芙（Sappho）的情詩。[18]

更遙遠的東方還有更多希臘羅馬文化的繼承人。拜**西方**課程裡的**西方文明**歷史主流版本之賜，很多人不認為印度次大陸是希臘世界的一部分，但當時它確實是。四處征戰的亞歷山大大帝在西元前三二七年來到現今印度北部的旁遮普谷地（Punjab Valley），他離開時，他的一部

---

* 譯注：Attic，古雅典人使用的希臘語。

† 譯注：*Beowulf*，是現存最古老的英語文學作品，也是篇幅最長的古英語史詩，共三千多行，描寫貝奧武夫對抗妖怪格倫戴爾（Grendel）的故事。古英語是來自西北歐的盎格魯－撒克遜人入侵不列顛後使用的中世紀早期英語，時間在四四九到一〇六六年之間。

分馬其頓士兵留下來了，定居在現今阿富汗的巴克特里亞（Bactria）。在接下來的許多世代，現今阿富汗、巴基斯坦和印度北部某些地區出現幾個混種文化的印度希臘王國。這個希臘化遠東地區毫無疑問是古希臘世界的一部分，跟地中海地區保持往來，對後來希臘哲學的發展具有特別的影響力。[19]

至於印度次大陸南部，印度西南部和斯里蘭卡曾挖掘出數以千計的羅馬錢幣和雙耳陶罐，那是地中海與印度洋之間繁忙貿易路線的遺跡。[20]羅馬帝國早期的《愛利脫利亞海周航記》（*Periplus of the Erythraean Sea*）生動地描寫這條貿易路線，其中有許多鮮活的當地知識和出人意表的細節。這本書的作者指出，巴里加扎（Barigaza）的富人顯然特別喜歡義大利葡萄酒，而印度南部馬拉巴爾海岸的穆澤里斯港（Muziris）是買珍珠的最佳去處。[21]其中巴里加扎就是現今印度古吉拉特邦（Gujarat）的巴魯奇（Bharuch）。

印度次大陸在古代之後還保存某些古希臘傳承，尤其是巴克特里亞。第一到五世紀的犍陀羅＊藝術吸收了希臘和中亞的雕刻傳統，也經常描繪希臘神話的情節。其中一件來自現今巴基斯坦西北邊境白沙瓦地區（Peshawar District）的浮雕作品特別知名（目前在大英博物館展出），描繪木馬被推向特洛伊城門，以及特洛伊女先知卡珊德拉（Cassandra）為特洛伊的命運傷心哭號的情景。[22]古希臘的傳承不只展現在視覺藝術上，也展現在語言與行政方面。中亞的古國貴霜帝國（Kushan Empire）甚至以希臘語為官方語言，歷任國王也鑄造希臘風格的錢幣，採用希臘字母書寫貴霜文字，直到第五世紀為止。[23]以希臘字母書寫的巴克特里亞語則一直使用到第八世紀。[24]神話英雄赫拉克勒斯在中世紀的轉世最能說明南亞與東亞的古希臘傳承。在南亞，赫拉克勒斯變成佛陀最忠誠的隨從金剛手菩薩。[25]赫拉克勒斯甚至去到了東亞，中國唐朝（七到十世紀）的小雕像和墓室繪畫出現疑似赫拉克勒斯的人像，戴著獅子頭飾，手拿棍棒。[26]

人們通常也認為撒哈拉沙漠以南的非洲沒有古典傳承，但古典文化也在這裡留下印記。正如在南亞的情況，希臘文化的元素在這裡比羅馬文化更顯著。但跟亞洲的差別在於，這些希臘文化的元素通常跟基督教有關。比方說，四到七世紀衣索比亞阿巴・伽利瑪修道院（Abba Garima Monastery）博學的修士將希臘文福音書翻譯成當地的吉茲語（Ge’ez）時，採用典型的拜占庭風格，插圖的人像都是身穿羅馬托加袍（toga）的傳教士。[27]在蘇丹，希臘語言一直使

＊譯注：Gandhara，位於阿富汗東部與巴基斯坦西北部的古國。

用到十四世紀，不只在聖餐禮儀或墓碑銘文等正式或宗教場合使用，也在日常生活中使用，比如記錄穀物運輸數量或牆面塗鴉。[28] 尤其是在蘇丹北部的中世紀王國馬庫里亞（Makuria），希臘語是行政部門與商界的通用語言。

西方文明的理論主張，文化與文明穩定地向西傳遞，從希臘到羅馬，再從羅馬到中世紀的西歐。然而，雖然西歐確實是古代的繼承者之一，卻肯定不是唯一。希臘羅馬世界的文化遺產不只向西方與北方散播，也向東方和南方傳遞，在此同時也留在地中海沿岸發展（不只歐洲地區，還包括非洲和亞洲）。我們已經談過希臘羅馬文化在西歐各王國、拜占庭帝國、南亞和撒哈拉以南的非洲的存續，但這個世界還有一個地方有資格聲稱自己是古代的傳人。如果你循著古典學術與科學的軌跡從古代前進幾百年，必然會發現自己漫步走在中世紀巴格達的街道上。

智慧宮

那裡的大街寬闊陰涼，兩旁都是照料得當的花園和富人的豪宅。那裡的建築物以冰涼的大理石建造，建築樣式是高聳的圓頂與優雅的拱門，牆壁裝飾大量鍍金圖案，掛著五顏六色的絲綢與錦緞。河流兩岸的大理石台階延伸至寬敞的碼頭，碼頭上船隻挨挨擠擠，有樸素的平底長船和中式帆船，有載客渡輪和笨重的商用駁船，這些駁船運送的貨物塞滿城市的商店和市集。空氣中充斥著香料和香水的氣味，更有混雜的異味，分別來自被丟棄街頭的食品、騷臭的馱獸和無數吃吃喝喝、逛街聊天或為生活奔忙的人們。巴格達建於七二六年，官方名稱為「和平之城」（Madinat al-Salam）。到了九世紀中葉，巴格達已經是全世界最大的城市，人口估計超過一百萬。[29]這座城最初設計為圓形，市中心區以同心圓圖案建造，正中央是巴格達城的心臟，也就是哈里發的宮殿，高處的綠色圓頂象徵天國與世間的權力。奢華的近郊，工業區和都市貧民區迅速出現在城牆外，因此，到了第九世紀，巴格達已經是個跨越底格里斯河（Tigris）、向外擴展的大都會。

畢竟，巴格達是中世紀伊斯蘭世界的中心。伊斯蘭世界西起安達魯斯*，占據現今西班牙與葡萄牙的大多數地區；東到喀什城（Kashgar），也就是現今的中國新疆省；向南延伸到廷布克圖（Timbuktu）和西非的馬利帝國。[30]其中馬利帝國的君主曼薩．穆薩（Mansa Musa）

* 譯注：Al-Andalus，中世紀穆斯林對伊比利亞半島的稱呼。

以財富與教養聞名於世。但在這些中世紀伊斯蘭國家之中，最強盛的是阿拔斯哈里發王朝。[31]在王朝鼎盛時期，阿拔斯家族統治的帝國從西西里到撒馬爾罕，還控制了橫越地中海、紅海和印度洋的貿易路線。[32]巴格達是阿拔斯王朝的首都，是文化與政治中心，像磁鐵般吸引歐、亞、非三個大陸的人與商品。年輕的肯迪在九世初來到這座城時，還是個即將邁入學業最後階段的少年，內心想必激動莫名。[33]

然而，全名阿布・優素福・葉爾孤白・本・伊斯哈格・肯迪（Abū Yūsuf Yaqūb ibn Ishāq al-Kindī）的肯迪年紀雖不大，見識卻未必少。他現存的傳記都提到他出身高貴，不但來自阿拉比亞中部的大族金達部落（Kinda），他的家族更是這個部落的貴族。甚至有人說他是傳奇人物艾什爾斯・本・蓋斯（al-Ashath ibn Qays）的直系子孫。蓋斯曾是金達的首領，也是先知穆罕默德的朋友。[34]肯迪出生在阿拉伯社會最高貴的階級，童年生活享有地位與財富，早年居住在要塞城市巴斯拉（Basra），後來搬到省城庫法（Kūfa），因為他父親擔任該地區的埃米爾*。因此，來到巴格達對他而言想必是殘酷的衝擊。在庫法，他父親是城裡備受敬仰的當權者，他既是受寵的少年，也是小圈子裡的大人物。到了帝國首都，他只是一大群胸懷大志的學生之中的一個，身邊的人都勤奮認真，冀望在巴格達最偉大、最神聖的機構智慧宮（Bayt al-Hikma）取得一席之地，平步青雲。

智慧宮是一座規模宏大的圖書館，由九世紀初的哈里發馬蒙（al-Mamūn）建立。馬蒙公開聲稱要搜集全世界的知識，供來自全世界最頂尖的學者、翻譯家和科學家研讀。[35]曾在智慧宮任職的除了像肯迪這種來自阿拉比亞半島的人之外，還有像巴努・穆薩兄弟（Banu Musa）這樣的伊拉克裔阿拉伯人。穆薩兄弟三人企圖心旺盛，有數學家也有工程師，他們跟肯迪在職業上的競爭幾乎危及性命。他們跟波斯人往來密切，比如阿布・馬沙爾（Abu Mashar）。馬沙爾原本是虔誠的神學家，最後變成遠近馳名的占星家。另外還有來自中亞與南亞的賢者，比如發明繪製地圖新方法的阿富汗醫師阿布・扎伊德・巴爾希（Abu Zayd al-Balkhī），再來是來自東非、以博學聞名的賈希茲（al-Jāhiz）。除了這些不同種族的穆斯林之外，智慧宮也不乏基督徒學者，比如胡奈因・本・伊沙克（Hunayn ibn Ishāq），他是景教徒†，如今許多古代文本都是他保存下來的。另外還有猶太人，比如天文學先驅辛德・本・阿里（Sind ibn Ali），他

* 譯注：emir，阿拉伯語，泛指掌權者，包括酋長、王公、軍事統帥。

† 譯注：Nestorian，基督教派的一支，起源於敘利亞。

出生在現今巴基斯坦的猶太家庭。

智慧宮不只常有來自世界各地不同族群的學者造訪，還收藏了古代已知世界的文本與學術思想。在那裡可以找到希臘數學家歐幾里德（Euclid）的著作，古印度外科醫師妙聞（Sushrat）的梵文醫學專論和古印度學者婆羅摩笈多（Brahmagupta）的波斯文天文學著作，另外還有針對埃及吉薩城（Giza）的金字塔的考古學研究。這些著作都寫在紙張上，而紙張從中國進口，是資訊技術的最新發明。馬蒙對知識的追求是全球性的，據說每回在戰場上打敗其他國家，他要求的貢品通常不是黃金、奴隸或寶物，而是對方宮廷裡的藏書。

這是個生氣勃勃的學術環境，促進探索與創造力，帶動許多重大進展與新發現。[36]古希臘數學家畢達哥拉斯（Pythagoras）和歐幾里德的幾何學，搭配印度「零」的概念、十進位記數法和位值觀念，激發了數學上的重大突破，比如代數的發明。物理上的進展包括對光學的最新認識，比如光的行為和透鏡的作用；再者就是動態的力學，比如速度與加速度的計算。這些成果促進天文學的突破，直到今日，我們依然使用某些天體的阿拉伯名稱，比如大熊星座的 Dubhe（天樞）、Megrez（天權）、Alioth（玉衡）、Mizar（開陽）和 Alkaid（瑤光）。在醫學方面，古希臘醫學之父希波克拉底（Hippocratic）和印度阿育吠陀醫學的見解跟化學與藥學實驗領域的新知結合，從精神病學到腸胃炎，從婦科到眼科手術，一本本包羅萬象的醫學手冊陸續推出，為疾病分類，提出治療建議。對於自然科學與理論科學，那是名符其實的黃金時代。

智慧宮跟「翻譯運動」的關係特別密切。在這波翻譯運動中，以古希臘文（以及少數古敘利亞文）撰寫的哲學與科學著作都集結到巴格達，翻譯成阿拉伯文。[37]事實上，很多古希臘文本之所以能保存至今，要感謝這些阿拉伯抄寫員和翻譯家，尤其是亞里斯多德的科學著作、柏拉圖的哲學作品和據說由希臘裔古羅馬哲學家兼醫學家蓋倫（Galen）創作的醫學文本。在那個時候，古希臘的一切幾乎在西歐失傳，科學與哲學著作受到虔誠信奉基督教的拜占庭人質疑。正是在繁忙的巴格達，在這座伊斯蘭阿拔斯王朝的首都，古希臘學術這條命脈得以存活。很多標準版歷史將**西方文明**比喻為火炬，從古代的希臘與羅馬傳到中世紀世界，卻很少人注意到伊斯蘭世界這個重要的火炬傳遞者。

肯迪全心全意投入學術研究。抵達巴格達之後，他埋首苦讀超過十年，終於成為聲譽斐然的學者。他在學術上的成績想必出類拔萃，因為到了三十歲上下，他已經累積足夠的成就，成為哈里發最親近的學者之一。他甚至將他最早的哲學論述《論因與果》（*A Letter on Cause and Effect*）獻給馬蒙。八三三年熱愛書籍的馬蒙去世後，他繼續受到下一任哈里發好戰的穆塔西姆（al-Mutasim）重用。正是在八三三到八四二這黃金十年，他在宮廷的地位達到頂點。我們甚至聽說他奉命教導哈里發的兒子阿瑪德（Ahmad），這是深受君王信賴的榮譽職位。正是在這十年裡，肯迪寫出一部分個人最知名也最重要的著作，並且將其中許多作品獻給哈里發。

從這個時期開始，他寫出的作品數量非常龐大。[38]肯迪跟周遭的學者不一樣，他沒有直接參與將古希臘文本翻譯成阿拉伯文的工作，而是將這項任務交給通曉外語的學者，比如同時代的胡奈因。相反地，他將精力投注在分析與評論上，全力研究希臘思想家奠定的哲學理論。在他的看法，他扮演的角色是「使用最直接的方法和追求學問最便捷的程序，補足古人的哲學論點和他們探討得不夠周全的部分」。[39]肯迪對希臘文本太過痴迷，因而變成別人的笑柄。有個傳記作家說，外面偶爾有愛開玩笑的人戲弄他，編出沒有意義的語句，假裝是希臘的格言。[40]

肯迪的作品並非都是學術文章，他留下將近三百多種著作，其中包括討論香水的小冊子、關於潮汐的論述、探討透鏡的散頁與地質學入門。他甚至有一篇文章探討如何清除布料汙漬這個重要議題。在學術圈之外，他也是個知名醫師。有個小故事說他曾經為巴格達一名商人的兒子治病，儘管那個商人曾經公開詆毀他。[41]不過，雖然他兼具醫生、自然科學家和實驗物理學家等多重角色，他最為人知的始終是他的神學和哲學作品。在這些作品中，他探討宇宙的運作、神性的本質和人類在宇宙秩序中的位置。

關於肯迪的私生活和人際關係，我們幾乎一無所知。我們不知道他有沒有好友或戀人，也不知道他有沒有過感情生活。有個未必可信的故事提到他可能有兒子（所以可能也有妻子），故事裡他告誡兒子不要聽音樂，他說：「聽音樂是一種危險病症，因為人聽了音樂心情愉快，於是為了音樂花費金錢，過著奢侈的生活。最後他變得又窮又病，抑鬱而終。」[42]不過，這是唯一提到肯迪的家庭的文本，我們不能盡信。事實上，如果我們廣泛閱讀現存文獻，就會發現在肯迪生命中占有重要地位的人似乎是他的學生和科學界的朋友，其中不乏當時最聰明的人，比如占星家馬沙爾、工程師辛德・本・阿里和繪圖專家巴爾希。[43]

肯迪的同僚明顯都敬重他，卻好像都不是很喜歡他。其中辭典編纂家拉蒂夫（al-Latif）形容他是個「才華洋溢又富裕的智者，受到哈里發的偏愛，可是他太欣賞自己，容易冒犯別人」。[44]他的同僚賈希茲甚至在作品《守財奴之書》（*Book of Misers*）裡長篇大論描述他，[45]內容提到肯迪得知房客即將在家裡接待幾個朋友，立刻調漲租金，還寫了一封模擬哲學辯證的長信解釋調漲理由，詳盡列舉諸如用水與垃圾處理等額外負擔。我讀著賈希茲書中附錄的那封信，不大確定哪一種比較痛苦：是漲租金本身，還是閱讀漲租金的理由。[46]從各方面看來，只要人們允許肯迪把心思都用在他的學問、他的哲學和他的著作上，他就能過著幸福快樂的生活。

很可惜，中世紀巴格達並不是書呆子隱士的天堂。阿拔斯王朝的學術界競爭非常激烈，學者爭先恐後地構思最新穎的理論，琢磨最成熟的詮釋，發掘或翻譯最引人入勝的新文本。[47]畢竟，這關係到的不只是學術上的成就。在這個致力追求知識的社會裡，你的研究成果還可能影響到你的社會地位、你在哈里發心目中的分量，甚至你的財務穩定度。肯迪在學術上的出色表現，注定他會有不少眼紅的對手。

史書上記載一樁特別戲劇化的事件，發生在哈里發穆塔瓦基勒（al-Mutawakkil）在位期間。[48]肯迪與幾名交好的同僚表現太亮眼，引起以穆薩兄弟為首的另一派學者不滿，那些人下定決心，要不擇手段在宮廷裡奪得高位。穆薩那夥人似乎陰謀陷害肯迪那一派的幾個成員，讓他們無法再進入宮廷。肯迪和他的派系於是被孤立，得不到哈里發的眷顧與任命。穆薩兄弟又散播謠言，讓信仰虔誠的穆塔瓦基勒相信肯迪的神學理論違常，進而鞭笞肯迪。穆薩兄弟還扣押肯迪最大的珍寶，也就是他的私人藏書。他們帶走他所有書籍，鎖在一間特別的庫房裡，戲稱這間庫房為「肯迪婭」。對於肯迪，失去藏書想必心如刀割。

幸運的是，穆薩兄弟得意不久。他們早先之所以贏得穆塔瓦基勒的賞識，是因為他們承諾要建一條新運河，以哈里發的名字命名。但他們跟合作對象的計算同步出錯，等他們發現錯誤，運河的河口已經太深，水流停滯。穆塔瓦基勒怒不可遏，揚言要讓穆薩兄弟（非常）痛苦地死去。穆薩兄弟於是卑躬屈膝地向辛德・本・阿里求助，而辛德正是先前被他們驅逐的肯迪派成員。辛德是個才能出眾的工程師，也有強烈的道德感，他拒絕對穆薩兄弟伸出援手，除非他們交還肯迪的書籍。

然而，學術競爭只是肯迪所有麻煩的開始，有個更凶險的威脅出現在另一個截然不同的方向。保守派宗教思想家不贊成他的非傳統觀點，尤其反對他將神學與哲學融合的激進做法。有心人士口沫橫飛地指責他不是循規蹈矩的穆斯林，街頭巷尾流傳著小道消息，細數他背地裡做出的各種越軌行為。就連穆薩兄弟與他之間的職場競爭，也被包裝成信仰上的義憤。但有關肯迪的見解的真相，卻比坊間流言描述的更怪異。

亞里斯多德與阿拉

問題不在於肯迪研究古希臘文本與作家。在九世紀的巴格達，這樣的學者比比皆是。知名科學家兼諷刺作家賈希茲就曾情感豐沛地說：「如果古人（古希臘人）沒有為我們留下他們精妙的智慧，我們的智慧會削減，我們獲得知識的途徑也少得多。」[49]就連哈里發馬蒙據說也夢見過亞里斯多德。[50]相較之下，肯迪在他知名度最高、最重要的《論第一哲學》裡的評論似乎有點溫馴：「無論真相從何而來，即使它來自遙遠國度，來自外邦人，我們都不該恥於讚賞真相，也不該羞於獲知真相。對於追求真相的學習者，沒有什麼比真相更重要。」[51]

這番話在我們聽來語氣平和，但對九世紀巴格達的很多人而言，卻是激進得驚人。然而，肯迪更進一步宣稱，非但伊斯蘭知識分子可以藉由古希臘思想家的觀點獲益，希臘和伊斯蘭的知性文化基本上都屬於同一個傳統。對他而言，光是研究古希臘哲學與科學，選擇有用的知識擷取過來，嫁接到伊斯蘭各領域的學術還不夠。他還要證明，希臘與伊斯蘭的思想傳統沒有真正的差異，希臘哲學跟伊斯蘭神學其實是一樣的東西。這種說法跟**西方文明**的故事完全相反，**西方文明**的故事主張，古代希臘的主要繼承人是信仰基督教的歐洲，而不是信仰伊斯蘭的中東。

伊斯蘭延續了古希臘的知識，也吸收了古希臘知識的影響力，這種觀點在第九世紀的巴格達雖然普遍被接受，但聲稱希臘文化與伊斯蘭文化本質上沒有差別，顯然令人震驚，肯迪於是在《論第一哲學》裡用一整個章節陳述理由。他說，真正的知識不會被文化、語言、種族或宗教限制。另外，如果我們想領悟潛藏在宇宙裡的唯一真相，唯一的辦法是借助經由無數世紀的學習累積下來的知識。他指出：「這樣的知識只能在過去的歲月慢慢累積，一個世紀又一個世紀，直到我們的年代。」[52]那麼，這個知識不可能只屬於希臘人，也不可能只屬於穆斯林。那是屬於全體人類的遺產。

《論第一哲學》的其他內容將這個理論付諸實踐。肯迪引用新柏拉圖學派的主張來反駁世界的永恆性，並且採用亞里斯多德的科學分類法，在多樣性與一致性之間探索存在的本質，最後得到的結論與當時的伊斯蘭主流學說相符，也就是神的本質是一致的，亦即單一的。肯迪的哲學觀因此以激進又傳統的方式融合了亞里斯多德的科學、新柏拉圖學派的哲學和伊斯蘭神學。[53]肯迪說希臘與伊斯蘭思想之間沒有文化上的分隔線，這樣的結論儘管激進，他驗證的方法卻十足地傳統。他閱讀並評論希臘文本，拓展其中的概念時，始終遵循存在已久的傳統文本評論法。在這方面，他的哲學方法跟之前許多世代的希臘哲學家類似。正如新柏拉圖學派哲學家普羅提諾（Plotinus）評論亞里斯多德，另一位新柏拉圖學派哲學家波菲利（Porphyry）評論普羅提諾，現在換肯迪評論波菲利。肯迪不只強調希臘與伊斯蘭兩個世界之間的文化傳承，也以自己在哲學上的實踐演繹出來。

無可避免地，不是所有人都信服這種理智的哲學思考。但肯迪還有另一個策略來宣稱伊斯蘭的文化承襲自古希臘。或許是為了說服更廣大的群眾，他編造出神話般的宗譜，將其中的希臘人祖先命名為「悠南」（Yunan，相當於希臘文的「愛奧尼亞」）。他說悠南與傳說中阿拉伯人的祖先卡譚（Qahtan）是兄弟。[54]他告訴我們，悠南跟卡譚在一場口角後分道揚鑣，悠南帶著自己的孩子、支持者和所有願意追隨他的人離開他在葉門的故鄉，前往馬格里布（Magreb，意為埃及以西之地）定居，子孫後代在那裡繁衍。他又遺憾地說，到這時他們的言語已經不再純粹。幾個世代以後，馬其頓的亞歷山大在阿拉比亞周邊征戰。肯迪形容這是返鄉行動，是在外漂泊的宗親重返故土。因此，古希臘的文化與哲學對阿拉伯人而言絕不是外來的。恰恰相反，那是他們與生俱來的權利。

肯迪那份超乎想像的宗譜原稿已經失傳，不過大約一個世紀後歷史學家馬素迪（al-Masūdī）在他那本普世史《黃金草原》（*The Meadows of Gold*）裡摘錄了重點。馬素迪是在描寫一連串衝突之後才提及肯迪的悠南宗譜，他說這個宗譜出自「一位熟知古代的淵博學者」。暗指這是有關希臘人起源的最合理說法。他表示，也有人說古希臘人的血統跟拜占庭人有關，他認為這種說法明顯不正確。

馬素迪雖然勉強認同拜占庭人跟古希臘人生活在同一片土地上，政治結構也有相似之處，卻不厭其詳地列出雙方在信念、哲學與語言上的不同。他寫道：「拜占庭人不過是模仿希臘人，無論口才或論述的品質，他們永遠無法媲美希臘人。」這種將拜占庭人視為古希臘遺產的非法篡奪者的觀念，在肯迪那個時代好像已經存在。比方說，賈希茲就曾歡快地提出一份古希臘作家名單，強調這些人既不是拜占庭人，也不是基督徒，高分貝為希臘人宣布，「他們的文化跟拜占庭人的文化不同」。[55]接著他又說，拜占庭人「藉地利之便將希臘人的書籍據為己有」。第九世紀末出現一份新文本，描述醫學知識一代一代傳遞，但不是經由生物學上的血脈，而是透過教師與學生的關係。據說醫學正是經由這種知性宗譜，從亞歷山大城傳到巴格達。但拜占庭的基督徒拒絕了，因為他們對所有科學和哲學都抱持懷疑。[56]

這樣的文本明顯帶有政治意圖，否定了拜占庭的希臘傳承，聲稱伊斯蘭世界才是古希臘文化的繼承者。在肯迪生存、創作的九世紀中葉，阿拔斯王朝跟拜占庭正面衝突，為爭奪安那托利亞和西西里島兵戎相見。在那兩個地方，古希臘傳承都是在地歷史顯著又具體的一部分，至今依然如此。在這種背景下，「古希臘文化在阿拉伯學術圈延續」的論點極有說服力。同樣在這樣的背景下，阿拔斯王朝對希臘的偏愛，正是反拜占庭的表現。[57]

不過，肯迪和當時的人提出的主張除了直接的政治暗示之外，也許有著更廣泛的含義，可供我們思考文化的傳承路線。現代的**西方文明**恢宏故事將希臘羅馬文化視為一個整體，肯迪等人則不然。在他們看來，古希臘與古羅馬是兩個不同的世界。另外，現代的**西方文明**恢宏故事聲稱基督教歐洲承襲了這個希臘羅馬文化混合體的遺產，肯迪他們卻認為西亞的伊斯蘭世界才是古希臘的真正傳人。這點可以從兩方面看得出來。首先，阿拉比亞、敘利亞、波斯，甚至馬來半島等地的著作傳統都熱衷描繪亞歷山大大帝的征戰，[58]另外就是肯迪等人公開宣揚承襲古希臘遺產。如果古希臘學術與文化是火炬，那麼在肯迪心目中，這支火炬不是往西傳，而是向東傳。

如今我們理所當然地認為學術能跨越種族和政治界線，在現代大學裡，世界各國的研究人員密切合作，共同探討當前的緊迫議題。拜最新通訊革命之賜，他們之間往往相隔數千公里，橫跨幾個國境。（附帶一提，可惜政治民族主義興起後，近來這個觀點已經受到威脅。）但是在肯迪的時代，這是個新奇觀點，甚至相當激進。他在《論第一哲學》裡用整整一個章節猛烈反駁外界的批評。在這個章節裡，他的筆調滿是憤怒與憎恨。他受到公開指責時，通常選擇避免公開衝突，不落入別人的圈套，這回的攻訐想必深深刺傷他。

〔我們必須〕提防這個時代很多人的邪惡解讀，那些人以揣測為自己博取名聲，雖然為自己戴上真相的桂冠，卻遠離真相……他們凶殘的靈魂裡潛藏著卑劣的妒忌，這份妒忌遮蔽他們思想的視線，像一層黑紗阻擋了真相的光芒。他們鄙視具有人類美德的人，自己則是毫無品德可言……他們不配擁有欺騙得來的職位，卻全力捍衛，只為在宗教上取得優勢與便利，其實他們根本沒有信仰。59

肯迪這段話控訴的是保守派神學家，這一點都不難猜。那些人禍害他的人生，害他在民間飽受流言攻擊，在宮廷寸步難行。不過，雖然他在書面上發洩對那些人的怨恨，面對他們時，他還是盡可能客氣地回應他們的指控。曾經有一個知名神學家公開譴責他，鼓動一般大眾反對他，肯迪表面上好像有所顧慮，60私底下卻著手研究那個神學家和他朋友感興趣的數學。那個神學家的知識領域漸漸擴大之後，主動找肯迪借書，甚至跟肯迪討論學術問題。那人後來慢慢停止對肯迪的公開抨擊，變成知名的占星家。他就是曾經因為正確（卻悲觀）的預測遭到鞭笞的阿布·馬沙爾，後來也成為肯迪在學術上的好友。

馬沙爾陪伴肯迪走到生命終點，他詳細記錄了肯迪的病情，說肯迪是膝蓋腫脹惡化導致死亡。肯迪顯然試過喝陳年葡萄酒治病，陳年葡萄酒或許可以緩解很多症狀，卻治不了膝蓋問題。後來他又試了「蜂蜜汁」，聽起來也挺可口，可惜效果不如肯迪的預期。馬沙爾寫道，所有療法都不奏效，感染和疼痛迅速擴散，最後侵襲肯迪的腦部，帶走他的生命。[61]

肯迪的死不只是結束，也是一個傳承的開始，這個傳承將會延續數百年。他過世後那些年，他的學生巴爾希和薩拉赫西（Sarakhsī）在巴格達創立一所學校，接下來兩百年都占有重要地位。再後來，肯迪的著作也成為未來伊斯蘭學術世界的基礎。雖然這些後代的哲學家知名度更高，比如法拉比（al-Fārābī）、阿維森納（Avicenna）和阿維羅伊（Averroes）等，但他們之所以達到這樣的成就，要歸功肯迪和他那群學者篳路藍縷的努力。正是這群人搜集並翻譯數以百計的古希臘文本，遺留給後代。肯迪還確立了阿拉伯哲學的學術語言，也為之後的中世紀科學奠定基礎。他也親自為哲學的跨文化本質辯護，主張哲學是所有人平等享有的遺產，不是經由血脈傳承，也不屬於特定文化團體。

肯迪的生命和著作證實，**西方文明**的恢宏故事是錯的。中世紀不是黑暗時代，也沒有合而為一的古代希臘羅馬文化的火炬被細心地保存在歐洲苟延殘喘，等待之後的世代重新引燃。相反地，那個時代的人認為古希臘與古羅馬的歷史涇渭分明，彼此不同，不同的族群各自宣稱承襲不同的遺產。中歐和西歐在我們心目中跟**西方**密切相關，也被**西方文明**的恢宏故事認定為古典文化的主要繼承者，這兩個地方的人依然深信他們承襲古羅馬文化（我們會在第四章深入討論），對古希臘歷史不感興趣，也不願接觸。相較之下，拜占庭帝國明確聲稱自己承襲羅馬的政治、文化與血統，卻也不曾拋開古希臘學術知識。但在**西方文明**的傳統故事裡鮮少提及的伊斯蘭世界，人們聲稱他們繼承了古希臘遺產，不只知性的傳統與文化的延續，甚至接收了神話的傳承。如果我們以古希臘和古羅馬為起源畫出宗譜，那麼到了中世紀，伊斯蘭世界會是最壯大、最繁盛的一支。

第四章　又見亞裔歐洲人

——維特博的戈弗雷（Godfrey of Viterbo）

羅馬人和條頓人（Teutons）的君王和皇帝的高貴出身都來自同一個根源，那就是特洛伊人的王。

——維特博的戈弗雷（一一八三年）[1]

戈弗雷一肚子悶氣。他在這個房間被關了好幾天，便盆開始飄出惡臭。他輕手輕腳端起便盆，伸直手臂拉開距離，小心翼翼走向窗子，就怕盆裡的汙濁液體灑出來。等便盆裡的東西都倒出窗外，他給自己一點時間凝望窗外的景物。通往河邊的緩坡種滿葡萄，葡萄藤上掛著沉甸甸的果實。他看見葡萄園再過去的田野、牧草地和卡薩萊蒙費拉托（Casale Monferrato）這座小鎮的屋頂。他嘆一口氣對自己說，皮埃蒙特（Piedmont）確實很美。戈弗雷把便盆放在窗子下，心不在焉地用他的深色羊毛斗篷擦了擦手指，重新坐回書桌旁。他心情好了一點。一張新的空白羊皮紙鋪在他面前。他心想，當囚犯至少有個好處：終於有時間寫作。

這一幕雖然是我的想像，但戈弗雷確實是在被監禁那段時間前後開始寫作。他寫的是世界編年史，其中古代的希臘只是附帶一提，著重歌頌另一個權力核心與傳承，這個傳承起源於安那托利亞，在羅馬世界發展，最後在中歐的德意志王朝趨於成熟。年復一年，戈弗雷手不輟筆，無論在馬背上，在路旁的樹蔭下，或在被圍困城堡的僻靜角落裡，他都在寫。他的職業生涯大部分時間都在東奔西走，遞送信件、頒布政令，或為他的君主傳遞祕密消息。他的君主是神聖羅馬帝國聲名（或惡名）遠播的霍亨斯陶芬王朝（Hohenstaufen）皇帝腓特烈一世（Frederick I），綽號「紅鬍子」，因為他蓄了一臉紅鬍子。[2]即使戈弗雷不出公差，平時的職務也夠他忙的。作為宮廷大臣，他整天在文書處起草或抄寫文件。另外，身為中世紀神職人員，他每天還得到教堂參與多次禮拜儀式。如果他的牢騷可信，他的工作十分繁重，以至於他「馬不停蹄，一團忙亂，在如此喧鬧的龐大宮廷裡，不是在打仗，就是在戰爭般的狀態下」。[3]

戈弗雷這位中世紀神職人員、外交家兼編年史家一直這麼忙碌，這或許是我們的運氣。

他多姿多彩的生命經歷成了他創作的養分。他廣博的世界歷史或許頗有企圖心，從人類的起源講述到他所在的十二世紀晚期，但他的筆法簡潔有力，而且深受他置身的政治漩渦影響。正因如此，他撰寫的史書變得格外有趣。他在四年的時間裡寫了三個版本，反覆修訂或改寫，以因應瞬息萬變的政治情勢。最早的版本在一一八三年完成，命名為《君王之鏡》（*Speculum regum*），獻給紅鬍子的兒子亨利六世。兩年後他做了修改，重新命名為《緬懷過往》（*Memoria seculorum*），獻給霍亨斯陶芬王朝。到了一一八七年他再次修改，取名《普世之書》（*Pantheon*）。這本書他沒有獻給過去的雇主，而是獻給他們的對手，亦即教宗。想當然耳，戈弗雷會根據獻書對象調整內容，依版本的不同真真切切地改寫歷史。

這些版本之中始終有個不變的元素，那就是戈弗雷心目中的歷史樣貌，這個樣貌跟如今**西方文明**的宗譜截然不同。根據戈弗雷的說法，人類度過最早那段神祕的混沌期之後，大約有連續三個階段的人間皇權。這三個皇權得到神的認可，後繼者平順而直接地繼承世間的統治權。這種人間權力從上一個帝國傳遞到下一個帝國的概念稱為皇權傳遞（translatio imperii），在歐洲中世紀編年史家之間十分流行。依照戈弗雷的說法，這三個階段的第一個是特洛伊人的皇權，其次是特洛伊人的後裔兼合法繼承者羅馬人的皇權，最後是羅馬人的後裔兼合法繼承者條頓人的皇權。戈弗雷認為，真正意義上的歷史始於赫勒斯滂海岸的特洛伊城，在萊茵河畔的德意志族霍亨斯陶芬王朝達到巔峰，也就是紅鬍子的家族。

相較之下，現代**西方文明**的故事描繪的文化傳承卻不相同。在這個版本裡，我們看到中世紀（也就是戈弗雷生存及寫作的時代）隨著時間推移、經過文藝復興和啟蒙運動延續到現代**西方**。我們同時看到它順著時間回溯，連接到古代，而古代是希臘與羅馬文化的融合。只是，戈弗雷和他那個時代的中世紀史家看法跟我們不同，他們不認為希臘和羅馬屬於同一個文明，也不認為自己是古代遺產的守護者，為後世保存希臘羅馬的文化與知識。相反地，他們眼中的希臘和羅馬是兩個截然不同的世界，互不相干，甚至彼此敵對。他們雖然認為古羅馬是他們文化傳承的核心，卻跟九到十世紀巴格達智慧宮的學者不一樣，因為他們不大願意與古希臘扯上關係。

羅馬人的皇帝

啟蒙時代法國哲學家伏爾泰（Voltaire）說過一句名言：神聖羅馬帝國既不神聖，也不羅馬，更不是帝國。他這番俏皮話有幾分真實性。以規模與遠見來看，神聖羅馬帝國當然是帝國。[4]從西元八〇〇年查理曼大帝（Charlemagne）建國，到一八〇六年末代皇帝法蘭茲二世（Francis II）宣布解散，神聖羅馬帝國延續了超過一千年。在國力最強盛的時期，神聖羅馬帝國的版圖涵蓋現今奧地利、比利時、捷克、丹麥、法國、德國、義大利、盧森堡、荷蘭、波蘭、斯洛伐克和瑞士等國的部分或全部。然而，朝廷並沒有直接統治，皇帝的政策無法通行所有領土，帝國的權力薄弱，這或許是伏爾泰那段名言所指的現象。神聖羅馬帝國是個波動起伏的集合體，由數百個獨立國家和小領地組成。這些小政權的領袖向皇帝效忠，而皇帝是由帝國境內七個（後期九個）地位最高的親王和高級教士組成的小組推選，這些人就是所謂的選帝侯（Königswahl）。選帝侯選的人選通常在意料之中，三名宗教界人士分別是美因茲（Mainz）、特里爾（Trier）和科隆（Cologne）的樞機主教，四名世俗人士則是波希米亞（Bohemia）國王和巴拉丁（Palatinate）、薩克森（Saxony）與布蘭登堡（Brandenburg）的統治者。這些人通常從當時掌權的王朝中挑選合適對象。統治過神聖羅馬帝國的知名王朝包括查理曼本人創建的法蘭克加洛林王朝（Carolingians）、英格蘭金雀花王朝（Plantagenets）的先祖撒利安家族（Salian），以及奧地利的哈布斯堡家族（Habsburgs）。在戈弗雷的時代，統治神聖羅馬帝國的是霍亨斯陶芬家族，他們是來自現今德國南部施瓦本（Swabia）的強大親王家族。

戈弗雷職業生涯中最主要的雇主紅鬍子是這個家族之中最強悍的一個。[5]紅鬍子是天生的軍人，偶爾會暴躁衝動，有用不完的精力和無限大的野心。他幾乎憑藉自己的意志力和強大的個人魅力，不只將德意志的強大統治者和奧地利與義大利北部特立獨行的親王拉攏在一起，還將霍亨斯陶芬家族的勢力擴展到西西里。

帝國在維持人間君權時遭遇諸多難題，在宗教權力的掌控上更是困難重重。紅鬍子最大的困擾不是薩克森那些吵吵鬧鬧的親王或巴勒摩那些諾曼國王，而是羅馬的教宗。[6]他跟教宗亞得里安四世（Pope Adrian IV）爭奪主導權，跟教宗路爵三世（Lucius III）發生一連串爭吵，又為了王朝與王朝之間聯姻的適切性跟教宗烏爾班三世（Urban III）衝突。但跟他爭執最激烈的是教宗亞歷山大三世（Alexander III，任期一一五九至一一八一年）。紅鬍子拒絕承認亞歷山大三世的教宗地位，支持他自己屬意的人選維篤（Victor）。這起事件前後耗時十八年，期間發生多次慘烈戰爭，數度被逐出教會，紅鬍子才終於讓步，接受亞歷山大三世的教宗身分。

神聖羅馬帝國雖然不是真正的帝國，也未必神聖，歷代帝王卻是以羅馬政權自居。查理曼大帝創建帝國的時候，為他加冕的教宗稱他為「羅馬人的皇帝」（Imperator Romanorum），查理曼還刻意仿效古羅馬錢幣發行新貨幣。[7]雖然後來的繼位者將頭銜改為「羅馬人的王」（Rex Romanorum），[8]他們統治的疆域卻是包括過去西羅馬帝國的大片土地，分裂數百年的政權於是重新合併。尤其是戈弗雷所在的十二世紀，人們對古羅馬越來越感興趣。越來越多古代拉丁文本被抄寫流傳，紅鬍子本人也鼓勵帝國各地恢復羅馬文化象徵和羅馬法典。[9]不可避免地，皇權傳遞的概念也在這段時間盛行，許多中世紀歐洲史書宣稱新舊羅馬帝國之間在政治上一脈相傳。[10]比方說，就在戈弗雷之前那個世代，米歇爾斯堡的弗魯托夫（Frutolf of Michelsberg）列了一張羅馬皇帝名單，從奧古斯都一直到他自己的時代，彷彿傳承不曾中斷過。[11]戈弗雷編寫的史書更勝一籌，列出的羅馬帝國統治者從紅鬍子上溯，直到羅馬人傳說中的祖先埃涅阿斯為止。「羅馬精神」（Romanitas）對帝國新政權有強大的吸引力，它為新帝國提供正統性與崇高古代的光輝。

然而，不是所有人都相信神聖羅馬帝國是古羅馬統治權的延續。這個概念明顯是對拜占庭人的打臉。我們在第三章提到過，拜占庭人自稱是「羅馬人」（而不是「希臘人」），自認是古羅馬唯一真正的繼承人。[12]拜占庭人並非無的放矢。有別於神聖羅馬帝國的皇帝，他們的統治者確實直接承襲古代的政治傳統，不曾中斷。同樣有別於神聖羅馬帝國，他們的首都（君士坦丁堡）不只是古羅馬帝國的首都，而且至今依然蓬勃發展。相較之下，神聖羅馬帝國沒有固定的首都，羅馬城本身是教廷的根據地，而教廷跟神聖羅馬帝國之間經常意見不合。因此，這個新建「羅馬」帝國的宣示，在拜占庭人聽來的確虛偽不實。

除了兩大帝國之間的政治對立之外，君士坦丁堡的牧首*與羅馬的教宗也經常發生宗教爭論。復活節該在哪一天慶祝，聖餐禮能不能用未發酵麵包，復活節前四十天的大齋期該不該唱誦「哈利路亞」，諸如此類的爭議不勝枚舉。不過，在這些神學爭論之外，還有另一個層次的權力鬥爭。牧首與教宗都自稱是基督教最高領導人：教宗自稱是聖彼得†的繼位者，牧首則主張，當人間政權從羅馬移轉到君士坦丁堡，宗教權力也一併移轉。教宗與牧首之間的關係向來劍拔弩張，到了十一世紀更是一觸即發。當時教宗威脅要將沿用君士坦丁堡宗教儀式的所有義大利教會成員逐出教會，牧首的反擊是關閉君士坦丁堡所有採用羅馬宗教儀式的教堂。次年教宗使節抵達君士坦丁堡，要求牧首正式承認羅馬的優先地位。這項要求一如預期遭到拒絕，使節於是當場將牧首逐出教會。中世紀歐洲兩大教會就在這一刻誕生了，那就是君士坦丁堡的東正教教會和羅馬的天主教教會。拉丁語教會與希臘語教會這次最後的決裂，就是知名的東西教會大分裂。[13]到了十二世紀晚期戈弗雷的時代，大分裂已經是舊聞。事實上，到這個時候，拜占庭與東正教會的領域已經變成「**東方**」，而神聖羅馬帝國和天主教會的領土也慢慢變成「歐羅巴洲」（Europa）的同義詞。[14]

值得一提的是，中世紀認知裡的「歐羅巴洲」，跟現代認知裡的「歐洲」並不相同。比方說，現代歐洲大陸東邊最遠到達現今俄羅斯的烏拉山脈（Ural Mountains）和俄羅斯與伊朗之間的裡海（Caspian Sea），中世紀歐羅巴洲卻不是。而在北方和西方，歐羅巴洲也不包括波羅的海和大西洋周遭地區，在中世紀，這些地方不管文化上或地理上都是邊緣地帶。事實上，戈弗雷時代的歐羅巴比較接近現代德國的「中歐」（Mitteleuropa）概念，重點區域是現今德國、奧地利、瑞士、義大利北部、法國東部、匈牙利、斯洛伐克和捷克等國家。

這種對歐洲大陸的觀點源於第九世紀加洛林王朝的宮廷，在那個時候，歐羅巴等於神聖羅馬帝國的疆域。[15]九世紀早期的知名史詩《帕德博恩史詩》（*Paderborn Epic*）描寫查理曼與教宗良三世（Leo III）會晤的情景，稱呼查理曼為「王者，歐洲之父」。[16]到了九世紀中葉，

＊ 譯注：patriarch，東正教教會最高領導人，或譯宗主教。

† 譯注：St. Peter，指使徒彼得，天主教與東正教都認為他是教會第一任領袖。

蘇格蘭文法家塞杜里烏斯（Sedulius）描寫查理曼時，稱呼他「歐洲統治者」。名字很能引發聯想的結巴諾克（Notker the Stammerer）以集大成的「歐羅巴的一切」讚揚他。[17]

到了將近兩百年後戈弗雷的時代，「歐羅巴」在大眾心目中已經不是大陸名稱，也不是某個文明的文化標籤，而是政教地理學名詞。這個名詞指稱歐洲中部特定地區，人口以拉丁基督徒為主，宗教上接受羅馬教宗管轄（至少名義上）。而且在刻意運作下，神聖羅馬帝國與對手拜占庭帝國的勢力範圍逐漸區隔，前者以中歐為主，後者則在東歐與亞洲西北部。神聖羅馬帝國和拜占庭都自稱是羅馬皇帝的正牌繼承人，也彼此競爭，希望自己的帝國被認定為真正的普世基督教帝國。[18]不過這段時期二者之間的競爭並不激烈。在霍亨斯陶芬家族看來，拜占庭帝國不是太大的威脅。拜占庭內部陷入政權爭奪的困擾，外在又有來自中亞的塞爾柱突厥人（Seljuks）侵犯東部邊境，幾乎連核心領土都無法保全。相較之下，紅鬍子領導的神聖羅馬帝國國力蒸蒸日上，對外擴張國土，內部政權穩固。難怪當時的拉丁編年史家對自己帝國的羅馬傳承越來越感興趣，也就開始將拜占庭皇帝貶低為「希臘人的皇帝」。[19]

如果找出現代**西方**在這段時期的誕生地，再跟興盛的神聖羅馬帝國連結在一起，應該會很有意思。畢竟，我們認知中**西方**身分認同的某些關鍵元素已經確認：基督信仰、以歐洲為核心的地理位置，以及希臘羅馬傳承的意識。只是，這三個元素放在這個背景裡，都顯得牽強。這個時期的神聖羅馬帝國深陷在宗教分裂與衝突中，很難代表團結的基督教世界。再者，神聖羅馬帝國雖然是歐洲政權，領土卻以中歐為主，我們如今認知中對**西方文明**至關緊要、明確屬於**西方**的三個地區，在他們看來卻是邊緣地帶。這三個地區第一個是希臘化的歐洲東南部，據說這裡是**西方文明**在古代的發源地。其次是大西洋岸的西歐，據說**西方文明**在這裡邁入現代。第三個是斯堪地納維亞的北歐。最後，神聖羅馬帝國雖然以羅馬的繼承人自居，卻高分貝拒絕古希臘傳承。像戈弗雷這類神聖羅馬帝國居民並沒有將世界劃分為**西方**和**其他**，他們自認的文化宗譜也跟**西方文明**的文化宗譜明顯不同（這是本書議題的關鍵）。戈弗雷懷抱雄心壯志寫出他的編年史，誓言重述人類的普世史，在他筆下發揚光大的，正是那個文化宗譜。

修士外交家

戈弗雷出生在一一二〇年代，也就是肯迪那群人在巴格達共創黃金時代之後大約兩百年。他的故鄉在義大利中部的維特博，是羅馬城被罷免的教宗和被流放的政治犯偏愛的避風港。

我們對戈弗雷的家庭背景所知不多，不過他應該是來自當地的體面家庭，兼具德意志和義大利血統。[20]他想必有一定的社會地位，所以年幼時就引起神聖羅馬帝國皇帝洛泰爾三世（Lothar III）的注意。洛泰爾認為他具有成為學者的潛力，安排他進班貝格（Bamberg）主教座堂附設的精英學校就讀。班貝格就在現今德國巴伐利亞州。戈弗雷顯然是個好學又早熟的孩子，能在十二世紀歐洲最重要的學術中心就學，他必定很珍惜這次機會，但年少的他可能也很想家。從戈弗雷後來的作品不難看出，他始終心繫故鄉，才會在漫長而出色的宮廷職業生涯結束後，選擇回到維特博退休養老。

戈弗雷在求學階段受到皇帝的照顧，他的第一份工作卻不是在宮廷任職，而是回到義大利為教宗工作。仔細研究戈弗雷現存手稿會發現，他的字體裡包含某些所謂的「教宗書寫體」的特徵，這種草寫字體是專門開發出來供教廷使用的。[21]他能學到這種字體，原因只能是青少年或青年時期在教宗的行政部門服務過。他可能也是在這段時間決定領聖職。以他這種社會地位的年輕人而言，擔任神職人員既是靈性上的追求，也是職業上的考量。進教會任職既能提升社會地位，工作也有保障，這是來自外省體面中等家庭的年輕人難以企及的。

只是，過不了多久戈弗雷又被吸引回宮廷圈，這回換了個更有活力的新王朝，那就是霍亨斯陶芬家族。戈弗雷加入規模越來越龐大的宮廷官僚體系，協助霍亨斯陶芬家族治理難以駕馭的帝國。正如過去與現代許多大型官僚體系的情況，帝國文書處的最高職位都是政治任命，保留給地位或高或低的王公貴族，這些人都是受到信任的宮廷顧問。真正做事的是公證人（notary），他們孜孜不倦地撰寫專論、法條、公告與治理帝國所需的其他文件。22有些公證人兼任神職人員：文書處與宮廷禮拜堂的在職人員有一定程度的重疊，這點從戈弗雷的職業就能看得出來。

我們在帝國文書處初次見到的戈弗雷，就是在這群謙恭的神職公證人之間抄寫文件，當時的皇帝是康拉德三世（Conrad III）。在生命的這個階段，戈弗雷職位還不夠高，不能在文件裡署名，也接觸不到重要文件（不過以後都會）。學者想尋找他的蹤跡，只能不辭辛勞地分析他的筆跡。沒有人知道他為什麼離開羅馬，進入巡迴宮廷任職。不過，在接下來那些年，戈弗雷展現出對霍亨斯陶芬家族的高度忠誠，直到生命晚期才放下對他們的執著。其中帶給戈弗雷最多希望、同時也讓他最失望的，正是霍亨斯陶芬王朝第二任皇帝紅鬍子。

我們已經聊過紅鬍子，他有粗獷的魅力、英勇的氣概和似乎無窮無盡的精力，注定不容小覷。這是好事，因為他有太多麻煩要面對。安撫德意志、法蘭西和奧地利等地的親王就需要巧妙的策略，不過紅鬍子的表現超出預期。義大利人比較難對付，尤其總有人選擇站在教廷那邊，跟帝國唱反調。紅鬍子向義大利發動至少五次軍事行動，非交戰期間則有使節與代表團馬不停蹄奔走在宮廷與北義大利之間，試圖以外交手段防止下一次衝突。

戈弗雷在義大利出生，在德國受教育，突然成了可用之人。在紅鬍子執政早期，他的職位越來越高，在帝國文書處一路晉升。我們同樣依靠筆跡分析辨識出戈弗雷撰寫過的重要文件，從而追溯他的升遷軌跡。這些文件包括一一五四年的封建法規（一一五八年修訂），一一五五年簽署歐洲第一份為學者與大學頒布的章程，名為《學術特權》（*Authentica Habita*），以及或許最重要的《康斯坦茨和約》（Treaty of Constance）。[23]這份和約是紅鬍子和教宗尤金三世（Eugene III）在一一五三年共同簽署的，約定紅鬍子登基的條件。一一五五年新教宗亞得里安四世就職，和約又重新簽署。在這兩個版本的和約之間，戈弗雷的地位發生有趣的變化。這兩份和約雖然都是由他見證並簽署，在一一五三年他的職稱是「維特博的戈弗雷，國王的宮廷神父」，短短兩年後他的頭銜多了點不拘禮的親暱，變成「我們的神父戈弗雷」。顯然，紅鬍子登基後，戈弗雷在短時間內就走進宮廷的核心圈子。

戈弗雷注定不會花太多時間起草並見證各種法規章程，不久後他就奉命踏上外交使節的旅程。他好像跟著紅鬍子到義大利征戰至少三次：一一六二年那不勒斯投降，他跟紅鬍子一起慶功；一一六七年驚恐地目睹紅鬍子的軍隊在羅馬遭到瘟疫襲擊；[24]一一七四年紅鬍子的軍隊大肆洗劫義大利皮埃蒙特的蘇薩城（Susa），他百般艱難地守護他在當地的線民的家。[25]這些年他想必十分忙碌，幾乎沒有時間休息或放鬆。後來戈弗雷回首那段時間，覺得他生命中那段歲月是無休無止的工作與出差。

> 作為宮廷神父，我每天日以繼夜參加彌撒儀式和日課，或者開會、協商、起草信件、安排每天的住宿、照顧我自己和同胞的生計。此外，我也執行重要任務，去西西里兩次，普羅旺斯三次，西班牙一次，跑了幾趟法國，德意志到羅馬來回四十次。宮廷裡跟我同年齡的人，沒有人像我這麼辛苦勞碌。[26]

戈弗雷或許誇大了他的地位和重要性，[27]但他顯然是個受信任的老練外交家，一生中經歷過許多精彩刺激的事件。不過其中一次經歷或許太刺激了點。一一七九年他擔任紅鬍子的使節，路過義大利中部馬爾凱（Marche）的豐饒山區時，無預警地被蒙費拉的康拉德（Conrad of Montferrat）俘虜。康拉德是紅鬍子的表弟，也是死敵。戈弗雷被他囚禁，直到紅鬍子介入才獲釋。[28]我們不知道戈弗雷被監禁多久，也不清楚他在監禁期間的生活狀況，本章開頭那段假想情節純粹是我的想像。我們只知道戈弗雷被拘留的時間超過他所能忍受，因為事後他憤憤不平地埋怨。他的經歷跟美因茲的樞機主教雷同，那位也是紅鬍子的官員，同一年被康拉德俘虜，受困超過一年。[29]

遭到監禁成了他生命的轉捩點。在那之後，我們找不到他執行外交任務或在帝國文書處任職的證據。那時他的年齡應該是六十出頭，不可避免地已經到了放慢腳步的時刻，揮別過去四十年來忙亂的生活方式。不過被囚禁的經歷好像讓他深受震撼，當然，紅鬍子遲遲沒有援救他，也讓他感到被拋棄和失望。身心俱疲又委屈不平，戈弗雷於是決定退休。

幸好，他提前做好退休規劃。在他被監禁前那十年，他從紅鬍子那裡得到不少賞賜和恩典，可以確保退休後生活無憂。其中包括維特博一棟府邸。紅鬍子將那個地方賜給戈弗雷、他弟弟沃爾納和他侄子雷納爾，作為世襲的采邑。除此之外，義大利盧卡（Lucca）和比薩的主教座堂，以及萊茵蘭（Rhineland）的施派爾主教座堂都固定從年收入中撥一筆錢給他。[30]未來的生活得到保障之後，戈弗雷就回到維特博，投注全部心力撰寫他的編年史。到了一一八三年他已經完成一大部分，初步命名為《君王之鏡》。他明白表示將這本書獻給紅鬍子的王位繼承人亨利六世，聲稱為亨利提供一面通往過去的鏡子，讓他看到歷史上的模範，作為將來治理國家的借鏡。出乎我們的預料，戈弗雷挑選的帝王典範並不是來自古代的希臘或羅馬。相反地，戈弗雷認為，帝王的典範應該在西亞。

普里姆的後代

本書名為《君王之鏡》，由宮廷牧師維特博的戈弗雷撰寫，他將本書獻給羅馬人和德意志人的君王亨利六世殿下，他是皇帝陛下腓特烈的兒子。腓特烈是大洪水時代*至今特洛伊人、羅馬人和德意志人所有國王與皇帝的後裔。31

這樣的開場白相當大膽。戈弗雷的世界編年史開頭這段話斬釘截鐵地表達他的立場。這是

* 譯注：很多古老民族都有大洪水滅世的傳說，《聖經．創世記》也描述上帝以大洪水消滅罪惡的人間。

一本理直氣壯的世界政治史，系統性介紹一連串帝國的宗譜，最早的是特洛伊人，其次是羅馬人，再到當時的德意志人。我們在第二章討論過羅馬人如何自豪地聲稱他們的祖先來自特洛伊城。那麼，既然神聖羅馬帝國自稱古羅馬的後裔，必然也採納祖先來自特洛伊的說法。

前面討論過皇權傳遞這個概念如何支撐起帝國統治權的正統性，在此同時既解釋又證明神聖羅馬帝國與古羅馬政權之間的關係。但特洛伊血統的問題比較敏感。到了十二世紀晚期，神聖羅馬帝國被拿來跟對手拜占庭帝國相提並論時，漸漸被描繪為「西方」和「歐洲」。我們已經知道，神聖羅馬帝國早在第九世紀就跟歐洲產生關聯，那時帝國初建，有個不知名詩人形容查理曼是「歐洲之父」。這個趨勢在十一、十二世紀更為明顯，儘管當時羅馬和君士坦丁堡之間的信仰爭議持續不斷。在這個背景下，對於一個穩定扎根在中歐的帝國，自稱起源於亞洲好像是個奇怪的選擇（特洛伊坐落在現今土耳其境內）。在現代觀察家看來，想必更加怪異，因為現代人已經習慣以**西方文明**的角度看待歷史，也習慣認為歐洲不只在地理上跟亞洲分隔，就連文化、文明與種族也涇渭分明。戈弗雷的觀點大不相同，他同時代的人也是如此。

在戈弗雷看來，王族的起源與霍亨斯陶芬家族宗譜的根源必然是「特洛伊王族」。[32]戈弗雷說，在這支特洛伊王族之前的史前時代，還有幾支值得關注的種族，比如聖經裡的巴比倫人、以色列人和一支半神話性質的古希臘人（奇怪的是，在這個版本中，眾神之王宙斯變成雅典城的人間統治者）。只是，戈弗雷認為，特洛伊是「真實」歷史的起點。

戈弗雷就像我們想像中的精明外交家，他將重點放在特洛伊，是為了政治效果。在《君王之鏡》裡，特洛伊的傳承與文化的延續或廣泛的文明遺產無關，而是針對霍亨斯陶芬家族血統的具體聲明。戈弗雷說，亨利六世、紅鬍子和整個霍亨斯陶芬王朝，都是特洛伊國王普里姆（Priam）的直系後代。將中世紀歐洲貴族家庭的宗譜跟特洛伊王宮連結在一起的不只戈弗雷，正如將近一千年前凱撒大帝統治的羅馬一樣，十二世紀的人也一窩蜂尋找這種連結，當時歐洲各地歷史學家的作品都能找到類似論點。[33] 諾曼人、撒克遜人、法蘭克人、條頓人、威尼斯人、熱那亞人和帕多瓦人，甚至，根據當時撰寫《散文埃達》（*Prose Edda*）的冰島籍作家所說，古代北歐神祇都是特洛伊人的後代。[34] 到了十二世紀末，英國編年史家杭亭頓的亨利（Henry of Huntingdon）挖苦說，如今大多數歐洲人都自稱是特洛伊人的後裔。[35]

這些編年史和貴族宗譜只是其中一部分。特洛伊的故事也是流行文化的素材，坊間出現許多以歐洲各地語言撰寫的俠義傳奇故事，都以戲劇化的特洛伊戰爭為背景。比如聖莫爾的本瓦（Benoît de Sainte-Maure）的《特洛伊傳奇》（*Roman de Troie*），出版時間大約就在戈弗雷剛動筆寫《君王之鏡》時，一夕爆紅變成國際暢銷書。這本法文書很快被翻譯成拉丁文、德文、荷蘭文、義大利文、西班牙文和現代希臘文。自此之後，一種全新文類在文化現場遍地開花，全都是與「特洛伊題材」相關的傳奇故事。正如學者艾蓮娜・博克（Elena Boeck）所說，這段時期「特洛伊主題的暢銷書是全歐洲的時尚，有無遠弗屆的傳播力和強大的意識形態」。[36]

在所有特洛伊故事之中，戈弗雷脫穎而出，因為他描述的宗譜足夠清晰，他書中的政治暗示也足夠巧妙。戈弗雷用輕快的拉丁韻文描繪特洛伊人在城破之後如何四散流離：一部分人乘船前往義大利，[37]其他人走陸路去到萊茵河畔。[38]這種對特洛伊人的劃分是他的故事的關鍵點，所以他煞費苦心強調：

於是普里姆的後代樹大分枝：
其中一支在義大利留滯；
另一支建立德意志。[39]

戈弗雷說，義大利人和德意志人就像兄弟，都是從同一株特洛伊樹木長出來的枝椏。這是巧妙利用宗譜來處理當時的政治情勢。在那之前的三十年，戈弗雷大多數時間都在緩和驕傲的義大利王公與他們的德意志皇帝之間的關係，我們已經知道，他在過程中吃了不少苦頭。一一七七年紅鬍子和教宗之間好不容易達到薄弱的和平關係，義大利北部各城市組成的倫巴底聯盟（Lombard League）卻繼續和皇帝作戰多年。直到一一八三年，也就是第一版《君王之鏡》完成的那一年，《康斯坦茨和約》才簽署，雙方終於和解。因此，《君王之鏡》中的特洛伊宗譜是一種親緣外交，鼓勵德意志人和義大利人兄弟團結。

戈弗雷提出的宗譜也具有個人色彩。它不只呈現外交家戈弗雷在漫長衝突中試圖化干戈為玉帛的經歷，也關係到他的家庭背景。戈弗雷在義大利出生，心繫他的家鄉維特博，在此同時，他有德意志血統，也在德意志接受正式教育，而他的教育機會和身分地位都是德意志皇帝賜予的。他發現自己在公私領域都左右為難。戈弗雷的特洛伊宗譜或許是對紅鬍子與義大利之間的戰爭發表的宣言，我們不妨想像它或許也反映他個人的想法。

特洛伊宗譜還有一個額外的好處，那就是可以讓法蘭克人認清自己的身分。法蘭克人的領袖跟當時歐洲很多貴族世家一樣，自稱是特洛伊王族的後裔。法蘭克人聲稱，他們傳說中的祖先法蘭西歐（Francio）是特洛伊最偉大的英雄赫克托爾（Hector）的兒子。戈弗雷改寫這段故事，法蘭克人變成德意志宗譜裡次要的旁支，他稱呼他們法蘭奇吉內（Francigenae）或法蘭克林（Franklings）。他說這些遠房旁支渡過萊茵河，在巴黎附近定居，甚至高姿態地稱那地方是「小法蘭奇亞」。[40]很難想像戈弗雷的讀者對這番嘲弄有什麼反應，也許樂不可支，也許情感受挫，視個人立場而定。

「法蘭克人是德意志人的旁支」這個概念之所以重要，原因在於它不但是象徵性的貶抑，也讓戈弗雷得以聲稱創立神聖羅馬帝國的查理曼大帝是條頓人。查理曼的父親丕平（Pepin）算是法蘭克林人的分支條頓人，這麼一來，戈弗雷就可以將他納入特洛伊宗譜裡的德意志分支。戈弗雷還詳細介紹查理曼的母親貝莎（Bertha）的祖先，說他們來自特洛伊宗譜裡的義大利分支。因此，根據戈弗雷所說，特洛伊的兩條血脈並存在查理曼血液裡，重新結合成單一世系。

一分為二的特洛伊家族
在丕平與貝莎相遇時回復，
特洛伊重聚在他們兒子血液裡。
若是你留意特洛伊血脈之事，

會發現查理曼是它最根本的子嗣，
因為他有條頓父親與羅馬母族。[41]

基於建國者查理曼的血統，神聖羅馬帝國因此成為特洛伊王權的雙重傳人。但霍亨斯陶芬家族皇權宣言的重點是，德意志血統凌駕並支配義大利血統，正如當時的父權思想也認定查理曼的德意志父親不平凌駕並支配他的母親義大利人貝莎。這麼一來，戈弗雷才能將德意志血統納入他編寫的宗譜裡。這種以德意志與北方為起源的說法，也是中世紀史料編纂另一條重要脈絡。[42]當然，戈弗雷說，霍亨斯陶芬家族繼承了查理曼的血統，所以是古特洛伊血統活生生的體現。霍亨斯陶芬家族統治神聖羅馬帝國，是人類全部歷史的依歸，至少戈弗雷的版本是這麼說。這幾乎是一顆政治炸彈。

只是，《君王之鏡》不是戈弗雷編年史的最終版本。在接下來四年裡，他繼續擴充內容，增加不少篇幅來描述更近期的事件。他也修改《君王之鏡》裡的許多內容，甚至直接刪除某些段落。到了最後一個版本，宗譜的闡述消失了，取而代之的是聖經歷史。身為精明的政治思想家，戈弗雷擅長配合時代修改他的著作，題獻的對象也隨之改變。曾經，他將《君王之鏡》獻給紅鬍子和他兒子亨利，說他們是「特洛伊、羅馬和德意志所有君王與皇帝」這一系血脈的頂點，最新的版本《普世之書》卻是獻給教宗。在某些手稿裡，題獻的對象是教宗烏爾班三世，其他手稿則獻給烏爾班的繼位者教宗額我略八世。不管獻給哪位教宗，戈弗雷的效忠對象都有明顯變化：為帝國鞠躬盡瘁幾十年後，他不再唯皇帝馬首是瞻。

關於這種變化的原因，學者提出各種解釋。戈弗雷向皇帝獻出《君王之鏡》時，對方的反應不冷不熱，於是他只好另擇明主？[43]他被囚禁期間對紅鬍子的忽視心懷怨恨？或者，隨著年事漸高退休在即，他開始追求精神生活，後悔過去幾十年來為一個蔑視教會的宮廷奉獻心力？我們或許永遠沒有答案。我們唯一能確定的是，他的編年史最後一個版本政治立場出現逆轉。

《君王之鏡》的關注點傾向對內，致力促進德意志人與義大利人之間的團結。《普世之書》則把焦點放在外界，設法離間基督教世界兩大勢力：一邊是教宗與神聖羅馬帝國的拉丁教會，另一邊是牧首與拜占庭人的希臘教會。戈弗雷以輕蔑的態度對待古希臘人與當時的拜占庭人。在《君王之鏡》裡，古希臘人是史前的半神話族群，至少身分還算體面。到了《普世之書》，他們身價下跌，戈弗雷只是偶爾隨口提及。拜占庭人出現的次數比古希臘人稍多一些，但語氣幾乎都充滿不屑。

我們必須重拾希臘君王的話題，
他們一度以為自己統治義大利，
但過去的希臘如今是義大利領地。[44]

戈弗雷也提到查理曼，這回他說查理曼建立帝國，導致希臘政權的終止。有趣的是，戈弗雷談到拜占庭人或希臘人的時候，從來不使用「帝國」這個詞。「帝國」只屬於戈弗雷納入文明宗譜裡的疆域或族群，比如特洛伊人、羅馬人和德意志人。在他的世界觀裡，希臘人屬於另一個截然不同的文明。

在現今**西方**歷史的標準說詞裡，**西方**的根本起源是古希臘世界，古希臘世界是**西方文明**這棟複雜建築的地基。如今，現代希臘不論在政治上或文化上都是歐洲的一部分，我們也始終認定希臘人屬於**西方**。但戈弗雷不這麼想。在十二世紀的中世紀世界，希臘人不屬於歐羅巴，也不屬於**西方**這個孕育中的概念。戈弗雷的歐羅巴裡的族群對古希臘的文化遺產並不感興趣。

保存這份遺產，甚至發揚光大的，是肯迪等穆斯林世界學者（見第三章），或狄奧多雷・拉斯卡里斯（見第五章）等拜占庭帝國知識分子。只是，一般認為，這兩人所屬社會的文明軌跡跟中歐並不相同。對於坐在義大利豪宅裡思考歷史的戈弗雷，希臘人的世界陌生又不友善。相較之下，特洛伊與聖經的古代亞洲似乎距離更近，也更熟悉。對於戈弗雷，以**西方文明**理論為出發點的現代文化宗譜概念會顯得十分怪異。明明存在許多彼此對立的基督教信仰，為什麼還要強調基督教國度？羅馬人從他們的特洛伊祖先開始就和希臘人衝突不斷，為什麼口口聲聲宣揚希臘羅馬合一的古代？歐洲內部的邊界明顯跟外圍的邊界一樣重要，為什麼言必稱大陸？

第五章　基督教國度的假象

——狄奧多雷・拉斯卡里斯（Theodore Laskaris）

你什麼時候才要從歐洲來到希臘？

——狄奧多雷・拉斯卡里斯（十三世紀初）[1]

宗教戰爭往往血腥殘暴，十字軍東征也不例外。[2]十字軍東征從一〇九五到一二九一年，歷時將近兩百年，奪走歐、亞、非三洲無數男女老少的性命。引燃這些戰爭的正是宗教狂熱，因為西歐與中歐的基督教徒用武力大肆搶奪周遭不信神者和異教徒的土地。他們在伊比利亞半島發起收復失地運動（Reconquista），出兵攻打信奉穆斯林的摩爾人。在北歐與東歐，他們揮軍入侵信奉異教的斯拉夫人。最聞名的戰役或許是在耶路撒冷，基督徒與穆斯林的軍隊彼此廝殺，爭奪雙方共同的聖地。

如果你提到「十字軍東征」，大多數人會立刻聯想到後面這些戰爭，也就是十二到十三世紀拉丁教會的基督徒與穆斯林在黎凡特＊與地中海東岸的軍事衝突。這些戰爭當時在政治與經濟上已經具有一定的重要性，如今更是變成一種標誌，擁有象徵性的文化地位。十字軍東征如今已經變成屢見不鮮的比喻，意指激烈的軍事衝突，是絕對正義的一方對抗錯誤的一方。早在一七八四年，美國第三任總統湯瑪斯・傑弗遜（Thomas Jefferson）就寫到「向無知發動十字軍聖戰」。[3]美國第三十四任總統德懷特・艾森豪（Dwight D. Eisenhower）一九四八年出版的二次大戰回憶錄名為《歐洲十字軍》（*Crusade in Europe*）。到了更近期還有更多十字軍聖戰，對抗毒品、癌症、愛滋病與家庭暴力。只是，這個詞如今雖然運用廣泛，卻仍然帶有伊斯蘭恐懼症這種負面意義，這個意義在二十一世紀初的「反恐戰爭」中再次突顯出來。因此，在多數人的想像中，十字軍東征仍然是**西方文明**歷史中決定性的時期。在這段時期裡，基督教國度在對抗穆斯林的猛烈戰火中鍛造出來，又在泛歐洲合作的涼爽氛圍裡回溫冷卻。在**西方文明**的假想文化宗譜裡，十字軍聖戰的意象被放大。不出所料，不論是右翼團體或以**西方**悍衛者自居的人士，都熱衷套用這樣的詞彙，利用十字軍的意象與象徵性，為自己的行動提供歷史的正當性。

從歷史上來看，十字軍東征是十二到十三世紀基督徒發動的宗教戰爭；在象徵意義上，這些軍事行動卻是兩個不同族群之間單純的道德衝突。我們不能將歷史意義的十字軍聖戰誤認成象徵意義的十字軍聖戰，它們複雜得多。歷史上，發生在黎凡特的十字軍聖戰既不是基督教國度與哈里發王國之間的一較高下，也不是基督教與伊斯蘭的勝負對決，而是一連串複雜又血腥的權力鬥爭。在這些鬥爭之中，宗教的重要性或高或低。重點是，這些戰爭也可能發生在基督教不同教派之間，或基督徒與非基督徒之間。

本章的主人翁太清楚這一點。到了一二二一年年底，由奧地利大公利奧波德（Leopold of Austria）與匈牙利國王安德魯（Andrew of Hungary）率領的第五次十字軍東征遭到慘敗，當時埃及阿尤布王朝（Abbuyid）的蘇丹阿卡米爾（Al-Kamil）給予向開羅邁進的十字軍迎頭痛擊，收復戰爭初期被占領的達米埃塔港（Damietta），簽下為期八年的停戰協定。就在那個時間點，一出生就流亡的皇帝在尼西亞（Nicaea，位於現今土耳其西北部）誕生了，他的名字是狄奧多雷・拉斯卡里斯。

＊譯注：Levant，歷史上概念模糊的地理名詞，大約指西亞的地中海東岸地區。

破碎的基督教國度

人們對中世紀基督教國度最大的誤解是，以為它是一個同心同德的實體。在我們稱之為「中世紀」那一千年左右的時間裡，當然有許多基督教族群與王國，但他們彼此之間幾乎沒有團結可言。眼光敏銳的潛在信徒有各種不同風格的教派可供選擇，比如諾斯替教派（Gnostic）、聶斯托留教派（Nestorian）、瓦勒度教派（Waldensian）、保羅派（Paulician）、鮑格米勒派（Bogomil）、迦勒底教派（Chaldaean）與羅拉德教派（Lollard），都提供不同的基督教神學理論與禮拜儀式，每個教派也都曾在不同時期被某個當政者斥為異端。[4] 隨著時間過去，規模較大、更穩固的教會浮出檯面。這些教會的領袖為了維護他們的意識形態優勢，在哲學辯論中費了許多心思，也在強迫皈依的過程中製造許多傷亡。然而，真正的團結依然可望不可及，十字軍不但攻擊不信神的人，也攻擊異端。比方說，一二〇八年到一二二九年之間，法國南部的卡塔爾教派（Cathar）遭到滅絕式屠殺，施暴者卻以卡塔爾教派信仰偏差自我辯解。卡塔爾教派以二元論解釋神性，認為宇宙有善與惡兩種力量，因此跟嚴格主張一神論的主流拉丁教會產生分歧。[5] 卡塔爾教派遭到十字軍屠殺，被視為他們的報應。然而，即使最權威的教會以最激烈的行動清除異端，也無法清除所有的異議分子，基督教持續發展出各式各樣的常規與信仰。

中世紀基督教的多樣化不只表現在信仰上，也表現在地理、種族與文化上。在**西方文明**的恢宏故事裡，中世紀基督教主要是歐洲的宗教，便利地忘記基督教也在非洲和亞洲盛行。中世紀基督教團體誦念的禱告或撰寫的經文不只使用羅馬教會的拉丁語，也使用拜占庭的希臘語、古埃及科普特語（Coptic）、古衣索比亞吉茲語、古敘利亞的亞蘭語（Aramaic）、阿拉伯語、亞美尼亞語、古波斯語、各種突厥語、蒙古方言和中文。

在這些歐洲以外的教會之中，最興盛、存在最久的是衣索比亞教會。[6]早在第四世紀，基督教就成為阿克蘇姆王國（Aksum，位於現今衣索比亞）的國教，差不多跟基督教成為羅馬帝國官方宗教同一時間。因此，到了中世紀，基督教不但是阿克蘇姆王國的國教，也是大多數人的主要信仰。精美彩繪的加利瑪福音書*是衣索比亞修士在中世紀初期製作，以典雅的吉茲語描述基督的生平。還有衣索比亞拉利貝拉（Lalibela）壯觀的岩石教堂，是穆斯林占領耶路

＊ 譯注：Garima Gospels，指兩本吉茲語福音書，其中年代比較久遠的一本據說是現存最完整的基督教手抄本福音書。

撒冷後建造的，作為信徒朝聖的「新耶路撒冷」，被聯合國教科文組織列為世界遺產。

跟衣索比亞教會一樣古老的，還有埃及的科普特教會、黎凡特與美索不達米亞的敘利亞教會，以及伊朗和土庫曼（Turkmenistan）的亞述教會（Assyrian）。到了第四世紀，這些教會的根基都已經穩固。[7] 中國西安的碑林甚至描述了第八世紀中國西北部的聶斯托留教派＊，不過，到了十世紀基督教似乎在中國絕跡，直到十三世紀才重新出現。[8] 十三世紀中葉，法蘭德斯（Flemish）修士魯伯克的威廉（William of Rubruck）去到蒙古帝國，對他在那裡遇見的基督徒頗有微詞，說他們太愛喝酒，又花太多時間跟佛教徒和非信徒友好往來，甚至妻妾成群。儘管如此，他還是心不甘情不願地承認那些人是基督徒。[9] 這些東方教會雖然沒有享受到國教地位的保護，卻能夠長久存在，繁榮壯盛，這點不容忽視。在過度以歐洲為中心的中世紀基督教歷史裡，非洲與亞洲的基督徒有資格占一席之地。[10]

然而，即使在中世紀，基督教也傾向以歐洲為中心。只是，中世紀的歐洲中心現象跟現代的歐洲中心並不相同，主要是因為中世紀的「歐羅巴」概念跟現代「歐洲」的定義有所差別（見第四章）。「歐羅巴」這個詞很少用來描述歐洲大陸的基督徒和非洲與亞洲的穆斯林與異教徒之間的對立。相反地，「歐羅巴」更常用來指稱天主教會與神聖羅馬帝國掌控的區域，以示與東正教會管轄範圍和拜占庭帝國領土有所區別（見第四章）。拉丁教會與希臘教會之間的關係，忠實反映出兩個帝國之間的關係：雙方各自聲稱是羅馬帝國的後代，一邊是中歐的神聖羅馬帝國，一邊是歐洲東南部和安那托利亞的拜占庭帝國。長達幾百年的時間裡，這兩個帝國之間的關係雖然緊張，卻大致和平。到了十二世紀晚期的十字軍東征期間，二者之間的對立重新爆發，釀成慘烈的後果。

麻煩始於威尼斯商人。[11] 威尼斯人既是優秀的航海家，也是精明的商人，他們主宰地中海東部的海上貿易網，也在君士坦丁堡取得重要地位。威尼斯人的財富與力量，以及他們在城裡的行為舉止，經常令君士坦丁堡的百姓備受挫折。另外，城裡也住著大批來自比薩（Pisa）與熱那亞（Genoa）的商人，跟威尼斯商人爭奪拜占庭帝國境內的貿易路線和市場占有率。這些不同群體被統稱為「拉丁人」，因為他們都追隨羅馬的拉丁教會。一一七〇年代，拉丁族群內部的競爭趨向暴力，威尼斯人與熱那亞人彼此突襲或街頭鬥毆，拜占庭當局認為鎮壓的機會來了。接下來的驅逐、逮捕與沒收財產等行動變成威尼斯與拜占庭之間衝突的引爆點，緊繃的情

＊ 譯注：聶斯托留教派在中國名為景教，西安碑林博物館的「大唐景教流行中國碑」記錄景教在唐代流傳情況。

勢讓歐洲基督教東西兩大教派的關係急遽惡化。

雙方已經撕破臉，君士坦丁堡百姓對拉丁商人的憎恨於是沸騰。一一八二年，城裡的暴動達到頂點，拉丁居民全面遭到殘殺，數千人因此喪命，倖存者淪為奴隸。報復極其殘暴。一一八五年拉丁人洗劫拜占庭帝國第二大城塞薩洛尼基（Thessaloníki），整座城幾乎全毀。歐洲兩大教會之間的冷戰迅速升溫，雙方之間的零星戰鬥還會持續二十年。不過，最凶猛的一擊在一二〇四年隨著第四次十字軍東征來到。[12]

第四次東征的十字軍原訂前往埃及，目的是削弱地中海最強大的穆斯林海軍。不過，艦隊在威尼斯會合後，發現經費短缺，於是計畫改變了。艦隊沒有往南走，而是轉而向東，圍攻君士坦丁堡。這次的圍城歷時十個月，從一二〇三年七月到一二〇四年四月，最終的結果是君士坦丁堡慘遭洗劫，無數百姓橫遭殺戮、強暴或驅逐，教堂、修道院和宮殿遭到地毯式掠奪與破壞。拜占庭宮廷被迫撤退，逃離血腥的君士坦丁堡，前往安那托利亞西部的省府尼西亞避難。

十字軍洗劫君士坦丁堡後坐地分贓。他們占領的不只君士坦丁堡，還包括希臘半島大部分地區。威尼斯作為這次行動的主導者，不管是在城裡掠奪的財物或十字軍攻占的拜占庭領土，都索要四分之三。剩餘的戰利品與土地則由同樣參與這次東征的法蘭克親王瓜分。他們也在君士坦丁堡扶植新的拉丁裔皇帝與牧首。[13]此後三百多年，希臘半島大部分地區都由拉丁統治階級掌控，這段時期至今仍然名為「法蘭克統治期」。[14]比方說，雅典公國（Duchy of Athens）就是由一名來自勃艮第的低階騎士建立，之後一直由拉丁人統治，直到一四五八年被鄂圖曼人征服。我們通常不認為希臘是西歐的殖民地，但曾經有三百多年的時間，它的確是。

十字軍肆意搜刮之後，拜占庭帝國的獨立政權已經所剩無幾。[15]帝國的殘破山河集中在安那托利亞西部：法蘭克人統治希臘半島和愛琴海諸島，源於中亞的塞爾柱突厥人控制了安那托利亞中部與東部，安那托利亞南部則屬於獨立的亞美尼亞王國。拜占庭帝國的版圖幾乎一夕之間大幅縮水。誠如歷史學家麥可・安格德（Michael Angold）所說，第四次十字軍東征是「宇宙級劇變」。[16]而製造這場劇變的不是所謂的宿敵穆斯林，而是其他基督徒。

這就是拉斯卡里斯所處的十三世紀，而拉斯卡里斯是一位注定從生到死都在流亡中的皇帝。他的父母逃離十字軍在君士坦丁堡製造的血腥與烈火，他本人在安那托利亞西北部的尼西亞出生，耗盡一生的歲月堅守拜占庭所剩無幾的領土，試圖從拉丁人手中奪回「眾城之后」君士坦丁堡。[17]不管拜占庭人多麼努力，始終都沒能將拉丁人逐出希臘半島，但他們確實在一二六一年奪回君士坦丁堡。拉斯卡里斯在世時或許沒能親眼見到這個結果，卻也留下一項重要遺緒：他促成了「希臘國」這個概念，也就是一個以希臘種族與文化為主的政治實體。古代並沒有這樣的概念，在那時，希臘人組成單一政體是難以想像的事（見第一章）。拉斯卡里斯將希臘人組成單一種族政體的遠見，在十三世紀或許顯得新奇，卻禁得起時間的考驗。[18]二〇二一年現代希臘獨立兩百年，相關慶祝活動都根植於這份希臘精神，認定希臘既是政權、也是國家。而這些概念很大程度都是拉斯卡里斯普及的。

然而，現代希臘身分認同中根深蒂固的歐洲本質，會讓拉斯卡里斯感到困惑。他出生的時候，世界已經因為希臘與拉丁教會的分裂一分為二，一邊是東歐與西亞，另一邊是中歐與西歐，彼此相互敵視。雙方的仇恨之火熾熱又猛烈，否決基督教統一的可能性。如今回頭去看中世紀時期和十字軍東征，我們可能會選擇忽視希臘與拉丁教會的分裂，認為那只是兩個信奉同一宗教的團體暫時失和，以為他們之間的共同點終究比他們與穆斯林對手之間更多。但這是錯的。這種分裂不是兄弟間的口角。早在十三世紀初，希臘與拉丁世界之間的裂痕有時似乎像基督教徒與穆斯林之間的鴻溝，寬得無法跨越。

流亡者的書信

拉斯卡里斯的名字（狄奧多雷）取自他的祖父狄奧多雷一世，也就是一二〇四年十字軍入侵君士坦丁堡時被迫逃亡的那位倒楣皇帝。[19]因此，當本章主人翁拉斯卡里斯誕生後吸入第一口氣，填滿他肺臟的不是君士坦丁堡的海洋氣息，而是安那托利亞內陸的和風。

於是乎，他對過去的首都好像沒有太多情感上的眷戀。他是個多產作家，寫過數以百計的信件、演說詞和神學文章，經常滔滔不絕地談論他的「故鄉安那托利亞」那「心愛的土地」。[20]不過，無論他對故鄉懷抱什麼樣的情感，拉丁人占領君士坦丁堡、拜占庭人遭到驅逐，終究塑造了他的生命。他會痛苦地意識到自己的王朝是個流亡王朝，在安那托利亞臥薪嘗膽，期待有朝一日能奪回博斯普魯斯海峽上的古老王座。

相較之下，拉斯卡里斯的父母不曾忘懷君士坦丁堡。他父親約翰．瓦塔澤斯（John Vatatzes）曾經是個貴族青年，出身知名的軍事家庭，家族經常與皇室聯姻，後來他成為狄奧多雷一世的長女艾琳．拉斯卡里娜（Irene Laskarina）的第三任丈夫。[21]一二〇四年君士坦丁堡陷落時，約翰與艾琳都還是孩子，艾琳的年紀可能介於五歲到十歲之間，約翰則是十到十五歲之間。他們兩人都清楚記得那次事件，也記得在尼西亞建立流亡宮廷的艱辛歷程。

在君士坦丁堡陷落後的那個世代，尼西亞迅速變成繁榮熱鬧的城市。[22]住在這裡的有拜占庭貴族的精英分子，也有追隨皇帝與皇室成員流亡的東正教資深神職人員。老一輩在這裡懷念家鄉故土，憂傷地遙望西方，將已經消逝的昔日榮華深印在記憶裡。但尼西亞也有很多新的開始。拉斯卡里斯是朝氣蓬勃的新世代領頭羊，這個新世代的記憶裡沒有舊首都，他們的夢想不是回到光輝的過去，而是創造全新的未來。[23]

拉斯卡里斯擁有快樂的童年。他是獨生子，因為他出生後不久，他母親艾琳狩獵時受傷，再也無法生育。也許是因為這樣，父母更珍視他，給他無盡的寵愛。他的老師往往十分挫折，因為他調皮搗蛋的時候，他父母的做法通常是縱容，而非懲罰。在成長過程中，艾琳對他的性格有極大的影響。約翰能夠繼承帝位，艾琳扮演關鍵角色，因此，她握有一定的權力。另外，她名下有不少產業，意味著她不但有政治影響力，也有雄厚的財力。

拉斯卡里斯從小接受帝王教育，除了以宗教典籍與古希臘文學為基礎的核心課程，還有修辭學、邏輯學、數學與音樂等補充科目。拉斯卡里斯在所有領域都表現傑出。他成年後的著作印證了他從小奠定的厚實根基，因為他的寫作風格充分展現他淵博的學識與巧妙的文字運用。[24]日後他會以柏拉圖描繪的理想統治者「哲王」（philosopher-king）自居，並且就道德、神學和宇宙論等議題發表長篇論述。[25]不過，對於這位年輕皇子，體能與軍事訓練也一樣重要。他透過狩獵和馬球提升騎術。馬球在君士坦丁堡陷落前十分流行，拉斯卡里斯好像特別喜愛這種運動，曾經詳細描寫這項活動的趣味，還敘述他在從事這項「心愛的運動」的出色表現。[26]

然而，一流的體能與知性教育還不夠。拜占庭帝國的王位繼承人還得娶妻，以免其他有繼承資格的人覬覦王位。因此，他十三歲就奉父母之命跟保加利亞的十二歲公主伊蓮娜完婚，藉由這樁婚姻確立雙方的結盟。[27]兩人結婚時年紀雖小，對婚姻也沒有決定權，但他們的婚姻好像相當幸福。日後拉斯卡里斯說妻子是他「靈魂的春天」，他們的婚姻則是「至愛的結合」。他們總共育有五名子女，一二五二年伊蓮娜因不明疾病突然死亡，外界建議他再婚，他憤怒地寫下一篇立意嚴謹的精妙文章加以駁斥，標題是「回應朋友的催婚」。他說，妻子過世後，他生命中的女人只會是蘇菲亞（Sophia，意為智慧）與菲洛蘇菲亞（Philosophia，意為哲學）。[28]

他的教育、訓練與婚姻，都是為他日後登基做準備。他還沒成年就成為他父親的共治皇帝，二十出頭就以皇帝的身分獨立行使職權。[29]他孜孜不倦地振興拜占庭的經濟，特別重視紡織品的生產與陸路的貿易。雖然他的家始終在尼西亞，他會花許多時間前往安那托利亞西部其他地區，確保賦稅與法律制度有效運轉，打擊貪汙腐敗，跟他的子民培養親善關係。[30]

除了加強在本國的統治，拉斯卡里斯也喜歡在國外爭取外交與軍事上的勝利。他協助他父親與塞爾柱突厥建立防守聯盟，共同抵禦蒙古人，並且與塞爾柱蘇丹伊茲・丁・凱卡烏斯二世（'Izz al-Dīn Kaykāwūs II）發展私人友誼。後來凱卡烏斯被弟弟罷免期間，逃到拜占庭宮廷請求拉斯卡里斯的庇護。[31]拉斯卡里斯眼明手快地利用塞爾柱王國的內亂，從凱卡烏斯二世手中獲取更多安那托利亞的土地，作為提供庇護的代價。拉斯卡里斯並非只跟一方結盟。為了避險，他也跟蒙古發展直接外交關係。外交使節在蒙古王廷與拜占庭宮廷之間往返，兩國之間甚至締結一樁姻緣。拜占庭歷史學家帕奇梅雷斯（Pachymeres）說，拉斯卡里斯接待蒙古使節的場面軍容壯盛，卻是全靠演技。蒙古人在接待人員引導下，穿過山區來到指定的會面地點，全副武裝的拜占庭士兵一路抄捷徑，重複出現在沿途各定點，讓人誤以為拜占庭軍隊規模比實際上更龐大。[32]

跟西方的關係比跟東方的關係來得緊張，拉斯卡里斯對色雷斯（Thrace）和馬其頓（Macedonia）發動幾次成功的閃電戰。[33]另外，他跟他父親一起從拉丁人手中奪回現今希臘北部大片領土，甚至帶領拜占庭軍隊攻到君士坦丁堡城牆外，將整座城市包圍。最後，他們發現自己還沒有能力奪下君士坦丁堡，於是跟拉丁統治者簽下和平協定。他父親死後，拉斯卡里斯繼續收回巴爾幹半島許多領土。另外，雖然妻子是保加利亞公主，他依然大敗保加利亞國王，奪回現今馬其頓共和國的大部分土地。因此，不管在西方或東方，拉斯卡里斯都成功擴展拜占庭帝國的版圖。

經過多年的共治，一二五四年他父親過世時，拉斯卡里斯在軍事與內政方面都累積豐富的經驗，政權因此平順移轉。這點十分幸運，因為即使拉斯卡里斯與他父親努力鞏固內部並對外擴張，拜占庭帝國依然風雨飄搖。帝國需要兼具能力、遠見與足夠勇氣的統治者來拯救。幸好，拉斯卡里斯的父親作為尼西亞流亡宮廷的第一任皇帝，具有足夠的才幹，而拉斯卡里斯的繼位者不服輸的米海爾・巴列奧略（Michael Palaiologos）也不缺勇氣。拉斯卡里斯需要展現的，是他的遠見。

古希臘的遺產

拉斯卡里斯的遠見扮演關鍵角色，改變拜占庭人對自己的看法，讓他們重新思考自己在這個世界的位置。簡言之，他將他的百姓從羅馬人變成希臘人。在此之前，拜占庭人通常自稱「羅馬人」。畢竟君士坦丁堡曾經是羅馬帝國的首都，地位等同於羅馬。羅馬帝國瓦解後，帝國的朝廷與行政部門在這裡延續，不曾中斷。義大利和羅馬古城卻不是這樣，因為他們在第五世紀被哥德人征服，幾百年來在文化上有了顯著的演變。更重要的是，西元四七六年西羅馬皇帝被義大利軍事將領奧多亞塞（Odoacer）推翻，皇袍被送往君士坦丁堡。奧多亞塞自封「義大利國王」，而不是「西羅馬帝國皇帝」。[34]因此，在拜占庭人眼中，只有**他們自己**仍然是真正的羅馬人，西羅馬的人民已經徹底放棄羅馬的身分認同。他們認為，正牌羅馬人的語言是拜占庭的希臘語，而非中世紀的拉丁語。在拜占庭宮廷延續下來的傳統文化與習俗，比分裂的義大利與中歐更羅馬。也因為拜占庭人向來以羅馬人自居，他們很少認為自己是希臘人。

部分原因在於，對於很多拜占庭人，「希臘人」（Hellene）這個詞隱含貶義，而且讓人聯想到異教。在他們心目中，他們信奉的東正教並不是現今某些**西方**評論家口中的「希臘」正教。他們認為，他們的東正教是普世共同的信仰，沒有受到希臘異教的汙染。部分拜占庭作家甚至去除「希臘」這個詞的種族含義，用這個詞來泛指所有非基督徒，不管他們是阿拉伯人、波斯人或中國人。[35]在一個深層與表面都奉行基督信仰的社會，這種跟異教的關聯是必須杜絕的汙點。拉斯卡里斯時代之前的拜占庭作家寫到「希臘」這個詞，多半是借用它的歷史意義，很少用來指稱當時的拜占庭人。雖然學者專家仍然閱讀古希臘文本，研究古希臘著作，但這並不是主流，拜占庭人的種族與國家認同，也不是以「希臘性」為基礎。

拉斯卡里斯是改變這個現象的關鍵。「羅馬人」這個舊時代身分不再適合拉斯卡里斯面對的現實。他是出生在拜占庭之外的拜占庭人。他是個羅馬皇帝，但他統治的既不是台伯河（Tiber）上的「舊」羅馬，也不是博斯普魯斯海峽上的「新」羅馬。當他凝視尼西亞周遭高低起伏的肥沃山丘，想必在思索著，他的帝國的意識形態核心如果不是君士坦丁堡的羅馬精神，那會是什麼？他的帝國特殊之處在哪裡、又從哪裡找到意義？在為國家打造新身分的過程中，他想到年幼時早熟的自己從總是被他惹惱的老師那裡學到的東西：古希臘的文化遺產。[36]

我們可以在他的著作裡清楚看到這份遺產。他經常提到柏拉圖和亞里斯多德，也會引用比較不為人知的古代哲學家的話，比如米利都的泰勒斯（Thales of Miletus）和以弗所的赫拉克利特（Heracleitus of Ephesus），數學家畢達哥拉斯（Pythagoras）和歐幾里德，地理學家托勒密（Ptolemy）和醫學家蓋倫。不過，荷馬的史詩似乎帶給拉斯卡里斯特別的啟發。他在許多書信裡提到荷馬，[37]還以不同方式引用荷馬史詩的重要段落。在給外交家兼編年史家喬治·阿克羅波利特斯（George Akropolites）的信裡，他不厭其詳地評論荷馬史詩《伊里亞德》第一卷的知名情節：女戰俘克律塞伊絲（Chryseis）的父親獻上禮物要求贖回女兒，被阿加曼農（Agamemnon）拒絕。拉斯卡里斯沉重地表示，阿加曼農的拒絕為他的同胞招來瘟疫與苦難，當初實在應該應允。[38]拉斯卡里斯的妻子伊蓮娜過世後，他一度在《伊里亞德》的幻想世界裡尋求安慰。他在另一封寫給阿克羅波利特斯的信裡說，他即將探訪知名的特洛伊古城，心情無比振奮，希望這趟旅程能夠沖淡喪妻之痛。[39]

當然，拉斯卡里斯不是第一個對荷馬感興趣的拜占庭統治者。我們在第三章提到過，拜占庭公主安娜·科穆寧以荷馬的風格創作史詩，那是在拉斯卡里斯學會寫字之前一百年。但拉斯卡里斯是第一個將希臘文化推上政治舞台的拜占庭皇帝。在他看來，希臘文化除了供語法專家思索學問之外，還能有更廣大的用途。希臘文化屬於他的全體子民，是他們種族與國家認同的根本。比方說，一二五五年他寫信給友人喬治·穆札隆（George Mouzalon），自豪地描述他的「希臘軍隊」在巴爾幹作戰時展現的「希臘勇氣」。[40]拉斯卡里斯在另一封寫給穆札隆的信裡談到，他為遭到罷免的塞爾柱蘇丹凱卡烏斯提供庇護時，對自己的權力有所體悟。他說，所有拜占庭子民，整個「希臘族群」，都在慶賀這次的外交勝利。[41]對於拉斯卡里斯，帝國的子民當然還是羅馬人，[42]但——或許有史以來第一次——他們也是希臘人。[43]

除了靠寫作將百姓變成希臘人，拉斯卡里斯也稱呼自己的國土為「希臘」。[44]但拉斯卡里斯心目中的希臘，跟如今我們心目中的現代希臘並不相同。如今我們直覺地假定希臘是歐洲的一部分，古希臘世界是**西方文明**宗譜的一員。但對於拉斯卡里斯，希臘的位置不在歐洲，而在亞洲。他曾經在信裡問外交家安德洛尼卡斯（Andronikos）：「你什麼時候才要從歐洲來到希臘？你什時候才要穿越色雷斯、橫渡赫勒斯滂，走進亞洲看看這個地方？」[45]在一封寫給薩第斯（Sardis）主教福卡斯（Phokas）的信函裡，他說到福卡斯「從歐洲回到希臘領土」。[46]

事實上，在拉斯卡里斯心目中，希臘的地理範圍更為複雜。基於當時的政治現實，希臘的國土在小亞細亞，但在拉斯卡里斯的哲學著作裡，希臘這個國家概念上的版圖涵蓋古希臘文化與人民足跡所至的每一方土地。拉斯卡里斯寫過一篇筆力萬鈞的論述，名為《駁拉丁人講辭之二》（*Second Oration against the Latins*）。在這部意識形態強勢鮮明的作品中，拉斯卡里斯認知中的希臘不只愛琴海周邊，還包括西西里、亞得里亞海、波斯灣和黑海。[47]另外，他也遵循亞里斯多德的地理劃分，認為希臘不屬於任何大陸，而是坐落在所有大陸之間，也就是世界的中心（見第一章）。在《講辭二》現存手抄本裡可以看到細心繪製的圖表，清楚闡釋這個觀點。那些圖表以一個圓圈代表人們居住的世界，劃分為四等分。圓圈正中央是希臘，跟四個極點等距離。四個極點分別是西北方的不列顛、東北方的印度、西南方的西班牙和東南方的埃及。拉斯卡里斯聲稱，希臘的地理位置在正中央，意味著希臘百姓最健壯、最有活力。他寫道：「希臘人的土地既在中央氣候區，又有來自海洋的好空氣，因此擁有最優質的空氣組合，這就是我們身體活力的主要來源。」[48]

拉斯卡里斯說，希臘人不屬於東方或西方，也不屬於南方或北方，而是占據世界正中央的優勢位置。拉斯卡里斯這種見解是典型的亞里斯多德觀點，認為希臘人不是生活在標準觀念裡的大陸上。不過，在羅盤上的所有定點之中，拉斯卡里斯想必特別不樂見希臘跟西方產生連結。畢竟，高舉拉丁天主教會的旗幟攻陷且依然占領君士坦丁堡的，正是來自西方的人。西方人是拜占庭人最憎惡的仇敵，比塞爾柱突厥或蒙古人更可恨。一二〇四年那起災難事件之前那幾十年，某些拜占庭作家和政治人物基於和解意圖與外交手腕，稱呼拉丁人為「羅馬人」，承認他們本身與歐洲鄰居之間共享某些文化傳承。但在第四次十字軍東征之後，這份善意化為烏有，他們輕蔑地改稱西方人為「拉丁人」或「義大利人」。[49]

拉斯卡里斯強有力地主張，這些「拉丁人」或「義大利人」沒有繼承希臘文化遺產。他在

《講辭二》中特別強調這個論點。這篇講辭寫於一二五六年秋天，在塞薩洛尼基的一連串辯論會上發表，辯論的雙方分別是拜占庭牧首的代表和來自羅馬的教宗使節。在這篇講辭裡，拉斯卡里斯告誡拜占庭人不要跟拉丁仇敵妥協，也不要對他們抱持同胞情誼。相反地，他鼓勵拜占庭百姓為自己的希臘傳承自豪。他提出一份長長的表單挑戰辯論對手，細數古代希臘的種種文化成就，從荷馬的史詩到畢達哥拉斯的數學原理。他斬釘截鐵地說，拉丁人沒有資格宣稱這份知性與文化遺產屬於他們。

> 我拜託你們，重新回學校去學習，去弄明白哲學屬於自古以來就定居在中央氣候區的希臘人。科學家也屬於我們，他們的所有科學成果也是我們的。你們還要弄明白，古希臘的空氣如今也屬於我們。我們使用的是希臘語文，我們是他們的血脈。[50]

拉斯卡里斯指出，希臘人為這個世界提供的不只是哲學和幾何學，還有天文學、算術、音樂、自然科學和醫學，此外還有神學、政治學和修辭學。[51]這些知性與文化成就都由拜占庭人繼承，因為他們是希臘人，西方的拉丁人無法分享。

拉斯卡里斯的《講辭二》是一篇驚人的政治辭令，原因不只在它強硬的措辭或震撼人心的主張。對於現代**西方**人，它也不可思議，因為它悖逆了有關**西方文明**歷史的傳統常識。這部作品告訴我們，安那托利亞比歐洲更有資格擁有古希臘遺產，中歐與西歐的野蠻拉丁人沒有資格自稱傳承希臘文化。

如今我們將十字軍東征時代看成一段文明衝突期：**東方**對抗**西方**，亞洲對抗歐洲，穆斯林世界對抗基督教國度。中世紀時期當然也不乏這類說詞，伊斯蘭恐懼症文學在歐洲廣為流傳，諷刺卑鄙異教徒的文章四處可見，目的在攻擊穆斯林。但事實不只如此。[52]中世紀的十字軍聖戰在多個前線同時進行，各有不同的參與者，有時是不同基督教派之間的對抗，比如第四次十字軍攻打的是拜占庭人。基督教統一是個幻覺，中世紀基督教世界這個經常被誇大的概念——往往與**西方**這個新興概念連結在一起——並沒有具體的真實性。

在拉斯卡里斯的時代，基督教各教派之間的裂痕尤其明顯。當時拜占庭東正教與拉丁天主教的敵對，塑造了中世紀地緣政治。對於拉斯卡里斯和當時的拜占庭人，將**西方文明**視為融合希臘與拉丁傳統的文化建構，不但可笑，甚至無禮。在他們心目中，希臘世界根本上有別於、也優於拉丁歐洲。相對地，中歐與西歐的拉丁人並不認為他們的文化傳承源於古希臘，因為古希臘是他們的敵人兼對手的祖先。我們在第四章討論過，拉丁人重視的是羅馬的傳承，而不是古希臘的傳承。他們傾向認為自己的起源可以經由羅馬追溯到特洛伊和古代的西亞。

拉斯卡里斯在一二五八年英年早逝，當時才四十六歲。他死於某種神祕病症，至於是什麼病，如今依然是學者爭論的話題。[53]在那個時候，由於拉斯卡里斯的努力，經歷過君士坦丁堡淪陷的慘烈損失的拜占庭帝國已經重整旗鼓，國力緩慢增強，依然對拉丁歐洲的西方人懷抱深刻的恨意。正如我們在第四章提到過，這種敵意通常是雙向的。但情況很快就會改變。就在拉斯卡里斯撰寫《講辭二》短短一個世紀後，義大利有個名叫佩脫拉克（Petrarch）的年輕詩人興致勃勃地研究古代人。他最重要的進展是在列日（Liège）的一本手抄書裡找到幾篇失傳的西塞羅演說詞，此後世界各地被迫研讀西塞羅的無數世代學子想必為此無奈嘆息。不過，佩脫拉克感興趣的不只是當時在西歐與中歐廣泛被閱讀的羅馬作家，他還喜歡研究古希臘。他雖然沒學過希臘文，卻在一三六〇年找到一本希臘文手抄本荷馬，送回他在佛羅倫斯的家，委託卡拉布里亞（Calabria）的學者萊昂提烏斯．皮拉圖斯（Leontius Pilatus）翻譯成拉丁文。[54]拉斯卡里斯如果知道，一定會大發雷霆，認為這是拉丁人盜用希臘文化。可惜他沒有能力扭轉這種文化潮流。佩脫拉克和他那個時代的學者已經啟動文藝復興。

第六章 重塑古代

——圖利婭·達拉戈納（Tullia D'Aragona）

去西方吧，你會在那裡找到你的祖先。

——圖利婭·達拉戈納（一五六〇年）[1]

很多方面來說，圖利婭·達拉戈納是「文藝復興人」*。她博學多才，發表過詩作，也是知名哲學家，經常在她金碧輝煌的沙龍招待當時的頂尖知識分子。在十六世紀中葉，她經常

* 譯注：Renaissance man，指全能的天才，最早提出這個概念的是文藝復興時期義大利建築師萊昂·巴蒂斯塔·阿伯提（Leon Battista Alberti, 1404–72）。此處也運用了 man 這個字既指「人」、又指「男人」的雙重意義，強調圖利婭的女性身分。

出入佛羅倫斯、威尼斯與羅馬各地宮殿，往來的人除了公爵和外交家，還有哲人和學者。當然，她不只是「文藝復興人」，她更是個女性。

如今你搜尋圖利婭的相關資訊，可能會看到形形色色的觀點。根據我的研究，有人傳誦她身為交際花的各種香豔八卦，也有人認真分析她熱情奔放的情詩，也有人站在女性主義角度詳細評估她的人生觀。閱讀那些內容，你會增進對她的了解，也會對文藝復興時期的義大利有一般性的認識。但從她的詩作裡，我們也看到**西方文明**恢宏故事的誕生。如果我們想知道古希臘和古羅馬是怎麼結合、變成我們如今稱之為「古代希臘羅馬」的彆扭混血產物（對於前三章的主題人物，這樣的混血產物不只怪異，甚至十足可厭），或者如果我們想探索文藝復興的思想家如何著手建構這樣一個聯合體（也就是一個既不單一、也絕非延續不斷的血統），簡言之，如果我們想找出剛萌芽的**西方文明**故事，那麼圖利婭的非凡創作會是絕佳起點。

誕生或重生？

我們談到「文藝復興」，通常是指十四至十六世紀藝術、著述與科學領域蓬勃發展的盛景：最初從義大利開始，而後發展到歐洲其他地方。[2] 這份榮景有兩個不可或缺的根本原則，首先是人文主義。人文主義是一股趨勢，在哲學方面是提升人類的理性與行動力，在知性上則是重視人類的情感體驗、文化表達，以及法律、文法與修辭等傳統形態的專門知識。第二個根本原則是有意識地摹仿各種古代文化創作，刻意重提古代的希臘與羅馬。這第二個原則奠定了「文藝復興」這個詞彙的基礎，也是本書主題的重點。

當然，在那個時期，不是所有人都認為自己生活在「文藝復興」時代。這個詞本身有著沉重負荷。它基本上隱含以下概念：後面的時代承襲前一個時代的文化遺產，古代的文化觀點與傳統「重生」，成為文藝復興的當下。「文藝復興」這個詞的問題之一是，它側重古老觀點的再發現與復活，卻犧牲了新觀點。因為它暗示這是個復舊、保守的時代，而非新穎、激進與創造的時代。另一個問題是它暗示了與古代之間的特定關係。在這個暗示下，十四到十六世紀的歐洲社會不只從古代汲取靈感，也不只遵循它的傳統，兩者基本上是相同的，居中銜接的，正是我們如今認知的**西方文明**文化連續體。如果這個文化複合物「最初」誕生在古代，那麼這意味著它在後來的中世紀黑暗時代進入休眠，等待恰當的條件重新啟動，或者說「重生」。

我們在前面討論過，這種論點根本站不住腳。我們在第一、二章看到，希臘與羅馬的世界觀跟我們不同，這兩種世界觀的主流思維也都不以**西方**原型自居。在第三到五章我們看到，古代希臘羅馬的文化遺產在中世紀時代並沒有陷入沉睡。相反地，伊斯蘭與拜占庭世界各自以不同方式接收這筆文化遺產，中歐與西歐也宣稱他們的血統是由特洛伊和羅馬組合而成，而非古代的希臘和羅馬。這一章我們會看到，十六世紀的人們並不認為他們見證古代希臘羅馬的重生，而是針對他們與古代的關係展開激辯。從詩人卡斯提里歐（Castiglione）的知名著作《廷臣論》（*Book of the Courtier*）到圖利婭的作品，十六世紀的作家對自己與古代之間的關係看法各有千秋。[3]

歷史的分期與各個階段的命名通常都是事後的操作，文藝復興時期也不例外。「文藝復興」這個詞直到十九世紀中葉才普遍流行，主要是因為瑞士歷史學家雅各·布克哈特（Jacob Burckhardt）在一八六〇年發表的《義大利文藝復興時代的文化》（*The Civilization of the Renaissance in Italy*）。布克哈特在書中聲稱，文藝復興時代的精神可以從它的文化看得出來，包括它的藝術、文學與音樂，還有它的禮俗、道德、政治和宗教。他說，在人類的境況裡，文藝復興時期的文化變革代表更廣大的心理與社會變革。他表示，在「文藝復興時代特有的全新不朽精神裡」，我們能看到個人主義的發展，成熟、客觀的政府組織興起，以及科學探索的動力。因此，是文藝復興驅散了中世紀精神世界的黑暗，擺脫迷信與宗教的桎梏，最終迎來了現代世界。他在最後一章志得意滿地宣稱，「義大利的文藝復興是現代的領路人」，扮演中世紀世界邁向現代的支點。[4]

依照布克哈特的說法，文藝復興標記了現代的誕生。如果是這樣，那麼與古代希臘羅馬的接觸便催生了現代。附帶一提，布克哈特確實承認，文藝復興時期某些變化未必仰賴古代的影響，而「重生」這個概念確實是「一種片面選擇，用來總結一整個時期」。[5]不過，他認為古代的啟發與影響至關緊要。他強調：「文化掙脫了中世紀的假想束縛後，沒辦法立即獨力找到理解物質與知性世界的途徑。它需要引導，於是找到了所有精神面向都擁有豐富真理與知識的古典文明。這個文明的形式與實質被感恩戴德地採納了，變成那個時代的文化的主要成分。」[6]重點在於，這並不是指義大利文藝復興受到外來的影響，而是指「在同一個族群的文化裡，兩個不同時代的結合」。這是重新喚醒某個既存的事物，而不是嵌入某種外來事物。是古老文化形式的重生，不是新文化的納編。

「文藝復興」這個詞的普及雖然歸功於布克哈特，卻不是由他創造的。最早使用 Renaissance（即文藝復興）這個廣為人知的法語字的，是歷史學家朱爾・米榭勒（Jules Michelet），比布克哈特發表《義大利文藝復興時代的文化》的時間早個幾年。這個字的義大利文存在更久。早在一五五〇年文藝復興巔峰期，義大利藝術家兼學者喬治・瓦薩里（Giorgio Vasari）在他的知名傳記作品《藝術家的生平》（*The Lives of the Artists*）談到藝術在「中世紀」後數百年的「復興進度」。然而，瓦薩里所說的「復興」（rinascita）跟我們（或布克哈特）認知中的文藝復興歷史時期不同。他指的是更古老、更一般性的概念。這種概念將文化的衰退與重生視為一種循環發展，而非在歷史之中沿著固定的直線前進。[7]差別在於，我們談的是**某個**文化復興（或多個文化復興），或歷史上**那個**獨立的文藝復興時期。瓦薩里、圖利婭和他們那個時代的人或許知道自己正在經歷前者，卻未必判定他們所在的時代是後者。

圖利婭和她那個時代的人倒是很清楚他們受到古代的啟發。我們在第三章討論過，整個中世紀時期，希臘（更常是羅馬）文化傳統一直保留在中歐與西歐，是知性與政治的正統性與啟發的來源。神聖羅馬帝國的建立最明顯呈現這點。神聖羅馬帝國在意識形態與藝術方面都直接套用古羅馬的文化符號。[8]只是，到了我們如今稱為文藝復興的那段時期，這種刻意重提古代的做法在質與量上都出現轉變。在建築方面，安德列亞・帕拉迪歐（Andrea Palladio）一趟羅馬行獲得靈感，依據對稱性和維特魯威的數學比例*設計建築物，有別於過去的世代裝飾華美的哥德式風格。在藝術上，米開朗基羅研究寫實的羅馬雕像，作為他自己繪製人體的範本，比如《大衛》（*David*）緊繃的肌肉組織和《聖殤》（*Pietà*）繁複的布匹褶襉。文學方面，但丁（Dante）的《神曲》（*Divine Comedy*）借用了維吉爾、斯塔提烏斯（Statius）、盧坎（Lucan）和奧維德（Ovid）四位拉丁詩人的風格，更在作品裡描述主角與這些詩人長時間相處。[9] 十四到十六世紀與古代頻繁接觸，比過去數百年更深入，也更密切。

這段時期不但更廣泛研究古代，在衡量古代哪些部分值得吸收方面，也出現質的變化。幾百年來，義大利自認祖先來自特洛伊和聖經上的古代西亞，文化上承襲古羅馬。在此之前，人們認為古希臘世界本質上是「他者」，是歐洲東部與東南部居民文化上的祖先，那些居民受拜占庭帝國管轄，奉行東正教的禮拜儀式（見第四、五章）。中歐與西歐是拉丁教會的天下，當權者是神聖羅馬帝國，這裡的人斷然否認古代的希臘是他們文化的根源。然而，從十五世紀開始，義大利的風氣明顯轉變，人們心目中的古代不再是羅馬與西亞的結合，而是由羅馬與希臘

＊ 譯注：公元前一世紀古羅馬建築師維特魯威（Vitruvius）提出的比例，達文西受到他的啟發，畫出完美比例的維特魯威人。

組合而成。這種將希臘羅馬視為構成古代的單一實體的概念由此誕生，而非重生。

文藝復興時期親希臘心態的出現是漸進的。我們在上一章末尾討論過佩脫拉克，也就是在一三六〇年率先將荷馬詩作手抄本引進義大利，並且請人翻譯的學者兼詩人。但對希臘感興趣的不只佩脫拉克。除了佩脫拉克和與他信件往來的散文作家義大利詩人薄伽丘（Boccaccio），十四世紀中期還有不少知識分子也對古希臘興趣濃厚。[10]到了十五世紀中葉，義大利知識分子普遍對古希臘有一定的認識與關注。佛羅倫斯甚至出現一所新的柏拉圖學院*，創辦者正是義大利舉足輕重的人物科西莫·梅迪奇（Cosimo de' Medici）。這所柏拉圖學院吸引歐洲各地的學者與藝術家前來，進一步推動拉丁世界對希臘哲學與古代的研究。[11]

佩脫拉克、薄伽丘和科西莫等人都是古希臘文化在義大利風行的重要推手，但還有幾個關鍵有效地提供強大動力。首先，當時希臘與拉丁教會之間的緊張關係趨緩，雙方代表已經能在一四三七年到一四三九年費拉拉與佛羅倫斯大公會議（Council of Ferrara-Florence）上和平會面，跟來自科普特和衣索比亞教會的代表共同商討如何修復大分裂。[12]這次會議雖然沒有達成協議，但兩大教會衝突長達數百年，這次能和平對談，都是因為關係改善的緣故。其次，一四五三年鄂圖曼人攻陷君士坦丁堡，拜占庭政權垮台，跟神聖羅馬帝國之間的對立自然結束，政治與信仰方面的緊繃情勢隨之緩和。[13]自此以後，中歐與西歐的人不再有理由像戈弗雷（第四章）或拉斯卡里斯（第五章）的時代一樣，將古希臘人視為醜惡敵人的可鄙祖先。最後，一四九二年格拉納達王國（Emirate of Granada）滅亡，安達魯斯政權徹底瓦解，終結了穆斯林對伊比利亞半島的統治。[14]拉丁教會如今意氣風發地橫跨歐洲，西到西班牙、東到斯洛伐克、北到瑞典、南到西西里。雖然這種局面即將面臨挑戰（第七章會討論到），但在文藝復興早期，拉丁教會的信心如日中天。

政治事件往往附帶文化後果。鄂圖曼人攻陷君士坦丁堡，於是大批拜占庭學者逃往西方，帶著他們在古希臘文學與哲學方面的學問與知識。其中很多人定居在武力強大的義大利各城邦，投靠權貴階級。約翰・阿吉羅普洛斯（John Argyropoulos）就是其中之一，他是熱情澎湃的人文主義者，選擇留在佛羅倫斯，最後死於吃太多西瓜（根據我們的資料）。他在柏拉圖學院教學多年，教導過的學生包括年輕的羅倫佐・梅迪奇（Lorenzo de’ Medici），以及前途不可

＊ 譯注：Platonic Academy，古希臘哲學家柏拉圖在雅典設立的學校，包括亞里斯多德在內的許多知名哲學家都曾在這裡學習。

限量的藝術家李奧納多・達文西（Leonardo da Vinci）。[15] 安達魯斯政權敗亡以後，格拉納達收藏的古希臘文本都落入西班牙的基督徒手中，此外還有數百年內阿拉伯人以這些文本為基礎發展並拓展的學問。格拉納達滅亡時，阿爾罕布拉宮（Alhambra）圖書館裡納斯瑞德王朝歷代蘇丹收藏的書籍數量超過二十五萬冊，長久以來人們以為那些書很多已經在十六世紀初的焚書行動中燒毀。那波焚書行動據說是由樞機主教西斯內羅斯（Cardinal Cisneros）號召，目的是推廣基督教信仰。不過，前不久在西班牙、梵蒂岡和摩洛哥等地陸續發現這座皇家圖書館的手抄書，顯示格拉納達的伊斯蘭藏書和其中蘊藏的珍貴學問並沒有完全遺失。[16]

幾百年來伊斯蘭與拜占庭學者全力鑽研古希臘語言與古希臘文本，如今中歐與西歐的學者也開始對這些學問感興趣，這並不是巧合。一來這些學問的原始材料比過去更容易取得，二來拜占庭這個政治對手已經消失，希臘文化因此擺脫過去的汙名。希臘精神失去獠牙後，變成文化挪用的理想標的。古希臘世界如今跟古羅馬、特洛伊與聖經時代的西亞一樣，變成中歐與西歐文化上的祖先，被嫁接到他們的歷史觀裡。在現代人的思維裡，希臘與羅馬已經密切連結，很難想像他們曾經是分離的。然而，直到文藝復興時期，希臘與羅馬才緊密結合，編造出完整的「希臘羅馬」歷史。

然而，這個拼湊而成的希臘羅馬歷史還不至於排除其他古文明、取得古代的「經典」地位，也還沒有人假定中歐與西歐是這筆聯合遺產獨一無二的繼承人。**西方文明**的恢宏故事還沒有編造出來，時間上會晚一點，我們在第九章會討論到。不過，到了十六世紀的文藝復興巔峰期，所有條件都具足了：基督教世界的分裂情況比過去幾個世紀略見改善；中歐與西歐政治與文化統一；希臘與羅馬並肩站在古代的歷史舞台上。只是，到了這個時候，文藝復興思想家的靈感泉源仍然不限於希臘與羅馬，還包括伊特魯里亞、埃及和美索不達米亞等文明。伴隨**西方**這個概念而來的文化排他性還沒萌生。這點在圖利婭的作品裡可以明顯看得出來。圖利婭是個了不起的學者、作家兼歷史人物，但她心目中的古代不但有希臘羅馬，也有其他文化，符合她所處時代的典型。

「睿智又高尚的靈魂」[17]

對於許多歷史上的女子，我們的了解並不是來自正式文獻或本人說法，而是來自同時代男性傳奇化、理想化的描寫。[18] 對於圖利婭也是如此。提倡使用義大利本國語的宮廷大臣兼詩人吉羅拉莫・穆齊奧（Girolamo Muzio）似乎是圖利婭最忠實的擁護者，曾經為她撰寫一首田園詩，名為《蒂瑞尼亞》（*Tirrhenia*）。蒂瑞尼亞是古代地名，就在羅馬城以北。[19]這首詩裡提供幾項有關她生平的線索，補充我們從官方記錄裡獲得的資訊。

圖利婭出生在羅馬，時間大約在一五〇一到〇四年之間。她母親茱莉亞・潘達利亞（Giulia Pendaglia）來自義大利北部的費拉拉，早年可能是羅馬的高級交際花，後來嫁給西恩納（Siena）的貴族阿菲卡諾・歐朗迪尼（Africano Orlandini），過起安逸的貴婦生活。[20]不過，在走入幸福婚姻之前，茱莉亞生下一個女兒，那就是圖利婭，圖利婭冠她生父的姓氏達拉戈納。我們不清楚她的生父究竟是哪個達拉戈納，穆齊奧在《蒂瑞尼亞》裡暗示，她生父是一名樞機主教，以至於部分現代學者猜測那人可能是那不勒斯國王的非婚生孫子、樞機主教盧治・達拉戈納（Luigi D'Aragona）。然而，一份更晚期的文獻指出，圖利婭的生父是樞機主教盧治的低階隨從科斯坦索・帕米耶利・達拉戈納（Costanzo Palmieri D'Aragona）。圖利婭的生父究竟是誰，學者依然莫衷一是。主教為了避免醜聞纏身，安排部屬認下自己的私生女嗎？或者跟主教之間的牽扯不過是八卦與流言？我們可能永遠不會知道真相。我們只知道，圖利婭幼年時經常往返羅馬和西恩納，十五、十六歲回到永恆之城*。成年後她雖然經常在義大利北部各大城短暫停留，卻總會回到羅馬，似乎羅馬才能給她家的感覺。一五二三到二四年，客居義大利的法國作曲家菲利普・韋爾德洛（Philippe Verdelot）寫了兩支牧歌，指名讚揚她的美貌，她迅速變成上流社會的名人。大約也是在那段時期，圖利婭似乎跟知名的佛羅倫斯貴族銀行家菲利波・斯特羅齊（Filippo Strozzi）過從甚密，這段關係將會持續超過十年。[21]

在這段期間，圖利婭好像往返於羅馬、威尼斯、佛羅倫斯和費拉拉等地，她的名字也跟許多貴族與文化界人士牽連在一起，包括斯特羅齊。這是圖利婭身為交際花的全盛期，大約是在十七、十八歲到二十歲出頭，她的聰慧與美貌備受讚譽。有個愛說話的廷臣用讚賞語氣說她不但「謙恭有禮、行事謹慎、心思敏銳，舉手投足優雅出眾」，也有音樂才華和豐富的學識。據說她「好像無所不知，可以跟你聊任何你感興趣的話題」，還說「她家總是擺滿珍品古玩」，而且「她的口才無與倫比」。[22]也有評論家為她能隨口引用佩脫拉克、薄伽丘和多位拉丁詩人的作品驚豔不已。[23]不過，這些讚美之辭雖然透露她過著多姿多彩的生活，我們卻不能忘記她本質上是個風塵女，必須承受這個行業所有風險與汙名。知識分子的形象或許也是她刻意塑造

* 譯注：Eternal City，古羅馬詩人奧維德在他的作品《哀歌》（*Tristia*）裡稱羅馬為永恆之城。

的個人「品牌」。的確，一五三五年出版的《威尼斯妓女收費表》（*Pricelist of the Whores of Venice*）就提到她，說她在詩歌與文化上的造詣也是她從事性工作的賣點之一。

男士們：接下來談談圖利婭・達拉戈納
沖刷她那嬌小腸道的尿液，
是赫利孔山*的靈感之泉。
採一次後庭花要支付她十枚斯庫多，†
走陰戶則是五枚，這就是
風塵界最高級妓女的收費。[24]

除了尿液與肛交等粗俗語句之外，我們也得知圖利婭的腸道被「赫利孔山之泉」沖刷。赫利孔山據說是眾位繆思女神居住的地方。這種腹有詩書的優雅氣質，或許是她成為「風塵界最高級妓女」的原因。

懷孕是性工作者的職業風險之一，據說一五三五年《收費表》出版時，圖利婭休息了幾個月，生下女兒潘妮洛普。只是，沒有人能確定潘妮洛普究竟是她的女兒或妹妹。[25]不管真相如何，圖利婭在潘妮洛普出生幾個月後回到羅馬，她的生活似乎在這段時期發生重大變化。二十多歲時的她是個機智博學的交際花。如今到了三十多歲，她變成作家、詩人與學者，同時也接待恩客。圖利婭大多數的詩作好像都是從這個時期開始寫的，有各種不同的形式，比如十四行詩、對話體和史詩《可憐蟲》。

大致說來，圖利婭的作品都只是私下流傳，到晚年才出版。儘管如此，她的作品和她本人依然在義大利文學圈博得聲名。來自帕多瓦的知名人文主義者兼劇作家斯佩羅內・斯佩羅尼（Sperone Speroni）在一五四二年發表《愛的對話錄》（*Dialogo d'amore*），其中一名對談者就用她的名字。來自曼圖阿（Mantuan）的知名詩人埃爾科雷・班提沃里奧（Ercole Bentivoglio）寫詩讚美她的創作技巧與「豐富的辭藻」。圖利婭也跟激進的神學家貝納迪諾・奧齊諾（Bernardino Ochino）展開一場辯論，寫一首內涵豐富的十四行詩探討自由意志的本

---

* 譯注：Helicon，位於希臘中部的山脈，根據希臘神話，繆思女神經常在此逗留，山下的泉水被喻為靈感的泉源。

† 譯注：scudo，十九世紀以前義大利通行的貨幣。

質。圖利婭也是在這段期間結識穆齊奧，穆齊奧對她的支持與影響，是她這個階段職業生涯的重要助力，正如斯特羅齊在她早期生涯扮演的角色。

到了一五四四年，大約四十歲的圖利婭與原本沒沒無聞的席爾維斯特洛·格威查第（Silvestro Guicciardi）登記結婚，這件事對她的職業或知性活動好像都沒有太大影響。在職業上，她的名字依然出現在五年後羅馬的性工作者花名冊上。這些性工作者每年都得繳納房屋租金的百分之十，用來維修聖母橋（Santa Maria Bridge）。有趣的是，根據這些性工作者住處的華麗程度，四十五歲上下的圖利婭在羅馬性工作者之中依然擠進前百分之十一。[26] 在文墨上，圖利婭開始增加寫作量。

圖利婭的《無限之愛對話錄》（*Dialogue on the Infinity of Love*）在一五四七年出版，顯然相當受歡迎，一五五二年推出再版。另一部作品《圖利婭·達拉戈納詩集》（*Rime della Signora Tullia D'Aragona*）也在一五四七年出版，這本詩集收錄了一些獨立的十四行詩，卻也編排了一系列對話，以圖利婭的詩搭配不同朋友或筆友回應的詩作。這本詩集的附錄羅列了那些筆友與獻詩友人的名單，讀來像是當時義大利文學界的名人錄，其中包括羅馬貴族提貝羅·納利（Tiberio Nari，《詩集》二七）；詩人兼樞機主教皮耶特羅·本博（Pietro Bembo，《詩集》一五）；西班牙外交家托雷多的盧治（Don Luigi of Toledo，《詩集》一三）和托雷多的佩德羅（Don Pedro of Toledo，《詩集》一四）；甚至包括科西莫・梅迪奇的母親、威名在外的瑪麗亞・薩維亞蒂（Maria Salviati，《詩集》一二）。不過，這本詩集卻是獻給佛羅倫斯領主夫人伊萊諾拉，也就是科西莫的妻子。

圖利婭的婚姻確實對她有好處。西恩納的法律規定交際花必須穿著特定服飾，以示與已婚婦人區別，圖利婭的結婚證書將她排除在這個規定之外。圖利婭曾經因為拒穿這種華麗斗篷遭到譴責，法官不情不願地承認，她是已婚婦人，依法可以選擇自己喜歡的服飾。兩年後，圖利婭在佛羅倫斯又違反類似法令，因為當地的性工作者依規定必須戴黃色面紗或圍巾，以便跟「良家婦女」有所區別。不過這回她不再需要證明已婚身分來避免受罰，因為她得到當時佛羅倫斯最有權有勢的家族的庇護，那就是梅迪奇家族。根據一份以科西莫本人的名義發出的特別命令，基於圖利婭「在詩歌與哲學上的知識」，她被授以「特殊的新權利」，那就是「不需要遵守一切有關衣著、服飾與行為的規定」。[27]

一五五六年圖利婭在羅馬過世，年紀大約五十出頭。她留了小額遺贈給朋友、熟人、孤兒和從良的妓女（她在遺囑裡諷刺地表示，這是遵照法律的規定）。她其餘的遺物都留給她的幼子切里歐，包括她的義大利文與拉丁文書籍。我們不知道切里歐哪一年出生，也不知道他生父是誰，卻知道圖利婭委託皮耶特羅・奇歐加（Pietro Chiocca）撫養他。奇歐加是樞機主教阿爾維斯・科納羅（Alvise Cornaro）的僕從兼專用桌邊服務侍者。[28]

與柏拉圖玩耍、與亞里斯多德辯論

圖利婭出版的作品完美說明文藝復興時期對古代的新觀點。古羅馬的拉丁世界被視為理所當然，是固定又可靠的布景，用來搬演各種戲碼。圖利婭想頌揚科西莫時，就將他與西元前八世紀的傳奇性古羅馬國王努馬・龐皮留斯（Numa Pompilius，見《詩集》四）相提並論；她想要描述命運的雙面刃本質，就提及羅馬神話中掌管出入口的雙面神亞努斯（Janus，見《對話錄》）；她的擁護者穆齊奧撰寫長篇田園詩《蒂瑞尼亞》讚美她時，採用的是維吉爾的風格。

若說羅馬是圖利婭作品的布景，那麼提供情節的往往是古希臘。圖利婭的《無限之愛對話錄》以戲劇形式呈現的，不只是一場關於愛情本質的哲學討論，也是柏拉圖與亞里斯多德哲學的辯論。當時的文壇流行以柏拉圖的對話體探討愛的本質，圖利婭用這本書加入這股潮流。（柏拉圖使用對話體建構文學意象，描繪蘇格拉底透過對話啟發談話對象。）因此，圖利婭的《對話錄》不但取經古代，也引用了跟她同時代較早期的作家，包括馬西利奧・菲奇諾（Marsilio Ficino）、李奧內・艾伯諾（Leone Ebreo）[29]和斯佩羅內・斯佩羅尼。我們先前提到過，斯佩羅尼出版《愛的對話錄》的時間比圖利婭早五年，書中一名對話者用的是圖利婭的名字。只不過，他筆下的圖利婭的性格，跟日後圖利婭在書中為自己塑造的形象大異其趣。[30]

《對話錄》描寫某天晚上圖利婭在佛羅倫斯的家宴客，跟賓客就愛情的本質展開一場熱烈對談。圖利婭本人是其中的核心角色，引導對話的走向，啟發她的賓客。她主要的談話對象是貝內德托・瓦奇（Benedetto Varchi），原本是提倡共和政體的理想主義者，後來變身熱愛筆耕的作家。作品中還穿插拉坦濟歐・班努奇（Lattanzio Benucci）和多位無名男士的發言。在整本《對話錄》裡，瓦奇提出多項亞里斯多德理論，包括在語義上區分名詞「愛」與動詞「愛」，以及形式與材質的關係。不過，亞里斯多德的理論之中，最令圖利婭感興趣的，是亞里斯多德認為女性本質上不如男性。瓦奇早期在佛羅倫斯學院發表過一次著名演說，引用亞里斯多德的論點，主張女性在生育上扮演被動角色，還說女性的智能不如男性。在《對話錄》裡，圖利婭挑戰亞里斯多德的女性劣等論，通篇主張女人與男人在智力或性兩方面都平等。她親自在書中扮演主要角色，用這個虛構人物的言語與行動闡述這些觀點。[31]

不過，圖利婭也挑戰柏拉圖的愛情理論，質疑柏拉圖為什麼認為只有男人之間才有真愛的存在。她問與她對話的瓦奇，我們為什麼認定女人的愛比較低等、以肉體為主？在《對話錄》裡，圖利婭和瓦奇都反感男人之間的性愛。瓦奇說，柏拉圖與蘇格拉底對年輕男子那份「純粹」的愛才是高貴的。（在真實世界裡，瓦奇曾因為與幾名少年過從甚密遭到批評。）然而，圖利婭說，柏拉圖式愛情本質上是理性的，這意味著沒有人會單純因為身體構造的不同被排除在外，包括女人。這段對話結束時，雙方都認為愛情會隨著時間改變，從低俗、肉體的愛昇華為純粹、心靈的愛，並且因人而異。[32]

因此，圖利婭的《對話錄》大量引用古希臘文本，仰賴各種亞里斯多德的修辭原理和柏拉圖的格式與文類。不過，從圖利婭作品中的基本概念與最終結論來看，她既不屬於柏拉圖學派，也不屬於亞里斯多德學派。相反地，她反對這兩派的愛情理論，提出她自己根據個人經驗與第一手知識得出的想法。對於圖利婭，希臘精神為她提供的是文體的範本和哲學依據，不是所有的答案。

圖利婭雖然引用了許多古代希臘羅馬知識，她的文化觀點卻超越這些限制，這點從她最後一部作品《可憐蟲》就能看得出來。《可憐蟲》在她過世後出版（一五六〇年），是一部史詩，總共超過兩萬八千行，編排成三十七篇（相較之下，《伊里亞德》還不到一萬六千行）。[33]這部史詩是以義大利作家巴貝里諾的安德烈（Andrea da Barberino）在十四世紀創作的散文傳奇故事為基礎。這篇傳奇故事在圖利婭的時代頗受歡迎，甚至被翻譯成卡斯提爾西班牙語（Castilian Spanish）。[34]不過，圖利婭將這個故事寫成史詩格律，本身就是文學創作上的重要成就。

這篇故事會受歡迎並不難理解，因為它本身歡快又有趣。圖利婭的史詩重述安德烈筆下的主角葛瑞諾（Guerrino）的故事。葛瑞諾的父親是查理曼帝國的騎士，他不幸在嬰兒時期被海盜抓走，淪為奴隸，人們喊他「可憐蟲」。[35]葛瑞諾被賣到君士坦丁堡當奴隸，變成拜占庭皇帝的僕人，一廂情願地愛上皇帝傲慢的女兒，後來在對抗突厥人時展現非凡本領，創下偉大功績。然而，就在榮耀與成就（以及公主的芳心）唾手可得之際，年輕的葛瑞諾放棄拜占庭的榮華富貴，踏上尋根之旅。在這段浪漫大膽的旅程中，他走遍已知世界（也不得不走了一趟陰間），遇見各種假想怪獸與神話人物，故事最後是令人安心的圓滿結局。不過，葛瑞諾的尋根之旅也可以視為一種比喻，代表文藝復興時期人們對文化起源的關注。

葛瑞諾出發後往東走，進入中亞的韃靼利亞（Tartary），在那裡對抗巨人和怪物。之後他搭船前往亞美尼亞，打敗奸詐的國王，緊接著在米底亞（Media）拯救遭受攻擊的年輕女王，並且彬彬有禮地婉拒女王委身下嫁的提議。他重新踏上旅途，在波斯被好色的蘇爾塔國王（Solta）俘虜。他輕蔑地拒絕國王的示愛，國王卻把女兒嫁給他。之後他到了印度，前往日月樹＊請示阿波羅的神諭。日月樹向他透露他的真實姓名，指示他向西方去尋找真正的祖先（神諭就是本章開頭那句引述）。葛瑞諾乘船抵達阿拉比亞，得到蘇丹的友善接待，參觀了穆罕默德的墳墓，之後愛上波斯波利斯（Persepolis）的公主安蒂妮絲卡，發動一連串英勇戰鬥助她鞏固王位。然而，儘管他深愛安蒂妮絲卡，他仍然不願意放棄尋根，於是離開亞洲前往非洲。

葛瑞諾在非洲遭遇巨人和龍族，之後才見到衣索比亞的祭司王約翰（Prester John）。祭司王約翰統治的完美基督教國家富而好禮，葛瑞諾還一度成為他的戰士為他戰鬥。[36]離開衣索比亞後他去了埃及，在那裡變成將軍，帶領蘇丹軍隊對抗阿拉伯人。他在埃及偶遇在君士坦丁堡當奴僕時的朋友，重新燃起尋根的熱情。他橫越利比亞往西走，一路與巨人戰鬥，跟當地國王交好，說動對方改信基督教，還拒絕一位公主的垂青（公主為了把王位留給葛瑞諾，殺害自己的兄弟，後來戲劇性地自殺了）。

到這時葛瑞諾身心俱疲，於是乘船前往西西里和義大利，在那裡求見超凡脫俗的女預言家。女預言家要求他留在她身邊一整年，期間刻意測試他抵抗誘惑的決心。一年後葛瑞諾重獲自由，出發前往羅馬。羅馬的教宗因為他兩度徵詢異教預言，處罰他從愛蘭爾的聖派翠克井†前往煉獄。葛瑞諾於是穿越法國，繞道前往西班牙北部，清理盤據在聖地牙哥德孔波斯特拉（Santiago de Compostela）朝聖路線上的土匪，而後乘船去英格蘭，再從英格蘭轉往愛爾蘭。井底之旅讓葛瑞諾親眼目睹類似但丁《神曲》的地獄和煉獄，還見到他的親生父母。葛瑞諾得知自己的身世之後，他的探險故事以好萊塢喜劇方式結束：他救出在地牢裡被囚禁多年的父母；在地中海北部打敗突厥人；去波斯迎娶他的真愛安蒂妮絲卡，讓她的族人全部改信基督教，從此過著幸福快樂的生活。

《可憐蟲》的創作手法很多方面都與義大利文藝復興時期的史詩相符。它跟同類史詩一

* 譯注：Trees of the Sun and the Moon，中世紀傳奇中的印度神樹，兩邊樹幹各自在白天與黑夜提供神諭，預卜未來。

† 譯注：St Patrick's Well，據說西元五世紀基督顯靈，向愛爾蘭聖徒派翠克指示這個地點，可以通往死後的世界。

樣，融合仿古典史詩的英雄主義與中世紀英雄讚歌的俠義傳奇。它也跟同類史詩一樣，是以八行體*寫成。所謂八行體是詩的一種格律，八行為一組，十四世紀中葉薄伽丘創作《愛的摧殘》（*Filostrato*）時就採用這種格律。一個世紀後英國詩人喬叟（Chaucer）又因《愛的摧殘》得到啟發，寫出《特洛伊羅斯與克瑞西達》（*Troilus and Cressida*）。十六世紀其他詩人也採用這種格律創作，比如義大利詩人魯多維奇・亞力奧斯托（Ludovico Ariosto）的俠義傳奇《瘋狂奧蘭多》（*Orlando Furioso*）。二十世紀初的英國作家維吉尼亞・吳爾芙（Virginia Woolf）也借用《瘋狂奧蘭多》的主角，創造出她的現代主義小說《奧蘭多》（*Orlando*）裡忽男忽女的角色。[37]

《可憐蟲》也跟其他同類史詩一樣，大量運用取自古希臘羅馬史詩的素材。圖利婭的葛瑞諾跟維吉爾《埃涅阿斯記》的主角一樣，也遊歷了陰間。書中的女預言家希貝爾（Sibyl）也跟荷馬史詩《奧德賽》（*Odyssey*）裡的瑟西（Circe）一樣，既是恐怖的女巫，也有迷人的性吸引力。正如奧德修斯對抗獨眼巨人，逃離食蓮人的地域，葛瑞諾在探險旅程中被圖利婭送往世界的盡頭，一端是愛爾蘭，另一端是印度。他還遭遇過半獅半鷲怪獸、獨角獸和長頸獠牙怪獸。[38]事實上，圖利婭在書中安排多個其他早期版本的《可憐蟲》沒有的希臘羅馬典故，比如她提到古羅馬作家凱圖（Cato）和奧維德，提到羅馬皇帝提圖斯（Titus）圍攻耶路撒冷，還提到太陽神阿波羅和繆思女神尤特琵（Euterpe）與克麗歐（Clio）等神話人物。[39]

《可憐蟲》雖然以希臘羅馬為文化資本，也將女預言家的所在地設定在義大利，卻並沒有假定希臘羅馬遺產專屬歐洲。阿波羅的神諭出現在印度，麥加（Mecca）的百姓既信奉阿波羅，也崇敬先知穆罕默德。同樣地，基督信仰也不是歐洲人獨有。葛瑞諾在亞洲遊歷時經常遇見基督徒，祭司王約翰統治下的模範基督教國度位於衣索比亞。亞洲和非洲的異教百姓之中也不乏理想化的善良人物，比如葛瑞諾的亞洲妻子安蒂妮絲卡和他的非洲朋友阿提拉佛（Artilafo），不過這些人後來多半改信基督教。因此，圖利婭沒有將世界一分為二：一邊是歐洲的基督教文明國度，另一邊是亞洲與非洲的異教蠻族。

這並不代表三個大陸在圖利婭心目中沒有區別。不是的，她筆下的亞洲特別負面。故事裡有人告訴葛瑞諾：「你已經走過亞洲，包括整個印度世界。在整個地球上，沒有哪個地方比亞洲更糟糕。不同意這種看法的人錯了，錯得很離譜。」（《可憐蟲》一六：八四）[40]相較之

* 譯注：ottava rima，起源於義大利的詩韻格律，每行十到十一個音節，前六行隔行押韻，最後兩行另成一韻。

下，歐洲和非洲在她眼中地位似乎比較平等。她寫道：「歐洲和非洲人口稠密，在那裡，你行善或作惡可能為你帶來幫助或傷害，就看你如何選擇。」（《可憐蟲》一六：八六）葛瑞諾的確在亞洲和非洲打擊怪物和惡人，卻也在歐洲遭遇土匪、邪惡女巫的超自然力量和敵人的軍隊。圖利婭也用近乎希羅多德的風格描述亞洲與非洲的奇特人物與地域，其中不少取自她早期寫過的葛瑞諾故事。比如說，我們看到印度的胡椒是怎麼種植的（《可憐蟲》一一：二五－六），以及衣索比亞人馴服大象的正確方法（《可憐蟲》一八：五四－九）。另外，她也描寫歐洲的奇風異俗，比如愛爾蘭神職人員娶妻的怪事（《可憐蟲》二七：四九），還有義大利南部荒野多是「未開墾土地和尖利的荊棘，穿插在懸崖峭壁和古怪迷宮之間」（《可憐蟲》二四：五一）。41

在此同時，圖利婭也喜歡描述人類的差異，在書中寫下幾段對亞洲人與非洲人的人種描述。比如在亞洲，波斯蘇爾塔王國的女人「除了皮膚黑點，還算美麗」（《可憐蟲》一〇：一五）。離印度不遠的索托拉（Sotora）的男人「強壯又黝黑，體型比一般男人矮小」（《可憐蟲》一〇：八一）。在非洲，祭司王約翰的衣索比亞子民有「紅色的眼睛，黑色的皮膚，牙齒特別白」（《可憐蟲》一八：五三）。相較之下，對歐洲人的描寫沒有這類人種特徵，而是描述為熟悉的面貌。這或許是意料中事，因為在那個時代，歐洲人逐漸對外探索與擴張，西班牙派出越來越多探險隊前往美洲，葡萄牙則探索非洲與印度（我們會在第九章探討歐洲帝國主義的議題）。當然，正如本章開頭那句引述的暗示，葛瑞諾只能前往遙遠的西方尋找他真正的根源，這點或許別具意義。然而，圖利婭區分人類的根本依據終究不是種族，也不是地理，而是宗教。

葛瑞諾在每一片大陸遭遇的最頑強敵人都是穆斯林，從亞洲的波斯人到非洲的阿拉伯人，再到歐洲的突厥人。在書中，葛瑞諾多次表達他對伊斯蘭的唾棄，暗自腹誹道，驢子製造的音樂比穆罕默德的祭司製造的悅耳（《可憐蟲》一三：五三），還拿他覺得愚蠢的傳統取笑（《可憐蟲》一三：七〇）。[42]當時有伊斯蘭恐懼症的不只圖利婭。事實上，在十五、十六世紀歐洲作家的著作裡，伊斯蘭恐懼症的詞彙激增，通常出現在刻畫十字軍東征的詩歌裡。只是，這種情緒其實源於更直接、更近期的憂慮，那就是鄂圖曼人在地中海與歐洲東南部的勢力日益強大。

確實，十字軍東征的意識形態、伊斯蘭的本質與鄂圖曼帝國的擴張，都是文藝復興人文主義者關切的重要議題，他們也寫了許多文章加以討論。[43]這些著作對伊斯蘭的觀點大多出自刻板印象，是猜測與詆毀，將伊斯蘭放在歐洲與基督教文明的對立面，而這時他們已經認為自己屬於歐洲與基督教文明。當時廣為流傳的史詩裡不難看到這種刻板印象，比如馬泰奧・馬里亞・博亞爾多（Matteo Maria Boiardo）的《情人奧蘭多》（*Orlando Innamorato*）。這本書在一四九五年出版，比圖利婭的《可憐蟲》早半個世紀，書中的主角正面迎戰大批入侵的薩拉森*戰士，將對方擊退。義大利詩人托爾夸托・塔索（Torquato Tasso）的《耶路撒冷的解放》（*Gerusalemme liberata*）在一五八一年出版，只比《可憐蟲》晚三十年，闡述基督教軍隊的功績。另一首是義大利女詩人瑪格麗塔・薩羅奇（Margherita Sarrocchi）的《斯坎德培之詩》（*Scanderbeide*），出版時間是一六〇六年，比《可憐蟲》晚將近半世紀，頌揚阿爾巴尼亞軍閥擊敗鄂圖曼人的成就。

然而，不是所有描寫文化對立的作品都以伊斯蘭為敵人。另一首由義大利女詩人盧克雷齊婭・馬里內拉（Lucrezia Marinella）撰寫的《恩里科；又名，征服拜占庭》（*Enrico; or, Conquered Byzantium*）在一六三五年出版，重拾十字軍東征這個文藝復興時期熱門創作題材。不過，馬里內拉的著眼點不在基督徒與穆斯林、歐洲與亞洲、**西方**與**東方**的文化衝突。相反地，她選擇描寫第四次東征拉丁人征服拜占庭的過程。在這本書裡，拉丁人的亞洲敵人是希臘人，而不是鄂圖曼人。[44]

文復興時期盛行伊斯蘭恐懼症，但這不代表早期版的**西方文明**式恢宏故事必然出現。當時的人確實普遍認為古代的希臘羅馬是歐洲文化的祖先，但正如圖利婭的《可憐蟲》所透露的，歐洲未必被視為希臘羅馬遺產的唯一繼承人，而古希臘羅馬也未必被認定為歐洲文化唯一的源頭。藝術評論家瓦薩里最早提到藝術的「復興」（見本章稍早的討論），因此聞名，他從自己的時代開始探尋藝術傳統的起源，不只溯及希臘羅馬時代，甚至追溯到美索不達米亞和埃及，也推崇衣索比亞人和伊特魯里亞人的藝術天賦。[45]

西方文明的恢宏故事聲稱文藝復興時期是**西方**歷史的關鍵轉折點，並且斷言，古希臘羅馬是**西方**唯一的文化根源，這個根源被世人遺忘、塵封數百年，到了文藝復興時期才重新被發現。這種恢宏故事不算全錯。

文藝復興時期的確是個轉折點。這個時期的中歐和西歐對古代希臘產生新的興趣，熱衷將古希臘納入他們文化祖先的行列，這種做法跟過去截然不同。他們賦予古代全新面貌，這個新

＊譯注：Saracen，中世紀基督徒對阿拉伯各部族的稱呼。

面貌以希臘羅馬文化混合體為核心。希臘與羅馬世界融合成單一概念性實體的時間，就在十五世紀的佩脫拉克和十六世紀的圖利婭之間那幾個世代，之後一直延續到現在。

希望前幾章的討論已經表明，這個希臘羅馬文化混合體並不是**西方**唯一的起源，希臘羅馬世界的遺產也不是歐洲獨有。這個觀點跟**西方文明**恢宏故事的說詞迥異，但很多文藝復興作家都這麼認為，包括瓦薩里在內。他們想像中的古代，遠比我們認為他們所能想像的更廣大、更多樣。再如圖利婭，她理所當然地認為亞洲也傳承了希臘羅馬文化。另外，這些作家不只是喚醒沉眠已久的希臘羅馬文化，他們比恢宏故事所描述的更有創造力、更有新意。他們的靈感確實主要來自希臘羅馬世界，但他們也受到其他地方的啟發，再運用這些不同來源的影響與靈感，發展他們自己在文學、哲學和藝術上的新傳統，而非只是模仿過去的時代。

恢宏故事還犯了另一項錯誤，那就是假定文藝復興時期的學術盛況必然造就未來的**西方**霸權。**西方**霸權的種子或許在十五、十六世紀已經出現，卻不代表這些種子（而非其他種子）必定會發芽成長。在圖利婭寫作的十六世紀初期和中期，歷史的輪廓還不夠清晰，**西方文明**的恢宏故事雖然已經開始萌芽，卻還不夠穩固。這個現象會持續到我們下一位主角的時代，距離此時不超過一個世代。

第七章　沒人走過的路

——莎菲耶蘇丹（Safiye Sultan）

蘇丹穆拉德陛下……帝國的開拓者，七大氣候區*的可汗……羅馬領土的皇帝。

——莎菲耶蘇丹（一五九一年）1

低語聲、壓抑的驚呼聲，整個房間都在顫抖。禮物顯然損壞了，被倫敦到伊斯坦堡這段漫長航程的濕氣侵蝕。它的金屬管已經歪扭，精心雕刻的木質鑲板龜裂，將兩者黏合在一起的黏

* 譯注：seven climes，據說是數學家托勒密（Claudius Ptolemy，約一〇〇－一六八）提出的理論，他將地球劃分為七大氣候區，後來變成古代晚期、中世紀歐洲與阿拉伯地理學上的經典理論。

膠也徹底分解。大臣交頭接耳地質疑，這當真是英格蘭最先進的技術？當真是那個遙遠島國能力所及的最佳獻禮？這個複雜的龐然大物原本是一架發條管風琴，是不可思議的自動機械，能夠整點報時，甚至能運用緩釋閥門裝置自動彈奏樂曲。[2]這份禮物是特地為鄂圖曼蘇丹穆罕默德（Mehmed）打造的，希望以成熟精湛的工藝討蘇丹歡喜。可是管風琴壞掉了。幸好還有另一份禮物：那輛綴滿黃金與寶石、金光閃閃的儀典馬車就停在院子裡。這部馬車大約價值六百英鎊，以當時的幣值，這是一筆巨款，約莫等於熟手工匠四年的收入。這部馬車跟管風琴不一樣，它順利熬過漫長旅程，此刻安然停放在皇宮的院子裡，隨時可以使用。只是，這份禮物贈送的對象不是穆罕默德，而是他母親：強悍的莎菲耶蘇丹。

一五九九年這批禮物送到伊斯坦堡時，正是莎菲耶蘇丹權力巔峰期。她是現任蘇丹的母親，也就是太后。這個頭銜在鄂圖曼宮廷有相當的分量，但莎菲耶的影響力遠遠超過她的正式頭銜。她二十多歲的兒子穆罕默德將大部分龐雜政務交給足智多謀的她，一般認為她才是王座背後真正的掌權人。她對這樣的角色一點都不陌生，早在她還是穆罕默德的父親穆拉德三世的正宮時，就已經擁有同等的影響力。穆拉德三世看重她的才幹，制定國內外政策時經常徵詢她的意見。英國使臣來到伊斯坦堡贈送黃金馬車和發條管風琴時，莎菲耶掌管鄂圖曼內政與外交事務已經將近二十年。

這次前來送禮的英格蘭使臣想必見慣了威風凜凜的女性。他們的國王是伊莉莎白一世，而到這時伊莉莎白一世已經在位將近四十年。過去五年來伊莉莎白一直跟莎菲耶保持書信往來，互相贈送禮物，目的是維持英國與鄂圖曼之間貿易的順暢。不過，如今伊莉莎白希望從「崇高宮廷」（Sublime Porte，指帝制時期的鄂圖曼宮廷）獲得的，不只是商業上的互利。信奉新教的英格蘭想要與鄂圖曼的穆斯林建立軍事同盟，聯手對付彼此的共同敵人天主教會。

當時歐洲向鄂圖曼人獻殷勤的不只英格蘭人。十六世紀晚期，荷蘭人、法國人、威尼斯人和熱那亞人都想跟崇高宮廷發展更緊密的關係。發條管風琴和黃金馬車這兩件奢華贈禮，都是為了幫助英格蘭在這個競爭激烈的外交環境裡爭取更多利益。英國使臣會仔細觀察莎菲耶見到黃金馬車時的反應，他們的任務成功與否，取決於她表達的意見。

幸好，莎菲耶確實喜歡這部馬車。接下來那幾個星期，經常有人見到她跟兒子乘著這部馬車走在伊斯坦堡街道上。更幸運的是，隨著使團來到伊斯坦堡的蘭開郡工匠湯瑪斯・達拉姆（Thomas Dallam）修好了發條管風琴，整個鄂圖曼宮廷終於陶醉在這架管風琴的自動化音樂演奏中。達拉姆在鄂圖曼宮廷大受歡迎，他此行寫下的日記如今讀來引人入勝。他回到英格蘭後會繼續打造許多管風琴，包括劍橋國王學院那架。[3]

一五九九年發條管風琴與豪華馬車送進鄂圖曼宮廷那一刻，就是英國與鄂圖曼友誼的最高峰，只是當時沒有人知道。在那個時候，穆斯林跟基督徒之間達成共識，可能性好像不比新教與天主教之間達成共識來得低。不同信仰之間的政治分歧，未必大於不同教派之間的政治分歧。這種地緣文化的配置，跟過去幾個世代文藝復興時期新興的**西方**意識形態提倡的大不相同。相反地，這種地緣文化配置更近似十三世紀拉斯卡里斯那個時代的概念（見第五章）。當時希臘與拉丁教會之間文化上的距離，似乎比希臘人和他們的鄰居塞爾柱人之間的距離更大。假使英國如願與穆斯林建立軍事聯盟，世界歷史又會呈現什麼樣的面貌，這點我們只能猜測：屆時北邊的新教和南邊的穆斯林就會形成鉗子，夾擊中歐的天主教勢力。如今我們很難想像這種情勢代表的意義——不只是它對歐洲與世界政治史的影響，還有隨之而來的文化與社會上的變遷。雖然**西方文明**的恢宏故事在文藝復興時期奠定了基礎概念（見第六章），但在這樣的世界裡，故事的面貌必定大相逕庭。事實上，或許根本無從發展。

寧為土耳其人，不做天主教徒

莎菲耶凝望北方和西方時，就會看見一個被重大分歧撕裂的基督教世界。希臘與拉丁教會舊日的分裂或許在費拉拉佛羅倫斯大公會議上修補了一部分（見第六章），但會議後又產生新裂痕。一五一七年德國神職人員馬丁．路德（Martin Luther）將他的《九十五條論綱》（Ninety-Five Theses）釘在威登堡（Wittenberg）一座教堂的大門上，等於點燃火苗，引爆整個歐洲的信仰衝突。短短一個世代的時間裡，這場如今我們稱之為「宗教改革」（Reformation）的運動導致無數基督教新教派的誕生，比如路德教派和喀爾文教派（Calvinist），以及重洗派（Anabapist）和慈運理教派（Zwinglian）。[4]不過，如果說新教是在十六世紀誕生，那麼天主教可以說在十六世紀重生及復甦，以全新的身分和意志面對它所認定的新教異端。[5]

到了一五六〇年莎菲耶出生時（就在圖利婭逝世幾年後），雙方之間已經水火不容。大致說來，新教國家集中在北歐。在此之前兩年伊莉莎白一世登基，也成為她所屬英格蘭教會的領袖。當時波羅的海周邊的普魯士（Prussia）、薩克森、丹麥和瑞典以路德教派為主，新教在蘇格蘭和荷蘭艱苦掙扎，因為這兩個地方更偏愛喀爾文教派。相較之下，南歐和中歐多半是天主教國家，包括法蘭西大部分地區和義大利各公國，以及西班牙和奧地利的哈布斯堡王朝（Habsburg dynasty）統治的領土。

接下來幾十年，宗教情勢只是越趨緊繃。法國發生宗教戰爭，天主教徒與胡格諾派（Huguenot）新教徒的血腥衝突導致數百萬人死亡或流離失所。在低地國家，奧蘭治的威廉（William of Orange）發動荷蘭起義（Dutch Revolt），對抗西班牙的哈布斯堡王朝，為以新教徒為主的荷蘭爭取到政治與宗教自由。而在不列顛，天主教徒遭到鎮壓，信仰天主教的蘇格蘭女王瑪麗覬覦英格蘭王位，西班牙入侵的威脅也始終存在。教宗也慣用高壓手段，先後在一五七〇年和一五八九年將英格蘭的伊莉莎白一世和法蘭西的亨利四世逐出教會。驅逐伊莉莎白一世對天主教會的好處十分有限，但驅逐亨利卻收到預期效果。亨利雖然從小信奉新教，後來卻改信天主教，並且說出「巴黎值得我改信天主」的妙語。[6]

十六世紀中葉天主教徒與新教徒都傷亡慘重，也難怪部分新教徒覺得，跟穆斯林結盟的可能性，要比跟天主教徒和解來得高。一五六九年，奧蘭治的威廉寫信到伊斯坦堡，請求鄂圖曼支持荷蘭起義，得到提供援軍的友好承諾。[7]起義行動展開後，荷蘭革命軍的船艦掛著代表「土耳其」的新月圖案三角紅旗。另外，「寧為土耳其人，不做天主教徒」也是當時流行的戰爭口號。[8]荷蘭獨立後，頒發給有功軍士的勛章甚至鑄造成新月形銀質獎章，附有那句流行口號。[9]荷蘭的民族主義者寧可跟信奉穆斯林的鄂圖曼人結盟，也不願討好天主教會。

某些基督徒甚至不清楚穆斯林的信仰跟他們自己的信仰有什麼不同，畢竟穆斯林跟他們敬拜同樣的神，也承認耶穌是先知，彼此在信仰上有許多共同點。在那個時代，有關基督教教義的見解日益分歧，統一的基督教信仰該是什麼樣貌，各教派幾乎無法達成共識。宗教之內與不同宗教之間有什麼差異，可說見仁見智。對於某些天主教辯論派，新教和伊斯蘭都是令人厭惡的異端，本質上差別不大。尤其是喀爾文教派，經常被比喻為伊斯蘭。[10]對於某些新教徒，伊斯蘭某種程度上也算是新教信仰，實在是一大安慰。本章稍後會談到，英格蘭的新教徒特別偏愛這個觀點，因為他們很希望跟伊斯蘭世界的統治者建立外交關係。一五七七年伊莉莎白統治下的英格蘭就派出這麼一個代理人前往摩洛哥，洽談雙邊貿易事宜。這名代理人在寫回國內的信裡說，摩洛哥國王阿布杜勒．馬利克（Abd Al-Malik）「是個信仰虔誠的新教徒」，對天主教徒抱持適度的「不喜歡」。[11]

但這不代表歐洲的新教徒都能放心跟鄂圖曼人結盟。文獻資料充分顯示，十六世紀的穆斯林是種族歧視和仇外心理的對象，坊間也充斥對鄂圖曼人的負面描繪，當時的小冊子、戲劇和政治辭令裡更不少見。一五二八到三〇年之間，馬丁·路德就曾在文章裡指出，鄂圖曼人是上帝派來的天譴，目的是懲罰基督徒偏離正確途徑，還說蘇丹是「魔鬼的僕人」。[12]到了一五四二年，英格蘭神職人員兼新教改革者湯瑪士·貝肯（Thomas Becon）說蘇丹「摧毀基督信仰，敗壞善良風俗，是基督教不共戴天的仇敵」。[13]一五七一年，天主教的神聖同盟（Holy League）在勒班陀戰役（Battle of Lepanto）打敗鄂圖曼海軍，英格蘭的新教教堂鐘聲齊鳴。[14]因此，十六世紀的歐洲普遍對穆斯林（尤其是鄂圖曼人）懷抱敵意。只是，這份敵意不代表一切。歐洲基督徒和他們的鄂圖曼鄰居之間的關係複雜又多變，「文明衝突」這個簡單觀點遠遠不足以概括。[15]

在鄂圖曼人看來，跟基督徒周旋一點都不奇怪，也不是什麼新鮮事。[16]畢竟鄂圖曼帝國有不少人口屬於我們如今稱為希臘正教或俄羅斯正教的教會，另外，鄂圖曼法律將基督徒和猶太人列為「受保護團體」。[17]在對外關係上，鄂圖曼人跟威尼斯人的貿易協定已經有一百多年歷史，跟熱那亞的商業往來也幾乎一樣久遠。[18]十六世紀早期鄂圖曼人也跟法蘭西建立軍事同盟，一五三〇到四〇年代，法鄂聯軍曾在地中海海域展開軍事行動，後來聯盟漸漸瓦解。[19]因此，任何時候只要符合自身利益，鄂圖曼人不介意跟歐洲的基督教國家合作。

鄂圖曼的利益無所不包，凡是能削弱兩大對手的一切，都算在內。這兩大對手一是東方的波斯薩法維王朝（Safavid），二是西方的奧地利哈布斯堡王朝。其中哈布斯堡王朝正是本書特別關注的議題。[20]哈布斯堡王朝橫跨歐洲，主宰歐洲大陸的政治超過三百年。其中一支以西班牙為根據地，統治的領土包括現今的比利時、荷蘭和一部分義大利，並且將版圖擴展到美洲。另一支集中在奧地利和匈牙利，統治神聖羅馬帝國，因此掌控中歐大部分地區（關於神聖羅馬帝國早期歷史，見第四章）。[21]

對於鄂圖曼人，奧地利的哈布斯堡家族特別惱人。[22]在實際面，哈布斯堡王朝的領土就在鄂圖曼帝國的西北邊境外，妨礙帝國向外擴張。鄂圖曼人曾經在一五二九年和一六八三年圍攻奧地利首都維也納失利，這兩次相隔一個半世紀的行動說明，哈布斯堡王朝是多麼難啃的硬骨頭。十六世紀鄂圖曼人與以哈布斯堡王朝為首的聯軍發生過幾次衝突，其中包括一五六五年的馬爾他大圍攻（Siege of Malta）[23]和一五七一年的勒班陀戰役。這兩次戰役的失敗，阻撓了鄂圖曼海軍勢力在地中海域的擴張。

在意識形態上，哈布斯堡王朝同樣叫人厭煩。他們自稱是唯一真正的普世帝國，也是經過教宗任命的羅馬帝國合法繼位者。對於崇高宮廷，這是一種冒犯。鄂圖曼人也宣稱他們是唯一合法的世界帝國，有權統治整個世界，普天之下莫非王土。[24]他們也自稱是羅馬帝國的繼承人，因為一四五三年他們在戰場上征服君士坦丁堡的「新羅馬」時，就已經取得這份遺產。我們稍後會在本章討論到，他們也會從宗譜和文化傳承的角度主張擁有這份遺產。鄂圖曼和哈布斯堡爭奪的不只是領土，還有歷史的正統性，雙方勢不兩立似乎是不可避免的結果。

因此，到了十六世紀最後二十多年，鄂圖曼蘇丹穆拉德三世熱心支持歐洲的新教徒，我們不難想像背後的動機是地緣政治多於神學考量。哈布斯堡家族是虔誠的天主教徒，誓言以神聖羅馬帝國統治者的地位捍衛教宗的職權。更複雜的是，在西班牙哈布斯堡家族統治的歐洲北部，有不少百姓是心懷怨恨的新教徒，比如荷蘭和英格蘭（西班牙國王菲力普二世的妻子瑪麗一世擔任女王期間）。宗教衝突在歐洲蔓延，穆拉德三世於是把握這千載難逢的機會，結合新教勢力打擊哈布斯堡王朝。難怪穆拉德在位時（一五七四到九五年），鄂圖曼與伊莉莎白治下的英格蘭關係更上層樓。

除了英格蘭人，還有其他歐洲新教徒來示好。一五九四年信奉新教的法蘭西國王亨利四世與天主教對抗，政權岌岌可危之際，就是向穆拉德求救（不過我們已經知道，亨利後來選擇改信天主教，擺脫自己的煩惱）。荷蘭起義戰況最激烈的時刻，是穆拉德親自寫信給荷蘭的路德教派，答應援助奧蘭治的威廉。在這封信裡，穆拉德技巧地操弄通用的宗教語彙，既強調穆斯林與新教徒之間的共同點，也突顯他們與共同敵人天主教會之間的差異。他說，穆斯林和新教徒都「將偶像、肖像和鐘清出教堂」，不像「人們稱為教宗的那個不信神的傢伙」。穆拉德說，教宗「崇拜自己親手造出來的偶像和畫像，導致神的獨一性受到質疑」。[25]既然十六世紀的新教徒「寧為土耳其人，不做天主教徒」，蘇丹不會潑他們冷水。

穆拉德這封知名信函寫於一五七四年，正是他登基那一年。但他寫這封信並不是基於個人想法、想跟遙遠北歐邊緣的新教徒建立反天主教聯盟。相反地，他在這方面的觀點深受他心愛的皇后兼信任的幕僚莎菲耶蘇丹影響。

從皇后到太后

莎菲耶不是她的真名。史書並沒有記載她出生時的名字，只記錄她在十三歲時得到「莎菲耶」這個名字（鄂圖曼土耳其語意為「純潔」）。新名字伴隨新身分而來，她之前的生命軌跡幾乎被抹除殆盡。根據多位威尼斯大使撰寫的報告，當時流傳在伊斯坦堡宮廷圈子的八卦傳聞透露，她出生在阿爾巴尼亞的小村莊，就在杜卡基尼公國（Ducagini）的高山上。[26]這些流言比較少涉及她賣身為奴的細節和她進入後宮初期接受的訓練，卻明顯看得出來，即使宮廷裡不乏才貌雙全的女子，她仍然憑藉亮眼的外貌和敏捷的智慧脫穎而出，在一五六三年獲選成為年輕儲君穆拉德的侍妾。無名女孩自此變成受人注目的莎菲耶，短短十一年就從小女奴晉身為皇后。

穆拉德與莎菲耶相識時，兩人都是青少年：她十三歲，他十六歲。他們想必一見鍾情，兩人之間顯然不只是性伴侶，也有真實的情感和知性的交流。莎菲耶的個人特質和外在條件是其中的關鍵。見過她的人都說她不只美豔絕倫，也是個冷靜、睿智的人，而且非常有耐心。[27]穆拉德顯然對莎菲耶用情至深，沒有依照慣例廣納後宮佳麗，嚴格遵守一夫一妻制，將近二十年的時間裡只有莎菲耶一個女人。他們相遇三年後，長子就出生了，也就是二十四年後收到發條管風琴的穆罕默德三世。後來他們又生了四個孩子，可惜都是女孩。正因為只有一個男性繼承人，皇位的傳承有欠穩固，夫妻之間的感情因此產生隔閡。

一五七四年穆拉德的父親過世，穆拉德成為蘇丹，問題開始浮現。那時兩人已經相伴十年，莎菲耶搬進新皇宮（New Palace），被封為蘇丹后，成為蘇丹的正宮。身為皇后，莎菲耶或許預期擁有權力和影響力，順道拿下皇室內宅的管家權。很可惜，這個位置已經被人占了，那人就是穆拉德的母親、氣勢懾人的努爾巴努（Nurbanu）。當時努爾巴努掌握後宮已經整整十年，穆拉德能順利繼位，也是她一手促成。[28]莎菲耶是皇后沒錯，但努爾巴努是太后，而且還想繼續當鄂圖曼帝國最有權勢的女人。

穆拉德雖然深愛莎菲耶，卻也非常敬愛他的母親，尤其執政初期，他對母親格外倚重。努爾巴努本身就是老練的政治人物，如今更是公開參與國家事務，為兒子提供建言。穆拉德好像很感謝母親的協助，文獻資料顯示，這段時期努爾巴努處理對外關係，管理皇室產業，並且安排各省事務。[29]努爾巴努在政治舞台上如此活躍，莎菲耶只好步步為營。她緩慢又穩當地在首都部署自己的人手，跟宰相科賈．希南．帕夏（Koca Sinan Pasha）等大臣形成依附或相互支持的關係（帕夏是她的阿爾巴尼亞同鄉）。皇后與太后都是野心勃勃、個性強悍的人，她們的敵對或許不可避免。穆拉德登基五年後，宮廷正式分裂為兩大對立陣營，一邊以努爾巴努為首，一邊效忠莎菲耶。穆拉德夾在母親與名義上的妻子（沒有人知道他跟莎菲耶有沒有正式成婚）之間，左右為難。攤牌時刻已經到了。[30]

在這場危機四伏的後宮爭鬥裡，努爾巴努手握王牌。她向來不贊成穆拉德只守著莎菲耶一個女人，經常勸他納妾。這時穆拉德已經是三十多歲的成熟男人，他的性生活不再是私人事務。努爾巴努開始高分貝公開表達她對王位傳承的擔憂，哀嘆穆拉德只有儲君穆罕默德一個兒子。更糟的是，穆罕默德還沒有子嗣，所以皇位能不能留在他這一支還很難說。努爾巴努告訴兒子，他必須多生幾個男孩，才能確保皇位不會旁落。到了一五八〇年，穆拉德登基六年、跟莎菲耶相伴十七年後，穆拉德同意了。

接下來的事情都是八卦和傳聞。[31]有些鄂圖曼歷史學家說，穆拉德即使面對絕色女子也無法人道，原因不明。也有人說他不舉是因為莎菲耶對他施咒，確保他只忠於她一人。卻也有人進一步指出，最後打破魔咒的是兩名才華出眾的切爾克斯侍妾（Circassian），她們在音樂與舞蹈上的造詣特別深厚。更有人聲稱，這些都是努爾巴努刻意散發的謠言，目的是讓穆拉德脫離莎菲耶的魔掌。我們確知的是，莎菲耶在一五八〇年下半年被送走，悄悄被放逐到舊皇宮。她的僕人遭到囚禁，嚴刑逼供，手下也被放逐。相較之下，穆拉德的性無能不藥而癒，接下來那幾年跟其他侍妾生下至少四十七個孩子。努爾巴努看著兒子納進一個又一個小妾，享受了一小段垂簾聽政的美好時光。

但莎菲耶夠聰明，知道性不是一切。敗在努爾巴努手下，她想必咬牙切齒。穆拉德沉迷女色，她可能又嫉又恨。但她決定改變策略，開始搜羅最美麗、最有才華的女奴，從中選出最能吸引穆拉德的人。在這方面她比婆婆略勝一籌，從鄂圖曼奴隸市場找出最令她滿意的女孩。早年她也是循著這個人口買賣管道來到伊斯坦堡。

穆拉德龍心大悅。一五八三年秋末，莎菲耶被迎回新皇宮，她的僕人獲釋，手下一一召回。在那段時期，努爾巴努得了怪病，到了年底就過世了。[32]對於莎菲耶的人生和整個帝國，這些動盪都是重要分水嶺。對於莎菲耶，這是一場勝利。如今她和穆拉德已經超越性伴侶的關係，變成他不容置疑的首席幕僚和最親近的夥伴。對於鄂圖曼帝國，一個全新的外交時代來臨了。

後來某些歷史文獻分不清莎菲耶和努爾巴努，原因不難理解。她們兩個最早都是鄂圖曼後宮女奴，後來變成大權在握的皇室后妃，先後透過丈夫和兒子操弄政權。但在國際關係上，她們採行不同政策。努爾巴努在對外關係上偏向威尼斯，因為她入奴籍之前是威尼斯貴族。[33]在她的影響下，威尼斯商人得到優惠條件，威尼斯大使在宮廷地位尊榮。這點令法蘭西和英格蘭大使格外沮喪，因為他們也想加強跟鄂圖曼帝國之間的關係。[34]不管是法鄂之間昔日的同盟關係，或法蘭西太后凱瑟琳．梅迪奇（Catherine de’ Medici）寫給努爾巴努的一連串私人信件，都沒辦法讓這段時期的鄂圖曼帝國對法蘭西另眼相看。

相較之下，莎菲耶的外交政策可能比較開放。她輔政那段期間，鄂圖曼帝國跟歐洲更多國家有更密切的往來。她好像特別關愛伊莉莎白統治的英格蘭。在那之前多年，英格蘭跟崇高宮廷之間的關係持續緊繃，到了一五八三年才有大使正式常駐伊斯坦堡。[35] 一五八六年，這位大使成功遊說他在宮廷與後宮的人脈，阻止鄂圖曼人與西班牙的哈布斯堡王朝簽訂互不侵犯條約。這個條約一旦簽訂，西班牙海軍就可以毫無顧忌侵略英格蘭。[36]

一五九五年穆拉德壽終正寢，莎菲耶火速將自己的兒子穆罕默德推上王座。穆拉德晚年貪花好色，為穆罕默德留下十九個弟弟，這些人都有資格爭權奪位（鄂圖曼王位傳子不傳女，因此穆拉德的眾多女兒暫時不構成威脅）。但這十九個弟弟都沒有出面奪權，並不是因為他們尊敬兄長，也不是因為他們重視王朝的和諧，而是因為莎菲耶先下手為強將他們處死。[37]

穆罕默德登基以後，莎菲耶的權力更是穩固。身為太后，她堅定又穩健地為鄂圖曼帝國這艘大船掌舵。跟英格蘭之間的關係蒸蒸日上，莎菲耶特別喜歡愛德華．巴頓（Edward Barton）和保羅．平達爾（Paul Pindar）這兩個英格蘭大使。巴頓是一五九〇年代英格蘭駐鄂圖曼宮廷的正式大使，脾氣火爆卻富有個人魅力。年輕帥氣的平達爾則是在一五九九年為她帶來黃金馬車。[38] 不過，莎菲耶跟英格蘭之間最持久的關係並不是她對這兩個大使的關愛，而是她與伊莉莎白一世之間長達數年、令人驚奇的書信往來。

戰神般的統治者

我們不知道莎菲耶和伊莉莎白交換過多少信件，不過，莎菲耶寫給伊莉莎白的書信，至少有三封流傳至今。[39]莎菲耶在這些信件裡使用的性別詞彙十分引人注目。她審慎地使用女性化用語稱讚伊莉莎白，說她具有女性美德，「帶給基督教女性支持力量」，是一位「既是女王，又具備聖母精神的女性」。就連伊莉莎白的政權毫無疑問也充滿女性特質。莎菲耶恭維伊莉莎白，說拖曳在她背後的是「榮耀與權力的裙襬」。[40]其中一封是收到黃金馬車後的回信，信中感謝伊莉莎白贈送這麼昂貴的禮物，也列舉她給伊莉莎白的回禮。這些回禮明顯多半是女性用品，包括一件長袍、一件緊身褡、一個袖套、兩塊金線刺繡手帕、三條毛巾，以及一頂綴有紅寶石與珍珠的王冠。[41]某種層面上，莎菲耶跟伊莉莎白建立這種充滿自覺的女性關係，可能是為了符合那個時代的社會規範與期待，但也可能另有深意。

這兩位皇室女性之間的交流方式，並非只有官方書信。她們也透過第三人居間溝通。某種層面上，派往伊斯坦堡的大使和外交使節就足以發揮這個作用。但在另一個層面，出生在西班牙的猶太女商人埃斯佩蘭薩・馬爾琪（Esperanza Malchi）也是深受莎菲耶信任的中間人，為她傳遞部分訊息。[42]馬爾琪本人也跟伊莉莎白通信，算是莎菲耶那些正式信函之外的補充。其中一封信相當奇特，涉及更為私人的交流。馬爾琪寫道：「鑑於陛下也是女性，我才好意思向您提起這件事。據我所知貴國有各種臉部使用的稀有純水和手部專用的芳香油脂。」[43]接下來馬爾琪請伊莉莎白直接把這些物品寄給她，由她交給莎菲耶，不要透過大使或穆罕默德的宮廷轉交，因為這些是「女士的用品」。雙方建立的明顯是女性之間的情誼，而且雙方都有這點認知，刻意避開傳統上由男性主宰的溝通管道。

這段關係顯示雙方往來密切互通聲氣，乍看之下相當動人。我們看到一名中年女性跨越地理、信仰與語言的障礙，向另一人伸出友誼的手。只是，信中夾帶的訊息卻也有點可笑。伊莉莎白真的會盡職地搜羅面霜，寄給她的鄂圖曼筆友？或許其中的關鍵不在保養品本身，而在她們的溝通方式：不是透過官方的外交管道，而是在私人的領域祕密進行，在女性與女性之間暗中傳遞。伴隨這些「女性用品」遞送的任何訊息，都有機會安然躲過旁人的耳目。我們不會知道她們藉由這種管道傳遞什麼樣的情報，又籌謀什麼樣的計畫。現存的歷史文件見證莎菲耶在英鄂外交關係上扮演重要角色，背後卻可能隱藏更多沒有訴諸文字的事實。

那些事實包括建構出一段文明史，認定新教徒和穆斯林在文化與宗譜上彼此連結，都與中歐的天主教世界徹底對立。正如前面討論過的，十六世紀中葉某些新教徒以「寧為土耳其人，不做天主教徒」這句口號來宣揚他們的態度。我們也談過伊斯蘭信仰與新教信仰之間的相似度如何被突顯，強調二者之間的距離比他們跟天主教之間的距離更近。不過，我們還沒討論到在這個時期的歐洲人心目中，歷史是如何傳承的，莎菲耶本人又在其中扮演什麼角色。

鄂圖曼人不認為自己是亞洲人，也不認為自己屬於或代表一個不可避免地永遠與**西方**對立的**東方**。相反地，他們認為自己是普世帝國的統治者，版圖橫跨三個大陸，涵蓋無數種族、語言與宗教信仰。他們既是亞洲人，也是歐洲人，坐鎮在橫跨兩洲的首都號令天下。鄂圖曼帝國最偉大的蘇丹蘇萊曼大帝（Suleiman the Magnificent）甚至在自己的正式頭銜上附加「兩個大陸的蘇丹」這個稱號。[44] 鄂圖曼人有意識地認為，自己不但繼承了繁榮昌盛的阿拔斯王朝和中世紀穆斯林世界（第三章），也繼承了璀璨的拜占庭和它的希臘羅馬遺產（第五章）。[45] 一五三八年，蘇萊曼大帝如此描述他在世界上的位置：「我是神的奴隸，是這個世界的蘇丹。憑藉神的恩典，我是穆罕默德的族群的領袖。神的力量和穆罕默德的奇蹟與我同在。我是蘇萊曼，聖城麥加與麥地那（Medina）以我的名講道。在巴格達我是沙阿（shah，意為國王），在拜占庭領土我是凱撒，在埃及我是蘇丹。我派艦隊前往歐洲、馬格里布＊和印度海域。」[46]

蘇萊曼是蘇丹，也是凱撒，在鄂圖曼征服拜占庭後，合法繼承拜占庭統治過的全部領土。不過，鄂圖曼繼承羅馬遺產的權利不只來自軍事征服。有個貫穿整個中世紀、源遠流長的傳統說法斷言，古代羅馬人與中亞、西亞的「土耳其人」之間存在血統關係。這個傳統聲稱，這兩個族群的祖先都是特洛伊城橫遭戰火荼毒時逃離的難民。

我們在第四章討論過，中世紀歐洲有多個種族自稱特洛伊難民的後裔。當時我沒有提到的是，這種現象不只出現在歐洲，就連西亞和中亞也有，特別是「土耳其人」。第七世紀修士弗里德加（Fredegar）的編年史指出，土耳其人的祖先是特洛伊英雄弗朗索瓦（Francio），弗朗索瓦剛好也是法蘭克人的祖先。[47]經過中世紀史書的反覆傳誦，這種說法延續了七百年，直到一四五三年鄂圖曼人攻陷君士坦丁堡。在某些評論家看來，鄂圖曼人征服君士坦丁堡是個驚悚事件，讓他們更加確定伊斯蘭與基督教本質上是敵對的。正如我們在第六章討論過的，文藝復興時期部分義大利史詩的作者就是這麼認為。但對於其他抱持反拜占庭觀點的人，這是歷史的報應。

拉丁人用神話般的特洛伊血統為第四次東征洗劫君士坦丁堡的行為做辯護，十五世紀土耳其人的特洛伊血統也有相同作用。鄂圖曼跟法蘭克人、諾曼人、德意志人與不列顛人一樣，據說也是特洛伊英雄的後裔。因此，鄂圖曼打敗拜占庭的希臘人，只不過是合理為他們被趕出特洛伊城的祖先復仇。有個法國法學家說，攻陷君士坦丁堡的穆罕默德二世是「特洛伊的復仇者，帶著他全副武裝的夥伴，衝破遭到戰神馬爾斯（Mars）攻擊的城牆，為赫克托爾的死復仇」。[48]有個義大利詩人寫道，「如果你們希臘人當初不曾殘忍屠殺弗里吉亞人（古希臘與拉丁文本用這個名詞代表特洛伊人）」，拜占庭或許不會碰上這個大麻煩。[49]有個拜占庭學者說，鄂圖曼蘇丹穆罕默德二世撥空走訪特洛伊，聲稱「經過這麼久的時間，神一直為我保留為這座城和城中百姓報仇的權利」。[50]這名學者在拜占庭亡國後留在宮廷，繼續效忠鄂圖曼人，最後甚至奉命擔任他的故鄉因布羅斯島（Imbros）的總督。一個世紀後，莎菲耶基於自己的外交目的，會針對某個特定對象說出同樣的話。

特洛伊血統這個概念在中歐一度盛行（見第四章），到了十六世紀晚期，這股中世紀潮流

＊譯注：Maghrib，穆斯林阿拉伯人用這個名詞指稱埃及到大西洋之間的地區。

已經消退，不再受歡迎。在之前那兩百年，也就是我們所謂的文藝復興時期，人們對古代有了新的思維。[51]他們漸漸認為古希臘世界跟古羅馬彼此連結，並且構想出二合一的希臘羅馬古代，跟古代的其他地區明顯區隔（見第六章）。不過，這種概念的流傳，不代表中歐和西歐的人會立刻將他們的假想起源從特洛伊換成希臘。到了十六世紀，**西方文明**的恢宏故事雖然還不夠成熟，在大多數歐洲人眼中，特洛伊的榮光卻已經不如中世紀時代那般耀眼，向特洛伊追尋高貴血統的風潮也悄悄退場。

總是與歐洲大陸不同道的不列顛是個例外，他們繼續堅定地擁抱特洛伊起源神話。[52]事實上，這是都鐸王朝（Tudor）最積極宣揚的神話。英國詩人愛德蒙・史賓塞（Edmund Spenser）在他的長篇頌詩《仙后》（*The Faerie Queene*）裡寫道：「英勇特洛伊人是高貴不列顛人的祖先，新特洛伊*以舊特洛伊的冷卻灰燼重建。」（《仙后》三：九：三八）特別是都鐸王朝，據說是特洛伊王子帕里斯（Paris）的後裔。最經典的是，史賓塞透過他的人物，為女王說出以下的話：「我的血統從他而來確實為真，那時特洛伊十年圍城仍在遙遠未來，他是伊達山上的牧羊人，跟美麗的娥諾涅†生下可愛的男孩。」（《仙后》三：九：三六）在視覺藝術方面，畫家以伊莉莎白女王代替特洛伊王子帕里斯，要從三名不朽女神中選出最美的那個。當然，神話中的帕里斯選擇阿芙羅黛蒂，導致特洛伊戰爭。畫作裡伊莉莎白女王的美貌凌駕三名女神，於是避免了衝突。[53]

即使在宮廷圈子外，這段故事也十分受歡迎，尤其是在伊莉莎白時代後期。特洛伊主題的戲劇陸續問世，比如莎士比亞的《特洛勒斯與克瑞西達》（*Troilus and Cressida*, 1601），克里斯多福．馬羅（Christopher Marlowe）的《迦太基女王蒂朵》（*Dido, Queen of Carthage*, 1594）。也有不少詩作取材自特洛伊，從喬治．皮爾的《特洛伊的故事》（*The Tale of Troy*, 1589），到伊莉莎白時代剛結束時托瑪斯．海伍德（Thomas Heywood）的《大不列顛》（*Troia Britannica*, 1609）。最早的《伊里亞德》英譯本也在這個時期問世，譯者是喬治．查普曼（George Chapman），第一部分連載在一五九八年發表。[54]就連法律界也來湊熱鬧，知名法學家愛德華．科克（Edward Coke）想要證明英格蘭普通法源於古代的特洛伊（關於科克的事蹟見第八章）。[55]英格蘭人如痴如狂地相信他們的祖先來自特洛伊。根據某些中世紀史書，

* 譯注：Troynovant，中世紀英國某些史書對倫敦的別稱。

† 譯注：Oenone，希臘神話中的山中精靈，住在弗里吉亞的伊達山（Ida）。帕里斯在伊達山與她相識相戀，結婚後生下一個兒子。

特洛伊也是鄂圖曼人的祖地。

當外交機會找上門，莎菲耶絕不輕易錯過。鄂圖曼人跟英格蘭人擁有共同祖先，是不可多得的佳機。在一五九一年寫給伊莉莎白的第一封信裡，她重提鄂圖曼人是羅馬正統後裔的概念。只是，她提得很技巧，彷彿只是在試探，藉此評估伊莉莎白的反應。信的開頭是對神的祈願，而後莎菲耶說她自己是儲君的母親，現任蘇丹的配偶。她說「蘇丹穆拉德陛下——願神賜他永遠的好運與威嚴！——是所有土地的君主，是帝國的開拓者。在這個吉祥時刻，他是七大氣候區的可汗，是地球四大角落的幸運統治者，是羅馬領土的皇帝」。[56]

結束這段介紹文之後，莎菲耶正式問候伊莉莎白，以華而不實的美麗辭藻形容她對伊莉莎白的「問候是如此親切，玫瑰園裡的所有玫瑰只等於它的一片花瓣。言語是如此真摯，玫瑰園裡的夜鶯鳴唱的全部曲目只等於它的一小節」。[57]莎菲耶告訴伊莉莎白，伊莉莎白的大使謁見穆拉德之後又跟她聯絡。在這段話裡，她形容穆拉德是「稱職的伊斯蘭偉大君王，戰神般的統治者」。接下來她向伊莉莎白保證會支持英格蘭，也會在蘇丹面前為英格蘭美言。在信件最後這一段，她說穆拉德是「兩國幸運關係的主宰，是接替亞歷山大大帝的君王」。[58]

跟新的通信對象開啟全新的外交對話，莎菲耶小心翼翼。字裡行間有意無意地提到希臘和拉丁文化，穿插宗教與性別語彙。另外，她形容蘇丹是羅馬領土的皇帝，是亞歷山大大帝的繼承人，足以跟羅馬戰神馬爾斯相比擬。關於祖先的問題她並沒有明說，卻隱約表示，希臘羅馬世界的文化與政治遺產屬於鄂圖曼人。她想必好奇伊莉莎白會有什麼反應。

她不需要等太久。接下來那幾年她跟伊莉莎白互通書信互相送禮，一五九九年的使節團達到頂點，帶來給蘇丹的發條管風琴和給莎菲耶的寶石馬車。不過，伊莉莎白遣辭用字巧妙的程度不輸莎菲耶，也同樣擅長運用外交辭令。一五九九年將珍貴禮物送到伊斯坦堡的船名叫赫克托爾號，隱含著她對雙方擁有共同祖先的認同。赫克托爾是特洛伊王儲，特洛伊軍隊最偉大的戰士，也可以說是荷馬史詩《伊里亞德》裡真正的主角。

赫克托爾號締造了外交佳績，也傳達多重政治訊息。但在那之後，英格蘭與鄂圖曼的關係快速走下坡。短短四年內，莎菲耶的兒子穆罕默德和伊莉莎白相繼過世，新的君王繼任，帶來國際政治和文化定位的全新理念。

比如英格蘭新任國王詹姆斯一世（同時也是蘇格蘭國王詹姆斯六世），他的新方向是跟信奉天主教的西班牙和解，疏遠與東方的關係，在西方開拓殖民地。一六〇七年英國在美洲維吉尼亞詹姆斯鎮（Jamestown）建立的第一個永久殖民地，既是意識形態上的聲明，也是政治意圖的展現。對於斯圖亞特家族*，剛統一的新王國的未來不在東方，而在西方。同一個時刻在歐洲另一端，艾哈邁德一世（Ahmed I）的外交政策跟詹姆斯雷同。在宗教上他是保守派，因此選擇遠離他的祖母和她的西方盟友。但他很謹慎，繼續維持與歐洲某些國家的貿易和外交關係。他和他兒子穆拉德四世關注的焦點不是西方，而是東方，尤其是跟波斯帝國薩法維王朝的關係。

隨著十七世紀慢慢過去，維繫新教徒與穆斯林關係的政治情勢和商業利益漸漸消失，雙方擁有共同文化遺產和歷史的想法或許不可避免地隨之式微。鄂圖曼蘇丹與英國女王屬於同一宗譜的暗示不復存在，有關統一的古代的說法也成為過去。相反地，另一種世界觀逐漸整合。這個世界觀在中世紀已經存在，但始終不是主流（第四、五章），到了文藝復興時期漸漸受歡迎（第六章）。這種觀點將歐洲與基督教視為單一的概念性實體，直接跟亞洲、伊斯蘭和其餘的世界形成二元對立。這個觀點至今依然存在，通常被稱為文明的衝突。

十六世紀哈布斯堡王朝的意識形態與宣傳毫無顧忌地擁抱這個觀點，主要是受到鄂圖曼與哈布斯堡之間的政治敵對的刺激。[59]將歐洲與基督教合而為一，跟穆斯林世界形成對立，是符合哈布斯堡利益的做法。因為這可以吸納不同的新教教派，讓他們接受哈布斯堡王朝天主教會的領導。十六世紀最後十年英格蘭與鄂圖曼關係達到巔峰，伊莉莎白和莎菲耶在歐洲兩端互相通信送禮，當時哈布斯堡王朝的宣傳人員加強火力操控輿論。尤其，他們將一五七一年鄂圖曼海軍與哈布斯堡主導的神聖同盟之間的勒班陀戰役描繪成對立文明之間的英勇戰鬥：歐洲對亞洲；基督教對異教徒。[60]

哈布斯堡王朝將勒班陀戰役的政治利益壓榨得一滴不剩。信件和公告在整個歐洲散布，宣稱神聖同盟的勝利證明他們擁有神的眷顧。藝術家瓦薩里（第六章有更多關於他的討論）在梵蒂岡為教宗庇護五世（Pius V）創作三幅壁畫，都是以這場戰爭為題材。西班牙哈布斯堡王朝國王菲力普二世委託他最欣賞的畫家提香（Titian）畫一幅作品紀念這場勝利。各種描繪這場戰爭的大型畫作和以義大利畫家盧卡·坎比亞索（Luca Cambiaso）的漫畫製作的掛毯四處可見，裝飾著馬德里、熱那亞和倫敦的宮殿與豪宅。

在十六世紀晚期喧囂的勒班陀戰役勝利宣傳中，西班牙學者兼詩人胡安·拉蒂諾（Juan Latino）寫了史詩《奧地利亞德》（*Austriad*），讚揚奧地利的約翰（John of Austria）的功

---

* 譯注：Stuarts，一三七一年到一七一四年統治蘇格蘭、一六〇三年到一七一四年統治英格蘭的家族。

績。約翰就是帶領神聖同盟艦隊的哈布斯堡將領。拉蒂諾的詩之所以受注目，是因為他強調基督教與穆斯林對立，藉此防堵種族偏見與歧視。拉蒂諾本身是黑人，出生在西班牙拜納（Baena），父母是來自西非的奴隸。少年時期他是塞薩公爵貢薩洛（Don Gonzalo Fernández de Córdoba）的僕役，成年後不久就脫離奴籍，轉而向學術界發展，最後被任命為格拉納達主教座堂（Granada Cathedral）的拉丁文法教授。拉蒂諾熟練地運用古典範本與比喻，對比哈布斯堡的基督教軍隊和鄂圖曼軍隊之間的差異。這種對比的重點明顯放在宗教，而非種族。拉蒂諾強調信仰宗教時個人選擇的重要性，並且以自身為例，說他本人就是自願受洗的，不是一出生就信仰天主教。[61] 拉蒂諾用自己的文字對抗當時歐洲日益高漲的種族偏見思想和種族歧視，動機明顯又合理。（這段時期大西洋的奴隸買賣也漸漸熱烈，見第九章。）不過，當時伊斯蘭恐懼症和**東方**與**西方**文明衝突等流行詞彙，都成了他著述時的有效利器，我們似乎從中看到時代思潮的變化。

真相是，勒班陀戰役的交戰雙方是鄂圖曼帝國和天主教國家聯盟：前者是版圖橫跨三洲、多種族多信仰的帝國，後者的軍事經費由西班牙哈布斯堡王朝的國王菲力普二世承擔。另一個真相是，儘管神聖同盟取得決定性勝利，鄂圖曼軍隊傷亡慘重，但對於鄂圖曼帝國，這場戰爭不過是一次代價高昂又難堪的挫敗。兩年後他們從威尼斯人手中搶走塞浦路斯，再過一年又征服突尼斯。[62]然而，真相通常阻擋不了動聽的故事，尤其當故事本身夾帶政治目的。

莎菲耶與伊莉莎白之間的書信往來，走了世界歷史上沒有人走過的路，日後也沒有人跟隨。我們只能猜想，假如英鄂的盟友關係維繫下來，假如歐洲中心的天主教哈布斯堡王朝被新教與穆斯林聯手包圍，結果會如何？那樣的話，現代的**西方**概念還能不能完整發展、變成很大程度左右現今世界面貌那個地緣政治體？或者，**西方文明**的恢宏故事還有沒有機會發展？

我們可以沒完沒了地猜想歷史上的「如果」，但以眼前這個例子來說，我認為到了莎菲耶掌權的時候，未來已經成了定數。她跟伊莉莎白的通信或許是扭轉大勢的最後一搏，是一記回馬槍，試圖減緩一個世代前就已經形成的趨勢。再過不久，從哈布斯堡反鄂圖曼宣傳衍生出的文明衝突論就會大放光芒，過去支撐英鄂邦交的共同祖先神話黯然失色。主流故事已經改變。

一種新的說法登上主導地位。「我們」這個認知深入基督教世界，掩蓋了過去一百年來新教與天主教之間的血腥衝突，也便利地遺忘分隔拉丁教會和希臘教會幾百年的鴻溝。這個假想基督教世界漸漸跟歐洲合而為一，假裝得了失憶症，無視中東、亞洲和非洲古代教會的存在。在這個以歐洲為中心的假想基督教世界裡，所有人都傳承自古代的希臘羅馬，擁有共同的歷史，因此才有共同的文化與政治取向。過去的世界和現在的世界漸漸被分割成兩個本質上對立、永遠分歧的陣營：我們與他們；基督教徒與非基督教徒；歐洲與歐洲以外；**西方**與**其他**。

第八章　西方與知識

——法蘭西斯・培根（Francis Bacon）

只有三個時期的學問值得重視：其一出現在希臘人之間，其二在羅馬人之間，其三在我們——亦即西歐各國——之間。

——法蘭西斯・培根（一六二〇年）[1]

在多個不同領域有傑出表現，並且青史留名的全才並不多。有人可能立刻會想到達文西、哥特佛萊德・萊布尼茲（Gottfried Leibniz）或弗蘭克・拉姆齊（Frank Ramsey），也有人會想到俄國作曲家兼化學家亞歷山大・鮑羅定（Alexander Borodin）、美國電影演員兼發明家海蒂・拉瑪（Hedy Lamarr）或美國演員兼政治家阿諾・史瓦辛格（Arnold Schwarzenegger）。不過，盤點歷史上博學多才的人物時，我相信大多數人都同意法蘭西斯・培根也是其中之一。本章的主題人物法蘭西斯・培根不是二十世紀那位同名英國畫家，而是十六世紀末到十七世紀初那位科學哲學家先驅兼舉足輕重的律師，他同時也是出色的英國政治家。因此，培根的傑出人生所在的時期，正好從莎菲耶和伊莉莎白的十六世紀過渡到詹姆斯與艾哈邁德的十七世紀。在生命歷程中，他見證了全球地緣政治的劇變，也見證了人們對世界和歷史的想法在轉變。在生命歷程中，他目睹**西方**被編造出來，甚至，也在其中扮演相當重要的角色。

在培根生活的時代，**西方**這個概念終於開始成形，**西方文明**的恢宏故事也開始變成歐洲人看待歷史的主要模式。培根的著作為我們演示，一段生命歷程的時間裡能發生何種規模的變化。他的職業生涯始於伊莉莎白時代，當時**西方**這個概念還在孕育，所以還能想像歐洲邊緣的新教和穆斯林合作，共同對抗歐洲中心的天主教。等到他在詹姆斯一世時代退休，政治情勢已經大幅改變，以至於這樣的配置再也難以想像。當然，鄂圖曼和歐洲其他政權之間依然保持貿易與外交關係。但**西方**這個概念開始浮現，雖然信仰衝突與政治鬥爭依然不斷，時光卻不可能倒流。

另外，對歷史樣貌的看法也更為僵化。在莎菲耶的時代還能假想歐洲和亞洲有共同的文化起源，到這時絕無可能。相反地，如今人們唯一想像得出的歷史，是**西方**與**東方**的文化宗譜和歷史傳承各自不同。對於**西方**，這份傳承據說始於古代的希臘羅馬。這段歷史被切割出來，專屬歐洲，它的文化遺產也專屬歐洲人。當時之所以能夠這樣重新詮釋世界與世界的歷史，完全是因為那個時代發生了許多更廣泛、更快速的變遷。

探險與啟蒙

培根生活在一個重新思考知識本身的基礎的時代。首先，人們思考的內容在改變。文藝復興時期的人文主義促進了神學、哲學與自然科學等領域的新發展。另外，新教各教派紛紛成立，信仰與宗教方面的新觀點也如雨後春筍般出現。不過，人們思考的方式也在改變。對於認識論的看法的改變，培根是關鍵人物（所謂認識論指人能知道些什麼，又如何知道）。而在開創我們如今所謂的「科學方法」方面，培根扮演的角色或許比大多數人都重要。

正因如此，儘管啟蒙運動本身通常以十七世紀晚期和十八世紀的思想家為代表人物，比如伏爾泰、瑞士裔法國哲學家盧梭（Rousseau）和德國哲學家伊曼努爾·康德（Immanuel

Kant），但對啟蒙運動的描述通常從培根開始。培根是提倡科學方法的重要人物，主張以實驗和觀察客觀地檢驗事實。這個觀點是啟蒙時代科學與技術發展的基礎，影響所及從義大利物理學家伽利略（Galileo）的天文學發現和康德的根本認識論，到牛頓的物理學定律和笛卡兒（Descartes）的地理數學。啟蒙運動對科學與理性的重視，是以文藝復興時期的人文主義為基礎，也牽涉到對宗教的更廣泛質疑、世俗化的趨勢，以及政教分離的概念。[2]這些概念都呈現在一六四八年的《西發里亞條約》（Treaty of Westphalia）。《西發里亞條約》為三十年戰爭＊畫下句點，結束這場血腥的宗教衝突。當然，和約的簽訂並沒有終結歐洲基督教內部的暴力與宗教迫害。

啟蒙運動的第二根支柱是政治哲學，這個領域思考人類本質和人類社會的變遷，包括盧梭構思的「社會契約」理論；英國政治哲學家湯瑪斯·霍布斯（Thomas Hobbes）有關國家建立前人類的生活「險惡、殘酷、壽命不長」的概念；洛克的自然律（natural law）；萊布尼茲的政治樂觀主義；英裔美國思想家湯姆·潘恩（Tom Paine）提出的平等與早期人權概念；以及英國哲學家瑪莉·沃斯通克拉夫特（Mary Wollstonecraft）的基進女權主義（主張女性也應該享有人權）。[3]

就像文藝復興時期的人文主義者一樣，啟蒙時代思想的兩大主流（一邊是科學與技術，另一邊是哲學與政治）都向古代的希臘羅馬尋求靈感。比方說，伽利略和笛卡兒的數學思想，都是以畢達哥拉斯的數學原理為基礎。古希臘羅馬對政治哲學家的影響更大。霍布斯利用修昔底德的理論來雕琢他的政治現實主義（political realism）；洛克的人格性與財產理論看得到斯多葛哲學（Stoicism）的影子；[4] 特別是盧梭，他大部分的政治思想都以羅馬共和國的歷史為基礎，還說自己小時候滿腦子「都是雅典和羅馬城……總覺得自己是希臘人或羅馬人」。[5]

啟蒙時代的思想家正如一個世紀前文藝復興時期的人文主義者，並沒有直接繼承古希臘羅馬的觀點、被動地接納，視為與生俱來的文化遺產。相反地，他們主動尋找希臘和羅馬的典範與啟發，細細閱讀古代文本，吸收他們覺得有用的一切。也有人呼籲應該選擇性師法古代，不要囫圇吞棗全盤接收。舉例來說，霍布斯雖然採用修昔底德的理論，卻以批判的眼光檢視亞里斯多德等希臘羅馬思想家，並且發展出一套與古代的共和主義式自由（republican liberty）迥異

---

* 譯注：Thirty Years' War，起因是一六一八年信仰喀爾文教派的波希米亞人反抗哈布斯堡家族，最後哈布斯堡家族戰敗，在一六四八年簽訂和約。

的政治理論。[6]霍布斯甚至表示，總的來說，閱讀希臘羅馬文本對他的同代中人有負面影響。他說：「人們從小閱讀這些希臘與拉丁文本，見慣了自由的錯誤示範，養成偏差的習慣，比如喜歡動亂，喜歡肆意操控君主的行動，甚至操控那些操控者。這個過程造成太多傷亡，我真心覺得，西方接收希臘與拉丁學問，付出了前所未見的慘痛代價。」[7]在這個與古希臘羅馬對談、採納並挪用那個時代的學問的複雜過程中，歐洲啟蒙運動的思想家將那些學問據為己有，融入他們所處的文化世界。透過這樣的過程，他們漸漸確立並穩固**西方文明**的恢宏故事。

啟蒙運動這個詞的英語 Enlightenment 跟它的德語 Aufklärung 一樣，都只捕捉到它的法語 siècle des Lumières 的一部分浪漫氛圍。這種浪漫感渲染了如今我們看待啟蒙運動的方式。我們被告知這是個好奇與思考的年代，一個被當時知識分子星辰般的光輝照亮的重要時代，那些知識分子用理性的光芒破除迷信的陰影。美國歷史學家威廉・麥克尼爾（William McNeill）在他一九六三年的暢銷書《西方的興起》（*The Rise of the West*）裡談到：「我們——以及二十世紀的整個世界——是現代早期歐洲少數天才創造出來的，也是他們的繼承人。」[8]他聲稱，我們從那些天才繼承的不只是科學方法，還有理性主義和宗教懷疑主義，以及個人主義和人文主義。我們經常聽到，是那些人奠定了現代世界的基礎概念。用啟蒙時代偉大思想家康德的話說，「啟蒙」代表人類從自己打造的無知牢籠中解放出來。[9]

正如康德所說，科學在這段時期有了重大進展，而伴隨科學進展而來的，是世俗人文主義和基進哲學的興起。知識透過書籍迅速傳播，而書籍則是因為活字印刷這項革命性技術，價格不再高不可攀。人們在正式書信和流通的小冊子裡探討各種觀點，創造出以提升知性為宗旨的跨國「文人共和國」，或許類似如今的科學界。有趣的是，這個團體的共通語言是拉丁文。在當時，拉丁文仍然是歐美大部分地區精英教育的語言。

但啟蒙運動並不是單一或一致性的運動。在它的寬闊河道裡，有數不清的逆流，有分歧的思想流派和彼此競爭的知性趨勢。[10]比方說，某些啟蒙運動思想家對宗教採取近乎激進的懷疑態度，也有人設法讓自己的科學原理跟基督教信仰和解。[11]啟蒙運動也入鄉隨俗，從蘇格蘭和瑞士、到波希米亞和柏林，各自呈現不同風貌。比如在俄羅斯受到彼得大帝（Peter the Great）中央集權的專制制度影響，到了北美和中美洲則是沾染了明顯的革命氣息。[12]雖然標準**西方**歷史通常聲稱啟蒙運動只發生在歐洲與北美，事實卻不然。啟蒙運動是如假包換的全球現象。儘管啟蒙運動真正的核心肯定在歐洲，但全世界其他城市也看得到啟蒙運動的思想，比如開羅、加爾各答、上海和東京。[13]

事實上，就連歐洲中心地區在科學與哲學上的進展，往往也是外來新觀點刺激的結果。舉例來說，歐洲認識到中國的政府與行政制度之後，重新評估自己對國家樣貌的想法。中國的例子對法國的啟蒙運動思想家特別有影響力，以喜愛中國聞名的伏爾泰甚至表示：「人類的心靈想像不出比中國朝廷更完善的政府。」[14]尤其儒家思想提供了政治哲學的靈感，得到德國博學外交家萊布尼茲這種大人物的強力支持。[15]在另一個層面，跟美洲原住民的接觸與對話，或許也促進了對歐洲傳統的全面再思考。有人說盧梭的《論社會不平等的起因》（*Discourse on the Origins of Social Inequality*）靈感來自一份當時在歐洲上流社會沙龍流傳的文本，內容據說講述北美溫達特族（Wendat Nation）政治家康迪亞融克（Kandiaronk）的哲學思想。[16]很可惜，不管是土生土長的美洲、非洲與中東科學家和哲學家的成就，或他們對歐洲啟蒙運動思想的貢獻，在當時並沒有得到太多歐洲思想家（包括本章主人翁培根）的認可。[17]

因此，啟蒙運動發生的背景，是歐洲的對外探險與跟廣大世界的接觸（過程未必和平，見第九章），而且得力於來自全球的刺激。事實上，啟蒙運動與探險緊密結合，形成互為因果的反饋迴圈。歐洲啟蒙時代的很多思想，是出現在與更廣大的世界接觸之後。在此同時，與本書主題息息相關的是，歐洲之所以能接觸並征服更廣大的世界，正是因為啟蒙運動思想帶來的各種發展。這些發展以兩種形式出現，源於啟蒙運動思想的兩大主流。

科學與技術的進步讓歐洲人在軍事上占優勢，擁有支配其他地區的利器。不過我在引言裡說過，本書探討的並不是**西方**的興起，所以我會把這個主題留給比我更優秀的學者，讓他們細細梳理，看看中歐和西歐少數幾個國家如何支配整個世界，先是在軍事與政治上，而後是經濟與文化。[18]本書感興趣的議題是啟蒙時代思想的第二個主流，也要說明啟蒙時代哲學與政治理論的發展如何為歐洲人提供帝國的概念與實用工具，並且打造知性基礎，讓歐洲人相信其他地區本質上跟他們不同，而且比他們低等。

因此，**西方文明**作為一種歷史書寫原理，它的起源就在探險、啟蒙與帝國的交叉點。在與全球接觸和知性革命的反饋迴圈裡的某一點，**西方**文化宗譜這個概念被編造出來，培根正是推手之一。

國會議員兼博學全才

如果啟蒙運動的特色在於它的明星知識分子，那麼其中最早期、肯定也最閃亮的一位，會是培根。他被譽為「經驗主義之父」和「科學方法之父」，這兩個稱呼都指他建立標準化、有條理的方法來觀察自然現象。[19]他在《新工具論》（*Novum Organum*）裡提出如今我們稱為「培根法」（Baconian Method）的研究方法。《新工具論》這本書將會成為接下來那個世紀科學進展的基礎。培根在這本書裡指出，我們對這個世界的認識，依據的必須是事實，而不是信仰。他也提出一套邏輯系統，用來觀察並記錄那些事實。（事實上，他特別不滿基督教阻礙了科學的進步。）培根的影響力太大，以至於在他過世三十多年後的一六六〇年，倫敦皇家學會（Royal Society of London）成立，幾乎推崇他是學會的守護聖人，以紀念詩讚揚他催生英國的科學：

培根帶領我們前進，就像摩西，
他走過貧瘠的荒蕪之地；
在那荒野的邊緣，
果然應許美地出現；
在他崇高智慧的峰頂，

他看見了，也為我們指引。[20]

不過，培根到生命後期才涉入科學領域。他的《新工具論》在一六二〇年發表，當時他五十九歲。在此之前，他的心力多半投注在政治領域。他擔任國會議員長達三十六年，也先後在英格蘭和大英帝國皇室任職，擔任過檢察總長、樞密院顧問和司法大臣。另外，他職業生涯的起點不在政治圈，也不在科學界，而是在法律界。

一五七六年，十五歲的培根進入倫敦格雷律師學院（Gray's Inn）就讀。[21]當時他已經在劍橋完成三年學業，準備接受更嚴謹的法學教育。[22]（我們可能覺得他年紀太小，但那個年代未滿十三歲進大學並不少見。）求學過程中，他先後到過法國、義大利和西班牙，直到一五七九年他父親過世，他不得不回到倫敦擔任律師，當時他才十八歲。[23]根據一幅早年肖像畫，十多歲的培根有一張圓圓的臉龐和灰褐色鬈髮，神情已經帶有幾分他日後特有的審慎懷疑。[24]

培根在一五八一年進入政治界，是康瓦爾郡（Cornwall）博西尼選區（Bossiney）的國會議員，接下來那十多年在政治界始終沒沒無聞。[25]這段期間他一面擔任國會議員，一面當執業律師維持生計，在此同時孜孜不倦尋求通往高位的可靠門路。當他遇見風度翩翩的第二代埃塞克斯伯爵（Earl of Essex）羅伯特·德弗羅（Robert Devereux），多半覺得好運上門。埃塞克斯伯爵相貌英俊、衝勁十足又野心勃勃。到了一五八七年，他已經深得伊莉莎白一世喜愛，獲賜諸多頭銜和特權。培根和他哥哥安東尼（Anthony）知道這是大好機會，努力擠進伯爵的核心圈子。伯爵制定政治策略時，培根兄弟各自發揮不少作用。安東尼利用他早年在歐洲遊歷時費心建立的廣大情報網，為伯爵提供珍貴的消息。培根則在法律與宗教爭議方面為伯爵提供建言。[26]相對地，他們得到伯爵在宮廷的支持和在宮廷外的庇護。只是，儘管伯爵盡心盡力，卻始終沒辦法幫培根得到他心嚮往之的高位。

直到一六〇一年，也就是赫克托爾號將伊莉莎白的發條管風琴和黃金馬車送到伊斯坦堡順利返國一年後（見第七章），培根接到讓他一舉成名的訴訟案。當時發生一起叛國案，是一整個世代以來最轟動的醜聞，也是酒館和高官宅邸最熱門的話題。他被任命為這個案子的檢察官。但有個問題：站在被告席那個人是他過去的好友兼恩人埃塞克斯伯爵。伯爵前往愛爾蘭鎮壓暴動慘敗，失去伊莉莎白的寵信，為了挽救頹勢，竟發起一場不成氣候的短命叛變（伯爵是不是真心覺得這麼做能挽回女王的青睞，就不得而知了）。

培根曾經跟伯爵過從甚密，這時擔任這個案子的檢察官，立場頗有爭議。[27]或許是為了疏遠伯爵，證明自己對女王忠心耿耿，培根不遺餘力地處理這個案子，為檢方提供最有力的辯詞。他的表現想必可圈可點，因為埃塞克斯伯爵罪名確定，二月二十五日在倫敦塔（Tower of London）被斬首。培根甚至奉命撰寫這場審判和叛變的正式報告，他有條不紊又若無其事地完成這項任務。然而，不管他當時表現得多麼冷靜，他的良心明顯為這件事受到折磨。後來他聲稱，他已經盡全力為伯爵的家人和親信爭取減刑或寬恕，受惠者或許包括他自己的哥哥。[28]

不過，培根的運勢毫無疑問正在往上走。伊莉莎白一世駕崩後，英格蘭新任國王詹姆斯一世在一六〇三年授予他騎士爵位，次年又任命他為御用大律師。之後將近二十年的時間裡，培根一直是英國政治圈的核心成員。一六〇七年他成為副檢察長，一六〇八年進入星室法庭*任職，一六一三年升任檢察總長，一六一六年成為樞密院顧問，一六一七年擔任掌璽大臣，一六一八年成為司法大臣。在這個階段，詹姆斯一世為了表揚他的貢獻，封他為維魯拉姆男爵（Baron Verulam），又在一六二一年賜給他更高的爵位聖奧爾本子爵（Viscount of St Alban）。

* 譯注：Star Chamber，位於西敏寺內，以屋頂有星形裝飾得名。這個法庭是亨利七世在一四七八年設立，後來因為箝制言論受到非議，於一六四一年廢止。

晉升到這樣的高位，不可能不樹敵，培根最強硬的對手是威名赫赫的愛德華．科克。（我們在第七章談到過科克，他聲稱英國法律起源於特洛伊。）科克是參與埃塞克斯叛國案的資深檢察官，他跟培根在大多數職業生涯中都在彼此鬥法爭奪權力。[29]科克在一五九四年率先被任命為檢察總長，培根是到一六一三年設法讓科克調職到王座法庭（King's Bench），自己才得到這個職位。培根和科克也在不少備受矚目的案件裡意見相左，比如一六一四年牧師艾德蒙．皮查姆（Edmund Peacham）被控詆毀國王案。後來兩人的衝突趨於白熱化，比如處理薩默塞特伯爵羅伯特．卡爾（Robert Carr）的案子時。薩默塞特伯爵曾經是國王的親信，一六一六年被控謀殺。[30]不過，兩人的競爭不只在公事上。一五九八年十一月，倫敦的八卦圈爆出冷門：科克迎娶培根追求了幾個月的富孀哈頓夫人。[31]培根雖然在四十五歲時娶了倫敦市政官班奈迪克・巴納姆（Benedict Barnham）的十三歲女兒愛麗絲（這種年紀結婚好像太早，不過當時法定最低結婚年齡是十二歲），但在情場上敗給科克，想必很不愉快。[32]

科克對抗培根的最後一場勝利似乎也算是私人事務。科克帶頭調查官員貪汙案，指控培根收受賄賂。[33]培根嚴詞否認，但控訴案成立，短短幾星期內，培根就在上議院被定罪，罷官去職，被處以巨額罰款，關進倫敦塔。培根失勢下台後，各種醜聞浮上檯面。民間出現粗鄙的飲酒歌，拿他的性取向取笑，說他有戀童癖，喊他「雞姦佬」。[34]號稱來自他的僕人和助理的第一手消息流傳出來，顯然確認他是同性戀者。不管這些故事真實性如何——培根的性取向也始終成謎——肯定都變成政敵攻擊他的武器，徹底摧毀他已經殘破不堪的公共形象。雖然他只被監禁四天，罰款也撤銷，他的政治生涯卻已經走到終點。他名譽掃地，不得不躲到僻靜的鄉間隱居，遠離他如此熱愛的喧鬧宮廷，也遠離他已經習慣了的嘈雜國會。

但培根的故事還沒結束。正是在這段期間，在他生命的晚期，擺脫國王和國家無休無止的索求，他終於真正開始寫作。培根雖然長期撰寫短文和專論，但直到這個時候，他才寫出那些讓他聲名大噪的長篇著作。這些作品橫跨各領域，比如自然史方面的《自然與實驗史》（*Natural and Experimental History*）、《論風》（*History of the Winds*）、《論硫磺、水銀和鹽》（*History of Sulphur, Mercury and Salt*）與《自然入門》（*Abcedarium Naturae*）。物理方面有《論重與輕》（*History of Weight and Lightness*）、《探索磁性》（*Enquiries into Magnetism*）和《論光與光度》（*Topical Inquiries into Light and Luminosity*）。歷史方面則有《亨利七世的治理史》（*Historie of the Raigne of King Henry the Seventh*）。也是在這段期間，他把早期起草的幾部作品整理出來，包括《學問之增進》（*Advancement of Learning*），以及探討倫理道德的《隨筆集》（*Essays*）。

從一六二一年六十歲跌落神壇，到一六二五年過世，培根在生命最後這幾年的寫作量著實可觀。[35]他一生中的全部著作可以塞滿一層書架，總共十五冊牛津大學出版社標準裝訂本，其中七冊（將近半數！）是最後短短五年寫的。如果沒有這五年，我們可能永遠看不到完整又成熟的培根法，也看不到培根在法律、社會與政治等領域的最終理論。如果培根沒提早退休，有一本書肯定沒有機會問世，那就是《新亞特蘭提斯》（*New Atlantis*）。《新亞特蘭提斯》是一部假想故事，培根在書中描寫一個虛構的理想社會，地點就在太平洋一座神祕島嶼上，島嶼名叫新亞特蘭提斯，又名本撒冷（Bensalem）。[36]正是在這裡，在這本虛構哲學著作裡，培根帶我們窺見一段終於開始神似**西方文明**恢宏故事的文明史。這段文明起源於古希臘的歐洲文化，但根據培根的說法，它的頂點落在大西洋沿岸。

知識就是力量

《新亞特蘭提斯》的故事一開始是一艘歐洲船舶在太平洋迷航，無意中闖進一座未知的神祕島嶼。島上有個他們聞所未聞的基督教國家，在此之前顯然都跟外界隔絕。那是個寧靜和諧的烏托邦，一切事務順暢運作，所有人都知足常樂。船員受到島民友善又慷慨的對待，不禁覺得這是一座「幸福又神聖的島嶼」，甚至是「我們在天堂獲得救贖的景象」。緊接著故事描述船員和他們遇見的本撒冷人的對話，第一個對象是他們暫住的「外來者之家」的總管。

船員詢問基督教義怎麼會傳播到這個遙遠的島嶼，得知島上曾經出現一道神聖光柱，光柱裡神奇地顯現出一本聖經和聖巴爾多祿茂*的書信。船員又問，本撒冷的島民與世隔絕，如何取得外界的知識。總管說，早在古代，本撒冷的商人走遍全球，島上也有來自世界各地的訪客，包括波斯、美索不達米亞、阿拉比亞和「所有強大又有名的國家」。只是，這番盛況激起鄰居亞美利加人的掠奪天性，對他們發動一場注定失敗的征服行動。

總管說，亞美利加的傲慢行為引來神的懲罰，遭到大洪水淹沒，偉大的古老文明毀於一旦，從此消失在地球上。本撒冷人稱美洲大陸為「大亞特蘭提斯」，還說歐洲歷史可能還記得這件事（指柏拉圖的著作）。總管接著說，大洪水之後，英明的薩羅門王（King Salomon）頒

＊ 譯注：St Bartholomew，耶穌十二門徒之一。

布隔離政策，不再與外界往來。一來是因為本撒冷完全能夠自給自足，也對「新奇事物和不同風俗的混合抱持懷疑」。這項隔離政策有兩點例外，一是殷勤接待意外來到島上的陌生人，比如故事裡的船員。二是每十二年派出一支科學遠征隊，在不洩露本撒冷祕密的前提下搜集外界訊息。

《新亞特蘭提斯》的第二部分寫到船員受邀參加島上的「家族盛宴」慶典。這項慶典的目的是向擁有三十名以上直系子孫的人致敬（符合條件的女性只能躲在玻璃屏風後面觀賞盛宴）。這時船員遇到他們的第二位談話對象約賓（Joabin），書中的陳述者說這人是「行過割禮的猶太人」。約賓跟他們討論理想性行為時指出，本撒冷格外重視在婚姻外守貞，以及在婚姻內多子多孫。[37]這部分的內容旨在強調家族是本撒冷社會結構的核心，而家族的組成則圍繞著父權、世系和祖先。

故事的第三部分，亦即最後一部分，陳述者被挑選出來，代表同伴去見薩羅門府（House of Salomon）的首長。薩羅門府名字取自本撒冷的古代立法者，既是學術機構，保存所有學術遠征搜羅來的知識，加以研習，也是政府部門，男性學者在那裡運用自己的科學信念，掌控國家這艘大船。在薩羅門府，純粹的科學支配著政策的執行，正是「知識就是力量」的體現。「知識就是力量」是培根在不同著作裡提出的信念。如今廣為流傳的這句格言雖然不是培根的原話，但他確實寫過「ipsa scientia potestas est」這句拉丁文，意思是「知識本身即是力量」。[38]

故事進行到這個階段，讀者見識到了薩羅門府的各種科學活動，地質學、生物學、藥學、光學、數學和力學實驗，以及各式各樣的教學和理論的建立。這部分的尾聲寫到薩羅門府的一條長廊，那裡陳列著學者們心目中的學術先輩的雕像，包括：

> 你們的哥倫布，他發現西印度群島；還有發明船舶的人；你們那位發明大炮和火藥的修士；發明音樂的人；發明文字的人；發明印刷術的人；最先觀察天文的人；創造金屬工藝的人；發明玻璃的人；發現蠶絲的人；發明酒的人；發現小麥和麵包的人；最早做出糖的人……每一項重要發明，我們都為發明者立一尊雕像，給他無數體面的獎賞。這些雕像的材質有些是黃銅，有些是大理石和燧石，也有以雪松和其他特殊木料鍍金並裝飾。有些是鐵，也有白銀和黃金。[39]

這不是這本書第一次提到以長廊裡的雕像紀念假想歷史中的偉人。我在引言說過，正是一條類似的長廊引起我的疑惑，促使我動筆寫這本書。如今這樣的雕像長廊並不少見，裝點世界各地大學的宏偉圖書館和莊嚴建築的大廳。不過，這些長廊的功能都一樣：對過去有所主張，放大某個版本的歷史，將它立為典型，變成堅不可摧的標準。這種長廊是創造歷史正統性的有力手段。然而，這些長廊始終有同樣的缺點。它們的出發點都是假想的宗譜，過度簡化歷史上真實發生過的知識交流。判別誰是「自己人」，誰是「外人」，依據的既是事實，也是意識形態。（當然，我在這本書裡討論的歷史人物也是如此，但本書有兩點不同。首先，我明確指出這點，不像其他恢宏歷史故事設法隱瞞。其次，我在書中並沒有指認出歷史上「最偉大」或最重要的人物，而是重點介紹那些生平事蹟足以代表他們的時代的人物。）

正因如此，薩羅門府的雕像長廊才這麼重要。它就座落在本撒冷的心臟地帶，在仁慈的科學君主治理島嶼的總部所在的神聖地點。因此，它代表的不只是本撒冷的歷史，還代表它的身分。我們剛才讀到《新亞特蘭提斯》第二部分描寫的「家族盛宴」，就知道本撒冷全體島民特別重視血脈和生物學宗譜。同樣地，他們的統治者也格外看重這個學術傳統。如果知識果真是力量，那麼這些雕像展現的不只是本撒冷最偉大的知識分子，也展現出它力量的根基。

因此，培根在雕像長廊裡提到的思想家竟然極少，顯得十分奇怪。其中能辨別出身分的只有兩位，一是克里斯多佛・哥倫布（Christopher Columbus），培根直接說出他的名字。另一個是羅傑・培根*，培根略過他的名字不提，卻可以從「你們那位發明大炮和火藥的修士」這句話辨認出來（這裡培根拿自己的名聲玩遊戲，刻意不指明這位跟他同姓氏的早期思想家）。這兩個辨別得出身分的人都來自大西洋岸的歐洲，這不是巧合。培根在文中以「你們的」這個所有格代名詞表明他們屬於船員的那方世界，其中隱含的意思是，其他所有雕像的本尊都不是歐洲人，所以船員對他們不熟悉。確實，對方告訴陳述者，其中有「很多我們自己的發明家，有傑出的成果。不過你們既然沒見過，就不需要花太多時間為你們說明」。這裡透露了關於本撒冷文化宗譜的重要關鍵：他們承認少數歐洲人的貢獻，但他們的知識宗譜記載的大多是歐洲船員根本沒聽說過的人（言下之意，培根的歐洲讀者沒聽說過）。

對於薩羅門府之外的本撒冷，培根描述的筆法也讓讀者明顯看出那不是歐洲。在地理位置上，它不屬於任何一洲，不只和歐洲不同，也和亞洲、非洲、美洲不同。不過，如果要說本撒

---

* 譯注：Roger Bacon（一二二〇－一二九二），英國方濟各會修士，也是哲學家及鍊金術士，學識廣博，主張知識應該透過實驗獲得。

冷更符合真實世界哪個洲，那應該是亞洲。雖然書中說島上住的是「原住民」，卻也有在這裡定居已久的移民，包括「希伯來人、波斯人和印度人」，並且曾在古代扮演東道主，接待來訪的「波斯人、迦勒底人和阿拉伯人」。培根不曾用種族詞彙描述本撒冷的居民，卻也暗示他們穿著亞洲服飾，創造出文化他者的意象。他們遇見的每個本撒冷人都穿著「寬袖外袍」，搭配一件「長衫」，頭上戴著「纏頭巾形狀的帽子，造型典雅，不像土耳其纏頭巾那麼大」。這些衣物的顏色依穿著者的地位和階級而不同。對於培根和他的讀者，本撒冷的文化，包括它的歷史樣貌和它的文化宗譜，明顯都是「他者」，因此跟他們分屬不同譜系。

那麼船員自稱的文化宗譜又是什麼？引申之下，培根和他設定的讀者呢？薩羅門府雕像之中那兩個看得出身分的歐洲人都來自大西洋西岸，分別是不列顛和伊比利亞半島。不過，本撒冷的總管說起古代本撒冷與歐洲往來的歷史時，提到一艘本撒冷船舶「橫渡大西洋前往地中海」的不幸航程。他猜測那艘船可能遇見了古雅典的海軍，被打敗。他說，柏拉圖撰寫亞特蘭提斯的故事，終極的消息來源就是這一趟航行。他說這些的時候，兩度稱柏拉圖是「偉人」。船員的文化宗譜似乎毫無疑問，他們是歐洲人，最近幾個世代是大西洋岸的西歐人，古代則追溯到地中海的古希臘人。這就是我們目前所知的**西方**歷史的全貌，也就是**西方文明**的恢宏故事。

西方文明的故事是如何出現的，《新亞特蘭提斯》為我們提供了精彩生動的解說，也揭示培根的世界觀，支撐他的文化假定。不過，在其他著作裡，培根更清楚指明他自認的文化傳承。其中一個不錯的例子就是本章開頭的題詞：「只有三個時期的學問值得重視：其一出現在希臘人之間，其二在羅馬人之間，其三在我們——亦即西歐各國——之間。」對於培根，過去幾個世紀以來在西歐和中歐曾經備受重視的德意志或凱爾特（Celtic）文化遺產，已經消失在背景裡。

這段題詞摘自《新工具論》，[40]這是培根未完成的科學傑作《大復興》（*Great Instauration*）全六冊之中的第二冊。在《新工具論》裡，培根談論一段「我們的」歷史，言明這個「我們」指的是「西歐各國」（由此暴露出他對其他地方——比如中世紀伊斯蘭世界——的科學進展一無所知）。在這本書的另一個地方，培根寫到「我們西歐人」。[41]這兩段話也提及兩段歷史時期，都能稱為「我們的」：古希臘人的歷史和羅馬人的歷史。培根大量引用古希臘羅馬的歷史，這點他自己心知肚明。畢竟，他撰寫科學著作時，使用的是中世紀以來整個歐洲學術界通用的拉丁文，也承認「我們如今的科學知識大多來自希臘人」。[42]他的著作裡處處可見古代著作的直接或間接引用，尤其經常討論、分析或反駁古希臘哲學家的論點。[43]他甚至寫了一整本

《古人的智慧》（*The Wisdom of the Ancients*），重新詮釋希臘羅馬神話，將神話解讀為各種哲學與科學事實的延伸比喻。

不過，儘管培根明顯挪用希臘羅馬世界的文化遺產，認為那是他的文化根源，卻也不贊成一味地接受古人的學問，主張科學知識必須透過實驗與觀察獲得。他說，現代科學必須超越古代科學，而且「追求新發現必須借助自然的亮光，不能在古代的黑暗中摸索」。[44]在這方面，培根和霍布斯相似。對於這些啟蒙運動早期的思想家，希臘羅馬世界或許是他們的文化根源，卻不能作為當前的範本或未來的典型。然而，正如我們在接下來幾章即將看到的，到了十八世紀中葉，在歐洲和北美很多政治思想家和哲學家心目中，希臘羅馬世界扮演的正是這種角色。

不過，希臘羅馬世界的角色從十七世紀的文化根源，過渡到十八世紀成為現在與未來的典範，並不是一帆風順，整個過程斷斷續續，在不同地方以不同速度進行。

一方面，跟培根同時代的某些英國人急於利用古希臘羅馬作為權力與正統性的明確來源。第十四代阿倫德爾伯爵（Earl of Arundel）湯瑪斯．霍華德（Thomas Howard）一六一四年前往義大利，搜集了大量希臘羅馬雕像，安排在一處特殊設計的花園展示。這種「博物館花園」很快在十七世紀蔚為流行，一六五一年有個造訪倫敦的遊客表示，在泰晤士河畔的花園閒逛，感覺就像「在大不列顛境內同時看到希臘和義大利」。45 英國鄉間也開始出現仿文藝復興建築師安德列亞・帕拉迪歐（見第六章）風格的新古典豪華住宅。國王詹姆斯一世為這種新風格著迷，於是在一六一九年下令，為他在懷特霍爾（Whitehall）的皇宮打造一間富麗堂皇的新宴會廳，負責設計的是伊尼格・瓊斯（Inigo Jones），也就是幾年前為阿倫德爾伯爵設計博物館花園的建築師。這棟全新皇家宴會廳是倫敦第一棟大型新古典建築，在西敏寺懷特霍爾大道兩旁傳統建築的小巧斜屋頂之間格外突出。這棟建築體現詹姆斯一世統治時期的親歐洲精神，是倫敦天際線上代表文化變遷的顯著符號，示意英國也將古希臘羅馬視為文化祖先，跟歐洲大陸的發展同一步調。

另一方面，也有一部分英國人對這股希臘羅馬新風潮表示質疑。在某些人看來，這棟新宴會廳的義大利風格代表的是天主教歐洲文化的墮落。等到詹姆斯的次子查理一世（Charles I）登基，人們擔心他跟天主教歐洲太親近，恐懼達到頂點，導致保王派和國會派發生內戰，最終結果是查理一世以叛國罪受審，遭到處死。查理一世行刑的地點就在宴會廳外一座專門搭造的刑台，他被押著走過寬敞的宴會廳，穿過當天特別打通的一樓高窗，登上刑台，將腦袋放在枕木上。這一刻的政治戲碼想必十分聳動，它融合了三項元素：一是對查理一世統治風格和君權神授的理念的抗拒，二是對潛在的天主教信仰和歐洲大陸根深蒂固的懷疑，三是對希臘羅馬美學的厭惡（希臘羅馬美學因為跟天主教會扯上關係，已經被汙染）。

在培根和啟蒙運動早期的其他思想家所處的世界，**西方**這個概念剛開始浮現。這個概念的基礎是共同的歐洲地緣和基督教身分，也共享希臘羅馬文化遺產。[46]事實上，正是從十七世紀初開始，**西方**變成有意義的實體，一個漸具規模的文化體，從培根和他的同代中人的著作中，我們不難看出這個文化體或許有些知性上的條理。只是，在十七世紀初期，**西方**這個概念還模糊不清，這個詞本身也還不夠普遍（這件事要等到第十章）。在這個時候，**西方**文化起源於古希臘羅馬這個觀點已經確立，歐洲信奉新教的地區卻依然對此抱持懷疑，因為掌控中歐的哈布斯堡天主教王朝也擁抱這個觀點。

到了下一個世紀，當歐洲人的勢力加速向外擴張，歐洲帝國主義時代來臨，情況就會改變。跟非歐洲的「他者」接觸，並且需要在概念上合理化自己的征服行為，於是**西方**這個概念更為具體化，**西方**歷史的界線也更分明。在此同時，西歐和北歐很多地區開始迷戀古希臘羅馬，越來越多貴族前往地中海「壯遊」，新古典風格建築物漸漸成為北歐各大城都市景觀的主流，親希臘的啟蒙運動哲學漸漸進入主流對話，都不是巧合。

第九章　西方與帝國

——安哥拉的恩津加（Njinga of Angola）

生而自由的人應該守住自己的自由，不該臣服於他人。

——安哥拉的恩津加（一六二二年）[1]

葡萄牙派駐的總督索薩的科雷亞（Correia de Souza）煩躁地扭動身子，華美的刺繡絲絨衣裳底下汗水淋漓。他在等候大使的到來，展開和平談判。他的衣飾，他鑲嵌寶石的座椅和整個房間的布置，都經過精心設計，只為突顯葡萄牙的威權，並且宣示葡萄牙的地位凌駕這個反叛的西非王國。只是，等到大使終於抵達，科雷亞可能會發現，現場的權力天平逐漸向對面傾斜。根據目擊者的描述，安哥拉的恩津加帶著一批衣著華麗的隨從風風火火地走進會場，她本人的衣裳圖案亮麗，手臂佩戴亮晶晶的貴重寶石，頭上裝飾美麗的彩羽。她不屑地瞥一眼鋪在地上作為她的席位的絲絨布，朝一名女性隨從揮手示意，對方立刻趴下來，四肢著地跪著。恩津加沒有卑微地席地而坐，而是坐在這張人肉椅上，跟她的談判對象科雷加高度一致。她直視科雷加雙眼，開始協商。

像這樣的接觸有效建構出如今我們認知中的**西方**。在歐洲內部，英國人、荷蘭人、法國人、葡萄牙人和西班牙人不管爭鬥得多厲害，不管對彼此使用多少意識形態或軍事上的武器，當他們在這廣大的世界探索得更遠，就會發現自己和鄰居有更多共同點。科雷加第一次跟恩津加見面時，想必痛苦地意識到自己在西非是個外來者。他會強烈地覺得自己是歐洲人，也越能看清楚，比起正在跟他協商的這些非洲人，其他歐洲人跟他之間有更多相似點。

當人們遇見他們覺得與自己明顯不同的人，通常會產生一種共通的集體身分認同。一群曼聯（Manchester United）足球隊球迷聚會時，或許不會想到彼此支持同一個對象。但如果另一群穿著曼城（Manchester City）足球隊球衣的球迷走進來，他們就會敏感地意識到自己的立場。同一所學校的學生彼此之間或許會爭吵打鬧，但面對另一所學校的學生時，他們通常會團結在一起。族群或種族的凝聚力未必最強大，但劃定邊界時，它們的效力最顯著。[2]

然而，科雷亞和恩津加的相遇不只是單純的自我醒覺和自我身分認同，它同時也涉及到權力的消長，背景則是殖民暴力。這種不對等的權力關係之所以形成，原因在於啟蒙運動在科學與技術，以及政治與概念上的發展（見第八章）。海上交通、軍備與軍事技術的提升，助長了對外的征服與隨之而來的帝國統治。經濟制度與結構上的革新，強化了對外擴張的欲望。如今唯一欠缺的，是以文明的恢宏故事打造出全新意識形態，為**西方**帝國主義提供道德與社會方面的理由。

帝國的工具

若說十六世紀是**西方**的探索期，刺激歐洲新觀點的發展，奠定啟蒙運動的基礎，那麼十七世紀便是這種擴張主義轉變為成熟的**西方**帝國主義的時期。

當然，十七世紀的歐洲帝國並不是憑空冒出來的。早在一五三三年，都鐸王朝的國王亨利八世就宣稱「英格蘭是個帝國」。到了同一個世紀稍晚的伊莉莎白時代，英格蘭在海外的活動大幅增加，包括各種帝國主義行動，比如一五七〇年代征服愛爾蘭，以及那些更偏向殖民主義的作為，比如一五八四年的美洲殖民特許。另一種模式是「國旗跟著貿易走」（trade before the flag），比如一六〇〇年成立的東印度公司。[3]不過，要到十七世紀詹姆斯統治時期，英國的帝國主義才真正加足馬力。英國在美國維吉尼亞州詹姆斯鎮設立第一個永久殖民地時雖然遭遇諸多困難，但在更廣泛的帝國主義行動中，這不過是小小挫折。加勒比海、維吉尼亞和新英格蘭等地陸續建立殖民地，而後沿著北美東部海岸拓展。同一時期，在阿爾斯特殖民政策（Plantation of Ulster）帶動下，英國新教徒在北愛爾蘭大規模殖民，東印度公司也開始掌控非洲和亞洲主要海運航線上的「商行」與港口。[4]

不過，還有其他帝國也在崛起。[5]西班牙已經掌控北美和南美大片土地，葡萄牙人早就占據了南美大部分地區、非洲部分領土，以及印度、東南亞、中國和日本一連串港口。法國也在十七世紀向北美擴張，荷蘭的帝國主義活動也顯著增加，特別集中在東南亞。然而，即使這麼簡略的敘述，透露的也不只是歐洲帝國主義在政治與經濟上的擴張。它必然也是人類的苦難史。十七世紀歐洲帝國主義的被統治者跟本書提到的其他帝國（包括羅馬、拜占庭、阿拉伯、神聖羅馬帝國和鄂圖曼）的被統治者一樣，沒有辦法選擇自己的命運。在整體上，他們遭到剝削、驅離或種族滅絕。在個人層面上，很多人遭受謀殺、偷竊與強暴，或許還有各種形式的奴役。我們也必須承認，人們對帝國的反應和體驗各有不同。不過，這些現代歐洲帝國有個共同特色，那就是帝國主義與種族的交互作用漸漸浮現。

種族形成的過程，是一群人認定另一群人屬於同一個群體，並且想像這個群體可以依自然的或體現出來的特質加以辨識，也認為這些特質決定這個群體在社會等級上的位置。[6]這個過程並不是現代**西方**特有的。在整個世界，在歷史的長河裡，不同社會都以自己的方法區分人類的差異，再利用這些差異鞏固權力等級。某些種族制度更重視世代相傳（血統與世系），也有人重視顯性特徵（身體外觀的可辨識特徵），更有人依據的是信仰或環境。因此，種族的類別並不是自動或自然形成。[7]

比方說，膚色是大多數現代種族分類的重要特徵，但即使在如今的全球化世界裡，對膚色的認定也有地域上的差別。同一個人在歐洲可能被劃分為「白種人」，在北美卻是「棕色人種」；或者，在北美被視為「黃種人」，在亞洲卻是「白種人」（我自己就有過這樣的經歷）。不過，膚色未必是歷史上所有社會區分種族的重點，這點我們從第一章討論的古希臘就能看得出來。事實上，在恩津加所處的十七世紀，關於種族與膚色的觀點正在改變。舉例來說，一五八五年日本特使團抵達羅馬教廷，歐洲人對他們的膚色有各式各樣的看法：有人說他們的皮膚是橄欖色，有人說是棕色，也有人說日本人像死人一樣蒼白，或說他們「膚色像非洲人」，更有人聲稱他們的皮膚是「鉛的顏色」。[8] 這些歐洲人看見的是同一群人，對那些人的膚色卻各有看法。從這個例子明顯看得出來，種族分類是社會的產物，會隨著地理上的空間和歷史上的時間而改變。正如美國學者娜蜜．恩迪亞耶（Noémie Ndiaye）所說：「十五世紀的種族和二十一世紀的種族不一樣，西班牙的種族和印度的種族也不一樣，但它具有同樣的作用：將人與人的差異排列等級，為權力服務。」[9]

種族在不同社會或許並不相同，卻發揮同樣功能，套用學者兼哲學家法爾古妮．謝斯（Falguni Sheth）的說法，它是一種技術，用來「組織並管理人口，以達到某些社會目的」。[10] 隨著**西方**早期的探險演變成擴張，擴張主義又演變成帝國主義，這種技術也越來越重要。正是在這種全球勢力擴展的背景下，**西方**種族差異與等級觀念在十六、十七世紀漸漸出現，而後具體化。不過，要等到十八世紀，這些觀念才會更有系統，披上「科學」的虛假外衣。我們會在本書第十一章討論到這種系統化是如何發生的，在目前這一章，我們繼續留在十七世紀，那時**西方**的種族標準還沒變成我們如今所知的模樣。恩津加的人生闡釋了種族化的觀念在非洲如何形成、改進並啟發**西方**帝國主義。

西方人總是認為，殖民時代前的非洲沒有歷史。然而，非洲的歷史悠久、豐富又複雜。過去這幾十年來，**西方**歷史學家和考古學家受到非洲同業與同事的啟發，對非洲的認識有長足的進展。[11]尤其是中世紀和現代早期的西非，不但有個非常知名的馬利帝國（Empire of Mali），帝國更有位以財富聞名的統治者曼薩・穆薩（Mansa Musa）。穆薩曾在十四世紀初前往麥加朝聖。根據《時代雜誌》（*Time*）二〇一五年的估計，如果以當時世界上統治者與知名人物的財力和購買力來衡量，穆薩是歷史上最富有的人。[12]馬利帝國之所以富裕，關鍵在於西非開採的金礦，另外就是西非與伊斯蘭世界和地中海之間的貿易路線，這些路線主要用來運送並交易那些黃金。

西非各王國透過貿易與外交管道跟歐洲大陸和伊斯蘭世界往來已經數百年之久，卻要到十五世紀航海技術進步後，才與歐洲有更直接的接觸。從十五世紀前葉開始，荷蘭和葡萄牙探險家就在恩里克王子*的啟發或支持下，探索非洲大西洋岸和南大西洋諸島。[13]他們來到西非

＊譯注：Prince Henrique（一三九四－一四六〇），葡萄牙國王約翰一世（John I）的第四子，負責葡萄牙早期的開發探勘與海上貿易，一般認為他是歐洲對外探險的第一人。

是為了尋找黃金，隨著時間過去，他們搜刮的主要目標變成奴隸。（有趣的是，大約在那個時期，中國明朝的航海家鄭和的船隊也到了非洲東岸，建立非洲與亞洲貿易和交流的新路線。只是，基於明朝本身的政治因素，中國與非洲之間的往來注定曇花一現。）[14]正因為當時貿易網的變化，特別是大西洋海上交通網取代了過去橫越撒哈拉的商隊路線，西非因此發生連串政治與經濟變動，導致當地百姓無力抵擋歐洲人的侵略、占領和最終的殖民。

葡萄牙人很快發現自己面對的是強大的剛果王國。（剛果王國的版圖包含現今的剛果共和國、剛果民主共和國和安哥拉部分領土。）[15]幸運的是，剛果王國對他們的主動接觸並不排斥，尤其是國王阿方索（Alfonso）在位期間（一五〇九－一五四三），王國出現顯著改變。阿方索給自己換了個葡萄牙名字，也鼓勵剛果貴族這麼做。他們還把孩子送進天主教學校就讀，學習歐洲語言，改信天主教。阿方索著手改造首都姆班扎剛果（Mbanza Kongo），改建成宏偉華麗的歐式風格，並與葡萄牙、西班牙、荷蘭、巴西和梵蒂岡建立外交關係。事實上，剛果在荷蘭與葡萄牙之間挑撥離間，投入國際上的政治遊戲，影響這兩個國家在西非與南美的權力均勢。但這一切都有代價。為了支付快速**西化**的經費，阿方索讓出越來越多土地和貿易權利給葡萄牙，甚至靠販賣奴隸換取金錢。時日一久，剛果王國人口和經濟力量的基礎遭到不可逆的侵蝕，國王的威權也因此削弱。

這段時期奴隸交易的規模與比例十分驚人。奴隸本身在西非並不是新現象，正如在歐洲、北非和西亞也並非前所未聞。在西非，跟土地綁定的農奴已經存在幾個世代，罪犯也可能被判為奴，可能是一段時間，也可能是終身。但隨著葡萄牙對奴隸的需求急遽成長，經濟的誘因導致越來越多人淪為奴隸。百姓遭到綁架，或在敵人的侵略與占領行動中被擄，當政者視而不見。[16] 一段時間後，被奴役的人數太多，可用勞力減少，人口結構扭曲，直接損及西非本地的經濟。社區的穩定性遭到破壞，人民對政治組織也失去信任。那些被送往美洲的奴隸在跨大西洋人口買賣中遭到難以想像的不人道對待，留在西非的人同樣面臨毀滅性的後果。

到了一六二二年恩津加跟科雷亞展開和平協商時，葡萄牙與西非各王國之間的經濟失衡已經導致同等嚴重的政治失衡。葡萄牙人在大西洋岸掌控廣大土地，包括剛果和剛果正南方版圖較小的恩東戈王國（Ndongo）。兩個王國的統治者都想收回自己的領土，不斷與葡萄牙人發生衝突。那些地區的百姓依然稱這兩個王國為剛果和恩東戈，並且自稱姆本杜人（Mbundu），葡萄牙卻將他們控制的區域改名為「安哥拉」。安哥拉（Angola）這個名稱取自恩東戈國王的頭銜ngola（意為統治者）。

恩東戈第一個與葡萄牙建立外交關係的統治者是基魯安杰・基亞・森巴（Kiluanje kia Samba），他分別在一五一八年和一五二〇年派使節團前往葡萄牙，希望能搶在北邊的大國剛果王國前頭，打開與葡萄牙之間的貿易與文化交流。[17]只是，要到四十年後葡萄牙才在恩東戈建立貿易與傳教據點，不過這些據點只存在五年，當時的國王就下令關閉，並驅逐相關人員。[18]

一五七五年葡萄牙人捲土重來，沒有忘記當年失敗的任務，懷著受辱的義憤帶著武器前來，所向披靡的氣勢助長他們攻城掠地的野心，一路高歌前進直達剛果北部。帶領這支軍隊的將軍是諾瓦伊斯的保羅・狄亞斯（Paulo Dias de Novais），也是當初被驅逐的成員之一。這回他從里斯本出發，頂著「安哥拉王國占領區統帥」的頭銜，滿心期待戰爭結果會符合這個頭銜的預測。事實證明這份信心有理有據，葡萄牙軍隊迅速攻占恩東戈大片土地，造成無數人死亡或被擄。葡萄牙人殘暴地割下死者的鼻子，作為驚悚的戰利品帶回首都盧安達（Luanda）。其中一場戰鬥格外慘烈，戰後葡萄牙人動用了二十名腳夫，才把割下來的鼻子送回營地。[19]

有些恩東戈人為了站在勝利那一方，轉而效忠葡萄牙人，其中包括恩東戈國王的女婿。國王本身則是改信天主教，並且改名為保羅（Dom Paulo）。[20]雖然有人因為這種策略保住自己的地位，但葡萄牙人更常選擇將占領的土地交給自己的殖民地居民管理。比方說，一五八一年保羅·狄亞斯將向他投誠的八名在地領主的土地交給耶穌會神父鮑塔扎爾·巴黑拉（Baltasar Barreira）。[21]本章主人翁安哥拉的恩津加就是出生在這種征服與反抗的混亂世局中。

天生的統治者

有關恩津加的早年生活，我們所知不多，只知道她一五八二年出生在恩東戈，是恩東戈國王姆班迪（Mbande a Ngola）的女兒。她父親在位的二十五年裡，大部分時間都在抵抗葡萄牙人，致力遏止規模日益擴大的奴隸交易，卻是徒勞無功。[22]她母親本身也有皇族血統，是姆本杜族女性貴族的後代，她的身分因此比兄弟姊妹更高貴。曾出入她的宮廷多年的方濟各會修士喬凡尼·安東尼奧·卡瓦齊（Giovanni Antonio Cavazzi）和安東尼奧·加埃塔（Antonio da Gaeta）為她寫傳記，他們表示，她能平安誕生是個奇蹟，因為她出生時胎位不正。根據姆本杜傳統，這代表她注定是個偉大人物。

從小她就是父親最寵愛的孩子，不管是學業或戰鬥訓練，表現都比其他手足優異，尤其特別擅長使用戰斧。戰斧是象徵王權的武器，日後她會靠這種武器闖出赫赫威名。更重要的是，她明顯比哥哥（也叫姆班迪，跟她父親同名）出色。[23]她父親因此允許她參加宮廷議事，她從中學到宮廷的各種慣例和正統的儀典，也了解政府的運作方式。她還會聽到王國跟葡萄牙之間持續不休的戰爭，親耳聽到戰爭帶來的死亡、暴力與動盪。恩津加年幼時，整個恩東戈朝廷一度因為葡萄牙人進犯，被迫逃離首都卡巴薩（Kabasa）。雖然她父親最終帶著家人重返首都，但這起事件說明，即使生在帝王家，她依然在戰爭的陰影下度過緊張又驚惶的童年。

儘管周遭衝突不斷，恩津加依然長成自信又強悍的年輕女子。她身邊除了一批隨從之外，還有多個面首。王族的男性三妻四妾是常態，卻不是所有人都能接受王族女性養面首。有個廷臣大肆批評她的性生活，為此付出慘痛代價。恩津加當著他的面處死他兒子，而後取他性命。[24]不管在宮廷裡或宮廷外，恩津加的生命都脫離不了暴力。

一六一七年恩津加的父親過世，暴力升級為戰鬥。[25]她哥哥以迅雷不及掩耳之勢登上王座，自封為姆班迪王，沒有照慣例召開會議舉行推選。為了鞏固自己的地位，新任姆班迪王毫不留情地清除所有潛在對手。他殺害許多家族成員，包括同父異母的哥哥，以及那位哥哥的母親和所有舅舅姨母。同時喪命的還有朝廷多位大臣、官員和他們的家族。他也殺了恩津加剛出生的兒子（孩子的生父身分不明，可能是她的某個面首）。姆班迪王雖然沒有誅殺他的三個妹妹，卻設法消除所有隱憂，下令讓她們絕育。根據文獻記載，他命人將浸泡藥草的油加熱，「再將沸騰的藥油倒在妹妹們的肚子上，她們因為驚嚇、恐懼與疼痛，從此無法生育」。這些紀錄的消息來源都是恩津加的支持者，所以或許未必可信，但在這個時期之後，恩津加三姊妹確實不曾再生育。當時恩津加三十五歲。

姆班迪王儘管殘暴，卻無力對抗葡萄牙。他在位期間，葡萄牙人控制了恩東戈王國的西半部，沿著海岸建立殖民地，打造堅固堡壘維持在內陸的軍事力量，同時捕捉並奴役數以千計的百姓。當時協助他們抓捕奴隸的是嗜殺的因班加拉人（Imbangala）。這些人都是凶殘的僱傭兵，過著半遊牧生活，靠掠奪和抓捕奴隸為生，令人聞之色變。首都卡巴薩的控制權來回移轉，一六一九年葡萄牙大舉入侵，一六二一年姆班迪王重新奪回王城，但勝利為時短暫，不久後葡萄牙再度攻進城裡，逮捕並監禁國王的家人。姆班迪王放棄抵抗，決定派特使跟葡萄牙議和。

這個特使能否成功至關緊要。和約的條款必須審慎協商，好讓恩東戈能以獨立王國的形式存在，跟沿岸的葡萄牙殖民地並存。帶領使團的人等於一肩扛起王國的命運。他把這個任務交給恩津加。[26]

自從哥哥掌權以後，恩津加就退居王國東部，在那裡帶領她自己的軍隊跟葡萄牙對抗，守護她的領土。正是在這段時期，她在戰術與謀略上得到充分歷練，也成為名聞一時的勇猛戰士。姆班迪王徵召恩津加想必有所遲疑，因為他很清楚當初自己奪權時手段過於激烈，恩津加未必會對他忠心。何況他殺了她兒子，害她絕育，也許她還沒原諒他。如今他只能仰仗恩津加，這點充分說明他目前的處境。然而，她有足夠的才智，也非常了解恩東戈王國，而且許多他沒能收服的恩東戈貴族依然尊敬她、效忠她。他派人去向她求援，要求她出任特使。令人驚奇的是，恩津加答應了。

於是我們回到本章開頭的場景。一六二一年十月，恩津加抵達葡萄牙殖民地首都盧安達，造成轟動。目擊當時情景的葡萄牙人忘卻一貫的歧視與自以為是的優越感，以驚奇的語氣描繪「安哥拉女士」，讚嘆她的隨員人數之龐大，她衣著之華麗（這次出使恩津加拒絕穿著歐洲服飾，而是選擇恩東戈傳統服飾，但還是符合她的王族身分），以及她送禮之慷慨大方。[27]他們說，她儀態優雅，展露王族的貴氣，在協商過程中表現出敏銳的法律頭腦和談判技巧。

葡萄牙人提出的要求之中，有一項是和談的關鍵，那就是以奴隸代替貢金，但恩津加堅定地拒絕。她運用修辭技巧提醒葡萄牙人，姆班迪王並沒有真正被征服。相反地，他是一國之君，他的國家跟葡萄牙殖民地毗鄰，兩國正在協商，希望能簽訂正式的友好和約。據說她表示：「生而自由的人應該守住自己的自由，不該臣服於他人。」[28]雖然她指的是一國之君被迫納貢給另一個國家，但在日益擴大的大西洋奴隸買賣背景下，這些話便引發更廣泛、更強烈的共鳴。雙方好像都堅持己見寸步不讓，協商似乎面臨破裂。眼看著和談即將陷入僵局，恩津加拋出她的王牌：她決定受洗成為天主教徒。和談就這麼拍板定案，總督同意和約條款，恩東戈王國不需要送交奴隸。

接下來只剩受洗這件小事。恩津加在盧安達逗留幾個月，似乎滿腔熱情地投入各項準備工作，研讀教義問答，跟人討論信仰。四十歲的她在盧安達耶穌會教堂的盛大儀式中公開受洗，出席者「有貴族也有百姓」。[29]總督索薩的科雷亞以自己的名字為她命名，所以她的教名是索薩的安娜。沒有人知道恩津加懷著什麼樣的心情改信天主教，因為有關這件事的現存文獻資料都出自葡萄牙評論家或後來為她作傳的人。值得注意的是，停留盧安達那段期間，她手上始終戴著代表姆本杜信仰的戒指和聖物，也持續參與姆本杜宗教儀式。她的受洗顯然是精明的政治策略。不過，到了生命晚年，恩津加好像從基督教信仰得到極大的慰藉，也真心在自己的國家推廣基督教義。

恩津加加意氣風發地回到哥哥的宮廷。接下來那些年，哥哥越來越倚重她，到了一六二四年他病重時，恩津加已經是恩東戈實質上的領袖。[30]姆班迪王的病已經藥石罔效，最後服毒身亡。沒有人知道他服毒是因為厭世，或被恩津加強迫。總之，她的葡萄牙裔傳記作家寫道，恩津加「以毒酒幫助他自殺」。恩津加毫不猶豫地登上王位，成為新任國王，也是恩東戈王國第一位女王。當時她四十二歲。

她追隨哥哥的腳步，上任後立刻肅清對手，黑名單上第一個是哥哥的兒子。他哥哥生前委託因班加拉將領因班加拉．卡薩（Imbangala Kasa）保護兒子的安全。為了掌握這個侄子的行蹤，她引誘卡薩，答應嫁給他，順利抓到侄子，在婚禮上將他殺害。[31]她也殺了幾個家族成員，包括她的叔伯，另外就是朝廷反對派的首腦人物。這種做法聽起來毛骨悚然，但她有充足理由防範潛在對手。葡萄牙人排斥女性統治者，開始尋找其他有資格登上王座的人，也拒絕承認當初與恩津加協商的合約，理由是她哥哥已經過世，合約自然失效。葡萄牙人最後選定恩津加的同父異母弟弟哈里（Ngola Hari）作為傀儡國王。[32]哈里沒有得到恩東戈百姓的愛戴，原因在於他跟葡萄牙人關係密切，也因為他母親是女奴，所以他在皇室的地位不如恩津加。[33]接下來那些年，葡萄牙始終支持哈里這個國王，拒絕承認恩津加的統治權。

轉捩點落在一六三一年，當時恩津加徹底改變她的統治方式。長期以來因班加拉人一直遊走在恩東戈王國的法律與社會結構之外，威脅王國的穩定，更經常與葡萄牙結盟。姆本杜族頻頻受他們侵擾，對他們心懷恐懼。他們惡名昭彰，與他們相關的恐怖故事在王國流傳，比如作戰時手段狠辣、吃人肉、活人獻祭等。有個故事指出，建立因班加拉族各種法規與習俗的創族之母檀保・恩敦保（Tembo a Ndumbo）殺了自己生下的男嬰，用研缽將他的遺體碾碎，製成因班加拉戰士出戰前在祭儀上塗抹的「聖油」。[34]

這個時期的恩津加面對葡萄牙人的打壓，急於突破困境穩固自己的政權，她看到一個契機。正如前面所說，一六二五年她基於政治考量嫁給因班加拉的知名將領卡薩。她跟卡薩婚後雖然沒有住在一起，這樁婚姻卻為她提供踏入因班加拉文化與社會的機會。這時的恩津加雖然已經皈依天主教，卻從來不曾放棄過姆本杜的傳統儀式，現在她又學會一絲不苟地操作因班加拉儀典（她已經不能生育，據說她殺了一名侍妾的嬰兒，製作傳統的因班加拉聖油）。她接納因班加拉的生活模式，既是因班加拉的將領，也是傳統的國王。她效法因班加拉的模式打造她的軍隊，訓練凶猛的作戰技巧，讓他們變成令人聞之色變的勝利隊伍，吸引不少因班加拉人投入她旗下。擁有這些強大武力後，她終於牢牢掌控恩東戈王國東部，從哈里王手中奪回權力，甚至征服相鄰的馬坦巴王國（Matamba），推翻該國女王姆盎果（Muongo）。

接下來那十年，葡萄牙人對她提出的和平與結盟建議一概拒絕，在各種信件與文書中提到她，多半懼怕中摻雜著鄙視。葡萄牙人認為，恩津加奉行的那套因班加拉習俗與祭儀不見容於天主教。在他們心目中，她是個「奉行恐怖習俗的女王，最喜愛的食物是男孩的心臟和女孩的乳房」。[35]更糟的是，她「跟所有叛逆互通聲氣，所作所為堪比惡魔」。[36]葡萄牙人對恩津加的評價無疑受到他們的種族主義臆測與偏見影響，但他們說對了一件事：恩津加是個冷血的統治者，為了達到目的，會毫不遲疑採用某些令現代評論家震撼的暴力手段。只是，葡萄牙人懊惱地發現，不管他們對她有什麼看法，都沒辦法忽視她。

除了加強對葡萄牙人的軍事行動，恩津加也發展國際外交，試圖找出解決方案。她主動爭取剛果王國、荷蘭和梵蒂岡的支持，順利說服對方承認她的統治權。她告訴他們，她是個受洗的基督徒君王，葡萄牙人卻毫無理由進攻她的國家。除了外交上的努力，恩津加在先後奉行姆本杜和因班加拉祭儀多年之後，重新回歸天主教，允許方濟各會傳教士進入她的國家。她重新擁抱基督教義，究竟出於政治動機，或是個人信仰，沒有人知道。但這一步確實帶來政治成果。不久後她收到教宗亞歷山大七世（Alexander VII）表達支持的信函，教宗在信裡稱呼她「我們最親愛的基督徒女兒恩津加女王安娜」。[37]

基督教在恩東戈與馬坦巴的傳教工作一點都不順利，恩津加時代結束後許久，很多人依然堅守姆本杜傳統的宗教儀式。不過，某些血腥的因班加拉祭儀已經禁絕，恩津加的很多大臣也改信基督。協助她傳教的主要是兩名方濟各會修士，這兩人日後會為歐洲讀者撰寫她的傳記。他們是卡瓦齊與加埃塔。

恩津加在恩東戈東部和馬坦巴的政權已經穩固，擁有姆本杜人民的愛戴，她身為基督徒君王該有的權力也得到歐洲人的認可，葡萄牙人終於退讓。一六五六年他們正式承認恩津加的女王地位，也簽下和平條約，議定安哥拉殖民地與恩津加的領土的邊界。恩津加跟葡萄牙人的戰爭終於結束了。她為這場抗戰付出了許多：三十年的歲月，不為人知的壓力與困苦，還有她的姆本杜祖先和後來追隨她的因班加拉夥伴的習俗與信仰，更有許多她親近的人的性命。不過，她終究挽回了尊嚴。跟葡萄牙總督展開和平對談時，她的作風跟幾十年前代表哥哥跟科雷加協商時一樣。在任何情況下，她都不會向葡萄牙國王進貢。據說她表示：「關於你向我要求的歲貢，我沒有理由同意，因為我為統治我的王國而生，不會服從或承認另一個政權……如果葡萄牙人希望我每年送禮，我會主動奉上，前提是他們也給我同等的回禮，彼此以禮相待。」[38]

一六六三年十二月十七日，恩津加安詳地離開人世，得年八十一。[39]她留下一個穩定的王國，由妹妹的後代統治到十九世紀中期，成功地遏阻葡萄牙人的侵略長達兩百年之久。要到更久以後的一九〇九年，恩津加的王國最後的領土才被葡萄牙人攻占，併入葡萄牙人的殖民地安哥拉。

經由雅典到安哥拉

時至今日，恩津加成了影片、漫畫和詩歌裡的主角，也出現在各種不同訴求的海報裡。她經常被列為非洲歷史上的重要女性，深受巴西、加勒比海諸島和美國的非裔人口的喜愛。現代安哥拉也尊稱她為國母，安哥拉首都立著她的巨大雕像，揭幕時間就在二〇〇二年安哥拉內戰結束的一年後。40

恩津加也是帶領國家對抗殖民主義的典範，更是一九六〇年代安哥拉獨立運動舉足輕重的象徵人物。在此之前，她一直都是民族英雄，在安哥拉書面和口述歷史中是個自尊自重、敢於對抗葡萄牙人的統治者。相較之下，過去幾百年恩津加在**西方人**心目中的形象一直被貶低，反覆提及她性生活淫亂、吃人肉、生性殘暴等特點。在十八世紀啟蒙運動思想家心目中，她是典型的「他者」。德國哲學家黑格爾（Georg Willheim Fredrich Hegel）認為，她統治的是一個「沒有載入歷史」的「女性國度」，在那個國家，淫蕩的女性任意對男性施加暴力。跟黑格爾同時代的法國哲學家薩德侯爵（Marquis de Sade）則說，恩津加是「最殘酷的女人」，慣常殺害她的情人和比她年輕的孕婦。對於這些**白種**、**西方**男性作家，恩津加完美體現他們假想中野蠻、原始的非洲「他者」。尤其在十八世紀晚期，她的形象被利用來為**西方**殖民主義辯護，並且作為支持**西方**科學種族主義的例證（本書第十一章會討論到這種觀點的出現）。

這些描繪的終極根源就是加埃塔和卡瓦齊寫的恩津加傳記。加埃塔對恩津加和她的國家給予廣泛的正面評價，他寫的傳記在一六六九年出版，書名是十分喜慶的《恩津加女王與她在中非的馬坦巴王國皈依聖信的不可思議過程》（*The Marvellous Conversion to the Holy Faith of Queen Njinga and of Her Kingdom of Matamba in Central Africa*）。卡瓦齊對她的描述就比較複雜含糊，發表的時間也比較晚，也就是一六八七年的《從歷史的角度看剛果、馬坦巴與安哥拉三個王國》（*Historical Description of the Three Kingdoms of Kongo, Matamba, and Angola*）。有趣的是，卡瓦齊對西非與那裡的人民的描寫隨著書本的進展而改變。

一開始他的角度偏向負面。他說，那裡的土地幾乎不適合居住，原因不在於高溫炎熱或各種恐怖野獸。相反地，那地方之所以不適人居，是因為「那個名為吉亞加的種族。他們像怪物般可怕，沒有人性，比叢林裡的毒蛇猛獸更殘酷」。[41] 他所謂的吉亞加就是因班加拉人。他說，那些人遵循的法律既違反自然，也違反人性。他還拿他們跟古代各種族做比較，襯托他們的低劣。他以迦太基人、波斯人和中亞的大夏人（Bactrian）為例表示，包括野蠻人在內，這些種族都聲稱他們的律法來自某個神聖起源。因此，非洲的野蠻人比古代世界的野蠻人更糟糕，因為「這些沒有人性、殘暴、不信神的衣索比亞人（過去以這個詞泛稱撒哈拉以南的非洲人）認為，他們的惡魔法規或祭儀並不是來自任何神祇，而是由某個殘暴男性和某個野蠻又凶殘的女性（亦即檀保．恩敦保）制定。這名女性改造他們，為他們立法，沒有引導他們敬拜任何神祇」。[42] 他聲稱，恩津加本人特別糟糕，並且再一次以負面筆調拿她跟古代的野蠻人做比較。他寫道：「恩津加女王對待幼童比希律王*更殘酷……比埃及的法老王更野蠻、更冷血。」[43]

卡瓦齊的文本多次提及古代，借助亞里斯多德與古羅馬哲學家塞內卡（Seneca）的論點，也提到卡利古拉和西塞羅的軼事。這種事本身並不奇怪。在現代早期的著作裡，這種修辭上的添枝加葉很常見，或許甚至是符合預期的標準做法。引用典故可以顯得作者格外博學，而使用讀者熟悉的題材做比較，著作的內容也能得到支撐。這點在遊記類更為明顯，因為遊記的本質就是為讀者介紹新奇、古怪與異國風情的事物。這類作品讓陌生變熟悉的方法，就是引用古代的典故。舉例來說，葡萄牙和義大利作家描述非洲與亞洲人民的陌生習俗時，就會引用希羅多德的人種誌著作。[44]同樣地，西班牙作家費南德茲．歐維耶多（Fernandez de Oviedo）和巴托洛梅．拉斯卡薩斯（Bartolomé de las Casas）爭辯西班牙和它的美洲原住民百姓之間的關係時，也都以羅馬人做比較，藉此支持自己的論點。[45]

卡瓦齊拿當時的非洲與古代的希臘羅馬做比較，拿剛果跟古代的迦太基做比較，又拿安哥拉與古雅典做對照，他當時的讀者對此並不意外。到了十七世紀晚期，訴諸古代已經成了歐洲遊記與早期殖民地著作的基本特色。

不過，卡瓦齊的文本有個特殊傾向，對**西方文明**故事的發展特別重要，那就是賦予古代世界不同地區懸殊的價值觀。卡瓦齊如果想要從負面角度描寫非洲人，會拿古代世界不同地區的族群做比較，特別偏愛使用非希臘羅馬族群，比如埃及人、波斯人、迦太基人和大夏人。不

＊譯注：Herod（西元前七四－前四），羅馬共和國境內自治國希律猶太王國的國王，在耶穌降生時，下令殺死伯利恆與周遭所有兩歲以下男嬰。

過，如果他想用正面的角度描繪非洲人，比較的對象就只會是希臘人或羅馬人。

卡瓦齊在書本的第一卷將安哥拉以及那裡的人民和女王妖魔化，算是第二卷內容的延長版前奏，襯托恩津加如何神奇地改信天主教，從未開化的野蠻人變成受到認可的基督徒女王。她的罪行越是令人髮指，她的救贖就越震撼人心；她過去的行為越是凶惡，她走上正途的結果就越不可思議。到了這個轉變期，卡瓦齊就不再將她與古代其他族群相提並論，反而開始拿她跟希臘與羅馬那些睿智又貞潔的女性做對照。他說，他這麼做是為了：

> 效法偉大的普魯塔克，他描寫希臘的睿智女性與羅馬的貞潔女子，一來是將她們的美德公諸於世，再者也表明女性的內心也有男性氣概。因此，我要為你們簡短描述恩津加女王在西衣索比亞這裡的祖先如何傳承，還要敘述她的生命、她的習俗，以及她過去做過的野蠻與殘暴行為，用她過去的惡行來突顯她目前展現的美德。她聰明有智慧，彷彿她是希臘人，她的貞潔堪比信神的羅馬人。[46]

卡瓦齊選擇的比喻看似無傷大雅，卻別具意義。在十七世紀初培根的時代（第八章），古代的希臘羅馬被視為歐洲人主要的文化根源。對於十七世紀後期的卡瓦齊，古代的希臘羅馬也開始成為典範，變成一種標準，用來衡量當時的所有人，也評估被殖民的族群有哪些不足。在卡瓦齊看來，被殖民的族群之中所有良善、文明、**西方**的一切，都可以拿來與古代的希臘羅馬做比較。而所有被判定為邪惡、野蠻、「他者」的，都與過去的希臘羅馬無關。他眼中的世界是分裂的，劃分為殖民者與被殖民者、**西方**與**其他**，以及是否傳承自古代的希臘羅馬。不過，卡瓦齊的想法與後來其他作家不同之處在於，個人——甚至整個國家——有機會從一邊跨越到另一邊。

將**西方**視為完整的文化與政治體，有自己的獨特歷史，起源於古代的希臘羅馬，這樣的概念在圖利婭的時代還在孕育期，到了莎菲耶蘇丹時仍然不夠穩定，可以輕易忽視。不過，到了培根和恩津加的時代，它變成真實存在的事物。這個概念的地基是培根和與他同時代的歐洲啟蒙運動思想家奠定的，但它外觀的某些牆垣卻是在歐洲以外的地方建造的，在歐洲人主宰的廣大世界。正是在這些地方，**西方**與**其他**之間的差異有了更實質的含義。人們藉由古代的熟悉比喻認識了非**西方**世界，知道那裡的人能夠被馴服。

只是，即使到這個時刻，**西方**支配權的基礎仍然有討論空間：這種支配權來自種族、地理或宗教？到了十七世紀中葉，**西方**與**其他**之間已經劃出一條跨越歷史的清晰分界線，但要依據什麼標準把人放在分界線的這邊或那邊，仍然存在爭議。對於十七世紀的卡瓦齊，恩津加改信天主教的舉動，代表她跨越文明的邊界。在那之前，他說她是未開化的野蠻人，是邪惡的異端，她的過去與**西方**無關。跨過邊界之後，他說她是有道德感的文明人，擁有**西方**的希臘羅馬傳統。對於卡瓦齊和他的讀者，恩津加真真正正變成**西方**的人。她生活在非洲這個事實，以及她的種族特徵，都無法阻止這樣的轉變。對於恩津加本人，這只是概念上的轉變，為她帶來具體的政治利益。改信基督教之後，她可以主張葡萄牙人的占領不合法，（理論上）也讓她擁有跟歐洲基督徒君主一樣的權力。基於這點，她才能得到教宗的支持，也讓某些葡萄牙帝國主義者面對她的時候有所節制。

在十七世紀晚期，像卡瓦齊這樣描述非洲的女王，說她像希臘人一樣睿智，像羅馬人一樣貞潔，還不難接受。在這個時間點，恩津加還不至於因為她是非洲人，就無法享有**西方人**的全部特權。但情況已經在改變。一六八五年，恩津加過世才二十年，卡瓦齊發表她的傳記之前兩年，法國旅行家弗朗索瓦·貝尼耶（François Bernier）發表一篇文章，標題是「地球的新劃分」（Nouvelle Division de la Terre），以激進的方法將人類劃分為不同「種族」。[47] 同一年，法國通過《黑色法典》（*Code Noir*），限制法國本土和殖民地有色人種的活動，認定的標準純粹依據膚色，與他們是不是奴隸無關。到了一個世代後的一七三五年，瑞典植物學家卡爾·林奈（Carl Linnaeus）發表《自然系統》（*Systema naturae*）的第一版，將人類納入廣大的自然世界，並且依外貌分為四大類：歐洲白種人、美洲紅人、亞洲棕色人種和非洲黑人。到了一七五八年的第十版，他會在膚色之外附加不同的性格與行為。[48]隨著十七世紀慢慢過渡到十八世紀，**西方**身分認同和**西方文明**越來越趨向種族主義。

第十章　西方與政治

——約瑟夫·瓦倫（Joseph Warren）

上帝讚許地看著心愛的方舟在波濤之間顛簸，仁慈地保護它，直到那些天選家族安全抵達這些西方地域。

——約瑟夫·瓦倫（一七七五年）[1]

聚會所擠得水洩不通。士兵將演講台團團圍住，從四面八方向演說者進逼。門口的群眾情緒沸騰，憤憤不平。雙方人馬劍拔弩張，演說者卻似乎沒有注意到周遭漸漸加劇的威脅，沉浸在自己鏗鏘有力的演說裡。約瑟夫·瓦倫演說的口吻兼具熱忱與權威，過去十年來，他一直是美國獨立運動的領導人物。六個月前他被推選出來，在分離主義者建立的地方政府之中擔任波士頓代表。這場演講之後一個月他當選議長，再過兩個月他就會喪命，在邦克山戰役（Battle of Bunker Hill）被英國軍隊殺害，成為新建美利堅合眾國的建國烈士。

瓦倫很少出現在美國開國元勛的名單中。[2]幾百年來，他的名氣遠遠比不上他的朋友或同僚，比如約翰・漢考克（John Hancock）、保羅・里維爾（Paul Revere）和約翰與山繆爾・亞當斯（John and Samuel Adams）這對堂兄弟。不過，身為政論家、戰略家和全方位的民意煽動者，他在漸漸成氣候的獨立運動中扮演了重要角色。美國獨立戰爭的第一場軍事衝突萊辛頓和康科德戰役（Lexington and Concord）發生時，正是瓦倫及時號召革命部隊迎戰英國人，將原本可能的慘敗局面扭轉為轟動的勝利。也是瓦倫鼓舞群眾認同獨立運動，得到民間支持。有個英國軍官因此稱呼他「名聲響亮的瓦倫醫生，整個美洲最有煽動力的人」。[3]

一七七五年三月六日這場戲劇性演說地點在波士頓的老南聚會所（Old South Meeting House），目的在紀念波士頓大屠殺*五週年，是瓦倫的激情策略的絕佳範例。他的演說在城裡引燃火花，這星點火花會在短短幾天內擴大為武裝暴動的熊熊大火。

他是怎麼辦到的？他是怎麼鼓動群眾，將他們的不滿情緒激化為革命行動？瓦倫的演說是最佳教材，展現出悲情的完美渲染、聲調與韻律的大師級操控，當然還有天生的個人魅力。不過，吸引觀眾的並不是這些技巧的運用，而是他灌輸他們的觀點。他告訴人們，北美不是更偉大、更卓越的歐洲的偏遠殖民地，而是歐洲的優秀後繼者。（中美洲與南美洲並沒有進入瓦倫的視野，這點稍後會討論到。）瓦倫說，北美沒有受到墮落的舊世界[†]汙染，所以是歐洲數千年文化的正統繼承人，新成立的美國將會是**西方文明**的完美頂點。

當然，瓦倫不是第一個提出**西方文明**傳承這個概念的人。我們在前面幾章討論過，在他之前已經有人將古代的希臘羅馬想像成完整的實體，也已經有人將這個古代的希臘羅馬視為知性與文化資產的來源。這些論點兩百年前的文藝復興時代就出現了。在圖利婭與瓦倫之間的時代，其他建構世界歷史的方法都還在想像階段（見第七章），主流趨勢仍然是宣稱希臘羅馬世界專屬**西方**這個萌芽中的概念（第八章），也利用這個假想宗譜作為概念工具，拉開**西方**與其他地區的距離（第九章）。不過，雖然瓦倫不是第一個建構出**西方文明**故事的人，他與同時代

---

* 譯注：Boston Massacre，一七七〇年發生在波士頓國王街，英國士兵與平民因誤會引發衝突，造成五人死亡，六人受傷。

† 譯注：Old World，指哥倫布發現新大陸之前歐洲人所知的世界，包括歐、亞、非三塊大陸。與之相對的是美洲「新世界」。

的人確實發揮了作用，將這種說詞推廣到知識圈之外，也讓它變成不容輕忽的政治力量。因為瓦倫的關係，**西方**這個概念在學術論文與淵博對話之外得到新生命。它變成一股當前的潮流，依附日新月益的政治運動，搭上革命的列車。在此同時，**西方文明**的文化宗譜也清楚聚焦，街頭與講台的形勢因此更為急迫。**西方文明**脫離知性對話的範疇，走入真實世界。

帝國與自由

在瓦倫所處的十八世紀中葉，在大英帝國所有殖民地之中，北美十三個殖民地頗為特殊，關鍵的差別是人口。英國在亞洲、非洲和中美洲的大多數殖民地之中，百姓主要由人數相對較少的英國軍人和行政人員統治，不只依帝國政策而有不同，也漸漸以種族區分。

愛爾蘭的情況則不同。經過一百五十年以上的屯墾與「殖民」，到了十八世紀中葉，那裡的人口已經有相當多的英國新教徒後裔，主要集中在土地肥沃的北部。雖然如今很多人認為愛爾蘭人是**白種人**，跟土生土長的不列顛人屬於同一個種族類別，但在殖民史的大多數時間裡，英國殖民者對待愛爾蘭人的模式可以歸類為種族主義。[4] 到了十八世紀中期，這些模式開始改變，新的種族組合開始出現。

相較之下，在美國十三個殖民地之中，有一大部分永久居民聲稱自己的祖先是英國屯墾者。因為這些人是殖民者的後代，不是被殖民者，他們在帝國體制內的地位有別於大英帝國其他殖民地的大多數居民。大英帝國大多數殖民地都依種族特徵區分為帝國精英與殖民地百姓，但美國殖民地的居民與他們的英國統治者之間卻不是如此。當然，不是所有美國殖民地居民都有這種地位。在這裡的英國殖民者後代、歐洲移民後代、非洲奴隸的後代和美洲原住民之間，種族劃分依然盛行。其中英國殖民者的後代占極大比例，這些人為殖民地的管理製造不少困擾。到了十八世紀中期，英國和北美十三個殖民地之間的關係趨於緊繃，尤其英國試圖加強控制，管制貿易，對重要生活用品課稅。一七六五年的《蔗糖法案》與《印花稅法》、一七六七年的《湯森法案》和一七七三年的《茶稅法》，都在美國殖民地激起民憤與暴動，最後導致革命。

只是，革命人士遭遇了意識形態的困境。一方面，他們想要爭取自由，反對帝國主義。另一方面，大多數革命人士爭取的不是**普遍**的自由，也不是反對**所有**帝國主義。重要的是，英國殖民者的後代想要追求自身不可侵犯的自由與自決，卻很少人願意為被奴役的非裔美國人爭取同樣的權利。同樣地，這些鼓動革命的人士無法忍受帝國主義加諸在自己身上，卻不反對加諸在別人身上。尤其不反對白種殖民者對美國原住民的統治，也不反對歐洲殖民者在美洲其他地方和非洲與亞洲的統治。他們爭取自己的自由，卻不支持別人獲得自由；他們拒絕受制於帝國主義，卻不介意帝國主義這個概念。這兩種意識形態之間的拉扯，成為概念上的難題。

這個問題可以從革命人士的演說、信件與著作中清楚看得出來：他們頻繁提及英國對殖民者的奴役，直說英國是帝國主義入侵者。獨立戰爭期間，喬治．華盛頓（George Washington）大聲疾呼，殖民者想要脫離英國而獨立，是因為「我們的心靈太渴望自由，無法被奴役」。[5]華盛頓當時是革命軍統帥，最後成為美國第一任總統，也是擁有眾多非裔美籍奴隸的富裕奴隸主。同樣地，一七七四年華盛頓與其他革命領袖共同簽署的費爾法克斯決議（Fairfax Resolves）聲稱，英國國會對美洲殖民地的控制，是「刻意讓我們從自由快樂的狀態淪落到奴役與苦難」。[6]這些白種革命人士想到自己是英國象徵意義上的奴隸時，內心說不出的憎惡。

談到英國帝國主義時，他們的口氣大致類似。一七七七年維吉尼亞一名政治人物寫信向革命領袖兼日後的美國第三任總統湯瑪斯．傑弗遜抱怨：「如果我們擁有精銳的正規軍，一定很快把這些該死的入侵者趕出美洲大陸。」[7]同一年，華盛頓寫信給漢考克，怒氣騰騰地說：「毫無疑問，英國宮廷在國內外動用一切手段與影響力，想要逼我們臣服於他們非人的奴役。」[8]在美國革命人士的語彙中，獨立運動是為了對抗英國施加在北美白種人身上的奴役與霸權。

只是，對於施加在非英國或歐洲殖民者後代身上的奴役與霸權，這些革命人士態度矛盾。一方面，華盛頓簽署費爾法克斯決議時正式譴責奴隸制度，[9]傑弗遜最知名的或許是撰寫獨立宣言（Declaration of Independence），在一七七六年七月的大陸議會（Continental Congress）討論通過。他在獨立宣言裡寫下這些家喻戶曉的字句，「所有人生而平等，都享有造物者賦予的某些不容剝奪的權利」，依據的是啟蒙時代的思想，比如洛克的政治理論。然而，雖然華盛頓和傑弗遜都反對「奴役」這個抽象概念，基於種種原因，他們成為美國總統後，都沒有立法禁止奴役行為，直到生命終點都還擁有數以百計的奴隸。看來，對於十八世紀中到晚期的北美革命人士來說，自己絕不能被奴役，卻可以忍受別人被奴役。

另外，描述帝國與殖民主義的語彙也不乏類似的矛盾。[10]華盛頓儘管百般反對英國帝國主義的殘酷行徑，卻坦然聲稱新建的美國是「崛起中的帝國」。[11]事實上，在英國承認美國獨立的前夕，他對他的軍隊發表演說，感謝「不畏艱難與危險，共同促成這項光輝革命的所有人。他們拯救數百萬人免於被壓迫，奠定偉大帝國的基石」。他又說：「任何人只要曾經協助建造這個了不起的自由帝國，曾經付出一丁點心力，從今以後都能得到最大的快樂。」[12]

那麼，發起北美革命反抗奴役的人，本身容忍奴隸制度，有些甚至參與其中。[13]發動這場反帝國戰爭的人，本身接受帝國主義，有些甚至想要建立帝國。[14]當時的評論家適時嘲諷這種現象。一七七五年英國學者塞繆爾．詹森（Samuel Johnson）在文章中埋怨：「大聲吶喊爭取自由的人，竟是奴役黑人的人？」[15]同一年，一份據說是英國政治理論家湯瑪斯．潘恩所寫的不具名小冊子要求北美的百姓思考：「那些人擁有數十萬名奴隸，有什麼資格與顏面大聲控訴別人意圖奴役他們？」[16]美國革命運動的核心存在意識形態問題，**西方**與**西方文明**這兩個概念提供部分解答。

醫師革命家

瓦倫是出身農家的第四代美國人，童年生活稱不上富貴，卻還算小康。十歲時他進入羅克斯伯里拉丁學校（Roxbury Latin School）就讀，十四歲已經在哈佛念大學。我們可能會覺得這樣的年紀太小，但在那個時代不算罕見。培根也是在相似的年齡進劍橋大學（見第八章）。

這時候瓦倫發現自己受限於傳統分級制度。儘管他資賦優異（日後他的政治對手會說他「擁有出人頭地的天資」[17]），學校排列學生等級依據的卻不是學業成績，而是父母的財富與社會地位。於是，瓦倫在同年級四十五個學生之中排名靠後，是第三十一名，無法享有哈佛提供的許多特權。[18]這段經歷想必對他的性格造成影響，成年以後，他不管是早年擔任執業醫師或後來成為政治煽動家，都無法容忍階級慣例。

在一七六五年繪製的肖像裡，年輕的瓦倫膚色白皙五官柔和眼神憂鬱。一名當時的評論家表示，「女士們都說他相貌英俊」。[19]革命領袖兼美國第二任總統約翰・亞當斯一七六四年第一次見到瓦倫，說他是個「高眺清秀、文質彬彬、朝氣蓬勃的年輕紳士」。[20]當時瓦倫才二十三歲，已經行醫兩年，正是這份工作為他博得第一波聲望。

一七六三到六四年冬天，波士頓爆發致命的天花疫情，大多數有錢人都逃出城去，瓦倫和同業在城南的半島威廉堡（Castle William）設立緊急臨時醫院。他們除了免費救治病患和臨終者，也推廣備受爭議的疫苗接種，因此拯救了數百人的性命。疫情消退後，市議會宣布：「本市感謝諸位醫師，他們在那段艱困與哀傷的時期為如此大量的貧窮百姓免費注射疫苗並治療。」[21]威廉堡的醫師們一夕成名。

瓦倫熱切地接受這個全新的公共形象。到了一七六四年夏天，在成為社會名流幾個月之後，他就善用這份名氣。首先，他結了一門對他有利的婚事，迎娶擁有財產繼承權的伊莉莎白·胡頓（Elizabeth Hooton）。其次，他開始鼓動革命。[22]同一年秋天，新制定的糖稅在波士頓引發反對聲浪，瓦倫毅然投入這場政治亂局。他公開為被控煽動暴亂的人說話，開立醫生證明，聲稱那人具有神經質傾向，不適合出庭受審，而後又參與杯葛英國進口商品的活動。[23]

次年春天，瓦倫的政治活動更上一層樓。他發表第一篇政治傾向明顯的作品，回應《印花稅法》的施行。《印花稅法》在一七六五年通過，增加所有紙類商品的成本，從報紙到大學畢業證書，再從紙牌到法律文件，無一倖免。本質上，這是對知性與文化生活課徵的稅。在抗議與暴動的背景下，瓦倫發表在《波士頓公報》（*Boston Gazette*）的文章掀起了殖民爭議。既然美國百姓是「英國人的後代，出生在光明之地，在自由的懷抱中成長」，就不該在沒有人代表他們出席英國國會的情況下，對他們課徵稅賦。他在文章的結尾提出激情的訴求：「醒來，醒來吧我的同胞，我們要以合法的常態抗爭來擊敗意圖奴役我們和我們後代子孫的人。」[24]瓦倫對「奴役」這個詞彙的運用，跟其他開國元勛相呼應。他也跟其他開國元勛一樣，大聲抗議自由遭到限制的同時，自己卻是奴隸主。[25]

雖然《印花稅法》撤銷了，接下來那些年瓦倫還是持續擴大他的革命活動。他公開抨擊麻薩諸塞的英國總督，[26]寫了許多革命歌曲的歌詞，[27]跟其他激進分子密切往來，其中包括約翰與山繆爾・亞當斯這對堂兄弟和漢考克。起初，他的同伴未必都能明白他的文字創作的價值。約翰・亞當斯說，瓦倫的寫作是「古怪的活動，編寫出段落、文章和事件等等，運轉政治引擎！」[28]

在瓦倫等寫手的鼓動下，城裡的反英情緒持續升高，波士頓成為美國革命運動的駕駛艙。抗議、暴動、與英國軍隊衝突，這些都成了日常事件，最終演變成一七七〇年三月五日的波士頓大屠殺。在這起不幸事件中，英國士兵面對發怒的暴民覺得受到威脅，拿起毛瑟槍對群眾開槍，造成五人死亡，受傷人數更多。瓦倫和薩繆爾・彭伯頓（Samuel Pemberton）負責編寫這起事件的官方報告，兩人決定激起群眾的憤怒。他們出版的小冊子標題為：「簡述波士頓驚悚屠殺事件及事件前的情勢。這起慘劇是第二十九軍團的士兵在一七七〇年三月五日犯下的罪行，當時二十九軍團與十四軍團駐紮該地。」[29]一幅保羅・里維爾描繪大屠殺景象的版畫隨同這份小冊子派發，至今仍然是有關這起事件最普遍的圖像。瓦倫也籌備大屠殺一週年紀念活動，計畫舉辦公開演說和畫展。展出的作品以大屠殺為主題，畫面朝外掛在里維爾家的窗子裡。一七七一年，演說和畫展吸引了數以千計的觀眾。[30]

另一個爆發點出現在一七七三年，當時英國為了振興東印度公司衰頹的財政，通過《茶稅法》。（由於孟加拉發生饑荒，東印度公司儘管採用酷刑與勒索等手段，依然無法抹平財務虧損。）《茶稅法》取消運送茶葉的稅金，東印度公司因此能夠以低價跟走私商競爭。北美殖民地的走私商大多是經營多年的商人，比如漢考克，他們認為這個威脅是帝國另一項苛政。[31]到了十二月十六日，老南聚會所舉辦公開集會。雖然這次事件的細節至今依然模糊，但當天顯然有一群憤怒的民眾衝向港口，登上剛運送東印度公司茶葉到港的三艘船，將三百四十多箱茶葉倒進港口。（如果換算成如今的幣值，那些茶葉總值大約兩百萬美金。）這就是所謂的波士頓傾茶事件（Boston Tea Party）。[32]英國政府不可避免地祭出鎮壓手段，革命人士的回應是建立自己的政府。於是，大陸議會（Continental Congress）和地方性的麻薩諸塞地區議會（Massachusetts Provincial Congress）成立，跟大英帝國的行政組織對立，瓦倫則是麻薩諸塞地區議會的波士頓代表。[33]

本章開頭我們初見瓦倫時，他就是處在這種一觸即發的危險局勢中。那是一七七五年三月六日，他在老南聚會所演講，紀念波士頓大屠殺事件發生五週年。當天在場默默監看這場演說的英國士兵都做了最壞打算，一場武裝衝突似乎不可避免。過去幾個星期以來，英國軍隊一直在調動人力，也儲存了必要的糧草物資。但他們不知道的是，瓦倫的間諜一直在監視他們，革命分子這邊也做足了準備。到了四月初，英軍決定採取行動，打算襲擊麻薩諸塞內陸的康科德小鎮，那是革命軍的基地。四月十八日瓦倫收到消息，得知英軍會在破曉時分發動攻擊，當天晚上他發出一系列事先約定的信號與消息，向新英格蘭所有革命人士示警。

瓦倫的兩名信使值得特別關注。[34]威廉・道斯（William Dawes）騎馬從波士頓出發，往南去通知羅克斯伯里和劍橋的革命軍，再往內陸前進。里維爾則往北穿過查爾斯頓，去到康科德。將近一百年後，美國詩人亨利・華茲華斯・朗費羅（Henry Wadsworth Longfellow）發表知名詩作〈保羅・里維爾的奔馳〉，里維爾這趟午夜急行因此成為不朽之舉。這首詩也奠定了里維爾在大眾心目中的地位，相形之下，瓦倫和道斯就顯得沒沒無聞。然而，如果不是兩名騎士的努力，更重要的是，如果沒有瓦倫建立的有效間諜網，隔天英軍勢必大獲全勝，革命軍的氣勢也會受到重挫。

第二天上午英軍抵達康科德時，發現革命軍枕戈待旦等著他們。雙方在通往康科德途中的小型屯墾區萊辛頓發生小規模衝突，到了康科德再度爆發戰鬥。[35]英軍行動受挫，決定撤回波士頓，路途卻是危險重重，他們沿路遭到從麻薩諸塞鄉間趕來的民兵突襲。瓦倫也加入其中一支民兵部隊參與戰鬥，在門諾托米（Menotomy，即現今的阿靈頓）攻擊英軍。最後英軍終於回到波士頓，躲進設有防禦工事的城牆裡，被殖民地部隊包圍。這場圍城戰持續一整年，最後革命軍獲勝。美國獨立戰爭就此揭開序幕。

塑造現代性

瓦倫既不是理論家，也不是學者。他是一個務實的人，充分了解文字的力量。身為革命人士，他發揮了文字的驚人效果。但作為一個男人，他的生命中有那麼一刻，他平日的辯才離他而去。那是在一七七三年四月，他妻子伊莉莎白突然罹患不明疾病過世。三十一歲的瓦倫成了鰥夫，帶著四個年幼孩子。哀慟之餘，他重拾早年受教育時的兩大主軸：教會與古希臘羅馬，從中尋求慰藉。一七七三年五月十七日，《波士頓公報》刊登一首拉丁文詩，沒有任何說明或題獻。原文如下：

Epitaphium Dominae Elisae War***

Omnes, fete, dolete, cari virtutis amici:
Heu! Nostras terras Dulcis Elisa fugit.
Quisnam novit eam gemitus que negare profundos
Posset? Permagni est criminis ille reus.[36]

詩的作者乎可以確定是瓦倫。失去伴侶時，你我可能都不會想到要寫拉丁詩。話說回來，你我所受的教育多半跟十八世紀的男士不同。瓦倫平時能說善道，最大的成就就是運用他對語言絕佳的操控力來達到他的政治目的。到了這種時刻，英語卻不足以表達他的心情，實在相當特別。在這些最低潮的時刻，他選擇用拉丁詩抒發情感。對於所受教育確實與十八世紀男士不同的人，以及覺得寫古詩不是那麼順手的人，以下是譯文：

悼伊莉莎・瓦*夫人

哭泣吧，所有親愛的好友，哀傷吧！
唉！心愛的伊莉莎離開我們的地球。
任何人聽聞這個惡耗必定深深嘆息，
否則就是犯下可怕的罪行。

瓦倫召喚古代不只這次。他的作品不論是公開或私人，都充斥著希臘與羅馬元素。早期他以自己的本名發表著作，後來改用希臘筆名帕斯卡洛斯（Paskalos，意為「所有美好事物」），其他短文則署名菲力歐・菲西克（Philo Physic，意為「自然愛好者」）或葛拉夫・伊塔楚斯（Graph Iatroos，意為「寫作的醫師」），有時也使用傳奇性的羅馬貴族穆修斯・斯喀埃沃拉*的名字。[37]瓦倫的古典學識在哈佛求學期間已經受到肯定，他編寫的劇本《凱圖》（*Cato*）曾經在舞台上搬演，描繪凱圖這位以嚴厲聞名的古羅馬元老。他還寫過另一部戲劇《羅馬之父》（*The Roman Father*）。[38]

在美國的開國元勛之中，不是只有瓦倫以希臘羅馬的視角看待自己和自身的目標。沒錯，那個時代精英教育普遍教導希臘文和拉丁文，但這些人的著作裡出現的希臘與羅馬題材，不只是偶然憶起幼時的學習。相反地，整個獨立運動瀰漫著一股刻意的古典主義。[39]戰爭勝利後，聯邦派與反聯邦派之間的憲法爭議，是以希臘與羅馬演說家那種激昂語彙進行辯論。[40]接下來那些年，新美國建立時運用的許多元素，從參議院†的命名到國會大廈的新古典建築風格，都是以希臘羅馬為範本。如同其他很多事，開國元勛們這麼做是向啟蒙運動的政治哲學取經，大量借用洛克、霍布斯和盧梭的理論。這些開國元勛必須從無到有打造出全新的政治制度，面對這樣的挑戰，他們索性不去思考全新制度，而是以他們認定的古代祖先的政治結構為基礎加以改良。

古希臘羅馬為開國元勛提供共通語言：一套共享的參照點與理念。雖然我們可能會預期由基督教來扮演這個角色，但在殖民時代的美國，基督教各教派之間因為黨派之爭四分五裂，以

* 譯注：Mucius Scaevola（西元前六世紀），羅馬共和國初期的英雄，可能是神話人物，據說他在羅馬被圍困時深入敵營刺殺敵方國王未果。

† 譯注：美國的參議院英文為 Senate，與羅馬元老院相同。

至於無法發揮這個功能。革命運動內部成員之間，天主教、英國國教、貴格會（Quaker）、循道宗（Methodist）、路德教派、門諾會（Mennonites）和長老教會等教派爭執不斷。這些教派之間信仰上的歧見太過巨大，無法相容，很多人當初選擇離開歐洲來到美國，部分原因正是期待在這裡能享有更多宗教自由。北方務農的清教徒百姓信奉的基督教義跟南方大農場的地主南轅北轍，南方大地主的信仰又跟某些大都市的國際化人文主義者不同。既然宗教讓他們分崩離析，彼此共有的希臘羅馬歷史變成促使這些開國元勛團結的重要元素。

在革命宣傳期間，古希臘羅馬圖像與典故的運用是針對性的。有別於當時歐洲大陸普遍流行的親希臘精神，北美革命人士偏好效法共和時期的羅馬。[41]共和時期的羅馬嚴謹中不乏貴族氣派，道德上克己自律，卻強勢捍衛個人自由，是發展中的獨立運動完美的意識形態範本（古代的羅馬在此時的拉丁美洲具有不同含義，這點我們稍後討論）。革命人士之所以認為羅馬是比古希臘更合適的模範，另一個原因在於，西元前五世紀雅典激進的民主制度開放又包容，頗有危險性，因此很容易被煽動或淪為暴民統治。[42]以現代的觀點來看，這似乎悖於常理也違背事實。悖於常理是因為現今**西方**的意識形態與政治語言都強調自由民主（我們會在第十三、十四章討論這點）；違背事實是因為，西元前五世紀晚期希羅多德已經體驗過雅典民主強烈的排他性：女性、奴隸和無法證實自己擁有「純種雅典血統」的居民都被排除在外（見第一章）。然而，對於北美的開國元勛，正是這個關鍵因素，羅馬才會比希臘更適合充當他們的假想祖先。[43]

革命人士在意識形態上偏向羅馬，在他們選用的化名表現得特別明顯。一七七〇到七五年波士頓情勢最動盪的時期，《波士頓公報》發表了超過一百二十篇革命人士以古典化名發表的文章，其中大部分化名都來自共和時期的羅馬。[44]這些化名包括「烏提卡的凱圖」（Cato of Utica）、「布魯圖斯」（Brutus）和「羅馬公民」。也有幾個可以判定是山繆爾‧亞當斯的化名，包括「祭司亞美利加努斯」（Clericus Americanus）、「辛塞魯斯」（Sincerus，意為真誠）與「坎迪都斯」（Candidus，意為白色）。英國人在波士頓城內建立要塞之後，亞當斯也開始使用化名「以文制武」（Cedant Arma Togae，字面意思是「武器讓位給托加袍」，這是西塞羅的名言，主張公開辯論優於暴力）。革命人士將自己定位為重生的羅馬人，以凱圖和西塞羅的後繼者自居。[45]

開國元勛選擇古典主義路線是刻意的、自覺的，動機絕不單純。這並不是他們過去所受教育的無意識結果，而是他們的政治態度的證明，是意識形態的立場。他們在挪用**西方**的文化宗譜。我們在第四章討論過皇權傳遞的概念，這時北美的革命人士給出這個概念的合理結果：跨越大西洋。培根和他的後繼者追尋**西方文明**的傳承脈絡，從古代的希臘羅馬一直延續到他們所處的西歐啟蒙時代，美國革命人士又聲稱**西方文明**的火炬如今傳遞到北美。

在美洲，這個概念並不是始於革命世代。早在一七一三年，美國開國元勛班傑明．富蘭克林的伯父老班傑明．富蘭克林（Benjamin Franklin senior）就鼓舞他的讀者：「年輕的**西方**啊，讓我們見識你如何凌駕此前所有時代。」[46] 一七二五年，英裔愛爾蘭神職人員喬治．柏克萊（George Berkeley）更明白地確認美國優勢，他寫道：「另一個黃金時代將被傳誦，帝國與藝術的興盛……不同於衰退的歐洲所孕育……帝國朝向**西方**前進。」日後德裔美籍畫家埃曼紐埃爾．洛伊茨（Emanuel Leutze）受到啟發，以這首詩的最後一句為題，創作一幅知名作品，如今掛在美國國會大廈。另外，美國醫師納撒尼爾．阿姆斯（Nathaniel Ames）在他出版的一七五八年《曆書》（*Almanack*）裡指出：「根據好奇人士的觀察，人類的文學跟太陽一樣，是從東方向西方前進。因此，它循著這個路線走過亞洲和歐洲，如今抵達美洲東岸。」[47]

在十八世紀早、中期，皇權傳遞終點落在北美的概念雖然屢次被提及，卻依然是個深奧的隱喻，是富有詩意的學術化抽象概念。到了十八世紀後期前半，革命世代所做的，就是將這個概念轉化為更具體的東西，亦即政治意識形態，並且以這個意識形態為基礎建立一個國家。

他們的第一步是在建構「**西方**」時，擁抱北美這個概念。一七六八年小富蘭克林義憤填膺地在《賓夕法尼亞紀事報》（*Pennsylvania Chronicle*）發表一封信，指控英國苛待「在**西方**的我們」。隔年他又說英國人摧毀自由，或者說摧毀剛在**西方世界**萌芽的自由。[48]到了一七七三年，他陳述內心的擔憂，以免「我們的**西方百姓**變得跟英國在東方統治的那些人一樣馴服」。[49]大約在這段期間，華盛頓也表達他對「**西方**世界各項事務」的擔憂。[50]另外，漢考克在費城發表演講時自豪地表示，他期待有朝一日「這個**西方**世界」能享有自由。[51]這樣的語彙迅速蔚為流行。一七七五年秋天，波士頓詩人兼革命家梅西·奧蒂斯·瓦倫（Mercy Otis Warren，與瓦倫沒有親屬關係）寫信對約翰·亞當斯說，如果沒有像他這樣的人的努力，西半球「很久以前就會失去自由」。[52]而在一七七六年，菲力·斯凱勒將軍（Philip Schuyler）寫信給華盛頓，祝福他「為**西方世界**爭取自由」時得到神的眷顧。[53]

第二步是為這個全新的北美**西方**建構宗譜，將它塑造為歐洲古老世系的巔峰。在很多人心目中，皇權傳遞這個觀點意味著新美國是古代的終極繼承人，尤其是古代的羅馬。[54]這個觀點日後會成為「昭昭天命」（Manifest Destiny）這個概念的基礎，促進美國在十九世紀向西擴張，也會在近幾十年內成為無數書籍、雜誌文章與報紙專欄的主題，探討美國是不是該被視為「新羅馬」。[55]我們在瓦倫的創作裡已經看得到這個觀點，它出現的形式不是學術巨著或資料豐富的史書，而是毫不掩飾的民粹語調。

一七七〇年發表的〈新麻薩諸塞自由之歌〉歌詞據說出自瓦倫之手，刻劃出這個擁有獨特傳承的新**西方**。這首歌的歌詞描繪出**西方**的歷史，第一段開頭就說：「科學的雅典，以及地球偉大的女主人羅馬的基地。」第二段接續**西方文明**的文化宗譜，帶領我們前往不列顛。因為不列顛接受羅馬帝國主義的桎梏（「驕傲的英格蘭向凱撒俯首」），得到古代希臘羅馬的珍貴遺產。緊接著這首歌為我們細數接下來那幾百年征服不列顛的種族，包括皮克特人（Picts）、丹麥人和諾曼人。不列顛因此失去資格，無法成為權力最終的歸處。到了最重要的第四段，我們得知**西方文明**的最終頂點會落在「這片**西方天空**下」。在那裡，「我們建立新政權，一片自由的土地」。這段飽含政治意味的重要歌詞是整首歌的樞紐，在這段之前，**西方文明**的宗譜為我們提供歷史的序曲。這段之後，創作者要我們將北美獨立的光明未來視為**西方文明**的終極基地。

在一七七五年波士頓大屠殺週年紀念演說中（也就是本章開頭那場演講），瓦倫的觀點更為明確。正如「自由之歌」的創作手法，他一開始先來一段歷史序曲，談北美成為殖民地的經過。他描述「我們的先祖」如何選擇離開歐洲，決心「永遠不接受專制統治」。接著他提起橫渡大海的勇氣，聲稱「上帝讚許地看著心愛的方舟在波濤之間顛簸，仁慈地保護它，直到那些天選家族安全抵達這些西方地域」。結束這段歷史序曲後，瓦倫進入演說的主要內容，訴諸**西方**的光輝歷史，激勵觀眾加入革命行列。他拿大英帝國與「羅馬的光輝」做對比，大英帝國雖然征服了許多連亞歷山大大帝和羅馬皇帝都不知道的地域，卻因為專制與貪婪，失去繼承古典遺產的資格。那麼，承襲古代的責任就落到美國人身上。瓦倫鼓勵聽講者不要放棄，他說：「永遠不要對國家失望。這句話是羅馬人的座右銘，引領羅馬成為偉大的國家。」

不過，一七七五年瓦倫令觀眾震撼的除了他的話語，還有他的衣著。那天他上台發表這場演說，穿的並不是符合他當時身分地位的標準紳士服飾，而是羅馬的托加袍。[56]在羅馬，托加是男性公民的專屬服飾，男子在成年時獲得這樣一件正式服飾，作為他們加入政治群體的標記，隨著帝國擴張，他們便成為羅馬的精英階級。[57]瓦倫在這個特殊時刻穿著托加袍，別有深意。前面提過，這時約翰．亞當斯在被占領的波士頓發行小冊子時，簽署的化名是「以文制武」這句標語。瓦倫在英國士兵包圍下，以一身潔白托加袍譴責軍方的屠殺行為，這句西塞羅名言似乎格外切題。

透過話語的力量與衣著的戲劇效果，瓦倫將北美作為**西方文明**終極繼承人這個觀點傳揚出去，宣示北美承襲一段源於古代希臘羅馬、漫長而顯赫的世系。瓦倫用最煽惑、最誇張的語詞，將延續希臘羅馬傳統的北美描述為一個獨立的實體，與它沒落的祖先不同，甚至更優越。只有在北美這個遠離舊世界罪惡與腐敗的地方，**西方文明**的潛能才能徹底發揮。只有在承接完整文化傳統的北美，**西方**歷史才能邁向巔峰。只有在北美，**西方**才能呈現它完美的終極面貌。

我們說過，北美革命運動面臨意識形態明顯脫節的困擾。革命分子怎麼能夠一面宣揚反奴役，一面繼續蓄奴？怎麼能既反帝國，又是帝國主義者？這個意識形態問題很快就被革命運動的批評家察覺，也導致某些潛在支持者不信任革命（見第十一章）。**西方文明**的恢宏故事提供跳脫這個意識形態困境的便捷途徑。由於瓦倫等人推廣的觀點，革命分子能以自己的**西方**傳承為依據，心安理得地搖旗吶喊爭取自己的自由，不需要把這份自由跟別人共享。另外，身為**西方人**，他們可以譴責帝國主義對他們的控制，卻不必排斥帝國主義的理念。**西方文明**的恢宏故事不只為美國人提供強大動機，驅使他們全力朝政治獨立的新時代邁進，也成為他們自我開脫的理由。

十八世紀晚期，人們普遍相信以英語為母語的北美地區是**西方文明**的巔峰，這都要歸功於瓦倫等人。只是，並非所有人都欣然接納這個觀點，即使在美洲也一樣。對於那些生活在新美國、卻對這套語彙沒有認同感的人，這種意識形態說詞很有問題，這點我們會在下一章討論。在北邊那一大片依然在英國控制下的土地（日後的加拿大），這種意識形態並不是主流。儘管法國在美洲的殖民統治在一七六三年簽訂《巴黎和約》後已經結束（法國在加勒比海地區的殖民還會持續一段時間），北美以法語人口為主的地區也未必全面接納這種意識形態。同樣的情況也出現在新西班牙（現今的中美洲與北美南部）、加勒比海沿岸和南美洲。

在拉丁美洲大部分地區，古羅馬跟殖民主義密切相關。尤其是西班牙人，他們當初的帝國主義擴張行動就是打著古代羅馬的旗號，以羅馬的帝國主義合理化自己對美洲的征服。[58]因此，在西班牙統治下的美洲，古代指的主要是羅馬，而非希臘。拉丁語的學習多半透過天主教會或西班牙官方，古代知識的習得也取決於殖民體系裡的社會資本。[59]因此，新西班牙的知識分子雖然跟十八世紀北美英語區的知識分子一樣跟羅馬歷史緊密牽連，羅馬歷史隱含的政治意義卻大不相同。（十八世紀甚至被喻為新西班牙拉丁文學的「黃金時代」。）[60]對於瓦倫、華盛頓和傑弗遜等人，羅馬為未來的獨立共和國提供樣本；對於瓜地馬拉的耶穌會詩人拉法耶·

蘭帝瓦（Rafael Landívar），拉丁著述手法幫助他向歐洲讀者介紹他的祖國；[61] 對於耶穌會派駐在巴拉圭的傳教士荷西・曼努埃爾・佩拉馬斯（José Manuel Peramás），威武的羅馬英雄氣概賦予西班牙的征服與他自己的傳教工作價值；[62] 對於祕魯作曲家托馬斯・德托雷洪・貝拉斯科（Tómas de Torrejón y Velasco），引用羅馬神話可以打造出歌劇般的華麗背景，歌誦西班牙政權。[63]

不過，到了十八世紀末十九世紀初，情況確實開始改變，因為人們對古代希臘羅馬的看法在中南美洲的獨立運動中扮演複雜的角色。[64] 杜桑・盧維杜爾（Toussaint Louverture）在海地革命中領導被奴役的人民反抗法國的殖民統治，在一七九六年被喻為「黑斯巴達克斯」（Black Spartacus）。（斯巴達克斯是名聞遐邇的角鬥士，西元前一世紀帶領被奴役的義大利人民反抗羅馬帝國。）[65] 這個時間點之後，拉丁美洲作家的作品更有意識地轉向古希臘世界，尤其是那些參與獨立運動的人，以及致力打造後殖民時代國家認同的人。親希臘精神給他們理由，可以將不曾被西班牙殖民者汙染的古代地中海光輝和**西方文明**據為己有，並且跟美國呼聲響亮的「新羅馬」說詞站在對立面。[66]

因此，到了十八世紀晚期，**西方文明**的恢宏故事或許成了主流，但整個美洲對這種說詞的接受度卻未必一致。不過，這套說詞深植在新美國的政治語彙裡，為革命分子提供意識形態基礎，方便他們一方面爭取自由、要求終結帝國主義，在此同時又保有內部的壓迫制度和殖民主義。在下一章的討論中，我們會談到這些意識形態的壓力如何影響一位卓越人士的生命。我們不能否認，新美國的核心概念存在一定的弊端，但我們也必須承認，美國成功地打造出全新體制（儘管不完美），致力達到各州與政府各部門的權力平衡，並且尊奉政治平等的原則（也許未必始終實踐）。同樣地，雖然我們不能否認北美革命分子為了他們當下的政治目的，創造出以意識形態為導向的歷史故事，卻不能因此判定他們特別詭計多端或陰險狡詐。我們在這本書裡已經看到人們如何根據當下的政治需求重新詮釋歷史，也看到不同版本的歷史如何在更廣大背景允許下取得優勢（也可能湮沒）。特別是，我們在先前的各章已經看到，**西方文明**的故事如何從十六到十八世紀斷斷續續地浮現。我們也在本章討論到，這個故事借助十八世紀美國革命對意識形態的特殊需求，躋身北美（英語區）的主流。

至於瓦倫，我們將他留在榮耀與災難的邊緣。他既是才華洋溢的文字大師，也是天賦異稟的間諜頭子，藉由私自傳遞的概念與情報，改變了歷史的軌跡。他扮演關鍵角色，為革命分子引燃美國獨立戰爭的戰火，也在不久後為此獻出他的生命。獨立戰爭第一年發生的眾多小規模衝突與戰鬥之中，最血腥的是一七七五年六月的邦克山戰役，瓦倫就在這場戰役中奮戰而亡。

瓦倫在生前與死後都為革命軍爭取到支持。很多人在寫給親友的信裡以欽佩的筆調描述他的英勇，在此同時，令人憤慨的謠言流傳出來，聲稱英軍如何凶殘，又如何殘害瓦倫的遺體。這些傳言傳遍美國殖民地，內容也越來越驚悚。即使一七八三年獨立戰爭勝利之後，瓦倫喪命的故事依然深具震撼力。美國畫家約翰・特朗布爾（John Trumbull）在一七八六年發表作品〈邦克山戰役瓦倫將軍之死〉（*The Death of General Warren at the Battle of Bunker Hill*），戲劇化地呈現瓦倫殉難的情景。這件作品太受歡迎，特朗布爾因此畫了許多幅，也高價出售雕版的版權。雕版的製作意味著這幅畫作會大量複製，不久後已經有數千幅出現在市面上。瓦倫如果知道同志如何利用他的死號召更多人來支持他心愛的革命事業，肯定也會贊同。

第十一章　西方與種族

——菲莉斯·惠特利（Phillis Wheatley）

繆思女神啊！請幫助我，別讓我的請求落空。

——菲莉斯·惠特利（一七七三年）1

法官已經齊聚法庭，總共十八位。其中某些是麻薩諸塞最有權勢的人，包括總督湯瑪斯·哈欽森閣下（Thomas Hutchinson），副總督可敬的安德魯·奧利佛（Andrew Oliver），以及至少七位來自教會的重要神職人員。另外還有一群波士頓商業巨頭與革命領袖，比如我們在第十章見過的約翰·漢考克。他們來到法庭是為了審問，但不是審問犯罪或違法案件，而是要揭開一個看似荒謬的說詞背後的真相。他們要審問的對象是菲莉斯·惠特利，十八歲的非裔奴隸；

他們想核實的說詞是：她寫了一本詩集。

她的奴隸主約翰．惠特利告訴別人她在寫詩，一開始沒人信他。後來她的詩開始流傳，不但用韻與格律技巧純熟，詩中也充滿古典文學與聖經典故，人們卻是加倍懷疑。在殖民社會很多白種人心目中，十多歲的黑人女子不可能寫得出這種程度的詩。因此，當約翰．惠特利著手找出版商出版惠特利的詩集，社會上掀起一股聲浪，要求查明這件事的真假。於是「波士頓聲望最高的人物」齊聚法庭，[2]惠特利被傳喚前來，證明她就是詩集《關於宗教與道德》（*Poems on Various Subjects Religious and Moral*）的作者。

那場審訊的經過，我們無從得知。[3]審問者可能會當場測試惠特利對拉丁文法與《舊約聖經》的理解程度，也可能會詢問她以什麼方式接受過什麼樣的教育，或她選擇創作主題的心路歷程。他們甚至可能要她回答文學謎題，就像她在詩集最後解開的那個（當然是以韻文形式）。[4]在這個時刻，她的種族、年齡和性別都無法幫她爭取到輿論支持，但她會取得最後的勝利。不管他們提出什麼問題，她想必都給出令人信服的答案，因為一年後她的詩集終於出版時，序言附加了以下這份由法官簽署的證明函：

我們（見下方署名）向全世界保證，以下的詩確實由菲莉斯創作（我們如此深信）。菲莉斯是一名黑人年輕女子，幾年前從非洲來到美國時，還是個未開化的蠻族，目前她是城裡某個家庭的奴隸。多位最優秀的法官對她進行考核，判定她有能力寫出這些詩。[5]

惠特利的文學造詣帶來的震撼不難理解。在這個殖民社會，奴隸制度受到法律保護，種族主義成了核心信念，像她這樣的人（黑人、奴隸、年輕女性）不可能精通**西方**高等文化。惠特利的人生和作品突顯出**西方文明**意識形態的問題。我們在前一章討論過，瓦倫和他的革命同志致力宣揚這種意識形態，將它編造成一種以種族為基礎的生物學血統。因此，像惠特利這種不屬於**西方**宗譜的人還能精通它的文化與知性遺產，實在令人震驚。惠特利只憑她本身的存在，就挑戰了**西方**血統的意識形態。

種族等級

我們在本書第九章為種族下定義，認為它是一種技術，用來排列人口的等級。我們也談到十七世紀末**西方**的種族觀念已經開始發展，當時**西方**的帝國主義也明顯提及這個觀念，卻還不夠具體。要到十八世紀中惠特利所在的時代，**西方**的種族觀念才變得更系統化與「科學化」。其中的關鍵是啟蒙思想與政治效益。

啟蒙思想有一個重要流派認為人類是自然世界的一部分，而非在神的意旨下與自然區分開來。這一派的觀念為人種的劃分奠定基礎，類似劃分動物的不同品種與物種。[6]這個「科學」方法源於自然史，引發不少激烈爭辯，最後被運用來支持嚴格的種族等級觀點。其中最知名（或惡名昭彰）的是蘇格蘭哲學家大衛．休謨（David Hume）的言論，他在一七五三年寫道：「我傾向認為黑人和其他物種（總共有四或五種）天生比白種人低等。」同樣地，一七六四年德國哲學家康德評論道，「黑人」和「白人」膚色差距有多大，智力的差距就有多大。[7]我們在第九章討論過，到了十八世紀，黑格爾和薩德侯爵等歐洲思想家以種族歧見的語彙重新包裝恩津加這類歷史人物，將他們變成徹頭徹尾的「他者」，站在**西方文明**的對立面。

在**西方**帝國主義的背景下，種族等級的政治效益顯而易見：為一個群體對另一個群體的支配提供理由。在法國本土與殖民地施行的《黑色法典》（見第九章）強化了種族等級的輪廓，確保類似恩津加這種領袖不能再利用改信基督教或其他政治工具謀取利益。如今他們的低等被認定是具體的、天生的、永遠無法改變。這個種族建構的過程也在殖民時期的北美進行，這點可以從美國學者西奧多·艾倫（Theodore W. Allen）對法典的分析看得出來。[8]艾倫說，十七世紀大多數時間裡，自由人與「奴隸」（這個類別包括一定年限的奴僕與永久奴隸）在法律上的區分最為鮮明。不過，要到十八世紀早期，「**白種**」才變成附帶特定特權的法定類別。舉例來說，根據一七〇五年的《維吉尼亞奴隸法》（Virginia Slave Codes），即使是最貧窮的白種契約奴也擁有所有「黑人」（包括自由「黑人」）無法享有的特權，比如持有武器、公正審判權及僱用他人的權利。[9]於是，在這樣的制度下，種族的團結凌駕階級的團結。當時的維吉尼亞州長說，這樣的規定是為了「讓自由黑人明白，他們的子孫跟英國人的後代不同」。[10]

美國建國後，種族等級的概念會以全新方式發揮它的政治效益。我們在第十章談過，**西方文明**的恢宏故事對革命分子的意識形態至關緊要，讓他們能夠依據皇權傳遞的概念聲稱自己跟過去的殖民統治者平等，甚至比他們更優越，並且自稱是**西方文明**最終的、根本的繼承人。然而，如果北美是**西方文明**最終的歸處，那麼那裡的居民誰能以它的合法繼承人自居？這個新建的北美共和國將種族等級的概念與**西方文明**的概念融合在一起，終於解決棘手的意識形態困境。這個國家可以一面慶祝英國殖民者的後代不再遭到「無代表課稅」的象徵性奴役，一面在國內繼續奴役非洲人和非洲人的後代，並且以契約約束美國原住民與亞洲奴工。它也可以一面合理反對祖先來自英國的百姓遭受帝國主義的荼毒，一面心安理得地將帝國主義施加在國內的原住民身上，後來甚至擴展到中美洲和亞洲。如果說**西方文明**的恢宏故事為美國的獨立提供正當理由，那麼**西方文明**的恢宏故事和種族主義的結合，讓美國有理由維持嚴苛的不平等制度。因此，十八世紀後半期的北美不但見證了**西方文明**（第十章）的普及，也見證了它的種族化。

美國獨立的締造者之一傑弗遜在一七八四年（撰寫「獨立宣言」不到十年後）發表一篇專論指出：「無論非裔美國人跟白人原本就是不同種族，或因為時間與環境造成他們的不同，他們在身體與腦力方面的天賦不如白人。」同一篇專論裡他又說，非裔美國人「在推理方面比白人差得多，我認為他們幾乎沒辦法聽懂或理解歐幾里德的理論。在想像力方面，他們遲鈍、乏味又不合情理」。[11] 這裡傑弗遜提到歐幾里德相當切題，在這段文章中，歐幾里德這位古希臘數學家的學識代表整個**西方文明**的知性傳承，他認為這種學問對於非裔美國人而言太過高深。到了十九世紀初，美國南卡羅萊納州參議員兼副總統約翰·卡爾霍恩（John C. Calhoun）跟傑弗遜有同感，聲稱他拒絕相信黑人是人類，不認為他們應該得到人類應有的待遇。除非他「能見到懂希臘語法的黑人」。[12] 所以，古代的知識再次成為衡量人類知性能力（對於卡爾霍恩，更是衡量是否為人）的標準。希臘羅馬是**西方文明**的假想根源，那裡的知識被認為有種族上的限制。隨著**西方**科學種族主義漸漸成形，這個概念也越來越常遭到質疑。這些質疑多數都是從道德與宗教的基礎提出反駁，比如早期的廢奴主義者，[13]其中包括多位著名的貴格會教徒。[14]不過，到了一七五〇年代，因為幾個知名黑人與混血人士在文化上的成就，白人至上論受到挑戰。其中包括強悍的貴格會領袖兼廢奴主義先驅保羅·庫夫（Paul Cuffe），他生而自由，他的父親來自非洲阿散蒂帝國（Ashanti），曾經是奴隸，母親則是美洲萬帕諾亞格族（Wampanoag）原住民。[15]

個人成就引起最多爭議的非裔美國人，都是那些精通拉丁文或希臘文或二者的人。當然，長久以來歐洲不乏這樣的人，包括我們在第七章見過的十六世紀史詩作家拉蒂諾。另一個知名例子是非裔德國哲學家安東·威廉·阿莫（Anton Wilhelm Amo），他拿到哲學博士學位後，先後在德國的耶拿大學（Jena）和威登堡大學（Wittenburg）任教，退休後回到非洲，住在現今迦納的阿克西姆（Axim）。[16]不過，在美洲大陸，最早因為古典學識聲名遠播的，是非裔牙買加知識分子弗朗西斯·威廉士（Francis Williams），他在一七五九年以拉丁文發表一首寫給新任牙買加總督喬治·霍爾丹（George Haldane）的詩，[17]想必令休謨深感詫異與懊惱。不過，這些作家之中，名聲最響亮，傳播最遠的，是本章的主人翁惠特利，她以一七七三年出版的詩集轟動國際文壇。18

奴隸名流

如今我們所知的「菲莉斯．惠特利」這個名字，是她的奴隸主在她抵達波士頓時（瓦倫當時正在那裡行醫）為她取的，是以她搭乘的船名和她奴隸主的姓氏組合而成。19她出生在西非，七歲或八歲成為奴隸，被送到美國，一七六一年在波士頓賣出。當時的波士頓是麻薩諸塞灣省（Province of Massachusetts Bay）的首府，這個省是英國在北美的十三個殖民地之一。在這些殖民地，對非洲人和非裔美國人的奴役是普遍現象。不過，新英格蘭的奴隸人口比例不高，占總人口數將近百分之十。相較之下，維尼吉亞大約有百分之四十。然而，這裡仍然是個合法蓄奴的社會。十八世紀初期到中期，新英格蘭的非洲奴隸明顯增加。20惠特利到達波士頓不久，就被約翰與蘇珊娜．惠特利買下。

惠特利之所以接受到難得的廣博教育，要歸功於蘇珊娜和她已經成年的女兒瑪麗。她們的教導，加上本身的天資，惠特利到十二歲已經掌握英語和拉丁語，不久後又開始學古希臘文，當然，也動筆寫詩。研究惠特利的現存詩作會發現，她選擇的題材包羅萬象。不過，在創作初期，她最受矚目的可能是悼亡詩，一開始以主人所處的波士頓文學圈的人物為對象，後來慢慢擴展到知名度更高的公眾人物。

在她出版的詩集中，我們看到了不少哀歌，懷念逝去的嬰兒或幼童，妻子或丈夫，手足或朋友。有一首這樣的詩標題是「悼念十二個月的嬰兒查爾斯」，詩的開頭寫道，「初生的他朝那空靈之路飛去，前往神光普照的純淨地域」。[21]接下來繼續勸說那孩子的父母在基督信仰中尋求慰藉，提醒他們終有一天會在天堂與孩子重聚。這樣的詩既悼念亡者，也安慰生者，可能會刊登在地方報紙上，並且在葬禮和其他家族聚會中大聲誦讀。一七七〇年秋天，惠特利為過世的喬治．懷菲德牧師（George Whitefield）寫了一首這樣的詩，名聞一時。當時她大約十六、十七歲。

懷菲德是個人氣極高的福音教派傳教士，在北美的英國殖民地四處傳教，擁有許多追隨者與崇拜者，也是如今所謂的「大覺醒」宗教運動的一環。[22]他是個煽動家，講道時明確表達他對當時神職人員的不滿，傳福音的對象不只對自由白人，還包括非裔奴隸和原住民。有一次他在波士頓公開露面，吸引眾多信徒前往，擠了太多人的旁聽席突然塌了，緊接著發生的踩踏事件造成五人不幸死亡。[23]懷菲德也經常捲入政治爭議。他抵達波士頓的時間，是在大屠殺發生後幾個月。[24]他發現城裡被英國軍隊控管，對居民和他們的困境深表同情。[25]原本他只是個激進的政治傳教士，卻因為英年早逝，也成為革命初期的代表人物。

惠特利為懷菲德寫的悼亡詩在波士頓和新港（Newport）以單面印刷品形式發表，造成轟動。不久後，這首詩搭配木刻版插圖，製作成八頁的小冊子重新發行，在新英格蘭出售。這本小冊子附帶以下廣告詞，陳述購買理由：「首先，這是對偉大的好人懷菲德先生的懷念；其次，創作者是有能力為教宗和莎士比亞增光的非裔美國人。」[26]短短幾個月內，這本小冊子已經在倫敦印刷並販售。由於懷菲德魅力十足的講道風格，他在那裡原本就有一群追隨者，其中包括貧窮的勞工，以及亨廷頓伯爵夫人（Countess of Huntingdon）。不到一年的時間，惠特利的作品已經在大西洋兩岸受到肯定。

從這時候開始，事情進展迅速。更多備受矚目的委託案找上她，她也開始挑選作品準備出版詩集。只是，她的作品雖然得到許多讚賞，卻也引發不少質疑，有些人根本不相信十多歲的非裔奴隸能有這樣的文學成就。人們覺得最可疑的是，惠特利不但精通英文詩的寫作技巧，顯然也充分掌握希臘與羅馬文學。她的創作明顯受到羅馬詩人維吉爾和賀拉斯（Horace）的影響，作品不只引用古典題材，也靈活運用古典詩的形式與韻律，顯示她對古羅馬的拉丁文詩有深厚造詣。[27]

不過，即使在一般讀者眼中，惠特利的詩也充滿古典風格。她用古希臘太陽神「福玻斯」（Phoebus，阿波羅的別名）擬人化基督教的神。[28]在安慰一名遭遇喪親之痛的女性時，她鼓勵對方想像過世的哥哥的靈魂已經飛越眾神的住所奧林帕斯山。[29]她思索「想像力」這個主題時，向傳說中繆思女神所在的赫利孔山求助。[30]如果是別人，像這樣熟悉希臘羅馬文化，必定能博得地位與名聲，惠特利得到的卻是懷疑。

惠特利的學術能力受到同時代文人的質疑。[31]一七七二年，波士頓召開審查庭，也就是我們在本章開頭描述的那場，目的在檢驗惠特利的知識與創作技巧。革命領袖漢考克也坐在法官席。基於漢考克在這次審查庭扮演的角色，我們很難想像惠特利對此時的革命運動和波士頓政治有什麼想法。不過，即使惠特利通過了這場折磨人的公開審問，充分證實她創作複雜詩歌的能力，卻依然沒有美國出版商願意出版她的書。有些人基於種族偏見直接拒絕，其他人則是擔心這本詩集沒有市場。但不管是哪一種原因，惠特利的詩集似乎都沒有機會問世。

在這看似棘手的情況下，亨廷頓伯爵夫人出現了。伯爵夫人是英國貴族，支持懷菲德的理念，現在也願意幫助惠特利，為她掃除在倫敦出版詩集的障礙。一七七三年惠特利滿懷希望抵達倫敦，陪同她前往的是主人的兒子納桑尼爾。[32]在倫敦那幾個月，她一方面關心倫敦出版商阿奇博・貝爾（Archibald Bell）印刷詩集的流程，另一方面也見了多位倫敦文人圈的領袖，除了伯爵夫人本身之外，還有詩人兼政治家喬治・利特爾頓男爵（George Lyttelton），多金的慈善家約翰・桑頓（John Thornton），甚至還有當時正好造訪倫敦的美國政治家兼通才小富蘭克林。只是，她的女主人蘇珊娜突然生病，惠特利和納桑尼爾提早結束倫敦行，趕回去照顧她。

他們回到波士頓時，正值局勢動盪。惠特利住在波士頓，因此始終直接目擊美國革命的過程。我們在第十章討論過，一七六〇年代的波士頓是分離主義運動的心臟地帶。到了一七七〇年代，這裡又是獨立戰爭第一波武裝衝突的現場。[33]波士頓傾茶事件發生在一七七三年冬季，就在惠特利返回美國照顧蘇珊娜後不久。因此，惠特利想必親身經歷了傾茶事件後英軍的鎮壓。英軍祭出各種制裁手段，包括正式關閉波士頓港口、賦予麻薩諸塞有限自治權的法令被撤銷，市民集會大量減少，而且受到嚴格規範。但我們先前也看到了，英國的鎮壓手段越強硬，美國革命分子反抗的決心越堅定。還在適應國際知名文人新身分的惠特利，陷入了這股漩渦的中心。

儘管惠特利細心看護，蘇珊娜依然在一七七四年三月過世，不過她在過世前解除惠特利的奴籍。成為自由人之後，惠特利更公開也更直接參與革命運動。

絲質韁繩

惠特利對政治的關注並不是毫無由來，有證據顯示，她年紀不大的時候就開始思考政治問題。一七六八年她十四、十五歲時，發表了一首獻給英國國王喬治三世的詩，頌揚他撤銷備受爭議的《印花稅法》（也就是刺激喬瑟夫·瓦倫寫出第一篇尖銳的政治謾罵的印花稅，見第十章）。這不只是十多歲女奴在殖民地政治圈引人注目的舉動，那首詩本身也藏著凌厲的尾刺。具體來說，詩的最後兩句隱含曖昧不明的訊息。

願所有地區懷著同等的歡欣，
看見君王的笑解放他的子民！[34]

這兩句指的是美國殖民地擺脫了《印花稅法》，或另一種更根本的自由？惠特利必然熟知奴役與自由這類革命語彙。同一年瓦倫在報紙上發表文章告誡波士頓人英國人意圖「奴役」他們，在惠特利看來，這樣的言語想必十分空洞。她的成名作——一七七〇年為懷菲德寫的輓歌——也夾帶政治意味。懷菲德不但支持美國人向英國人爭取權益，惠特利也說他在講道時會稱呼「我親愛的美國同胞」和「各位非洲人」。事實上，她的輓歌出版後，成為當時在倫敦流傳的兩本波士頓作家創作的小冊子之中的一本，另一本是瓦倫對波士頓大屠殺的描寫。

當惠特利的名聲漸漸響亮，她也越來越有信心發表政治評論。那年稍晚，惠特利接受委託寫詩頌揚達特茅斯伯爵（Earl of Dartmouth）就任英國殖民地事務大臣，這首詩同樣意在言外。惠特利表面上支持英國的殖民政府，使用的文字卻非常接近革命人士的語彙。詩的第二、八和二十一行明確地訴求「自由」，也詳細描寫自由女神顯靈，化身為「備受渴盼的女神」（第十一行）。緊接著惠特利告訴美國：

> 你再也無須懼怕
> 專橫暴君肆意打造

用以奴役此地的鐵鏈。[35]

雖然詩中的意象直接取材自革命手冊，但她談的顯然不只是英國對殖民地白人的治理。為免讀者不確定她詩中的雙重含義，惠特利提醒他們，她為何比當時大多數詩人更熱愛自由：

我年幼時遭逢殘酷命運，
被帶離非洲的幸福天地。
如此酷刑帶來何等苦楚，
在我父母心中留下何等傷痛？
對苦難無動於衷的鐵石心腸，
從父親手中搶走他心愛的孩兒，
這就是我的遭遇，那麼我能否
祈禱別人永遠不被暴君統治？[36]

惠特利描繪英國帝國主義者對殖民地的控制，以及白種販奴者對待非洲奴隸的暴虐手段，明確地拿二者做比較。她獻給達特茅斯伯爵的詩期待全新的未來，期待英國對美洲的統治能更克制，使用「絲質轠繩」，而非嚴苛的枷鎖。在當時美國革命的動盪時局中，這方面的含義不難推敲出來。但她提到非洲奴隸問題又想表達什麼，就含糊不清了。她沒有呼籲廢除奴隸制度，不過，這時的她當然也被絲質轠繩綁縛。她寫這首詩的時候，仍然是奴隸身分，受制於她的主人和她所在的蓄奴社會的結構。

重獲自由後，惠特利立刻申明她的政治立場，公開批判革命分子意識形態上的矛盾。一七七四年三月，蘇珊娜過世八天後，惠特利發表一封給薩姆森・奧科姆（Samson Occom）的公開信。奧科姆是長老教會傳教士，也是美國原住民莫西干族（Mohegan Nation）的一員，她在信裡感謝奧科姆支持「黑人」和他們的「天賦人權」。她說，美國黑奴就跟《舊約聖經》裡被埃及異教徒奴役的希伯來人一樣。緊接著她公開批評革命分子：「我無意攻擊他們，只是希望他們能明白，他們說的是一套，做的是相反的一套，這樣的行為怪異又荒誕。吶喊著爭取自由，在此同時又壓迫他人，這兩種悖逆性格如何相容，我認為即使沒有哲學家的洞察力，也能解答這個問題。」[37]

一年後，革命運動發展成全面的獨立戰爭，惠特利決定改走溫和路線。這個時候，在萊辛頓和康科德的第一場戰事已經結束，雙方都傷亡慘重。一七七五年惠特利寫了一首詩頌揚革命軍總司令華盛頓。[38]到了次年二月，華盛頓邀請惠特利到他的總部會面，好像對這個學識比他豐富的前女奴十分好奇。[39]

只是，第二年惠特利顯然又對革命分子的虛偽感到失望。在知名指揮官大衛・伍斯特（David Wooster）戰死沙場後，惠特利寫了一封信給他的遺孀。表面上這是一封安慰信，說伍斯特是「追求自由的烈士」。她在信裡附了一首詩，盛讚伍斯特的崇高，他的基督徒美德和他的「勇武表現」。只是，惠特利也在詩中請求神激勵這個新國家和這裡的人民，好讓他們永遠「良善、勇敢且自由」。接著她筆鋒一轉，質疑這個新國家是不是真的值得神的眷顧：

我們竟冒昧地祈願，
全能的神仁慈垂憐。
忽略他們何其鄙吝，
奴役無辜的非洲人？[40]

最後，到了一七八四年她過世前幾個月，惠特利又寫了另一首悼念詩，這回的對象是薩繆爾．庫柏（Samuel Cooper）。庫柏是波士頓一間教堂的本堂牧師，很多知名革命分子都在那裡禱告，比如漢考克、山繆爾與約翰．亞當斯和瓦倫。41在這最後一首發自肺俯的悼亡詩之中，她一改過去話中帶刺的犀利，拋開政治，純粹懷念一位「真摯的朋友」。

基於惠特利在歷史上出現的時間與地點，一旦她聲名遠播，就無可避免會與領導美國革命運動的白種精英狹路相逢（或刀劍相向）。漢考克是她一七七二年出庭接受審查時的法官之一；瓦倫出版著作的時間跟她重疊；她跟其他很多革命領袖上同一間教堂。或許同樣不可避免地，對於革命運動，她時而支持，時而懷疑。那一份矛盾心情不難理解，她自己好像也始終搖擺不定。

培養出惠特利這個人的，正是孕育出革命分子的知性與文化環境。她深諳同一套傳統思想與文學，以同樣的修辭法創作，使用同樣的慣用語。但有別於革命分子，她在這個環境裡地位卑微，遊走邊緣。她在詩集的第一首作品中坦承這點。這是一首獻給她的贊助者亨廷頓伯爵夫人的精湛作品，標題是「獻給梅塞納斯」（梅塞納斯是羅馬帝國奧古斯都時期黃金時代最重要的藝文資助者）。在這首詩裡，惠特利分析了多位詩壇典範。她該效法荷馬激昂的熱情與壯闊的衝突，或奧維德那對情感的高超掌控？或者她該學習維吉爾大膽優雅的風格？最後她選擇了以用字精準著稱的羅馬劇作家特倫斯（Terence）。她說，特倫斯最主要的優點，是他能夠感動群眾，但她之所以選擇他，主要是因為他來自非洲。惠特利哀傷地表示，希臘羅馬重要作家之中，只有一位非洲詩人。她寫道：

> 可是，繆思啊，為何如此偏心，
> 只恩賜非洲黝黑種族中的一人；
> 隨著他的名字世代流傳的，
> 只有最初揚名時那份榮耀。[42]

惠特利掌握了**西方**的文化遺產，也本著辛勤的努力和純粹的才華，達到種族等級理論擁護者料想不到的成就。儘管如此，她依然無法融入希臘羅馬傳統。問題不在她的性別。亨廷頓伯爵夫人能夠被喻為羅馬貴族梅塞納斯，是因為她是白種英國女性，惠特利卻永遠不能自比奧維德或荷馬。相反地，她只能效法出身非洲的特倫斯。因為她的種族，她在創作上的選擇受到限制。

在另一首名為「獻給新英格蘭劍橋大學」的詩裡，她表達出類似的鬱悶心情。[43]她寫到離開非洲的情景，「我家鄉的海岸，那失誤的大地，蒙上埃及的陰鬱」。她提醒幸運的學生珍惜他們擁有的時光與特權，她說，「衣索比亞人奉勸你們」提防命運的多變。惠特利運用古典語言強調她的非古典血統，突顯她在知性領域的孤立感。她意識到自己永遠被排除在**西方文明**宗譜之外。

惠特利的孤單處境躍然紙上。她的作品體現出**西方文明**的假想宗譜，在她所處的十八世紀和古代希臘羅馬世界之間建立連結。然而，她身體上的種族特徵將她標記為**西方**的外來者，擁有驚人知性成就的她似乎因此無法在**西方文明**的恢宏故事裡占有一席之地。就在一個世紀前，安哥拉的恩津加還能被視為重生的古希臘或古羅馬人（見第九章），到了十八世紀後期，由於**西方文明**種族化的新觀點，惠特利已經無法成為希臘羅馬傳統的繼承人。

惠特利的故事結局並不美好。一七七八年她嫁給一名解放的黑人雜貨商約翰．彼得斯（John Peters），生下三個孩子。只是，到這時她第一本書的版稅已經告罄。她計畫出版第二本書，但接洽的美國出版商不是抗拒，就是不感興趣。那些年，兩個孩子明顯因為營養不良和疾病生命垂危，家庭經濟越來越困頓。一七八四年她丈夫因為積欠債務進了監獄，惠特利在一家供膳宿舍擔任清潔女工，希望能養活僅存的那個孩子。只是，他們身體太虛弱，那年稍晚惠特利過世，享年三十一歲，幾小時後她兒子也隨她而去。如此非凡的生命，終點卻是這麼悲慘。

正是在惠特利的時代，古代的希臘羅馬被那些自封為它的繼承人的歐洲與北美人士貼上「古典」的標籤。「古典」這個詞（以及它在不同語言的不同版本）通常讓人聯想到精英階級與高貴身分。[44]這種關係最早可以回溯到第二世紀親希臘的羅馬皇帝哈德良在位時期，當時演說家兼美學家奧盧斯·革利烏斯（Aulus Gellius）用「classicus」這個字來描述他的某位朋友。他傳達的是這個字的象徵意義「高貴的」，而非它的官方意義：指羅馬擁有最高等級財產的那群人。從十四世紀到十七世紀，人們使用「古典」這個詞形容第一流的文學作品，不分語言，也無論古代或現代。這種情況下，這個詞通常代表堪為典範的「經典之作」。要到十八世紀中葉，在德國學者約翰·約阿希姆·溫克爾曼（Johann Joachim Winckelmann）這類學術界人士的影響下，情況才開始轉變。[45]

在溫克爾曼看來，「古典」這個詞涵蓋作品的創作時間與價值。他在一七六四年發表《古代藝術史》（*Geschichte der Kunst des Alterthums*），提出以時間先後順序劃分古代藝術的新方法。最早是發展中的「古風」時期（archaic），藝術技巧在這時開創並精煉。再來是「古典」時期，這時藝術成就達到最高的頂點。最後是衰退的「希臘化」時期，此時全盛期後的突降破壞了古典比例的完美。雖然這種劃分法並不是溫克爾曼無中生有創造出來的，[46]但他提出的模式也算深入人心。當你想到「古典」時代的圖像，腦海中浮現的可能是西元前五世紀的雅典，不大可能是塞琉古帝國（Seleucid）時期的巴比倫或鐵器時代的科林斯（Corinth）*，在它們各自的時代，這兩個地方都跟西元前五世紀的雅典一樣，是希臘世界的一部分。這麼一來，某種程度上你便是採納了溫克爾曼提出的模式。在這個模式下，「最有福的年代」落在伯斯克里斯治理雅典那四十年左右。[47]不過，溫克爾曼認為，這種藝術與文化的興盛絕非偶然。相反的，較優等的文化是較優等的政治結構的結果。溫克爾曼主張：「藝術因為自由而有了生命。如果它曾經在某個地方特別興盛，而後那個地方失去自由，它必定會隨之衰退敗落。」[48]因此，他認為亞歷山大大帝過世後政治自由的退步，對文化的創造產生直接的負面影響。

希臘羅馬轉變為古代「經典」，為**西方文明**的概念帶來啟示。將古希臘羅馬結合在一起，視為完整不可分割的實體，跟古代世界的其他部分區分開來，這種觀點出現在文藝復興時期（見第六章）。儘管十六世紀一度出現替代版本的恢宏歷史故事（見第七章），它依然堅持下來了。到了十七世紀，這個古希臘羅馬成為**西方**認定的文化祖先，象徵他們共有的根源，是定義**西方**的「自我」（見第八章）與非**西方**的「他者」（見第九章）的關鍵。經由這個持續將近三百年、斷斷續續的緩慢過程，**西方文明**的恢宏故事終於誕生。

然而，若說這個恢宏故事是在十六世紀孕育，十七世紀誕生，那麼要到十八世紀後半期，它才步入成年。正是在這個時期，**西方文明**的故事開始廣為流傳，並且成為某個全新民族國家的主流政治語彙。這要感謝這個故事本身的政治效益，讓新建的美國能夠以文明轉移為理由，擺脫英國宣布獨立（見第十章）。也是在十八世紀後半期，**西方文明**披上種族主義色彩。對非**西方**人口的壓迫被合理化，不只因為那些人在所謂的自然與生物標準下的分類，也因為他們無法完全參與**西方文明**的文化傳承。當前的種族分類據說呼應過去的文化宗譜。

最重要的是，同樣在十八世紀後半期，古代的希臘羅馬被注入明顯的絕對價值、優越性與地位。它變成了「古典」。在人們眼中，這個全新的「古典」古代不只跟古代世界其他部分

＊ 譯注：塞琉古帝國（Seleucid）是亞歷山大大帝麾下的將領塞琉古一世在西元前三一二年創建，西元前六三年併入羅馬共和國。鐵器時代是考古學上人類社會發展三大時期的最後一期，距今大約三千年，前面兩期分別是石器與青銅器時代。科林斯（Corinth）是希臘古城。

彼此分離，不只是**西方**獨享的遺產、透過地理上與種族上獨一無二的世系傳承下來，也具有高尚的客觀品質與重要性。**西方文明**的恢宏故事主張，**西方**的起源就是比**其他**地區更優越、更重要。這成了**西方**霸權的正當理由。

第十二章　西方與現代性

——威廉・尤爾特・格萊斯頓（William Ewart Gladstone）

在過去的時代，整個西方基督世界同仇敵愾反抗共同敵人。

——威廉・尤爾特・格萊斯頓（一八七六年）1

格萊斯頓生活在一個泰半被塗成粉紅色的世界。粉紅色墨水比紅色（帝國的傳統顏色）便宜，讀來也比較輕鬆，十九世紀的製圖師於是用它來標示大英帝國統治的領土。在巔峰時期，大英帝國領土幾乎占全世界土地的四分之一，橫跨四大洲，全世界將近四分之一人口都是帝國子民。拜這個「日不落帝國」之賜，每個時區都有粉紅色。當格萊斯頓看著世界地圖，他看到的地圖不只塗成粉紅色，更是以如今已經成為標準地圖繪製法的麥卡托投影法*呈現出來，將不列顛放在正中央，其他地區排列在周遭。當他把視線投向時鐘，他看到格林威治標準時間，全世界其他地區都以此為標準測量自己的時間。一八八〇年格萊斯頓就任英國首相搬進唐寧街十號†，欣慰地知道自己就在世界的中心。

當然，當時的歐洲不只英國一個帝國。在十九世紀，奧地利的哈布斯堡王朝和俄羅斯的羅曼諾夫王朝（Romanovs）都是幅員遼闊的帝國。除了英國，還有其他國家也在海外擴張殖民地，包括法國和比利時、義大利和德國等新建立的歐洲國家。這些新興勢力通常從西班牙、葡萄牙、荷蘭和鄂圖曼等比較古老的帝國手中搶奪領土。整個十九世紀裡，這些存在較久的帝國都經歷了國土分離與國力衰退的痛苦。懷抱帝國野心的不只歐洲人，日本也意圖建立殖民地，只是被已經在亞洲取得霸權地位的歐洲勢力阻擋。十九世紀末美國將會搶走西班牙所屬的菲律賓和中美洲大片土地。不過，在這些帝國爭霸行動中，大英帝國始終穩穩地主宰整個世界。[2]

其中最主要的原因是，英國是「世界工廠」。英國工業化的時間比較早，到了十九世紀中葉，英國生產的鐵大約占全世界產量的一半，煤大約三分之二，鋼則是占四分之三以上。另外還有一連串的技術與機械上的創新，為英國的經濟體制和社會結構帶來劇烈變化。[3]雖然技術革新的浪潮快速蔓延到歐洲其他地方和美洲，但它主要是從英國開始，英國因此掌握了操作上的先機。英國在國外擁有大量殖民地，在國內又具有工業優勢，於是成為剛剛連結起來的全球經濟體系核心中的經濟強國。

英國也處在越來越常被稱為「**西方**」這個地緣文化集團的地理中心。它的一邊是中歐與西歐各國，早期那裡的知性發展促成**西方**與**西方文明**這一對雙胞胎概念的出現（見第六與八章）。另一邊則是大西洋世界與北美，這兩個概念的輪廓最終會在那裡清晰呈現（見第十、十一章）。然而，**西方**不只是地理上的實體，它的定義也包含種族語彙。其中剛建立的**白種人**類別是關鍵要素，用來區分誰屬於或不屬於**西方**，就連原本就定居在**西方**的人也在區分之列（第十一章）。**西方**也能以不同的生活方式和現代性這個概念加以辨識，也就是以科學和人文主義

---

* 譯注：Mercator projection，比利時地理學家格拉杜斯．麥卡托（Gerardus Mercator, 1512–1594）提出的地圖繪製法，以長方形紙張捲成圓柱狀圈圍地球，再將地球的經緯線投影在紙張上。

† 譯注：No. 10 Downing Street，英國首相的辦公處所兼官邸。一七三二年英國國王喬治二世將這個地方賜給財政大臣羅伯特．沃波爾（Robert Walpole, 1676–1745），沃波爾將這房子作為財政大臣（也就是後來的首相職位）的辦公廳，沿用至今。

理念管理的社會。不過，儘管信誓旦旦地推崇人文主義，宗教卻也是**西方**的重要元素，而且以基督教為核心。跟這些密切相關的，是「**西方**共享歷史」這個概念，也就是彼此共有的**西方文明**宗譜。雖然**西方文明**的恢宏故事在十七世紀逐漸出現，又在十八世紀以完整形式趨於普及，但十九世紀才是它聲勢最浩大的時刻。

定義**西方**的另一項元素，是它的勢力。在十九世紀，**西方**的全球優勢所向無敵且不容置疑。**西方**國家掌控全球經濟，**西方**的帝國統治的領土橫跨五大洲，**西方**在科學、道德和歷史方面的觀點傳播到全世界，通常取代在地的知識體系。這段時期**西方**的霸權太無遠弗屆，也太不容置疑，很難想像它並不是一直都存在。十九世紀當下的真實為**西方**指定一條路（統治），又為其他所有人指定另一條路（從屬），於是我們只能以**西方文明**的觀點來思考歷史的面貌。

西方支配其他

在十八世紀，「**西方**」與「**西方的**」這兩個詞主要與北美相關（見第十章）。到了十九世紀，這種用法擴大了。**西方文明**概念的種族化意味著，如今在人們的想像中，**西方**包括歐洲大部分地區，以及人口以歐洲後代殖民者為主的大多數帝國領土。有趣的是，最早使用這個擴大後的語義的，卻不是將自己歸類為**西方人**的人。那就是俄羅斯人，他們為自己的文化定位應該選擇「**西化**」或「親斯拉夫」而爭辯。[4]於是，當歐洲的**西方人**開始接納**西方**這個詞，通常是用它來跟俄羅斯與東歐做對照。[5]在中歐更是如此，那裡的人經常拿斯拉夫的**東歐**與大西洋岸的**西歐**做比較，也都認為二者跟以德國為中心的「**中歐**」不同。[6]**西方**這個用語很快傳入英國，也立刻增添一股帝國主義韻味。一八三五年一名殖民官員彙整一篇有關印度教育的報告時提到「**西方**文學固有的優越性」。[7]一八五九年德國社會學家馬克思（Karl Marx）評論英國在亞洲的殖民政策，也拿亞洲制度跟「**西方**世界」的制度做比較。[8]

於是，隨著這個**西方**概念而來的，是「**其他**」這個強大得多的概念：可以把全世界其他所有非**西方**人想像成單一的概念性實體，一個具有相同基本特質的團體。這些特質不可避免地比**西方人**展現出來的低等。一八五七年英國律師、經濟學家兼學者納索・威廉・席尼爾（Nassau William Senior）走訪鄂圖曼帝國時提到：「對於鄂圖曼人，有一定程度的文明（不太多）很難傳遞，也永遠無法保存。對於中國人和印度人也是如此，事實上，所有亞洲人都是如此。」[9]在他看來，所有「亞洲人」本質上都一樣，「真正的亞洲人最明顯的特質是智力的貧乏和不適應改變……亞洲人最好只模仿，不要嘗試創造」。[10]英國詩人魯德亞德・吉卜林（Rudyard Kipling）在一八九九年發表一首如今備受非議的詩，將所有非**西方人**描繪成一群無差別的低等人。吉卜林在這首詩裡敦促讀者扛起「**白人**的重擔」，他指的是殖民統治的「重擔」。這個統治會擴展到全球其他人口，他形容那些人「毛毛躁躁，野性難馴」，「半魔鬼半小孩」。[11]

隨著科學種族主義進一步發展，**西方**與**其他**之間的差異也更趨明顯。[12]在十九世紀早期的維也納，弗朗茨・約瑟夫・戈爾（Franz Joseph Gall）和約翰・加斯帕・史柏展（Johann Gaspar Spurzheim）兩名醫師發展出顱相學（phrenology）這門偽科學，提出各種種族歧見論點，比如「黑人的前額極窄，他們的音樂與數學天分通常也非常有限。中國人喜歡繽紛的色彩，他們眉毛特別彎，這就是色彩官能比較發達的跡象」。[13]蘇格蘭人種學者羅伯特・諾克斯（Robert Knox）則是提供解剖學上的助力。（諾克斯如今最為人知的事蹟，是購買剛被殺害的屍體進行解剖。）[14]一八五〇年諾克斯寫道：「不管是文學、科學或藝術，種族是一切的根本。總而言之，文明取決於種族。」[15]接下來那幾年，深具影響力的法國外交家阿蒂爾・德・戈比努（Arthur de Gobineau）結合體質人類學（physical anthropology）與歷史決定論兩種學說，滔滔不絕地反對種族混合，捍衛他所謂的自然種族等級。

我們在第十一章談過，啟蒙時代有一派學說主張人類是自然世界的一部分，正是這派學說助長了演化論和達爾文主義的興起，科學種族主義也是這派學說的一支。人類究竟是同一起源（單源發生說，monogenesis），或有多個不同起源（多源發生說，polygenesis）導致不同「人種」（或種族）的存在，這在當時引發熱議。在多源發生說陣營裡，美國外科醫生約西亞・諾特（Josiah Nott）聲稱，「各民族和種族」起源不同，因此「各有天命：有些生來統治，也有些生來被統治」。[16]而在單源發生說陣營，達爾文的《物種起源》（*On the Origin of Species*）在一八五九年出版，雖然達爾文沒有表明他的理論跟種族有什麼關聯，卻不難想見會有人將演化觀念和天擇理論運用在人類社會。在政治光譜的一端，美國牧師兼反奴役人士查爾斯・羅林・布雷斯（Charles Loring Brace）等思想家致力提倡社會達爾文主義。布雷斯以這個理論為依據指出，解放後的非洲人和美洲原住民只要有機會，也能變成「文明人」。在另一端，意圖合理化殖民統治並確立等級制度的人也引用社會達爾文主義支持自己的主張，比如英國銀行家兼記者沃爾特・白哲特（Walter Bagehot）。白哲特宣稱，在演化的梯子上，大英帝國的子民和勞工階級的位置低於他們的統治者。[17]

隨著十九世紀往前推移，不平等的現象漸趨嚴重，社會等級也越來越陡峭，導致非**西方**的

「**其他**」與**西方**內部的窮人和被剝奪權利的人之間被畫上令人不安的等號。一八六四年倫敦的暢銷週刊《週六評論》（*Saturday Review*）提醒讀者何謂事物的恰當規則：「英國的貧民和孩童必須時時記住神為他們安排的處境，正如黑人也不能忘記神賜給他的膚色。這兩個例子裡的關係都是永久的上等對永久的低等，以及領導者對從屬者，再多的善良和仁慈也不能改變這種關係。」[18]

事實上，儘管十九世紀是**西方**支配全球的巔峰時期，卻也是**西方**本身社會不滿最激烈的時刻。快速工業化帶來劇烈的社會變化，其中包括創造出都市貧民這個深切感受到社會等級的新階級。一八四八年歐洲各地發生群眾革命，大多數都是為了爭取更多民主與經濟權。[19] 一場新的法國革命＊推翻君主立憲制，建立第二共和（Second Republic）。德意志邦聯（German Confederation）的三月革命訴求自由與公開集會。奧地利的哈布斯堡王朝遭遇一連串叛亂和分裂行動，鄰近的匈牙利也不平靜。在英國，勞工與工會運動日益激烈。也是在這年二月，德國哲學家馬克思和弗里德里希·恩格斯（Friedrich Engels）聯手在倫敦發行一份小冊子，卻被當時席捲歐洲的政治動亂淹沒。這本小冊子雖然在倫敦印刷，最早卻是以德文發行，命名為《共產黨宣言》（*Manifest der kommunistischen Partei*）。經過幾個月，歐洲其他語言的翻譯版才開始出現，英譯版更是等到將近兩年後。[20]馬克思和恩格斯的觀念在這段期間出現，透露當時因為普遍的貧窮與大眾的不滿，政治環境已經激化。

在這個背景下，種族主義思想日益加劇，**西方**意識形態也漸趨普及，這些都有了全新意義。當這個全新意義被**西方**世界的統治階級拿來利用，不但可以作為征服帝國子民的正當理由，也可以安撫國內受壓迫的族群。一個世紀前的北美也經歷了類似過程，當時他們創造出「**白種**」這個法定類別。十八世紀初，英國的北美殖民地將貧民和受契約束縛的「白人」的地位提升到有色人種同胞之上，讓他們在社會等級上取得一定優勢，提前消弭群眾的抗爭（見第十一章）。如今到了十九世紀中葉，歐洲也發生類似的意識形態變遷。不過，北美安撫貧窮白人是刻意的政治策略，是立法者有意識的行為，在歐洲卻是彼此連動的大範圍文化發展的結果。**西方**與**其他**越來越明顯的二元對立、種族主義偽科學的興起，以及社會演化的理論，各自都在這個過程中發揮作用。

歷史的編造也是如此。十九世紀被描述為「虛構傳統」的時代，對全國性和地方性歷史產

＊譯注：指發生在一八四八年二月的法國二月革命，推翻一八三〇年七月革命後建立的七月王朝。

生新興趣，而且都與帝國的創造和對帝國主義的反抗有關。[21]如果這些歷史不符期待，就靠傳統來補充——有時是「再發現」，有時則公然捏造——將當下的群體扎根在自行編造的過去裡。華特・司各特和高地格紋布的發明賦予蘇格蘭新面貌*，同樣地，葉慈和神話故事集也塑造了愛爾蘭。†英國的維多利亞女王（Victoria）成為「印度女皇」時那華麗壯觀的「傳統」慶典也具有類似功能，那就是以古代的體面來裝飾當前的真實（英國的統治）。[22]

十九世紀是一個厚顏編造過去的觀點和故事的時代，同樣在這個時代，對過去的研究變成一門學科。在初期，德國歷史學家利奧波德・馮・蘭克（Leopold von Ranke）設計出一種探究歷史的嚴謹方法，以對原始資料的仔細分析和實證研究為基礎。大約在同一個時期，丹麥古物學家凱斯蒂安・約格森・湯姆森（Christian Jürgensen Thomsen）推出三時代系統（石器、青銅器與鐵器），依照時間順序劃分史前人工製品。接下來那段時期，考古學也變成一門學科，有自己的一套公認的研究方法與技巧，都是考古界先驅在實作中開創出來的。這些先驅包括研究羅馬與撒克遜英格蘭的英國考古學家奧古斯都・皮特・里弗斯（Augustus Pitt-Rivers），以及在埃及做研究的英國考古學家弗林德斯・皮特里（Flinders Petrie）。[23]當然，熱情的古文物研究者繼續以不大科學的方法累積令人驚豔的收藏品，比如一八一六年第七代艾爾金伯爵（Earl of Elgin）湯瑪斯・布魯斯（Thomas Bruce）買走雅典帕德嫩神廟（Parthenon）的大理石雕，以及拿破崙一世占領埃及後歐洲掀起的埃及狂熱。不過，到了十九世紀中葉，考古學和史學都開始變成嚴肅的專業。

這股歷史化新動力讓新興的**西方**覺得，**西方**本身的歷史——亦即**西方文明**的恢宏故事——具有普遍的、全球性的意義。**西方人**被假定為比其他人更優秀、更高級、更重要，能支配當前的非**西方人**。**西方**的起源也被假定為比非**西方**的古代更優質、更高級、更重要，比過去的非**西方人**更耀眼。畢竟，只有**西方**的起源才稱得上「古典」。這一條條不同的線——帝國主義、政治、種族主義和史料編纂——最後都在某個人的生命會合，那就是威廉・尤爾特・格萊斯頓。

* 譯注：司各特（Walter Scott, 1771–1832）是蘇格蘭歷史小說家，他的小說《威弗利》（*Waverley*）以蘇格蘭為背景，如今知名的蘇格蘭格紋布也是因為他的誤解，才變成蘇格蘭的傳統。

† 譯注：葉慈（William Butler Yeats, 1865–1939），知名愛爾蘭詩人兼政治家，推動愛爾蘭文學復興，他的詩集《神話》（*Mythologies*）收錄他以愛爾蘭古老傳說與神話故事為主題創作的詩。

人民的威廉

格萊斯頓是定義他那個時代的人物之一。他的生命幾乎橫跨整個十九世紀（從一八〇九年到一八九八年），他卓越的政治生涯長達六十多年，期間四度擔任英國首相，也四度出任財政大臣。格萊斯頓是如假包換的時代產物。童年時期的他生長在帝國，出生在繁忙港都利物浦（Liverpool），是家中第四個兒子。他父親是蘇格蘭人，靠經商發家致富，販賣的商品除了糖、棉花和菸草，還有加勒比海農場的奴工生產的任何產品。24

他父親累積的財富足夠可觀，所以格萊斯頓和他三個哥哥都能進英國聲望最高的住宿學校伊頓公學（Eton）就讀。在伊頓求學期間，格萊斯頓就展現出他這一生的決定性特質。他優異的學業成績令老師讚嘆，在拉丁文和希臘文的學習上表現傑出，而且在語言方面有特殊天賦，這對他日後的發展助益良多。可是格萊斯頓的童年並不快樂，他不喜歡運動和體能活動，這兩項卻是英國住宿學校的重點。另外，他的內心陷入掙扎，因為虔誠的信仰帶給他的似乎愧疚多於慰藉。後來他進入牛津大學基督學院（Christ Church）就讀，情況沒有什麼改變。他在古典文學和數學這兩個科目獨占鰲頭，在牛津辯論社（Oxford Union）也展現亮眼的演說才華，卻始終不像同學那麼樂在其中。他升上二年級後的某天晚上，一群喝醉酒的同學衝進他房間，取笑他自以為是又裝虔誠，格萊斯頓的表現不負眾望，他感謝神「給他機會寬恕他人」。[25]

從牛津畢業後，他跟古今很多不缺錢的年輕人一樣，擺脫課業束縛後就出門去旅行。他跟哥哥一起出發，踏上他的縮短版「壯遊」，經由法國前往義大利，匆匆走訪杜林（Turin）、熱那亞、比薩、利佛諾（Livorno）和佛羅倫斯，最後在羅馬和那不勒斯稍做停留。在永恆之城羅馬時，比起文化探索，格萊斯頓更常思考宗教議題。他琢磨新教和天主教之間的分裂，也確認了他固有的思維，認為西方基督教世界本質上是一體的。之後他慢慢往北走，經過拉文納（Ravenna）、波隆納（Bologna）、維羅納（Verona）、因斯布魯克（Innsbruck）、加爾達湖（Garda）和科莫湖（Como），最後抵達瑞士日內瓦。全程只用了兩個月多一點的時間。

格萊斯頓原本可能會更深入探索歐洲大陸，只是他在英國得到條件誘人的機會。英國保守黨激進分子新堡公爵（Duke of Newcastle）認為格萊斯頓是進軍國會的好人選，邀請他代表保守黨在諾丁罕郡（Nottinghamshire）紐瓦克選區（Newark）參選。這個機會不容錯失，於是格萊斯頓兼程趕回英國。有公爵提供金援，他順利當選。一八三三年二月七日，才二十三歲的格萊斯頓首度進入國會，接下來六十一年他一直留在那裡，擔任各種不同職務。

早期擔任國會議員那些年，有個議題是他最關切的，正如他日後回憶道：「我初進國會時，奴隸問題正是討論焦點。不管我願不願意，都不可避免地牽連進去，因為我父親是知名的西印度農場主。」[26]雖然英國已經在一八〇七年禁止奴隸買賣，但蓄奴依然合法，奴隸也仍然是帝國經濟不可或缺的一環。英國的廢奴運動人士繼續主張全面廢止奴隸制度，帶頭的人除了威廉．威伯福斯（William Wilberforce）等國會議員，還有作家奧拉達．艾奎亞諾（Olaudah Equiano）和歐托巴．庫戈阿諾（Ottobah Cugoano）等解放的奴隸。[27]在日益火熱的廢奴議題上，格萊斯頓這類靠奴隸獲取財富的公眾人物成了眾矢之的。

格萊斯頓的對策是設法安撫雙方。他說，雖然他原則上支持「大家熱切渴望的目標，也就是消滅奴隸制度」，但奴隸的解放必須循序漸進，需要安排道德與職業課程，確保解放後的奴隸「能夠適應自由的生活」。[28]一八三三年國會討論這個議題，格萊斯頓主張「漸進又安全的解放」，並且補償奴隸主的財產損失。[29]最後格萊斯頓獲選進入廢奴工作委員會。這個委員會負責監督對奴隸主的補償，並且規定新解放的成年奴隸必須以「學徒」的身分繼續為前雇主工作十二年，進一步緩和廢奴對奴隸主造成的衝擊。這顆為農場主準備的藥丸確實裹著糖衣。光是格萊斯頓的父親，解放兩千名奴隸就得到大約九萬兩千英鎊的補償，相當於如今的一千二百萬英鎊。整個過程中格萊斯頓想必十分掙扎，一邊是他根深蒂固的基督教信念，另一邊是他從小耳濡目染的觀念和家族利益，他必須想方設法化解二者之間的衝突。多年後，他曾經對自己早期的觀點和演說表達些許愧疚，不過，他認為他並沒有犯過根本性的錯誤。[30]

接下來那二十年，格萊斯頓在私人與政治領域上的運勢大不相同。他的感情生活多次受挫，最後終於在一八三八年跟昔日同窗的妹妹凱瑟琳．格林恩（Catherine Glynne）建立看似美滿的家庭，兩人育有八名子女。[31]只是，格萊斯頓為自己旺盛的性慾飽受困擾，說那是「折磨我最深的罪」。他在私人日記裡列出詳細的策略，希望能控制自己的性衝動，可惜無一奏效。到了一八四〇年代，格萊斯頓開始跟妓女接觸，進行他所謂的「救援行動」，勸她們改行。另一方面，他也使用各種鞭子或刑具自我鞭笞，對自己施加「立即性的疼痛」，希望藉此減輕罪惡感，清除肉體上的慾望。[32]

格萊斯頓的內心世界明顯不平靜，那麼國會對他來說想必是個避風港。在國會裡，格萊斯頓屬於羅伯特．皮爾（Robert Peel）帶領的保守黨所屬的派系。這派系主張自由貿易，不贊成保護主義。在一八四〇年代和一八五〇年代，他的運勢隨著派系起起落落。格萊斯頓強烈反對鴉片戰爭，部分原因在於，他自己的家人就有一名鴉片成癮者，那就是他妹妹海倫。[33]在格萊斯頓看來，英國對待中國清朝的手段是可恥的，比如大量向清朝販賣毒品，強迫對方讓出經濟權，交出包括香港和上海等貿易港口。他說這是一場「起因最不公平、過程最多算計、讓英國永遠蒙羞的戰爭」。[34]愛爾蘭大饑荒*發生時，他的反應卻沒那麼積極。他認為這場造成上百萬人死亡的馬鈴薯疫病是「神的作為」，代表神對人間的不滿。也許是因為這樣，他雖然同意撤銷導致愛爾蘭穀物價格虛漲的《穀物法》（Corn Laws），卻不是太情願。[35]

到了一八五二年，步入中年的格萊斯頓從冷板凳移入政治角力場的核心，之後會留在那裡四十多年，直到一八九四年退休。他成為注目的焦點，一是擔任財政大臣期間，其次是從一八六七年起擔任新成立的自由黨黨魁。（自由黨在一八五九年創建，最初成員包括左翼激進分子、保守黨的自由貿易派和僅剩的輝格黨†貴族黨員。）而他最鼎盛的時期，則是擔任四任首相那十四年。

在這段時期，格萊斯頓推動的政策結合自由貿易派的經濟自由主義，以及改革派的社會自由主義，為英國的自由主義定調。在經濟層面，格萊斯頓最為人知的是放寬貿易條例，並且減低從食品到紙類等無數商品的稅率。在社會層面，他投注最多心力的計畫包括要求工廠改善工作條件、提供免費基礎教育，以及選舉改革。格萊斯頓作為大筆遺產的受益人，在伊頓公學和牛津受教育，而且傾向強勢的宗教訓誡，實在不像個體恤民情的人。然而，他的很多政策都以改善英國低收入勞工的未來展望、自由與生活水準為目標。

一八六四年他呼籲大幅擴大選舉權，令國會既震撼又振奮。他說：「任何一個男人，只要不是因為個人因素或政治風險無法行使公民權，都有資格成為憲政體系的一分子。」[36]他支持工會的建立，為罷工的碼頭工人和礦工說話，聲稱「一般說來，勞工並沒有錯」。[37]一八八九年第一屆國際勞動節，英國舉辦遊行活動支持全球勞工，格萊斯頓偕同妻子凱瑟琳出來跟遊行人士會面，群眾歡欣鼓舞。這一類的政策和行動為他贏得民心，特別是英國北部的勞工和中產階級，百姓也親切地稱呼他「人民的威廉」。[38]

有個議題令格萊斯頓特別困擾，那就是愛爾蘭的地位問題。愛爾蘭是大英帝國最古老、距離也最近的領土，十九世紀晚期發生激烈的獨立運動，因為當地百姓在大饑荒期間受到重創，在當時席捲歐洲大陸的群眾運動中找到希望。早年格萊斯頓雖然對愛爾蘭的困境無動於衷，後

＊ 譯注：一八四五年愛爾蘭馬鈴薯發生病蟲害減產，導致糧食短缺。這場饑荒歷時七年，造成上百萬人死亡。

† 譯注：Whig，成立於十七世紀晚期，傾向改革傳統制度，主張自由貿易與廢除殖民地。

來卻認為愛爾蘭地方自治有其必要。他跟愛爾蘭的政治人物合作，分別在一八八六年和一八九三年在國會提出兩個法案，以期實現地方自治。可惜兩次都失敗，第一次卡在下議院，第二次被上議院否決。也因為這個議題，自由黨分裂成兩個相互撻伐的陣營。

對於格萊斯頓的地方自治法案，反對最強烈的是保守黨。保守黨不但是自由黨的反對黨，也堅定不移地維護帝國的體制。保守黨黨魁班傑明．迪斯雷利（Benjamin Disraeli）是格萊斯頓的頭號政敵，他在一八七二年訂定保守黨的首要任務：「第一是維護國家的制度，其次是支撐起大英帝國。」[39]迪斯雷利嘲諷格萊斯頓與自由黨人，說他們企圖「瓦解帝國」。他這種說法是在操弄當時群眾對帝國的熱忱，基於這份熱忱，就連英國的低收入勞工都能產生一股優越感。只是，迪斯雷利本人對帝國、種族和階級的態度卻有點複雜。[40]迪斯雷利出生在猶太家庭，十二歲在英格蘭教會受洗。他以外來者的身分進入英國上流社會，在政治生涯中頻頻遭遇激進的反猶太主義。他在很多方面都跟格萊斯頓相反。首先，他是移民家庭第二代，格萊斯頓卻是土生土長的英國人。其次，他從容機智，格萊斯頓樸實又陰鬱；他個性張揚，格萊斯頓卻生性嚴謹；他是出版暢銷小說的知名作家，格萊斯頓寫的卻是深奧難懂的文本校勘巨著。

迪斯雷利的小說捕捉到他那個時代最重要的執念，尤其是種族、權力與歷史的交錯，這正是支撐**西方文明**故事的力量。他在一八四七年發表小說《坦克里德，又名新十字軍》（*Tancred; or The New Crusade*），敘述一名英格蘭年輕貴族踏上前往聖地的漫長旅程，他在書中寫下這句名言，「種族是一切，是唯一的真理」。在他最後一本未完成的作品《恩狄米昂》（*Endymion*）裡，他宣稱種族「是歷史的關鍵」。他說，在種族上，耶穌和早期的基督徒跟猶太人的關係比跟現代歐洲人的關係更接近。他也哀嘆他那個時代的歐洲人總是否認自己的猶太文化傳承，並犀利地指責那些「北方與西方種族之中最英明睿智的人，他們對長期占優勢的東方學識懷著狂妄的嫉妒。雖然他們的文明也來自那東方學識，他們卻告訴自己和全世界，上帝傳十誡的西奈山和耶穌受難的各各他（Calvary）等聖傳都是寓言故事。半個世紀前，歐洲以暴力手段擺脫亞洲信仰，顯然成功了」。[41]迪斯雷利這番話指控的對象，想必少不了他的政敵格萊斯頓。

對抗東方的堡壘

在歷史觀點方面，格萊斯頓跟迪斯雷利徹底對立。格萊斯頓在中學和大學都愛好古典文學，熱情擁抱如今已經成為權威的**西方文明**故事，而且積極宣揚。格萊斯頓認為，**西方文明**的基礎在希臘和羅馬，後來基督教信仰又疊加在這個基礎上：

> 在**西方**，人類以個人或社會形式承接了希臘人與羅馬人的卓越發展，我們必須知道，這些發展都是為了實踐神的高等意志。它們為歐洲的知性與社會文明提供原料，而歐洲文明又從基督教信仰汲取靈性要義。[42]

在格萊斯頓心目中，希臘人和羅馬人是「古代世界最偉大的兩個種族」，[43]各自為**西方**留下的遺產略有不同。羅馬人留給**西方**的是政治組織的結構，以及「最穩定、最耐久的法律，那是凝聚社會的力量」。相較之下，希臘人則是**西方**「個人發展」概念的來源。這兩者之間，格萊斯頓很清楚哪一份遺產比較珍貴：真正的**西方**身分認同正是來自希臘人。他說，**西方人**直覺知道，在他們的文化形成的過程中，「希臘人名正言順地占第一位」。[44]畢竟，「毫無疑問，希臘人的精神一定程度上經由義大利傳遞下來。但只是傳遞，它的來源和大部分的本質都還屬於希臘，當代歐洲文明最初的模型就在這裡塑造並調和」。[45]

到目前為止都是標準說詞。不過，格萊斯頓更進一步，聲稱古典傳統本身會否決來自中東聖經世界在文化上任何可能的影響。迪斯雷利曾經在他的《坦克里德》裡抱怨**西方人**試圖無視或駁斥他們文化遺產裡的亞洲元素，十年後，格萊斯頓為了這個目的發表了一本書。這本書就是《荷馬與荷馬時代的研究》（*Studies on Homer and the Homeric Age*），厚厚的三巨冊，裡面塞滿對文本的詳盡評論，以及從歷史與人種論領域搜羅來的對比素材。其中第一冊（長達五百七十六頁）探討「希臘各種族的人種學」，最後得出的結論是，古代希臘人屬於雅利安族（Aryan），跟格萊斯頓那個年代的德意志人有血緣關係。第二冊（只有五百三十三頁）主題則是「荷馬時代的宗教」，聲稱希臘早期的宗教儀式已經具備基督教倫理觀與靈性論的關鍵元素。最後一冊（浩瀚的六百一十六頁）針對荷馬筆下的希臘人和特洛伊人做詳細的人種學比較，聲稱這兩個族群在種族與文明上有根本性的差別，而特洛伊人是最早的東方人和亞洲人。（不過我們在第一章討論過，更近期的荷馬史詩研究已經否定格萊斯頓這個論點，《伊里亞德》講述的也不是文明衝突的故事。[46]）

雖然這套書以學術語言撰寫，看起來也是在研究荷馬史詩，但格萊斯頓寫的是如假包換的政治書籍，跟迪斯雷利的傳奇小說一樣，目的都是為自己的世界觀辯護。格萊斯頓描述的是他眼中橫跨「整段歷史」的「種族鬥爭」。[47]一邊是一支屬於雅利安人的種族，是**西方**文化與種族上的祖先，基督教的神在他們之中播下了第一批神聖啟示的種子。[48]格萊斯頓表示，這支種族在歷史上扮演的角色由神指定，所以「我們應該相信希臘人在神治理的世界擁有明顯的、可分派的、也最重要的位置」。[49]他感慨地說：「如果救世主化身的種族擁有政治智慧和軍事力量，有超高的、神聖的理解力和活潑的想像力，有高雅的藝術和文明的生活，是那個時代的菁華，那麼基督教的神聖起源就會比現在更模糊，免除許多尷尬。」[50]

格萊斯頓說，雖然最早信仰基督教的是古代的西亞人，但相較於古代希臘人，古代西亞人對**西方文明**只有極少或根本沒有文化上的影響。到這時德國新浪漫主義學者已經將雅利安人和閃米特人*視為兩個對立種族，這點很大程度要歸功於法國學者歐尼斯特・勒南（Ernest Renan）的著作。[51]格萊斯頓為他的英語世界讀者闡述得更清楚。他特地挑出猶太人，說他們對**西方**文化毫無貢獻：「他們沒有為基督教時代提供法律和制度，或藝術與科學，也沒有才華或性格上的偉大典範。」[52]希伯來人自稱是天選子民的說法也被他拿來支持這個論點。他說：「為了祂明智設計中最深奧的目的，祂將猶太人區分出來，讓他們在那段期間脫離所有民族。」[53]他得意地做出總結：「總而言之，我們種族的繁榮昌盛與西亞的巴勒斯坦無關。相反地，它們不可抗拒的光輝在希臘歷史的每一頁迸發光芒。」[54]

他的評論稱得上犀利，更可以說是帶刺。他的初衷或許是為了批判他的政敵，但他還有更高遠的目標：他想要徹底抹除亞洲遺留的汙點，為**西方**創造一段純屬歐洲的過往。古希臘人是現代**西方**的祖先，他們在基督出現以前得到神聖啟示，沒有受到任何中東文化的影響。此外，他們也是「對抗**東方**的堅實堡壘」，驅逐來自**亞洲**與**東方**的影響，守護他們未受汙染的文明。[55]在格萊斯頓看來，「希臘種族與亞洲那些（日後所謂的）未開化民族之間的對立」[56]極其明顯，「特洛伊人比較欠缺尚武精神、行事風格更像東方人，宗教上形式單一、欠缺想像力，在在顯示他們是由截然不同的人種組成」。[57]古希臘人熱愛自由、身強體壯，「特洛伊人卻是貪圖感官享受，虛偽不實……歐洲人和亞洲人之間多少都能看出某些根本上的差異」。[58]格萊斯頓認為，神話中的特洛伊人本質上跟他那個時代的亞洲人相同，同樣實行一夫多妻制，生性放蕩。相較之下，**西方**人則遵行忠貞的一夫一妻制。[59]另外，他覺得他們比較「欠缺可以運用在政治組織裡的能力」，也不懂傳承下來的法規，[60]甚至覺得他們的智力比不上**西方人**。[61]

＊譯注：Semite，或稱閃族，源於阿拉伯半島和敘利亞沙漠的遊牧民族，包括現代的猶太人和阿拉伯人。

格萊斯頓對荷馬史詩裡特洛伊人的描述，呼應他對十九世紀非**西方人**的看法，尤其是鄂圖曼人。一八七六年，他慷慨激昂地發起文宣戰，批評鄂圖曼人在保加利亞鎮壓叛亂的殘暴行為。他也趁機詆毀迪斯雷利，聲稱迪斯雷利之所以沒有對這件事表態，是因為他在種族上認同鄂圖曼人。他說，**西方**的同情心應該留給「跟我們同種族的少數人」，他們正在奮力抵抗「整個鄂圖曼軍隊」[62]的猛烈攻擊。在這段期間，格萊斯頓時而訴求反猶太主義，時而操弄突厥恐懼症，用最尖酸刻薄的話語聲討鄂圖曼人，選擇從種族而非宗教的角度切入。

這不單純是伊斯蘭教的問題，而是伊斯蘭教加上那個種族的特殊性格造成的結果。他們不是印度那些溫和的伊斯蘭信徒，也不是敘利亞那些俠義的薩拉丁*後代，更不是西班牙那些有教養的摩爾人（Moor）。總的來說，從他們踏入歐洲那黑暗的第一天起，他們就是最違反人性的人類。他們走過的地方，必然血流成河；他們的統治權所到之處，文明會消失；他們無論在任何地方，都以武力而非法律治國；他們人生的指導方針是一種殘酷的宿命論：為了死後得到獎賞，前往感官的天堂。[63]

並非只有格萊斯頓抱持這種反鄂圖曼觀點。當時牛津大學現代史欽定教授愛德華・奧古斯都・弗里曼（Edward Augustus Freeman）悲傷地寫道：「在歐洲文明誕生的國家，歐洲人被亞洲人統治，文明人被蠻族統治。」[64]當然，他指的是希臘，因為直到不久以前，希臘還是鄂圖曼帝國的一部分。格萊斯頓的某些觀點在我們聽來可能相當令人震驚，在他那個時代卻不足為奇。

整個人類歷史上，比巔峰期的格萊斯頓握有更多權力的人不多，他可以壓迫或抬舉千百萬人的生命，可以令他們沉淪或提升，可以令他們陷入黑暗或迎向光明。對於他一生的功過，不同歷史學家和評論家會有不同評價，但我在這本書裡沒有興趣把我的主人翁變成英雄或惡棍。我感興趣的，是探索他們的行動背後更廣大的世界觀，以及帶給他們啟發的歷史故事。以格萊斯頓來說，他的世界觀無庸置疑就是**西方**與**其他**，二者之間存在永無止境的文明衝突，**西方文明**這個不朽的宏偉體系基於固有的優勢，注定要主宰整個世界。

---

* 譯注：Saladin（約一一三七－一一九三），十二世紀統治埃及、敘利亞、葉門等地的阿尤布王朝（Ayyubid dynasty）創建人。

在十九世紀的英國，英國是古代的終極繼承人這個概念相當普遍，不只出現在這個國家某位特立獨行的首相的深奧著作裡。許多人拿「偉大的羅馬與偉大的不列顛」[65]做比較，明顯更喜歡對比「羅馬與英格蘭這兩股征服勢力，以及他們對所屬子民與各省領土的統治」。[66]我們在第十章討論過，美國也自稱繼承同一筆遺產，只是基於不同理由，比如政治制度、波利比烏斯*式混合政體，以及受羅馬影響的共和主義。在英語世界之外，也有人自稱繼承古代。一八〇九年德國哲學家黑格爾斷言，學術的基礎來自「希臘和羅馬」。他還說，在德國，「高等學問的基礎必須以希臘文獻為優先，其次是羅馬文獻」。[67]在十九世紀，**西方文明**的恢宏故事已經在**西方**各地牢牢扎根。

「**西方文明**」這個詞本身也開始得到認同。雖然沒辦法確定這個詞最早出現在什麼時候，但在十九世紀的英國和美國可說隨處可見，廣泛使用在各種不同場合，比如政治專論、課堂報告和旅遊文學。[68]格萊斯頓本人也是這個詞的早期使用者，宣稱荷馬文學「在整個**西方文明**」占有重要地位。[69]

格萊斯頓大聲宣揚他的文明思維，對他的歷史觀信心滿滿，完美演繹當時更廣大的趨勢。他的政策與他對歷史的看法緊密關聯。他相信英國與**西方**比較優越，這點影響他對歷史的解讀，也受到他對歷史的解讀影響。那個歷史的輪廓與一段恢宏故事相符，而那段恢宏故事如今已經明確被貼上「**西方文明**」的標籤。他相信他自己的文化的根本起源是古希臘羅馬，基於這點，他的文化比其他所有文化更優越。在格萊斯頓的生命與著作中，**西方文明**這種歷史觀攀上最高峰。

然而，即使在這一刻，即使**西方**的勢力處於巔峰、**西方文明**的恢宏故事最強勢的時刻，依然有人發出不同的聲音，依然有人訴說不同的故事。殖民地百姓有時會拿英國和古代做比較，用來批判英國的帝國主義。印度知識分子兼政治改革者巴斯卡·潘杜朗·塔卡德卡（Bhaskar Pandurang Tarkhadkar）訴諸古代，寫道：「想要成功達到印度的目標，需要有『朱尼厄斯』† 的筆力和『狄摩西尼』‡ 的口才。」他說，如果羅馬人對待自己的子民的方式就像英國人對

* 譯注：Polybius（約西元前二〇〇－前一一八），古希臘歷史學家，他在《歷史》（*Histoire*）一書中指出，羅馬政治結合君主政治、貴族政治與平民政治，是優質的政治制度。他的思想對美國開國元勛深具影響力。

† 譯注：Junius，應指十八世紀筆名「朱尼厄斯」的作家，他從一七六九年到一七七二年在報刊投書，向英國人民解說他們應該享有何種權力與自由。「朱尼厄斯」這個筆名取自羅馬共和國創建者盧修斯·朱尼厄斯·布魯圖斯（Lucius Junius Brutus, 545 BC–509 BC）。

‡ 譯注：Demosthenes（西元前三八四－前三二二），古希臘知名政治家及演說家。

印度人一樣，只會加速他們的滅亡。他表示，就連羅馬帝國的例子都告訴我們，百姓幾乎都不會心甘情願臣服於他們的帝國統治者。他寫道：「毫無疑問，羅馬人之所以失去他們征服的領土，是因為那些地方的百姓痛恨被另一個民族統治。」[70]另一名十九世紀印度評論家以「印度作家」為筆名，發表一系列文章仔細分析羅馬統治的本質。他的結論是，在歷史上沒有任何百姓因殖民統治而受益，事實上，被殖民的百姓必然承受痛苦。[71]

在英國的西非殖民地獅子山（Sierra Leone），民族主義者兼外科醫師詹姆斯・阿非利加努斯・比爾・霍爾頓（James Africanus Beale Horton）說，非洲人對希臘與羅馬的古典文化有重要貢獻，因為曾經有很多希臘人和羅馬人來到非洲追尋智慧。他指出：「不少人來聆聽非洲人歐幾里德的指導，歐幾里德是世界最知名數學學派的領導人……非洲將領漢尼拔的征服者*跟非洲詩人特倫斯結為知己。」[72]若說**西方文明**的恢宏故事可以為**西方**帝國主義服務，同樣也可以推翻它。

即使在帝國的核心，也能看到更多模稜兩可的態度。英國歷史學家愛德華・吉朋的《羅馬帝國衰亡史》（*Decline and Fall of the Roman Empire*）最後一冊在一七八九年出版，這套書在十九世紀成為暢銷書，遙遙領先其他書籍。吉朋以天啟的角度看待羅馬帝國的滅亡，操弄英國人對帝國過度擴張的焦慮。這份焦慮也呈現在文學作品裡，比如英國詩人珀西・比希・雪萊（Percy Bysshe Shelley）和他的朋友赫拉斯・史密斯（Horace Smith）各自在一八一八年發表的同名詩《奧茲曼迪亞斯》（*Ozymandias*）。

不過，雖然英國是新羅馬，注定要跟過去的羅馬一樣衰亡，但在此同時它也能以羅馬的殖民地自居。英國歷史學家約翰・克林伍德・布魯斯（John Collingwood Bruce）在家鄉新堡對著巍峨的哈德良長城（Hadrian's Wall）凝思，寫道：「羅馬放棄的王權，我們承接起來。我們得到至高榮耀，也負有重大責任。」不過，在同一本小書裡，他也頌揚哈德良修築長城防範的古代英國人，拿他們跟羅馬人比較，「雖然他們的紀律和武器都不如羅馬人，但他們的勇猛和氣魄卻毫不遜色」。[73]布狄卡和她女兒們的青銅雕像如今屹立在泰晤士河畔的西敏寺，這些雕像是在一八五〇年建造，紀念這位古代英格蘭愛西尼部落（Iceni）女王反抗羅馬的壯舉。另一座青銅雕像如今站在倫敦市長官邸前，是為紀念古代英格蘭東南部卡圖韋勞尼部落（Catuvellauni）

＊ 譯注：指羅馬將領大西庇阿（Publius Cornelius Scipio, 235 BC–183 BC），他在西元前二〇二年的扎馬戰役（Battle of Zama）打敗北非古國迦太基著名將領漢尼拔（Hannibal, 247 BC–183 BC）。

酋長卡拉塔庫斯（Caractacus）抵抗入侵的羅馬人。雕像揭幕時贏得普遍讚賞。這件事實在太轟動，甚至被吉伯特和蘇利文*寫進他們的著名喜歌劇《彭贊斯的海盜》（*The Pirates of Penzance*）裡的〈少將之歌〉（Major-General's song）。他們希望觀眾跟口若懸河的少將一樣，熟知「卡拉塔庫斯服飾上的所有細節」。這是個笑點，因為卡拉塔庫斯的雕像幾乎全裸。十九世紀大多數時候，英國人以羅馬繼承人自居。然而，偶爾也有人認為自己被羅馬統治。

利用古代推翻或破壞主流歷史故事，這種事未必只發生在帝國主義背景下。古典語彙、實例和學問都曾被用來支持廢奴、[74]解放女性[75]與提升勞工階級地位。[76]古代有多種特質與政治體制相符，比如它本質上的權威性，它與精英和階級的密切相關，最重要的是，它是**西方**的文化祖先，也是終極起源。正是因為這些特質，古代才適合拿來利用。**西方文明**的恢宏故事為**西方**提供強大的意識形態武器，卻也為各種底層階級提供顛覆的利器。**西方文明**這個概念最初的目的是提供明確的歷史起源，帶領我們回溯過往，如今卻被用來激起劇變，動搖並改寫未來。

* 譯注：指英國作曲家亞瑟・蘇利文（Arthur Seymour Sullivan, 1842–1900）與劇作家威廉・吉伯特（William Schwenck Gilbert, 1836–1911），兩人合作創作十多部喜歌劇。

第十三章　西方與西方的批評家

——愛德華・薩依德（Edward Said）

訴諸過去，是解讀當下最尋常的策略。

——愛德華・薩依德（一九九三年）[1]

西方遭受攻擊。至少，如今某些所謂的政治權威或文化評論家會這麼說，而且通常使用刺耳、驚慌的語調。**西方**面臨雙重威脅。在外界，其他權力集團試圖奪走**西方**的全球優勢，據為己有。我們會在下一章討論**西方**的這些對手。本章的重點不在這些外來競爭，而在內部危機，也就是**西方**內部那些非難它的運作、挑戰它的設想、質疑它的正統性的聲音。

近年來坊間出版一連串書籍，呼籲慎防「**西方**的自殺」。[2] 這些書聲稱，如今**西方**政治、軍事與經濟力量相對衰退，主要原因在於**西方**對傳統信念與準則失去信心。而在最初，正是這些信念與準則造就**西方**文化的偉大。他們說，社會自由的趨勢破壞了這些信念，導致道德淪喪，社會分裂，**西方**開始衰弱。**西方**的衰退源於內部的批判這種說法近年來也出現在主流政治對話中，二〇二二年初一位知名英國政治家聲稱，「清醒」*的意識形態是一種「危險的衰微」。[3]對於某些人，這幾乎等於「反**西方**戰爭」。在這場戰爭裡，「將白種人妖魔化」[4]的行為漸漸被容許。

這種內部威脅帶來的焦慮由來已久。即使在十九世紀**西方**全球霸權巔峰期（見第十二章），也有人提出警告，聲稱**西方**因為道德、信仰與種族的式微，有立即衰退的危險，知名英國藝術評論家兼作家約翰・拉斯金（John Ruskin）就是持這種論點。[5]也有人針對某些個人，指控他們是「內部敵人」。正如我們在第十二章討論過，在十九世紀後期，政治家迪斯雷利經常被稱為「隱蔽的猶太人」，據說做出各種損害英國、基督教世界和**西方**利益的事。[6]只是，有人擔心「內部敵人」，不代表這樣的威脅確實存在，正如陰謀論的出現，也不代表真的有陰謀。

不過，以**西方**守護者自居的人說對了一件事：**西方**內部確實出現不滿的聲音。從二十世紀中期以來，**西方**內部越來越多人開始質疑**西方**傳統上依據的意識形態，並且挑戰**西方文明**的恢宏故事。這些對**西方**的批判目的各不相同。某些人想要徹底擊垮**西方**，並且明言自己是**西方**的敵人，比如誕生在**西方**的伊斯蘭基本教義派達伊沙（Daesh）。也有人聲稱為了捍衛**西方**，要推翻它的制度、攻擊它的人民，打造全新的**西方**，肅清所有他們憎惡的元素，比如右翼極端主義者與恐怖分子。（那些提醒**西方**防範攻擊的聲音之中，最響亮的也來自這個威脅**西方**價值與準則的陣營，我們會在本書的結論回來討論這個議題。）更有人尋求以溫和的方式改善**西方**，比如本章主人翁薩依德。這些人批評**西方**是為了更了解它，也更了解跟它相互連結的世界。

批評**西方**的人目的各自不同，提出的指責也互異，但他們都源於同一個歷史進程，那就是**西方**政治、軍事與經濟優勢的相對衰退。自稱**西方**的敵人的人樂見這種衰退，他們牢記**西方**帝國主義的惡行與歷史上的不公義，藉此滋養心中的憎恨。以**西方**捍衛者自居的人感嘆**西方**的衰退，藉著懷念**西方**霸權曾經的美好景象來灌溉自己的激情。至於質疑**西方**的人（我將自己劃歸這一類），他們努力在這個變遷中的世界創造出的全新空間裡運作，從中看到轉變的機會。

＊ 譯注：woke，從二十世紀中期以來，這個字漸漸多了政治與文化層面的含義，尤其近年來多被用在美國黑人平權運動中，意思是保持清醒與知情。

換個方式思考西方

由於地緣政治上的兩項重要發展，**西方**看待自身的方式起了變化，格萊斯頓那個時代盛行的十九世紀**西方**身分認同模式因此被淘汰。

第一項發展是去殖民化。兩次世界大戰有效顛覆舊時代殖民世界的秩序，**西方**的全球霸權開始動搖，加速去殖民化的腳步。[7] 去殖民化的過程大不相同，從血腥暴力到友善協商都有。[8] 也有某些地方還沒完成去殖民化，在那些地方，後殖民地或後託管區的存在導致根深蒂固的、持續性的族群分裂、不公不義與流血爭端。然而，去殖民化不只是「外面」的事，它也發生在「自家」。殖民地百姓和失去自由的奴隸遷入後，帝國核心地區的人口組成從此改變。我本人也是這一類產物，我父母分別從兩個前殖民地移居英國，我的另一半來自第三個。套用斯里蘭卡裔英國種族關係運動人士安巴拉瓦納・西瓦南丹（Ambalavaner Sivanandan）的話，我們來到這裡，某種程度上是因為你們曾去過那裡。當然，在不同的**西方**國家，情況互有差異。此刻我坐在維也納家中廚房餐桌旁寫這一章，維也納是古老帝國的首都，這裡的後殖民人口組合跟我成長的古老帝國首都倫敦迴然不同。

二十世紀中葉以來，我們看到**西方**國家以不同方式接受這種人口變遷，從一九五〇到六〇年代美國的民權運動，到近年的「黑人的命也是命」*，以及「羅茲必須倒下」†等抗議活動。不管我們支持、貶抑或心虛地旁觀近期這些社運與示威，不管我們是殖民者的後代，或被殖民者的後代，或二者結合的後代（越來越多見），這些爭端與它們導致的人口變化已經改變**西方**看待自己的方式。最重要的是，有別於十八世紀的瓦倫、惠特利和十九世紀的格萊斯頓，如今越來越少**西方人**繼續從種族的角度思考**西方**。（這只是一般原則，當然有例外，我們會在結論時探討。）

以種族化角度定義**西方**的舊思維之所以被淘汰，部分原因在於這條路已經走不通，也因為

---

* 譯注：Black Lives Matter。以美國為起點的國際維權運動，旨在維護黑人權益，最早的示威行動發生在二〇一三年，抗議美國白人警察喬治・齊默爾曼（George Zimmerman）槍殺非裔男子特雷馮・馬丁（Trayvon Martin）獲判無罪。

† 譯注：Rhodes Must Fall，羅茲指的是十九世紀末英國駐南非開普敦殖民地總理塞西爾・羅茲（Cecil Rhodes, 1853–1902）。一九三四年開普敦大學為他建造一尊紀念雕像，之後要求拆除的聲浪不斷，抗議人士認為這座雕像是英國殖民主義的象徵。

它跟現今大多數**西方人**心目中的**西方**身分認同核心理念相反。這些理念包括人類基本的平等與權利，社會自由與包容。（同樣地，**西方**內部也有人不支持這些理念，反而偏好不開明與不寬容。我們同樣留到結論再討論這些人。）

這些理念之所以變成**西方**自我定義的核心，部分原因在於二十世紀晚期的第二項地緣政治發展，那就是冷戰。[9] 如今，大多數人傾向從經濟與政治的角度看待**西方**，其中的經濟角度出現在冷戰期間。當時在**西方**的語彙裡，經濟上認同的是資本主義，而非共產主義。這造成**西方**在地理上的延伸。雖然**西方**的核心依然是北美和西歐，如今卻向外拓展，納入全球的英語系國家，比如澳洲和紐西蘭。再來就是受到不同手段的「鼓勵」、投入**西方**陣營的其他國家。這些手段包括軟實力的使用或訴諸共同歷史，以及軍事干預或強迫建立親**西方**的政府。[10]

然而，冷戰結束後，資本主義不再是**西方**的專屬特徵，因為過去的共產國家如今已經出現各種形式的資本主義，比如中國的激進國家資本主義，以及俄國那貪婪的寡頭資本主義。（我們會在下一章討論俄國與中國如何與**西方**對立。）於是，**西方**的自我定義再次改變，越來越強調政治制度，尤其是自由民主制。在我成年後的人生裡，**西方**用來展現自己或為自己的行為辯護時，最常提到的就是自由民主制。「**西方**是自由民主制的擁護者」這種說詞有時是真誠的，有時卻是虛偽的，但過去三十年來始終如一。日裔美籍歷史學家法蘭西斯．福山（Francis Fukuyama）認為，從現代**西方**的觀點來看，自由民主制是人類政治理想的終極形式。福山用煽動的口吻說，自由民主制在**西方**占優勢，這代表「歷史的終結」。[11]（當然，歷史並沒有在二十世紀晚期畫上句點，**西方**還沒有「贏」。福山自己也承認，自由民主制不是全球共識。）

西方的再詮釋還不完整，但它的開端是在二十世紀中晚期的劇變年代，當時**西方**的地緣政治地位和**西方**身分認同的根本依據都發生變化。整個二十世紀，**西方**在十八、十九世紀擁抱的種族與地緣政治定義都過時了，跟不上**西方**的政治需求和生活現實，也不再代表**西方**身分認同的基本意識形態。只是，**西方**的再詮釋也涉及對**西方**歷史的全面再思考，質疑並挑戰**西方文明**的恢宏故事。

格格不入

薩依德的生命橫跨**西方**（以及世界其他地區）發生轉變這混亂的幾十年。作為一名學者、社運人士兼公共知識分子，薩依德透過他的著作奠定了本書所依據的知性基礎，探索文化身分的虛構本質，以及它們本身固有的政治性本質。他也表示，歷史學家儘管努力遵循蘭克＊的客觀研究法，卻仍然是他們所處時代的產物，他們的著作為持續中的權力變化提供助力。薩依德本身完美演繹他提出的論點，他的學術成就的根本當然是他自己的去殖民化與流亡經歷，以及一種（套用他自己的話）幾乎揮之不去、「格格不入」的感覺。[12]

薩依德一九三五年出生在耶路撒冷，是大英帝國所屬巴勒斯坦託管地†的子民。不過，他出生時就因為父親的關係取得美國公民身分。他父親雖然也來自耶路撒冷，卻在美國生活與工作多年，而後在第一次世界大戰期間加入美國遠征軍（American Expeditionary Forces）。[13]他母親來自以色列北部的拿撒勒（Nazareth），是熱忱的親英派，為兒子取名「愛德華」，藉此向當時的威爾斯親王致敬，又陸續為四個女兒挑選同樣純正的英國名字。薩依德一家人主要定居在埃及首都開羅（Cairo），薩依德的父親在那裡經營文具事業，生意興隆，不過他們經常去耶路撒冷度假或在親戚家小住。在開羅，他們是少數族群裡的少數，是以東正教為主的基督教社區裡的英國國教信徒，也是生活在兩個穆斯林國家之間的基督徒。[14]

幼年時薩依德在開羅和耶路撒冷的精英學校就讀，這些學校都仿效英國公學的模式運作。在這種雙語環境成長，成年後的他每每回想起來，總是無法確定自己的母語究竟是阿拉伯語或英語。他的童年生活非常幸運，有僕人服侍，出席古典音樂會，在高檔會員制游泳俱樂部躲避夏日的高溫。只是，薩依德記得當時經常痛苦地意識到，自己跟住家附近的白種英國人和美國人不同，而且不知怎的比他們低等。有時會有人告訴他，「阿拉伯人不許來這裡」，即使在他父親擁有會員資格的俱樂部也不例外。[15]他只能跟其他有色人種往來，被貶稱為「中東佬」。[16]

一九四八年英國人撤離巴勒斯坦時，他才十二歲。以色列宣布建國，以色列與阿拉伯爆發戰爭。經過一年的流血和動亂，以色列與約旦控制的西岸之間的邊界議定，猶太移民湧入他們的新祖國，幾十萬巴勒斯坦人被趕出家園，逃離所謂的「浩劫」（Nakhba）。薩依德的親戚也在其中，他們一貧如洗抵達開羅。薩依德的父親盡可能僱用巴勒斯坦難民，薩依德記得自己經常一整個下午陪著一名女性長輩，這位長輩獨力做著慈善服務，為難民提供醫療建議，安排

＊ 譯注：指德國歷史學家利奧波德・馮・蘭克（Leopold von Ranke, 1795–1886），他主張研究歷史必須客觀地搜集並研讀文獻，如實重現歷史原貌。

† 譯注：Mandatory Palestine，指第一次世界大戰結束後鄂圖曼帝國瓦解，英國在一九二二年得到國際聯盟正式授權代管的巴勒斯坦地區，範圍大約是現今巴勒斯坦、以色列和約旦。一九四七年聯合國通過巴勒斯坦分治計畫，英國的託管於是在次年五月結束。

幼童入學，引導難民中辨各種埃及官方文件，在能力範圍內提供經濟援助。[17]

年少的薩依德生活在多種族世界裡，周遭有埃及精英階級，也有亞美尼亞人、希臘人、義大利人、猶太人、約旦人、沙烏地阿拉伯人、敘利亞人和土耳其人。他痛苦地意識到，巴勒斯坦難民的困境跟他自己的幸福生活判若天淵。薩依德後來回憶道，這樣的社會環境「像一座舞蹈迷宮，有各種性格、說話方式、背景、宗教和國籍」。[18]或許是這種支離破碎的環境加上他優秀的學習能力，他在學校因為太無聊，被貼上了「問題學生」（套用他自己的話）的標籤。[19]那幾年，音樂變成他豐沛情感與傑出智力的出口。他在鋼琴演奏上資賦優異，因而跟他的老師波蘭籍猶太鋼琴家伊格納斯．提格曼（Ignace Tiegerman）建立深厚情誼。在提格曼的教導下，古典音樂成了薩依德生命中不可或缺的一環，安撫他的心靈。

但光憑音樂還不足以讓薩依德循規蹈矩，十五歲那年，他終於被開羅的英國學校退學，父母決定送他前往美國完成學業。他先是在麻薩諸塞鄉間一家住宿學校就讀，日後薩依德回想那段日子，「可能是我生命中最悲慘的歲月」。幾乎所有學生都是美國出生的白種人，「毫不掩飾地判定我所屬的種族比較次等，或者說不被認同」。[20]雖然面對教職員和同學的敵意，薩依德依然用功學習，成績優異，畢業後進入普林斯頓大學攻讀英語和比較文學，之後又進入哈佛大學研究所。

求學這段期間，薩依德對政治議題相對淡漠。他定期返回開羅，也維持兒時習慣陪父母到黎巴嫩度假，偶爾休長假前往歐洲大陸探索。不過，他好像刻意將這些事與他在美國的學術研究拉開距離。日後他回憶道：「五〇年代的普林斯頓不關心政治、固步自封、對外界置若罔聞。」[21] 一九五六年蘇伊士運河危機*爆發，他在校園刊物上發表一篇文章，從阿拉伯的視角看待這件事，但好像沒有人注意到，也沒人在乎。[22] 到了哈佛，薩依德全心全意探索傳統**西方**哲學與著述，潛心研究德國哲學家海德格（Martin Heidegger）、法國小說家沙特（Jean Paul Sartre）和義大利哲學家維柯（Giambattista Vico），最後選擇波蘭裔英國小說家約瑟夫．康拉德（Joseph Conrad）作為博士論文主題。[23] 他說當時「在我的意識裡，中東越來越模糊」。薩依德是在念博士學位時跟第一任妻子瑪麗．亞努斯（Marie Jaanus）相遇並結婚。亞努斯當時也是博士生，主修比較文學。[24] 她是愛沙尼亞人，精通德語，跟擅長法語的薩依德相互搭配，

* 譯注：Suez Crisis，又稱第二次以阿戰爭，當時埃及宣布將蘇伊士運河收歸國有，並阻止以色列船隻通行運河。擁有蘇伊士運河公司股份的英、法兩國於是與以色列聯手攻打埃及。最後美蘇聯合施壓，三國才同意停火。

兩人一起探索歐洲文學、哲學和社會理論，也嘗試創作小說和詩。

薩依德的政治覺醒是在多年後，當時他在紐約哥倫比亞大學執教。一九六七年的第三次以阿戰爭雖然只有短短六日，卻造成深遠的影響。當塵埃落定，以色列取得更多新領土，更多巴勒斯坦人永久失去家園。對於薩依德，這是個轉捩點。當時各種政治運動強勢席捲美國，包括反越戰示威和反種族歧視的民權運動。薩依德認為美國民眾富有同情心，於是將筆鋒磨利，希望人們注意到巴勒斯坦人的困境。[25]

當時他發表了一篇文章，名為〈被定型的阿拉伯人〉（The Arab Portrayed），文中包含許多日後會出現在他知名著作裡的元素。在這篇論文裡，薩依德爬梳從北美到英國的新聞報導和雜誌文章（偶爾也搜羅法語出版品），探討英語新聞媒體對阿拉伯人的描繪。他從中找到重複出現的主題，包括愚笨、性生活墮落和凶殘，這意味著，「任何人只要想到阿拉伯人，通常都是負面印象」。[26]薩依德說，這些心理圖像是有害的，會在現實生活造成嚴重後果。因為這些印象，**西方人**很難相信阿拉伯人也會遭受苦難，也會成為受害者。因此，相較於以色列人，巴勒斯坦人得到的憐憫少得可憐，因為人們認為以色列人比較接近**白種人**，也更像**西方人**。

對於薩依德，一九六七年是個轉捩點，不管在私人或政治領域都是。他跟亞努斯離婚，因為他覺得亞努斯始終無法理解他對他原生家庭的摯愛。在此同時，他也遇到他未來的妻子瑪麗安・科塔斯（Mariam Cortas）。他們初相識時，兩人之間看起來不大可能有後續。當時薩依德還是有婦之夫，心情低落（他去醫院探視摔斷腿的妹妹），而瑪麗安已經拿到金融學位，不久後就要離開紐約回黎巴嫩首都貝魯特（Beirut）。[27]要到兩年後，薩依德跟家族親戚在黎巴嫩團聚，兩人才會譜出戀曲，在一九七〇年修成正果，一九七四年生下女兒奈雅拉（Najla）。

接下來那三十年，薩依德兼顧家庭、學術工作和社會運動。作為一名學者，他持續任教、研究並發表有關比較文學方面的論文。作為社運人士，他迅速變成公共知識分子，在報章雜誌發表文章，也經常出現在電視上。他直言不諱地公開支持巴勒斯坦人，有人崇拜他，也有人批評他。崇拜他的人視他為偶像，說他是殖民主義受害者的代表人物。批評他的人詆毀他，說他是**西方**的敵人，是「恐怖教授」（Professor of Terror）。他是個爭議性的兩極化人物，卻對改變**西方**公共對話做出貢獻。因為他，支持巴勒斯坦人變成值得尊敬的行為，在某些圈子甚至是一種時尚。

他在一九七七年到一九九三年獲選進入巴勒斯坦全國委員會（Palestinian National Council），進一步直接參與政治。這個組織是流亡中的巴勒斯坦民族主義運動的立法機關。

只是，薩依德很快發現自己在這裡逆風前行。他批評包括亞西爾．阿拉法特（Yasser Arafat）在內的巴勒斯坦領袖，說他們的期待不切實際，他們提出的要求也毫無節操。[28]更具爭議性的是，他反對一九九三年簽署的《奧斯陸和平協議》＊。這個協議是煞費苦心談成的，被媒體大肆吹捧，認為能和平解決以色列與巴勒斯坦的衝突。薩依德說，這項協議存在根本性錯誤，注定會失敗。他氣憤又挫折地辭職退出全國委員會。雖然當時很多人譴責他的悲觀看法，時間卻證明他說的沒錯。

到這時，薩依德已經診斷出罹患白血病。此時距離他的生命終點還有十二年，他會繼續從事音樂、政治和學術工作，直到二〇〇三年終於不敵病魔。在生命最後十年，薩依德深刻意識到自己終須一死，於是回想起早年時光，著手撰寫回憶錄和論文，探討身分認同、流亡與祖國這些議題。他也花更多時間推展他的音樂工作，尤其是他在一九九九年與猶太指揮家丹尼爾．巴倫波因（Daniel Barenboim）共同創辦的跨宗教事業西東合集管絃樂團（West-Eastern Divan Orchestra）。這個樂團的目的是讓中東地區不同國家的年輕人齊聚一堂，分享對音樂的共同喜愛。薩依德始終認為音樂有潛移默化的作用，他和巴倫波因都希望，在政治做不到的地方，文化上的合作能促進和平與相互理解。

薩依德或許不是成功的政治家，他為巴勒斯坦人建國的終極目標也沒能實現，但有一件事他確確實實做成了：他讓我們明白文化與政治密不可分。正如薩依德所期待，某些文化活動的確能促進和平與理解，比如西東合集管絃樂團。某些文化產物則會散播仇恨與疏離，比如薩依德在文獻中找出來加以分析的那些貶低阿拉伯人的刻板印象。薩依德強調政治與文化之間的交互作用，奠定了重新評估**西方文明**的基礎，讓我們看清**西方文明**的真實面貌，從而認識到它是一個捏造出來的社會構造。這個構造極為強大，對真實世界產生深遠影響，但它始終是虛構的。這或許是薩依德最重要的貢獻。

重新思考西方文明

因為他的這份貢獻，我們可以重新思考**西方文明**。在二十世紀晚期以前，大多數人都認為

＊ 譯注：Oslo Peace Accord，以色列總理伊札克・拉賓（Yitzhak Rabin, 1922–1995）與巴勒斯坦解放組織領袖阿拉法特在美國白宮簽署的和平協議，雙方同意彼此承認。但協議兩年後拉賓遭以色列右翼分子刺殺，巴勒斯坦極端分子也對以色列發動攻擊，協議因此擱置。

文明的身分認同是自然而然的東西，是天生的、不變的事實。（很多人至今依然抱持這種想法。）然而，從本書各章主人翁的生命明顯可以看出，文明的界線與定義從來不是固定的。我們已經看到**西方**與**西方**身分認同的概念如何因人而異，如何隨著空間與時間改變。培根心目中的**西方**跟瓦倫不一樣，因為他們的歷史背景不同，社會環境與個人狀況也不同。基於相同理由，鄂圖曼太后莎菲耶與格萊斯頓對英國文化認同的解讀也不一樣。站在這些人各自的歷史立足點上，**西方**與**西方文明**的樣貌也不相同。於是，我們每一章的主人翁描繪與體驗的**西方**也各具風貌。

當然，有些人對此十分慎重。他們選擇以特殊方式描繪文明身分，為他們心中特定的政治目標量身打造。在本書敘述的人物之中，這方面的最佳範例應該是希羅多德、戈弗雷和瓦倫。然而，有些人並非有意識或刻意操弄文明身分的概念，而是基於他們所在的時空與社會背景，單純描述他們對文明身分的認知。在本書各章的主人翁之中，屬於這一組的應該是拉斯卡里斯、恩津加和惠特利。但對於大多數人，真相落在這兩端之間。

不過，本書討論到的所有人物確實塑造了文化身分，即使只是不經意而為之。他們創造或資助文化產物，意味著他們改變、轉移、細緻化或強化廣大社會裡的觀點。舉例來說，莉薇拉的雕像和銘文的誕生，不只源於王朝對多元跨大陸身分的自豪，也將跨大陸王朝這個概念宣揚出去。惠特利的詩雖然表達她個人對種族疏離的觀感，卻也讓社會上更多人察覺到種族差異的存在。肯迪在著作中提到阿拉伯人是古希臘的知性繼承人，引來宗教守舊派對他的批評，這些批評也激起更廣泛的公眾辯論。我們知道社會政治背景會塑造文化，但我們也必須承認，文化也會塑造社會政治背景。因此，文化與身分認同之間的關係就像一個反饋圈，一方的變化會帶動另一方的改變，在共同且持續的變遷中循環。

拜薩依德和二十世紀晚期其他後殖民時代學者與社會理論家之賜，如今我們明白這個程序如何運轉。如今我們知道身分認同是一種社會與文化的構造物，而非天生、自然與本初的。對於如今的我們，這似乎顯而易見，但在二十世紀後半期，這具有危險的爭議性。薩依德經常面對這種爭議的壓力。他認為扮演這樣的角色是他的責任，幾乎是他的使命。他寫道：「因此，文化知識分子當前的職責不是接受身分認同這種政治操作為既定事實，而是闡明所有的表述都是編造出來的，基於什麼目的、由誰編造、運用哪些元素。」[29]

這個共通原則雖然可以運用到所有時代所有類型的身分認同，但薩依德在他的學術著作裡選擇套用在兩個他認為自己所屬的大規模身分認同上，那就是阿拉伯世界與**西方**。一九七八年他發表劃時代作品《東方主義》（*Orientalism*），坦然承認個人如何影響學術。他在引言中寫道：「我在這方面的經歷，正是促成我寫這本書的理由之一。」[30]《東方主義》詳細研究十八到二十世紀以中東與阿拉伯世界為主題的英、法語文學或學術著作。薩依德說，這些著作將中東與阿拉伯世界設定為「**東方**」，並且為這個**東方**附加專制統治、奢華富麗、貪圖逸樂又殘暴的刻板印象。這種刻板印象既富傳奇色彩，又能提升**西方**的優越性。這樣看來，**東方**這個概念「可說是歐洲人虛構出來的。自古以來，那裡一直是個傳奇地域，富有異國情調，充滿令人難以忘懷的風土與非凡的體驗」。[31]

但並非只有**東方**是虛構出來的。薩依德說，編造**東方**的過程，正是虛構出**西方**的關鍵元素，而**西方**漸漸認為自己與**東方**對立。

我一開始就假定，**東方**不是自然界不變的事實。它不是單純的地理與文化實體，正如**西方**本身也不是單純的地理與文化實體，更別提歷史上的實體。「**東方**」與「**西方**」的場所、地區與地理位置都是虛構的。因此，正如**西方**本身，**東方**這個概念也有一套思想、意象與字彙上的歷史與傳統，讓它與**西方**成為真實的存在。這兩個地理上的實體因此相互支撐，而且一定程度上映現出彼此。[32]

因此，不管是**東方**或**西方**，都沒有根本的存在。薩依德寫道：「不管是**東方**這個語詞或**西方**這個概念，都欠缺穩定的本體。二者都是人類捏造而來，用以確認並辨識**他者**……這些至高無上的虛構產物極容易操縱。」[33]當然，虛構的產物未必沒有真實的後果。在薩依德看來，**東方**這個概念的虛構——以及跟它相關的**西方**的虛構——有個重要結果，那就是為帝國主義統治提供意識形態理由。假想**東方**。基本上與**西方**不同，而且必然不如**西方**，那麼**西方人**對中東地區的支配就更輕而易舉，在意識形態上也有可行性。這樣的支配從政治入手，那就是十八世紀到二十世紀早期的帝國主義統治。但薩依德認為，在文化與知性方面，這種支配一直延續到二十世紀晚期。「要分析討論東方主義，可以將它視為一個處理**東方**的法人機構，處理的方法包括提出關於它的陳述、認可有關它的觀點、描述它，也可以教授有關**東方**的學問，解決它的問題，或統治它。簡言之，東方主義是**西方**對**東方**的支配、重建與宣示主權。」[34]

薩依德謹慎地表明，這一切並不是「某種『**西方**』帝國主義邪惡陰謀，企圖壓制『**東方**』世界」。相反地，這種廣泛的知識，是數不清的個人抉擇共同創造出來的。影響這些抉擇的因素除了個別情況與私人利益之外，更重要的是歷史背景。

薩依德的學術見解幾乎跟他的政治主張一樣充滿爭議。有些批評者認為薩依德對**西方**的描繪是負面的，譴責他不公平。[35]也有人抨擊薩依德將他的學科政治化，也歪曲了伊斯蘭，比如美國猶太歷史學家柏納・路易斯（Bernard Lewis）。路易斯認為，伊斯蘭與基督教**西方**之間持續不斷地發生「文明衝突」。[36]更有人認為《東方主義》這本書的範圍太狹隘。比方說，書中沒有分析**東方**學術領域的德語文獻，這部分不但範圍極廣，而且重要性與影響力都延伸到德語世界之外。[37]同樣地，書中也沒有考慮到**西方**對非洲、拉丁美洲和**東方**其他地區、中亞或東亞的觀點。這個問題薩依德在一九九三年那本範圍更廣闊的《文化與帝國主義》（*Culture and Imperialism*）談到一部分。有人說，這些地區或許能提供不同的、更細微的視角，尤其是日本，這個國家似乎不符合薩依德的**東方**與**西方**二元定義。[38]另外，也有人說這本書有不少歷史方面的謬誤（我們會在本章稍後再作討論）。

即使將這些批評納入考量，《東方主義》的核心主張依然很難反駁。這本書迅速成為人文學科的重要著作，至今依然是全世界學生閱讀的經典文本。它是後殖民研究這個學科發展的基礎，也促進了全新角度的研究，比如**西方精神**在亞洲與非洲的多樣化本質。[39]這是因為，這本書儘管舛錯、簡略、存在過多推論，它的中心主張卻非常扎實。文化產物（包括學術著作）都是它們的歷史與政治背景塑造出來的，在此同時，它們也會塑造這些背景。這是文化與身分認同的反饋圈。

薩依德說對了某些事，卻也弄錯了其他事。**西方**概念的發展，當然與中東的人民和社會有關，也的確是以帝國主義為背景。但我在前面各章討論過，還有其他因素存在。**西方**與**西方文明**之所以編造出來，原因不只在於歐洲的帝國主義。在英語世界裡，**西方**這個概念是一種意識形態花招，可以同時合理化美國革命與北美社會的不平等（見第十、十一章）。在歐洲大陸方面，它也受到俄羅斯歐亞地區和大西洋地區之間意識形態對立的影響（見第十二章）。薩依德處理**西方**歷史也存在根本性錯誤，尤其是**西方文明**的恢宏故事。他雖然主張**西方**本身是虛構概念，卻傾向認為**西方文明**的故事是不間斷的文化宗譜，「從荷馬延續到維吉尼亞·吳爾芙」。[40]

荷馬在不同時間點被召喚出來作為**西方**的**東方主義**心態的起點，不可避免地，薩依德選擇古希臘文本作為他分析**西方**的**東方主義**的起點。薩依德敦促他的讀者「首先考量**東方**與**西方**之間的區別。在《伊里亞德》的時代，這種差異似乎一直很明顯」。[41]正如本書第一章與第十二章所說，這個論點並不正確。荷馬的《伊里亞德》並沒有表明特洛伊戰爭交戰雙方在族群、文化與種族上有任何顯著差別，肯定更沒有區分**東方**與**西方**。[42]緊接著薩依德探討雅典的兩齣悲劇：埃斯庫羅斯（Aeschylus）的《波斯人》（*Persians*）和尤瑞匹底斯（Euripides）的《酒神的女信徒》（*Bacchae*），這兩齣悲劇將亞洲**東方人**的形象本質化且刻板化。然而，正如我們在本書第一章討論過，西元前五世紀中葉的雅典文學並沒有捕捉到古希臘世界普遍的時代精神，因為那時的著作就算不是為雅典對其他希臘人的帝國統治服務，也是在那樣的背景下創作出來的。如果薩依德分析的是希羅多德的作品，而不是阿提卡語悲劇，可能會得出相當不同的結論。

撇開這些資料來源的選擇問題不談，在更廣大的層面上，薩依德遵循的是**西方文明**故事創造出來的傳統歷史面貌。他簡略地談論羅馬，或許匆匆略過，因為羅馬的意識形態明顯太過混雜，不適合他的整體主張（見第二章）。他對中世紀基督教、中世紀伊斯蘭恐懼症和十字軍東征多一點關注，接著簡單探討文藝復興，其餘的篇幅重點放在十八世紀晚期和十九世紀的文獻。因此，在《東方主義》裡，薩依德大致上接受**西方文明**的恢宏故事，利用它的框架作為依據，闡述他自己的著作。薩依德對文獻本身的政治性深具敏感度，但就連他都照單全收，足以證明**西方文明**故事的威力與耐久度。儘管到了一個既有可能、也必須重新詮釋**西方**的時代，重新詮釋**西方**歷史的難度卻好像升高了。

薩依德本人一直知道《東方主義》這本書的針對性與限制，因此在後來的著作《文化與帝國主義》中探討身分創造的複雜性。他在《文化與帝國主義》裡總結指出，身分認同的創造涉及人為劃定界線，並且編造出獨有的類別，而這種排他性的存在既不必要，也不自然。談到帝國主義，他說：

> 它最糟糕、最矛盾的獻禮，是讓人們相信自己主要、僅僅是白人或黑人，**西方人**或**東方人**。不過，人類會創造自己的歷史，同樣地，他們也創造自己的文化與族群身分。悠久的傳統、長久的居住地、民族的語言與地緣文化的延續性都不容否認，但一味堅持種族的區隔與差異，彷彿這是生命最重要的事，背後的理由只會是恐懼與偏見。[43]

然而，在自己的生命中，薩依德發現他很難跳脫出他所屬的類別。那個類別陪伴他成長，已經深植在他內心。直到生命的末期，他在自傳裡再次思考**西方**與**其他**、「我們」與「他們」

之間那無法改變、難以逾越的分隔。作為學者，他批評過這種對立，也揭露這種對立最初如何產生。只是，在更人性的層面，他很難想像自己跳脫這樣的世界之後會是如何。他晚期的著作有個反覆出現的訊息：他無可避免地感到自己始終「格格不入」。他覺得自己是個永遠的流亡者，注定是**西方**的**東方人**，**東方**的**西方人**，不屬於他所處的任何社會。他在一篇文章中用以下的文字描寫這種流亡狀態：

> 流亡這件事在想像中別有韻味，真正體驗時卻極不愉快。那是無法修補的斷裂，分割一個人與他的故土，分割自我與它真正的家園。那是一種永遠無法超越的悲傷。雖然文學和歷史著作充斥著流亡生涯的英勇、浪漫與榮耀，甚至不乏勝利與成功，但這些都只是為了克服令人悲痛傷懷的疏離感。流亡生涯再多的成就，都會因為那失落的過去減損了光彩。44

在這個時代，很多人如果讀到這些文字，都會深深觸動。如今的世界有太多人流離失所，有太多人為了逃離戰爭或暴政淪為難民，薩依德這番話迴盪著悲涼的事實。然而，這些話是根據一個未必符合所有情況的假設：每個人都來自單一「故土」。屬於這裡就不屬於那裡；是某一類人，必然就不是另外一類。然而，薩依德在著作中並不認為不同身分之間存在絕對界線，反而主張人類「創造自己的文化和族群身分」。薩依德的個人感受和他的學術論點之間有著明顯差距。某個事物是社會創造的，不代表它不是真的。某個東西是虛構的，不代表它不能變成塑造我們生命的真實。薩依德解構的身分認同是這樣，**西方**也是這樣。

到了二十一世紀，知道自己的身分認同是虛構的、非單一的，並不會活得太辛苦。全球遷徙越來越頻繁，雙種族血統和跨文化家庭的增加，意味著同時屬於多個族群的情況比過去更普遍，這裡和那裡都是家。對於某些人，這種多元身分是個問題，需要跟它搏鬥，需要慎選與辯解。我自己當然也曾經有過這種心路歷程。但對於新的世代，這種多元身分也可以帶給他們力量，讓他們自豪。套用伊拉克裔威爾斯藝術家哈南·伊薩（Hanan Issa）的話，那可以是「沒人能取走的力量」。

我的身體裝得下兩顆心
‘qalbain 意思是兩顆心

雙雙在鮮紅海洋裡搏動
牽繫土地分裂的歷史
我嘗試融入
卻侷促不寧。
熾熱的血液結合在一起
痴迷
倒轉
令我挫敗。
我跌落兩張凳子之間
那邊界的牆垣早早築起
但我的身體就足夠
溫柔堅強
從漫長的苦痛中，生出一份愛
欣然接納

抵制父權
不需要
讓我的同胞蒙羞
或讓我的恐懼
追著我跑
我的身體裝得下兩顆心
於是我塑造
我的傳承
足以容納所有人。
我站了起來
抬頭挺胸
暢快呼吸
兩顆心
沒人能取走的力量。

愛是湖泊
世界正乾渴。[44]

第十四章　西方與西方的對手

——林鄭月娥

我誠摯歡迎世界各地的訪客來到香港……來體驗這裡兼具**東方**與**西方**菁華、不同凡響的文化。

——林鄭月娥（二〇二一年）1

一群激動的示威者衝進政府機關。緊張的警察沒有全力阻擋，他們猶豫遲疑，不知道該同情哪一方。群眾占領議會大廳，破窗砸門，在牆上塗寫政治口號。這場延燒幾個月的基層民眾抗爭如今達到頂點，示威者覺得他們的生活方式和政治觀點都受到威脅。整個國家一分為二，有人體諒他們的行為，認為他們的抗爭合情合理。另一部分人譴責他們是暴民，被他們的非法暴力占領行動激怒。世界各地的人們震驚地看著這起事件的即時畫面在傳統頻道或社群媒體上播放。

這是二〇二一年一月六日星期三發生的事，地點在美國國會大廈，也就是華盛頓特區美國國會所在地。支持唐納．川普的示威群眾想要推翻不久前總統選舉的投票結果，讓敗選的川普繼續掌權。二〇一九年七月一日星期一，香港立法會綜合大樓也發生同樣的事情，抗爭者企圖阻撓一項爭議性法案的修訂。法案修訂後，從香港到中國的政治引渡將會更容易。這兩起事件有顯著的不同。其中一項主要差別是暴力的程度。美國國會大廈的抗議行動造成五人死亡，包括一名被示威者制伏毆打的警察。[2]相較之下，香港立法會的事件沒有傳出死亡。兩邊抗爭者的政治目的也有所不同：香港的示威者爭取更多民主，美國的示威者恰恰相反。總的來說，這兩起事件說明，現階段有關政治、文明身分認同與**西方**的概念正在轉變。

有個人想必密切關注二〇二一年一月六日美國國會大廈的示威事件，那就是香港特首林鄭月娥。當時林鄭月娥有個獨特卻不值得羨慕的職位，治理一片傳統上自詡「集**東西方**菁華於一身」的領土（正如本章開頭引用的林鄭月娥二〇二一年演講內容）。香港曾經是大英帝國的一部分，時間超過一個半世紀，這段過往在這座城市的文化與百姓的思維留下深刻印記。英國在不久前的一九九七年放棄對香港的殖民統治，香港變成中國的行政特區，享有相當程度的自治權，也擁有自己的政治制度與經濟管理權。正如林鄭月娥常說的，**西方**與中國的文化、政治、社會和經濟傳統在香港重疊，相互影響。二〇一七年七月林鄭月娥剛就職時，每每頌揚香港兼具中國與**西方**的菁華。到了二〇二二年六月底她卸任時，這種刻意維持的雙重文化似乎再也不可行。世界變了，中國與**西方**的歷史假想也跟著改變。

隨著時間進入二十一世紀中期，中國已經是**西方**眾多對手之中最顯著的一個。有太多書籍文章從經濟、政治與軍事等面向討論這場對壘，尤其是中國與美國和英語世界之間的緊張關係。[3]不過，這個關係之中還有一個面向比較少受到關注，那就是這兩大地緣政治團體各自信奉與宣揚不同的恢宏歷史故事。雙方對全球歷史各有看法，也以不同角度看待文化與文明之間的關係。

世界（觀）大戰

西方不再像十九世紀和二十世紀早期那樣，以所向披靡的全球霸權支配整個世界（見十二章）。它如今有了對手。

我所謂**西方**的「對手」，指的不僅僅是某個站在反**西方**立場的個人、組織或國家。二十一世紀的**西方**是個規模龐大的超國家權力團體，包括許多國家。這些國家的見解未必一致，偶爾也彼此競爭，不過，他們的全球觀大致相同，也抱持同樣的身分意識。因此，**西方**的對手必須旗鼓相當，必須是一個足夠龐大的地緣政治團體，足以在**西方**主宰的國際體系之外立足，擁有自己的另一套國際體系。基於這個理由，像北韓這種不屬於**西方**主宰的國際社會的個別國家，不算是**西方**的對手。問題在於規模，北韓雖然擁有核武，但國家太小，不是合格的全球挑戰者。

二十一世紀的前二十年，**西方**媒體最常討論的外在威脅是伊斯蘭激進派，尤其是蓋達組織（Al Qaeda）和伊斯蘭國這兩個自稱以**西方**為敵的組織。二〇〇一年九月十一日，全球民眾猛然意識到，伊斯蘭激進派將會是**西方**的敵人。蓋達組織在美國發動恐怖攻擊，劫持多架民航客機衝向繁忙的公共建築和重要的政府機關。這波攻擊造成數千人喪生，在更多人的生命中留下傷痕。然而，這波恐怖攻擊並沒有讓美國人恐懼不安、民心渙散，也沒有削弱美國在國際社會的地位，結果恰恰相反。

當時的美國總統布希（George W. Bush）宣布發動「反恐戰爭」，[4]短短一個月內就帶領國際社會的眾多盟友向庇護蓋達組織的阿富汗塔利班政權宣戰。這個聯盟最終的成員不只**西方**國家，還包括幾個向來不屬於**西方**的國家，比如俄國、埃及、約旦、巴林（Bahrain）、阿拉伯聯合大公國、烏茲別克（Uzbekistan）、日本和南韓。雖然其中某些國家曾經扶植阿富汗的塔利班政權來對抗共產主義，如今聯盟卻推翻塔利班，另外設置親**西方**的政府。但這迅速得來的勝利卻沒能鞏固長久的和平。接下來二十年，聯軍在阿富汗與塔利班展開血腥的游擊戰。到了二〇二一年夏天美國軍隊撤離，阿富汗只剩貧窮與混亂，再度被塔利班掌控。雖然內部出現反對聲音，**西方**國家領袖依然在二〇〇三年三月開啟「反恐戰爭」的第二個前線，揮軍進攻伊拉克。聯軍聲稱（事後證明並非事實）伊拉克擁有大規模毀滅性武器、能夠快速攻擊**西方**的目標。伊拉克戰爭的過程在某些方面與阿富汗戰爭類似：聯軍迅速獲勝，建立親**西方**政府，緊接著是漫長的動亂與內戰。到了二〇一一年五月，蓋達組織幾乎已經被剷除。

不過，伊拉克內戰孕育出**西方**的另一個敵人，那就是伊拉克與敘利亞的伊斯蘭國。這個組織的英語簡稱是ＩＳＩＳ，或稱達伊沙。「達伊沙」是「伊斯蘭國」這個詞的阿拉伯文縮寫，阿拉伯世界的伊斯蘭國批評者偏好使用這個具有貶義的稱號。[5]二〇一四年，伊斯蘭國自稱哈里發王國，屬於另一個國際體系，獨立於**西方**之外，意識形態也與**西方**對立。這個體系並沒有擴及全球（達伊沙的勢力範圍始終有地理上的限制），也不穩定（達伊沙在五年內就戰敗垮台），也不完全獨立於**西方**之外（達伊沙靠出口天然氣、石油、磷酸鹽和水泥籌措資金）。[6] 不過，它曾經自稱是**西方**的敵人，雖然為時甚短。在最強大的時期，達伊沙控制了伊拉克巴格達以北大部分地區，以及敘利亞沿海以外的領土，對土耳其邊境構成威脅。他們也聲稱擁有西奈半島、利比亞、葉門、阿富汗和奈及利亞等地區某些「省份」。達伊沙的支持者從世界各地湧入，急切地想為這個所謂的哈里發王國征戰，並且在這個他們心目中的虔誠國度展開新生活。達伊沙的成功並不長久。二〇一六和一七年，它被國際聯軍擊退。這支聯軍的成員分別來自歐洲、西亞、中亞和非洲，以及提供大部分「地面部隊」的庫德族。達伊沙就跟蓋達組織一樣，一開始或許是為了挑戰**西方**，結果卻是促使**西方**與非**西方**國家團結起來對抗它。二〇一九年上半年，達伊沙殘存的兵力在伊拉克與敘利亞邊境的巴古茲鎮（Baghuz）遭到圍攻，徹底落敗。

伊斯蘭激進派或許永遠不可能對**西方**構成嚴重的全球性威脅，也無法長時間與**西方**為敵，但他們確實發展出自己的文明故事。他們認同**西方文明**是連續不斷的，可以通過中世紀的十字軍東征往上追溯到古代的希臘與羅馬。二〇〇四年一月六日，蓋達組織領袖奧薩瑪・賓・拉登透過半島電視台發表一段知名演說，呼籲全世界的穆斯林參與伊斯蘭激進派的行動，反抗「新羅馬」和「十字軍與猶太復國主義者的屠殺」。他敦促他們別像古代阿拉伯的加薩尼德王朝一樣，「接受羅馬帝國指派為國王與軍官，為保護羅馬人的利益殺害自己的同胞，也就是半島的阿拉伯人」。相反地，他認為「關心這件事的正直人士應該團結起來，遠離這些暴虐政權的陰影，全面動員，準備抵抗羅馬人的侵襲」。

達伊沙也稱它的**西方**敵人為羅馬人，或「羅姆人」（Rum）。中世紀阿拉伯人用「羅姆人」這個詞來概括拜占庭基督徒和拉丁教會的信徒。這個組織一開始能迅速成長並獲得成功，主要歸功於網路的運用，方便它的領導人透過網際網路連結廣大世界的群眾。[7] 達伊沙以不同語言發行多種線上雜誌，鼓動世界各地的穆斯林投入恐怖行動。雜誌的內容包括如何在自家廚房製造炸彈，如何以密碼發送訊息，以及哪種車輛適合作為攻擊工具。其中的旗艦雜誌是二〇一四到一六年發行、以英語世界讀者為對象的《達比克》（*Dabiq*）。「達比克」這個名稱出自先知穆罕默德「聖訓」（Hadiths）裡的一則預言，這則預言提到穆斯林與羅姆人之間的末日戰爭。[8] 二〇一六年達伊沙又發行另一本英語雜誌，名為《羅馬》，引用的典故是另一則預言，聲稱穆斯林總有一日會擊敗並征服羅馬帝國。每一期雜誌都附有以下題詞：「信徒們，歡喜吧，因為在阿拉引導下，我們會繼續發動聖戰，直到抵達羅馬人的橄欖樹下。」[9]這些雜誌呼應**西方文明**的故事，只不過它們的語調充滿敵意，而非讚揚，聲稱「羅馬帝國從未真正衰亡，只是換了新名字」。[10]

這種「文明衝突」的說詞，正是達伊沙主張摧毀並破壞古代遺跡、紀念碑與工藝品的原因之一。[11]雖然伊斯蘭信仰之前的「偶像崇拜」階段工藝品和考古遺跡都遭到破壞，[12]但這項行動特別針對古希臘羅馬，因為古希臘羅馬與**西方文明**的誕生有關。（當然，這不妨礙達伊沙偶爾非法販賣古物籌措經費。）[13]這件事在**西方**媒體引起熱烈討論，尤其是二〇一五年五月達伊沙洗劫帕米拉古城（Palmyra）的行動。帕米拉是聯合國教科文組織認定的世界遺產，也是最知名的古地中海遺跡，達伊沙最令人髮指的行為是以炸彈摧毀貝爾神廟*、羅馬劇院和其他建築物，以及殺害這處古蹟的首席考古學家哈立德·阿薩德（Khaled al-Assad）。[14]

達伊沙被逐出帕米拉之後，那裡的廢墟再次變成有價值的政治資產。英國在倫敦的特拉法加廣場（Trafalgar Square）依原尺寸複製了一座凱旋門「向野蠻人示威」。[15]國際間也倡議重建帕米拉的貝爾神廟，主導者是德國考古研究院（Archaeological Institute），號稱是「文化反擊」，以及「鬥志昂揚的再造」。某種意義上，這項行動或許很吸引人，但我個人的看法跟我在維也納的同事安德列亞斯・舒密特科林涅（Andreas Schmidt-Colinet）一樣。幾十年來他一直在帕米拉從事考古挖掘，被殺害的考古學家阿薩德是他的朋友。他認為，國際社會對帕米拉提供的援助與資金應該優先用來照顧當地人的生活，古蹟重建計畫也應該徵詢在地社區的意見。[16]

不過，將古帕米拉遺跡視為政治象徵的，不只是**西方**的政治家與評論家。達伊沙被趕走之後幾個月的二〇一六年五月，俄國國家交響樂團在那裡舉辦一場音樂會，並在現場播放俄羅斯總統弗拉迪米爾・普丁的致詞影片。普丁感謝俄羅斯軍士「拯救古代文化」（指帕米拉古城未受損的部分）。他說，這是「**西方**無法達成的功績」。[17]這樣的措辭反映出俄羅斯是**西方**對手這個更廣泛論點。這樣的論點在二十世紀冷戰期間並不罕見，到了二十一世紀，這個說詞重獲新生。[18]

這種現象早在二〇〇五年四月就開始了，當時普丁鼓勵俄國人緬懷蘇聯時代，聲稱蘇聯的解體是「二十世紀最重大的地緣政治災難」。[19]從此以後，他經常說蘇聯是俄國的強盛時代，

＊譯注：Temple of Bel，約建於西元三十二年，為古羅馬遺跡，供奉美索不達米亞地區的貝爾神。

那時俄國的國力足以與**西方**匹敵。他還明白表示，他希望重現當時的榮景。過去十五年來，普丁一直在強化反**西方**言論，鼓舞俄國人以過去的蘇聯自豪，並且重申俄國對昔日蘇聯成員國的影響力，最明顯的就是二〇二二年入侵烏克蘭的行動。早在二〇〇八年，部分**西方**評論家就指出，普丁時代是新冷戰的起點。[20]

俄國和**西方**之間除了政治、軍事與經濟方面的敵對，還有恢宏歷史故事的對立。二〇二一年七月，就在出兵烏克蘭之前幾個月，普丁在克里姆林宮（Kremlin）官網發表一篇歷史論文。這篇文章同時以俄語、英語和烏克蘭語刊登，標題是「關於俄國人與烏克蘭人歷史上的一體性」。[21]他在文章中指出，俄國人和烏克蘭人本質上是「同一個民族，是單一的整體」。[22]他還說，這個整體的基礎是彼此使用共同語言、同樣信仰俄國東正教，也有共同的文化，這一切都因為彼此共有一段漫長且光輝的歷史。他表示，因為彼此這段共同歷史，烏克蘭就不可能擁有自己的身分認同，也不可能是另一個民族。普丁說，之所以有人相信烏克蘭是另一個民族，是因為「真正的」歷史經過政治化的改寫。由於「**西方**的反俄羅斯作家」如此操弄意識形態，人們「不只被迫否認自己的起源，否認自己世世代代的祖先，甚至相信俄羅斯是他們的敵人」。普丁總結道，俄羅斯絕不容許它「歷史上的領土」在**西方**運作下「反俄羅斯」。

在這篇文章裡，普丁大略敘述他心目中更正確的歷史觀點，聲稱「俄羅斯人、烏克蘭人和白俄羅斯人都是古代羅斯人（Rus）的後代，而古代羅斯國是歐洲最大的國家」。普丁強調，古羅斯包括所有斯拉夫民族，歷史比基督教更悠久。普丁幾乎把古羅斯放在跟羅馬和拜占庭帝國同等的位置上，說道，「古羅斯就跟當時歐洲其他國家一樣，在中世紀面臨中央統治權衰弱與分裂的問題」。不過，「無論貴族或平民都認為羅斯是他們共同的領土，是他們的祖國」。

這種說法值得注意，因為俄羅斯作為「第三羅馬」、繼承羅馬與拜占庭帝國的觀點重新出現。在這個恢宏歷史故事底下，文明與帝國的傳承並不是從羅馬往西去到中歐和西歐（而後轉往北大西洋世界和更廣大的英語世界），而是向東走，從古老的第一羅馬到君士坦丁堡的第二羅馬，再在莫斯科璀璨的第三羅馬。莫斯科是「第三羅馬」這個概念最早出現在十六世紀。大約在一五二三或二四年，俄羅斯西北部一所修道院的院長普斯科夫的菲洛提厄斯（Philotheus of Pskov）在一封信裡言簡意賅地說：「這是俄羅斯帝國，因為兩個羅馬帝國都衰亡了，第三個還在，不會有第四個。」[23]從一開始，這個概念就跟帝國主義（這時期俄羅斯正在加速領土擴張）和東正教會連結。一五八九年莫斯科建立獨立的正教牧首區，當時依據的教令清楚提到「第三羅馬」：「古羅馬因為太陽神邪說（亦即異教信仰）而敗亡。君士坦丁堡的第二羅馬被夏甲*的後代掌控，他們是不信神的土耳其人。虔誠的沙皇！你偉大的羅斯沙皇國第三羅馬比他們更虔誠。」[24]

到了十九世紀晚期，俄羅斯是第三羅馬的概念再次盛行，因為當時俄羅斯思想家有意明確劃分伊斯蘭與亞洲的**東方**和天主教與基督教的**西方**。[25]（我們在第十二章討論過，正是在這段期間，俄羅斯作家開始使用「**西方**」這個詞來指稱中歐與西歐。）在整個現代主義時期（一八九〇至一九四〇年），雖然俄羅斯政治經歷劇變，這個概念依然頻繁出現在各種著作裡。[26]到了普丁時代，這個概念捲土重來，雖然不像過去那般顯著。二〇〇一年普丁簽署一項法令，通過俄羅斯的新國徽。這枚國徽裡用了拜占庭的雙頭鷹圖案，這個圖案曾在第一階段的「第三羅馬」被沙皇採用，二〇一六年開始出現在俄國盧布上。普丁在帕米拉羅馬劇院音樂會的致詞影片暗示，古典時代真正的繼承人是俄羅斯，而非**西方**。

本章討論到的**西方**第一個對手伊斯蘭激進派大致接受**西方文明**的歷史故事，並且將這個故事翻轉過來，變成攻擊**西方**的武器。目前討論到的第二個對手俄羅斯採用不同的方法。他們修改**西方文明**故事所稱的文化宗譜，就歷史的樣貌提出不同觀點，聲稱文化與文明向東傳遞，而非向西。不過，本章探討的**西方**第三個對手中國的興起，特別令某些**西方**政治評論家驚愕。[27]

關於恢宏的歷史故事，中國走的是截然不同的路線。

並行文明

在二十世紀中葉的中國，歷史學家針對世界歷史的整體樣貌展開激辯。馬克思在一八五〇年代談論「亞洲生產方式」時，他指的是亞洲的發展注定永遠維持固定不變的狀態，跟**西方**區分開來，在自己的平行文明軌道上前進？或者像外號「紅教授」的愛國歷史學家林志純所說，「亞洲生產方式」指的是經濟發展的一個時期，所有社會在某個階段都會經歷？林志純說，中國和**西方**都循著同樣的歷史軌跡前進，而在單一的普遍化馬克思模式裡，所有世界歷史都彼此相關，包括**西方**在**西方文明**故事中為自己編造的歷史。[28]

在這個共同世界歷史的模式中，林志純推動學術界研究「古代世界歷史」，除了古代中國

＊ 譯注：Hagar，根據《聖經．創世記》，夏甲是亞伯拉罕的妾，生下以實瑪利。以實瑪利據說是阿拉伯人的祖先。

與亞洲的歷史，還包括古希臘與羅馬。一九五〇年代早期，長春市東北師範大學設立這樣一處國家研究中心，接下來幾十年，林志純的恢宏故事在中國越來越有影響力，尤其他在一九七九年出版權威教科書《世界上古史綱》之後。[29]

只是，幾十年後，中國政府開始宣揚另一套恢宏歷史。[30]林志純的普遍化馬克思模式消聲匿跡：在這個模式下，不同民族與國家都在同一個世界軌跡上前進，只是速度各自不同。而在新版恢宏歷史下，人類被區分為不同文明，每個文明平行發展，從古代到當前不曾改變。根據目前的官方說法，現代中國不是古代中國的繼承人，而是古代中國不變的延續。本質上，這是反歷史的歷史模式，揚棄文明傳遞與轉換的概念，假定文明的純淨與精粹。

根據這種歷史觀點，中國並不是唯一一個體現古代文明的現代國家。二〇一七年四月，來自十個國家的外交部長齊聚雅典，共同簽署協議書，建立一個全新的國際組織。這個組織的目標是以文化外交作為「巧妙的軟實力」，強化彼此之間的聯繫，並且利用文化來「促進經濟成長」。[31]這個組織名為「文明古國論壇」（Ancient Civilizations Forum），由中國與希臘共同發起創立，邀請其他八個他們認為擁有「偉大古文明」的國家加入，分別是玻利維亞、埃及、印度、伊朗、伊拉克、義大利、墨西哥和祕魯。自從在雅典的第一次大會開始，論壇會員國每年聚會兩次，由各國文化部長代表出席，其中一次會議通常在紐約，配合聯合國大會舉行，另一次則在各會員國的首都：二〇一八年在玻利維亞首都拉巴斯（La Paz）；[32]二〇一九年在北京（亞美尼亞在這次大會加入）。[33]由於 COVID-19 疫情爆發，二〇二〇和二〇二一年的大會採取遠距會議，由祕魯主辦；[34]二〇二二年在巴格達。[35]

根據論壇第一次大會簽署的宣言，各會員國的古文明「無所不在」且「超越時間」，「至今依然」意義重大。因此，這些會員國宣稱，他們的文明儘管古老，他們的國家卻不只存在過去，而是從古代延續到現代，不曾中斷。亞美尼亞外交部副部長瓦赫・賈沃傑安（Vahe Gevorgyan）在二〇二一年的大會上發表演說，聲稱「我們之所以聚在這裡，之所以團結一心，是由於我們的古老文明歷經無數世紀累積的龐大歷史、文化、傳統與價值」。[36]在這個模式下，文明是不受時間影響的，而非動態的，文化是累積的，而非易變的。

這麼一來，文化非但無法改變，幾乎也沒有傳遞的可能。文化跨越時間與空間，在不同族群之間傳播，是**西方文明**故事的核心概念，這種概念在這裡不成立。根據論壇提供的觀點，不同文明之間的關係不可能是血統或世系，由一個種族或群體承繼另一個的文化。相反地，「個別文化」[37]始終是各自獨立的實體。根據中國提出的這個模式，德國、英國和美國這些現代國家不能自稱繼承古希臘羅馬的文化遺產。相反地，這些古文明只屬於希臘和義大利這兩個民族國家。

有別於文化的傳遞、吸收或繼承，論壇更偏好「文明之間的對話」，在雅典簽署的創會宣言中也強調這點。「對話」這個詞在這裡隱含某種程度的分離，避免文明之間的交互汙染。中國外交部長王毅在雅典大會後接受媒體訪問，總結這個理念：「我們應該繼承我們的傳統文化，保持信心，尊重彼此的社會制度和發展途徑。」[38]換句話說，每個文明都不要互相干涉。因此，文明古國論壇的意識形態視不同文化為平行的個別實體，而非相互關聯。這個組織強調文化的類似性，而非文化的宗譜。也就是說，每個「偉大古文明」與其他古文明類似：彼此並存，各自保有內部的純淨。

這套模式不談文明之間的影響、繼承與傳遞，也沒有文明碰撞與衝突。確實如此，伊拉克外交部長易卜拉欣．賈法里（Ibrahim al-Jaafari）在第一次大會後對國際媒體表示，論壇本質上反對「某些知識分子提出的文明衝突概念」。[39]他甚至指名道姓提到備受爭議的《文明衝突與世界秩序的重建》的作者，用明顯憤慨的語氣說：「薩謬爾．杭亭頓提出文明衝突的概念……這是什麼意思？」中國國家主席習近平也在演說中強調尊重文明的多樣性，他說「人類文明的多樣性是世界的基本特質」。又說「不同國家與文明擁有豐富的多樣性，有各自的特色。沒有誰比其他人更好或更差」。[40]根據習近平與中國官方政策，文明之間的衝突可以避免，方法是透過文明古國論壇這類管道，促進文化的「對話」與「相互學習」。

在論壇所有會員國之中，中國似乎特別重視跟希臘之間的文化外交。當時的希臘外交部長尼克斯．克齊亞斯（Nikos Kotzias）說，中國與希臘是促成論壇創立的「雙引擎」。[41]近年來兩國官方與國家層級贊助的古文化活動大幅增加，雙方同意將二〇一七年定為中希文化交流年。兩國的博物館彼此借展，共同舉辦巡迴展覽，比如二〇一七年十一月到二〇一八年五月在北京中國科技館的「古希臘科技與藝術展」；二〇一七年九月到二〇一八年四月在雅典赫拉克萊頓博物館（Herakleidon Museum）的「中國古代科技展」；二〇一八年九月到十二月在北京紫禁城故宮博物院的「希臘安提基特拉島水下考古文物展」（*The Antikythera Shipwreck*）；二〇一八年九月到二〇一九年二月在雅典衛城博物館的「乾隆朝重華宮原狀文物展」。兩國的劇院也合作推出雙語傳統戲劇，包括二〇一八年十一月在雅典上演的《趙氏孤兒》，以及二〇一九年二月到三月在北京上演的《阿加曼農》（*Agamemnon*）。

另一方面，越來越多學術研究探討古希臘與中國的相似點。在**西方**，古希臘的研究向來是

西方學者的專屬領域，如今卻在中國大學蓬勃發展。[42]各種學術會議鼓舞學者研究古希臘與古中國之間的「對話」，比如二〇二二年一月北京冬季奧運前大張旗鼓舉辦的「中華文明與古希臘文明的精神對話」學術會議。[43]兩國也在二〇二一年十月簽署正式合作協議，共同促進兩國大學的學術交流，尤其以兩國古文明的比較研究為重點。[44]

中國與希臘兩個並行古文明的「對話」受到重視並非偶然。二〇二一年希臘教育部長宣布兩國大學的正式合作協議時，強調兩國之間的合作本質上合情合理，因為古希臘與古代中國「分別是**西方**與**東方**文明的搖籃」。[45]在二〇二二年的「精神對話」學術會議中，古希臘文本的中文新譯本受到推崇，因為這些譯本方便更多中國學者了解「西方文明和它的歷史源起」，從而提供「文明的對比視角，以便重新發現中國古典文化」。[46]這種對比格外受重視，因為古代中國和古希臘被認為各自代表「**東方**與**西方**精神文化」。[47]

這種對古代中國與古希臘的對比與「對話」的關注或許偏向學術性，只有少數歷史狂熱分子感興趣，卻也具有某些現實世界中的實質含義。中希之間的文化外交附帶政治與經濟關係的強化。二〇一九年希臘總理基里亞科斯．米佐塔基斯（Kyriakos Mitsotakis）出席上海一項商貿展，共有六十多名希臘商人隨同他前往尋找商機。幾天後習近平也前往雅典拜訪，參觀比雷埃夫斯港（Piraeus）和雅典衛城的古蹟。到了二〇二二年五月，雅典的中國大使館舉辦盛大慶典，慶祝中國與希臘建交五十年，其中的重點是一場以「中國與希臘：古老文明與現代夥伴」為主題的會議。[48]這段現代情誼始於二〇一六年，當時一家中國國營企業在比雷埃夫斯港買下控制權。比雷埃夫斯港是亞洲船隻進入地中海後第一個歐盟深海港，因此成為中國一帶一路政策的重要關鍵。從那時起，中國政府就對希臘經濟產生濃厚興趣，將希臘拉進自己的文化與經濟圈。[49]

「一帶一路」是中國在二〇一三年推出的跨國經濟政策，致力發展跨歐亞大陸的基礎聯盟，重振「絲路精神」，跟參與的國家建立更緊密的經濟與文化關係。我寫這本書的此時，這項政策粗估每年經費大約在五千萬到一億美元之間，共有超過八十個國家加入，人口超過四十四億，占全世界人口的百分之六十三。[50]這是中國對**西方**全球霸權的挑戰，是真正獨立的國際網絡，開始跟**西方**支持的現存世界秩序打對台。

一帶一路最終能不能成功，或許取決於經濟誘因與政治規則，但文化外交卻是必要的意識形態工具（尤其是並行古文明的語彙），為當前的行動提供來自過去的假想理由。[51]在雅典宣言中，文明古國論壇的會員國同意「推動一帶一路政策」，以期「增進論壇會員國社會與經濟的永續成長」。論壇與中國勢力的擴張之間的關係絕不隱諱，中國外長王毅發布聲明指出：「文明古國論壇與一帶一路的架構相符，可以為一帶一路的建構提供知性與文化方面的支持與協助。」[52]

恢宏的歷史故事從來就不單純。每篇故事都有自己獨特的歷史與社會背景，故事裡也都夾帶（不管顯著或隱密）對世界的政治觀點。正如我們在這本書裡看到的，**西方文明**的恢宏故事出現在十七、十八世紀的特定歷史與社會背景裡，也夾帶著與這個背景相符的政治觀點。當前中國官方提倡的並行文明恢宏故事也不例外。這個故事出現在二十一世紀初期特殊的歷史與社會背景下，故事裡也夾帶著政治觀點。這個政治觀點認同的不是**西方**領導的國際體系，而是由中國發起的另一個體系。

這個恢宏故事建立的文明模式主張，不同文明應該透過文化的比較、類推與比擬加以理解，而不是透過文化的改變、借用與傳遞。雖然官方的說詞確實鼓勵文明之間的「對話」，這些文明卻是純淨的，恆常的，有個不變的基本核心。重要的是，每個文明都被假想為專屬某個特定、不變的族群，植根在某個特定、不變的地點。在這樣的模式下，文化合併的概念——也就是**東方**與**西方**融合——找不到立足點。因此，這個模式並沒有為二〇一七到二〇二二年的香港特首林鄭月娥提供多少操作空間。正如本章開頭的題詞，根據林鄭月娥的個人觀點，香港提供「兼具**東方**與**西方**菁華、不同凡響的文化體驗」。[53]

倒楣七七七

林鄭月娥大半生都活在兩個世界，同時擁抱中國和**西方**傳統，她那個世代很多生長在香港的大英帝國子民也是如此。中國與**西方**文化在這座城市的獨特融合，在他們看來是理所當然。一九九七年香港回歸中國以後，這種融合依然持續著，但過去十多年來已經面臨重大壓力。

林鄭月娥一九五七年出生在香港的貧寒家庭，父親在船上工作，獨力養活妻子和五名子女。[54]林鄭月娥曾說，他們住的公寓空間窄小，她只能在床上寫作業。儘管如此，她的學業成績還是很優秀，進了一所天主教女子學校接受**西式**教育，培養出強大的敬業精神和堅定的信仰。另外，她好像從小就有強烈的好勝心。她說她記得小時候只哭過一次，原因是考試沒有得第一。多年後接受電台訪問，被問到當時遭遇挫折有什麼反應，她用一貫的自信答道：「我把第一名拿回來。」[55]

林鄭月娥在大學時期開始對政治產生興趣，原本打算念社工系也改成社會學系，因為在這個領域更有機會參與學生政治。林鄭月娥說當時她是個「反政府」分子，不但到政府機關靜坐抗議，也協助推動跟北京的清華大學交換學生。[56] 這時的叛逆顯然只是過渡時期，因為一九八〇年大學畢業後，她進了香港公部門，後來聲稱她希望從制度內帶動社會改革。

林鄭月娥能力十分出色，不到兩年就被送往劍橋大學修習發展學文憑課程，目標是成為政府高階行政人員。她在那裡遇見正在攻讀數學博士的未來另一半林兆波。幾年後兩人回到香港結婚，林兆波進香港中文大學任教，林鄭月娥則回到政府部門任職，輾轉做過不同職務，包括庫務司多個職位。接下來二十年夫妻兩個都非常忙碌，一方面為事業打拚，一方面養育兩個兒子。在此同時，一九九七年政權移交即將到來，屆時香港回歸中國，不再是英國殖民地，周遭環境充滿不確定性。很多香港人對中國承諾的「一國兩制」抱持懷疑，於是掀起一波移民潮，目的地以英國和北美為主。林鄭月娥一家人雖然留在香港，卻也未雨綢繆，透過一套特別設計的制度取得英國國籍。這套制度可以讓出生在香港的人獲得完整英國公民身分，包括在英國本土的居留權。

儘管擔心害怕，香港回歸後那幾年一切似乎正常運作。到了西元兩千年以後，林鄭月娥的事業開始起飛。[57]她擔任過幾個備受矚目的職位：兩千年到二〇〇三年社會福利署署長；二〇〇三到〇四年房屋及規劃地政局常任祕書長；二〇〇六到〇七年民政事務局常任祕書長。二〇〇四年到〇六年她調任英國，擔任香港駐倫敦經濟貿易辦事處處長。這段時間林鄭月娥回到英國，兩個兒子在劍橋就讀，全家都持有英國國籍。我們不難猜測，這時的她仍然覺得自己屬於兩個世界，就像香港這座城市一樣，是兩種文化傳統的受益者。確實如此，他們跟英國的關係足夠緊密，林兆波從大學退休後，選擇在牛津度過一部分退休生活。

林鄭月娥回到香港，職業生涯向前邁進一大步。她離開公部門，正式踏入政壇。從這時起，她不再擔任祕書或行政官員，而是進入政府核心，制定公共政策。但這個新職位附帶私人代價：她必須放棄英國國籍，宣示效忠香港。

林鄭月娥的第一個政治職位是發展局局長。這段時期她絕不妥協地推動爭議性發展計畫，贏得「強悍戰士」的外號。[58]她曾經表示，二〇一二年第一任任期屆滿後，會前往英國跟家人相聚。然而，二〇一二年她被任命為政務司司長，繼續留在香港，在港府的權位僅次於特首。在意識形態上，她漸漸傾向北京，推出一系列讓香港更向中國靠攏的爭議性政策，侵蝕「一國兩制」的承諾。首先，二〇一二年林鄭月娥計畫增設德育及國民教育課程，引起教師、學生和民主團體激烈反對。抗議人士對新課程的意識形態感到憂心。由於反對者聲勢太過強大，林鄭月娥只好擱置課程計畫，專心推動另一項爭議事務，那就是憲法的革新。

香港的選舉制度十分複雜，以至於立法會只有少數議員是由一般選民直接選出，其他則是由各行各業代表和選舉委員會投票選出。各行各業代表和選舉委員會成員分別來自商業界、公民社會、宗教組織和政治界，並非由選舉產生。民主團體要求改革的聲浪越來越激昂，從二〇一三年到一五年，林鄭月娥帶領專案小組處理這件事。二〇一四年八月她宣布一套新的特首任命制度，所有候選人都需要由提名委員會推選，而提名委員會的委員並非由選舉產生。

抗爭人士於是走上街頭，占領市中心重要定點長達七十七天。這次抗爭事件名為雨傘革命，因為抗議人士使用雨傘抵擋警方的催淚瓦斯和胡椒噴霧。這些抗爭行動引起大眾關切，不只在香港，**西方**也有不少人對他們的行動表達支持。然而，林鄭月娥毫不動搖，要求警方強勢驅離。不過，儘管她祭出各種「強悍戰士」手段，終究還是沒能達到目的，因為香港立法會面對群眾抗議和國際譴責，投票否決這項改革案。

這次失敗後，香港政府毫不留情地懲罰他們認定的首腦，抗爭行動多名領袖被判處短期徒刑。這些抗爭者屬於理想化的新世代，出生在香港回歸後的繁華年代，如今他們面對的未來卻是負擔不起的房價和日益萎縮的就業市場。這是個迷惘的世代，找不到香港的身分認同，對香港過去與英國的殖民關係和現在與中國本土的國家關係懷著矛盾的情感。[59]這波抗爭運動的成員大多很年輕，黃之鋒和周庭都是自己世代的領袖人物，兩人創立「學民思潮」運動組織抗議德育及國民教育課程時，都才十五歲；參與雨傘革命時，都還未滿十八歲。二〇一七年黃之鋒二十一歲，就因為抗爭行動首度入獄服刑。[60]

到了二〇一七年特首選舉時，林鄭月娥已經成了許多民運人士憎恨的對象。但她在香港仍然擁有許多尊敬與支持，尤其是商業界和當權派，他們覺得她值得信賴。林鄭月娥雖然沒能成功推動憲法革新和新課程，卻依然是北京屬意的候選人。如果她想爭取港府最高職位，這或許是她的優勢。二〇一七年她順利當選特首，在選委員的一千一百九十四張選票中，她拿到七百七十七張。這個數字立刻為她招來敵視者的嘲笑，因為在粵語的粗話裡，「七」的發音近似陽萎的陰莖。[61]她成為特首想必十分開心，但肯定不會喜歡「七七七」這個新綽號。

德育及國民教育法案和憲法革新的失敗，確實似乎是她在政治上的陽萎，但她決定揮別這個不討喜的新綽號。二〇一九年三月新一波群眾抗爭爆發，因為官方有意修改《逃犯條例》，方便中國從香港引渡政治異議分子。這次抗議行動的規模比林鄭月娥過去遭遇過的大得多，然而，雖然有數十萬人持續走上街頭（人數的估計眾說紛紜，但據說有超過一百萬人參加二〇一九年六月某次遊行），林鄭月娥依然態度強悍，絕不認輸。抗議人士在大學和機場靜坐，又在七月一日衝進立法會（也就是本章開頭描述的情節），直到十月份《逃犯條例》終於撤銷。林鄭月娥第三次被迫讓步。

二〇二〇年初 COVID-19 疫情爆發，全球許多活動都停擺，香港的政治爭議也不例外。那年六月，在封鎖期間的相對平靜中，香港通過新的《港區國安法》，賦予政府廣大的權力。任何人企圖「分裂或顛覆國家，從事恐怖行動，勾結境外勢力危害國家安全」，或者「煽動他人仇視中央人民政府和香港特別行政區」，最高可處無期徒刑。這項法案的執行由中國指派的官員負責監督，獨立於香港司法體系之外。當時香港受限於嚴格的防疫禁令，新法案細節直到通過後才公布，林鄭月娥終於奪得一次勝利。更糟的是，這不是一般的勝利，這個勝利粉碎了反對陣營。六月三十日《國家安全法》施行，香港的民主派反對黨「香港眾志」立即解散，以免黨派成員遭到起訴，被判終身監禁。《國安法》施行後，逮捕行動激增，許多知名批評人士被起訴，黃之鋒和周庭分別被判處十三個月和十個月徒刑，兩人都才二十多歲。

二〇二一年五月《香港基本法》修正案也悄悄通過，大幅縮減立法會裡的民選席位，半數議員將由非選舉產生的提名委員會推選。在此同時，提名委員會裡北京任命的席位比例增加，法案也規定，只有「愛國」的人才能進入政府部門任職。[62]林鄭月娥擔任特首期間政治動盪，加上民眾普遍不滿她的防疫措施，因此，二〇二二年五月她宣布不再競選，多數人並不驚訝。二〇二二年七月一日，特首一職由李家超接任。李家超警界出身，是那年特首選舉唯一的候選人，得到北京的正式認可。

林鄭月娥本人依然讓人難以捉摸。她很少接受媒體採訪，發表演說也幾乎不流露個人情感。有個知名的例外發生在二〇一九年夏天，當時她面對職業生涯中規模最大的抗爭，八月中旬在電視上發表演說呼籲抗爭人士放棄他們的訴求，忍不住崩潰哭泣。[63]雖然她的同仁聲稱她遭受人身攻擊，真的「情緒不穩」，反對者卻認為那是鱷魚的眼淚，是騙取同情的伎倆。不管那淚水背後的真相是什麼，從這個時刻起，她行事越來越低調，在香港任職的媒體記者和外交人員都發現，她跟人互動時越來越拘謹，平時的談話和發言審慎地選用北京偏愛的詞彙。[64]在電視螢幕上崩潰後沒幾天，林鄭月娥對商業界領袖說話時，難得放鬆警惕說溜了嘴。她說：「很遺憾，特首聽命於兩個上司，一個是中央人民政府，一個是香港人民，能運作的政治空間非常、非常有限。」[65]

這簡短一句話，正中問題的核心。許多年以來，林鄭月娥在個人層面上同時屬於**東方**與**西方**兩個世界。事實上，以她初入社會時的環境而言，這種多元性不但可以存在，甚至受到鼓勵。年輕時的她跟家人在香港與英國之間往返來回，這種雙重文化生活模式顯然是她在香港政府裡的長官所樂見的。而在林鄭月娥心目中，這種雙重文化似乎也是香港的未來。

擔任特首期間，林鄭月娥竭盡全力將香港定位為**東方**文化與**西方**文化的交會點。本章開頭的題詞引用自二〇二一年十一月她在M＋開幕典禮上的致詞。M＋是新建的當代視覺文化博物館，她希望提供遊客「兼具**東方**與**西方**菁華、不同凡響的文化體驗」。[66] M＋座落在西九龍文化區，這個文化區是各界期待已久的開發計畫，也是她二〇一七年競選特首的重要政見。她在政見裡承諾「加速開發西九文化區，落實香港文化樞紐的地位」（競選政見五：四四）。二〇二一年六月林鄭月娥對商業界說話，談到香港在中國最新的五年經濟計畫中的角色，她愉快地告訴與會者，香港將會成為「中國與世界各地藝術與文化交流的樞紐」。[67] 這個讓香港成為文化交流場域的論點重複出現在林鄭月娥的演說和書面政策裡，她希望將香港打造成「**東方**遇見**西方**的文化樞紐」，最看重的是藝術與文化的交流。[68]

林鄭月娥想讓香港集**東方**與**西方**的菁華於一身，成為和諧的混合體，這個心願注定無法實現。二〇一七年四月她就任特首時，中國的政策和支撐這個政策的並行文明模式已經確立。事實上，因緣巧合，文明古國論壇召開第一次大會的日期，就在林鄭月娥當選的前幾天。二〇一九年夏天事態更加明顯，林鄭月娥已經無法再腳踏兩個世界（一邊是北京，另一邊是偏向**西方**、追求民主的抗爭人士），她已經無法同時達到雙方的要求。在私人層面，林鄭月娥踏入政壇時被迫在英國與中國公民身分之間二選一。同樣地，香港這個城市也無法繼續同時屬於**東方**與**西方**。在中國提出的全新文明模式底下，香港只能屬於其中一個文明。文化傳遞、改變或融合的說法沒有存在空間。

如今整個中國，特別是香港和林鄭月娥個人，都在另一個恢宏故事裡運作。這個恢宏故事不只內容有別於**西方文明**的恢宏故事，基本架構也不相同。達伊沙擁抱**西方文明**恢宏故事的翻版，俄羅斯試圖改寫，中國則選擇全然無視，創造出完全獨立、不同性質的文明歷史模式。在中國眼中的世界，文明不是透過文化世系傳遞、繼承或流傳下來，而是不同文明並行，各自保持純淨、恆常不變。這種看待全球現況的觀點非但跟**西方**的假想大不相同，也是對歷史樣貌的另一種解說。

這件事之所以重要，原因有二。首先，這證明以全然不同的角度想像歷史樣貌是可行的。

我們在這本書裡討論過各式各樣的恢宏故事，不同的人在不同時代以不同方式畫出文明的傳承途徑：九世紀肯迪認為文明從希臘傳到巴格達（第三章）；十二世紀戈弗雷認為從特洛伊傳到羅馬、再到中歐（第四章）；十八世紀瓦倫認為從希臘傳到西歐再到北美（第十章）；還有不久前提到的十六世紀俄羅斯修道院長菲洛提厄斯，他認為文明從羅馬傳到拜占庭再到莫斯科。然而，中國官方提倡的並行文明恢宏故事卻完全是不同性質的設定。這個說法提供的是反史觀的歷史，主張恆定而非轉變，累積而非傳遞，而特定族群、地區和文明之間有著本質上的、不變的關係。這種文明本質論雖然與歷史證據相悖（我們在這本書裡多次提到，文獻上記載許多不容置疑的事實，證明文化的交流與傳播確實存在），但這種截然不同的模式能夠存在，其中不無深意。它在提醒我們所有人，不管我們身在**西方**之內或之外，都該質疑一直以來視為理所當然的歷史故事，並且以更開放的角度去思考，我們可以為未來打造哪些類型的歷史故事。

中國的並行文明模式也向我們揭示**西方**歷史面貌的某些重點。正如我們在這本書裡看到的，權威版的**西方文明**恢宏故事是錯的，但它確實跟我們在這本書裡檢視過、同樣錯誤的文明宗譜具有某些共通點。這些故事都主張，文明可以依靠文化元素在不同種族與不同地區之間的流動來傳遞與遷移。如果跟中國提倡的恆定並行文明恢宏故事兩相比較，就更能突顯出那些故事都強調文明的傳播。它們強調的不是固定，而是變化；不是累積，而是傳遞；不是族群與地區的連續性，而是變化與遷移。

因此，所有跟**西方**這個概念糾纏不清的文明恢宏故事，都是以可傳遞性與可遷移性為核心。在這些恢宏故事裡，文明會移動。它在族群之間移動，因此沒有任何單一族群可以聲稱自己獨占文明；它在地區之間移動，因此不可能專屬某個地域。事實上，如果我們將**西方文明**看成「金塊」（關於這個概念，見本書引言），那麼這個金塊就是文化的可傳遞性與可遷移性兩大原則。如今要召喚全新的**西方**身分認同，要敘述全新的**西方**歷史恢宏故事，也應該以這兩大原則為核心。

結論

歷史的樣貌

據說英國歷史學家阿諾德．湯恩比（Arnold Toynbee）說過，歷史只是「一樁又一樁破事」。事實不然。當然，歷史上的確有不少「破事」，一樁樁關於過去、客觀上可證實為真的事。[1] 但歷史不只是這樣。個別事實永遠是歷史的基礎，但我們如何選擇那些事實，我們覺得哪些夠重要，應該納入；哪些不重要，應該丟棄，卻是主觀的，我們如何排列那些事實的因果關係更是如此。歷史會依你採取的視角呈現不同樣貌。

• 誰能代表**西方**歷史，答案必然是主觀的。愛因斯伍茲．藍德．史波福得*選出的先輩如今依然裝飾著華盛頓特區的國會圖書館；培根在《新亞特蘭提斯》裡也主觀決定哪些傳說中的祖先可以進入本撒冷的假想長廊。本書介紹的人物是我的選擇，依據的是我個人的經驗和興趣。如果你也要寫這樣一本書，相信你的選擇會跟我不一樣。因此，這本書是我個人對**西方**歷史的主觀詮釋。我的篩選重點有別於史波福得和培根，我選的不是「偉大」的人物。相反地，我選中這些人，是因為我認為他們的生命是時代精神的縮影。不過，本書雖然主觀，卻也依據事實。我盡力搜集現有的證據，匯整這十四個人物的生平事蹟，將他們呈現在你面前，盡可能避免價值判斷的扭曲。我用這些各自獨立的傳記作為基礎，描繪一段更豐富多樣的**西方**歷史故事。據我了解，這個故事符合我們所知的史實。這個故事跟傳統版的**西方文明**恢宏故事明顯不同，而傳統版很久以前就被證實與事實不符，至今卻仍然反覆出現在流行文化和政治語彙中。

正如我們在本書引言所說，起源很重要。**西方文明**的恢宏故事斷言，**西方**的起源在希臘羅馬世界，現代政治語彙也頻繁操弄這些假想起源。然而，檢視希羅多德的生平和著作之後，我們發現古代希臘人建構身分認同的方式十分複雜，而且通常迥然不同。他們並不認為自己主要是**白種人**或歐洲人，也不認為自己本質上跟亞洲人和非洲人不同。不管是亞洲的希臘人或非洲的希臘人，都是希臘人，跟碰巧居住在我們目前稱為歐洲那個地方的希臘人沒什麼兩樣。在莉

＊ 譯注：Ainsworth Rand Spofford（一八二五－一九〇八），美國新聞工作者兼作家，曾任國會圖書館館長。

薇拉的時代和羅馬帝國早期，無法跨越的文明鴻溝是個陌生概念。羅馬人自稱是亞洲特洛伊人的後代，統治一個橫跨三個大陸的帝國，肯定不願意被限定為只屬於**西方**。然而，即使舊有說法已經被全面推翻，**西方**的假想故事依然堅持希臘羅馬世界是單一完整的實體，地理位置在歐洲，人種是**白種人**。即使我們知道這種近乎不切實際的觀點並不正確，也知道古代是個更多樣化的世界，在思考時卻也受到制約，認為希臘羅馬世界是獨立的、「古典的」，習慣性將它們跟**西方**身分認同連結在一起。

西方文明的恢宏故事聲稱，**西方**的起源就在希臘羅馬世界，而這個世界的文化是純粹的，內部是完整的，是**西方**的專屬遺產。同樣地，這點已經證實是錯的。在肯迪的時代，從西北邊的英國到東邊的阿富汗和南邊的蘇丹，都找得到古代希臘和羅馬留下的遺產。在伊斯蘭世界的心臟地帶，古希臘被認為是重要的文化祖先，西歐和中歐則自稱古羅馬的繼承人。根據戈弗雷和拉斯卡里斯的著作，古代的羅馬跟古代的希臘互不相關，本質上彼此對立。見識到血腥又漫長的教派爭端，在他們心目中，「統一的基督教世界」這個概念顯得空洞，「歐洲是單一文化區」這種論點更是荒謬。他們認為拉丁世界跟希臘全然不同，甚至彼此對立，這種文明觀點跟現代**西方**的看法有明顯差異。

緊接著**西方文明**的傳統故事又說，歐洲在文藝復興時期重新發現它的古典根源，喚醒休眠中的傳統。然而，這種論點禁不起探究。與其說圖利婭這類文藝復興思想家兼作家喚醒古老傳統，不如說他們創造新傳統；與其說他們被動地受傳統影響，不如說他們主動挪用傳統。他們或許將希臘羅馬世界融合成概念上的單一實體，他們卻不認為這是個緊密結合的實體、沒有受到其他古代文化的影響。因此，儘管**西方**文化身分認同的基礎確實是在文藝復興時期奠定下來，但那時**西方文明**的恢宏故事卻還沒確立。即使到了現代早期，依然可以將基督新教與伊斯蘭視為地緣政治上的聯盟，與天主教的中歐對立，因為他們共享特洛伊的假想傳承，而這個假想傳承否決了古希臘羅馬為單一整體的觀點。只是，莎菲耶蘇丹的時代之後，這種觀點再也無法存在。隨著十七世紀的到來，新的世界秩序建立，對世界歷史的新概念也隨之而來。

提到培根，我們會聯想到「知識就是力量」這句格言。從這個時刻開始，**西方**開始變成完整的實體。將它凝聚在一起的，除了啟蒙運動的新思維，還有**西方**與其他地區之間越來越不平衡的權力關係。以古希臘羅馬為起源的**西方**身分認同已經是根深蒂固的觀念，隨著歐洲的擴張與帝國主義的發展，這個觀念越來越明確。不過，這個**西方**身分認同的界限並非無法逾越。在十七世紀晚期，像恩津加這樣的人還能透過改信基督教取得一定程度的**西方**身分，並且被某些

西方評論家認定為古希臘羅馬的後繼者。

雖然**西方文明**的恢宏故事在十七世紀開始成形，卻要到十八世紀中期才更具體、更穩固，以便因應美國革命在意識形態上的迫切需求，並且廣為宣傳，以便深植在廣大民眾的意識裡。在瓦倫等人的演說中，**西方**這個概念跟新美國密切關聯：由於美國是**西方文明**的歷史頂點，所以美國獨立合情合理。在此同時，**西方文明**的種族化概念則有助於維持舊時代殖民制度裡的不平等，尤其是有利於**白種**精英的種族等級排列，將美洲原住民、非洲奴隸和他們的後代都排除在權力結構之外。因此，像惠特利這樣的人雖然通曉「古典」高級文化，在種族化的**西方文明**恢宏故事底下，他們不可能被視為希臘羅馬遺產的合法繼承人。

從格萊斯頓的著作，我們看到**西方文明**這個概念在它的巔峰期是如何運作的。正是在這個時刻，在十九世紀，這個恢宏故事以它最清晰、最有力的狀態呈現。事實上，它也是在這時貼上「**西方文明**」這個標籤。它被假想為純屬歐洲、**白種人**的文化傳承，起源於古代的希臘與羅馬，沒有受到「次等」文化的汙染或損害，後來又被基督教塑造。那時**西方**支配全球，因此，**西方文明**這個概念既是創始的神話，也是帝國的特許狀。

對**西方文明**恢宏故事的質疑來得比較晚，要到二十世紀後半才更為普遍。薩依德是率先發難的關鍵人物，他對**西方**這個概念提出難以回答的問題，也揭露**西方**歷史的虛構本質。這種挑戰一直延續到今天，這本書也是其中的一環。現階段，中國的發展正好證實恢宏歷史故事在政治上的重要性和它的虛構本質。中國政府正在建立自己的全球地緣政治體系和文明關係模式，當然也建構自己的恢宏世界歷史。全新的恢宏故事登場，提倡的不只中國，還有文明古國論壇其他成員。在這個並行文明的恢宏故事裡，文化沒辦法混合或合併，其中的元素也無法繼承或傳遞。相反地，文化在歷史的進程中恆存，牢固又穩定。這是個靜態、反歷史的模式，主張將族群和文化視為屬於某個固定地域，甚至屬於某個固定政治結構，亦即現代的民族國家。相較於依據**西方**各種歷史觀點描述的各種假想宗譜，這個模式有根本上的不同。在與**西方**相關的恢宏故事裡，文化可以傳遞，可以在族群與地區之間移動（當然，族群與地區的細節視各種版本的說詞而有不同）。基本上，這些故事都認為文明是可以傳遞、可以移動的。由於**東西方**文明模式根本上不相容，林鄭月娥眼中那個兼具**東方**與**西方**特色的香港很難成立。

今後**西方**會往哪裡去？**西方**有些人希望我們回到過去，全力推銷對古早年代的懷念。[2]這種思古幽情具有危險性。**西方文明**的恢宏故事之所以在十七到十九世紀捏造出來廣為流傳，是因為它發揮特定意識形態的功能。它為**西方**提供起源神話，這是一種意識形態工具，以崇高輝煌的過去為基礎，為**西方**的統治與征服提供正當理由。只是，這個意識形態功用如今已經失靈。現代**西方**大多數人已經不再需要支持種族壓迫和帝國霸權的起源神話。

於是，有人嘗試修改**西方文明**的故事，讓它更適合現代**西方**自由主義民主的理念。比方說，強調古雅典的民主、現代早期的宗教寬容，以及啟蒙運動推崇的個人自由，視之為當代社會自由主義完美典型的基礎。只是，由於歷史素材的本質，這些方向通常困難重重。古雅典的制度或許偏向民主，但它同時也帶著種族偏見、帝國主義和性別歧視，而且仰賴奴隸制度。現代早期的宗教寬容，是經歷慘烈戰爭、血腥與殘暴後，隨著《西發里亞條約》的簽訂而來。即使簽訂了和約，也沒能終結歐洲的宗教衝突。另外，啟蒙時代的個人自由未必平等賦予所有人類，很多人因為種族與性別被排除在外。雖然**西方文明**恢宏故事之中某些個別元素與成分已經重新檢討，但再怎麼調整，它的整體都很難符合二十一世紀的情感。它是過去的**西方**至關緊要的起源神話，卻已經不適合當前的**西方**。

也有人持不同見解，其中某些人是發起本書引言提及的文化戰爭的先鋒。這些人曾經被認定為極右派，如今跨入主流政治，其中有知名評論家、社運人士、政治人物，甚至包括某些**西方**國家的領導人或前領導人。這些人希望**西方**的時光倒流，扭轉上個世紀的許多社會變革，重現**西方**稱霸全球時的輝煌。那些以**西方**捍衛者自居的人，其實應該算是**西方**的攻擊者。正如近期有關**西方**反自由主義興起的研究指出，[3]這些人其實跟當代**西方**的核心理念背道而馳，宣揚屬於舊時代**西方**的過時理念。當他們以激昂的聲調號召我們以行動捍衛**西方文明**，他們要我們捍衛的其實是道德破產的虛構故事。

古典文學這門學科目前正經歷縮小版的文化戰爭，成為辯論的焦點。在這些辯論當中，也可以聽見那些激昂聲調。如果說起源很重要，那麼我們如何研究古希臘羅馬這個**西方**假想起源，跟**西方**如何看待自身密切相關。有人堅持傳統觀點，主張「古典文學」這門學科應該只限於研究純粹的古希臘羅馬著作，因為古希臘羅馬是**西方文明**的起源，古希臘羅馬的著作與文化是現代**西方**的遺產。[4]也有人企圖徹底抹除這門學科，因為它在歷史上與壓迫、剝削和**白種**至上的制度掛鉤。

也有人（包括我自己）提倡重新詮釋這個領域。[5]我們承認「古典文學」這門學科的歷史與地位不無疑義，也知道在這個領域做研究的我們有責任瓦解依然存在其中的各種偏見，比如種族、性別、階級和其他不同形式的歧視。但最重要的是，我們有責任發掘並弘揚古代的多樣、趣味與繽紛，古代的這些特色遠比**西方文明**恢宏故事所描述的精彩得多。當我們知道荷馬重新詮釋美索不達米亞與西台古國＊詩歌的題材與中心思想，就能看見荷馬史詩更豐富的一面。當我們細察羅馬的信仰和鐵器時代歐洲的信仰之間複雜的交融，對羅馬信仰的認識就會加深。如果我們考慮到西元前五世紀的雅典如何一方面操弄反波斯語彙，一方面吸收波斯的物質文化與藝術風格，就能更充分了解那時的雅典。我們跟希羅多德一樣，認為研究古代世界最符合歷史正確性的方法，是全盤接納它那令人眼花繚亂的多樣性。

「古典文學」這門學科引發的爭辯具有更廣泛的意義，因為在**西方文明**的恢宏故事中，古希臘羅馬地位特殊，是**西方**的假想誕生地和發源地。如今**西方**要往前走，需要揚棄古老的**西方文明**恢宏故事，不再認為古希臘羅馬是它唯一、純淨的起源。**西方**需要建立新的恢宏歷史故事，我希望這個新版本比較接近我們所知的史實。這些史實呈現一個複雜得多的**西方**歷史故事。然而，因為複雜，才更豐富；因為多樣，才兼容並蓄；更重要的是可變性，因此能接納改變。我認為，比起**西方文明**的恢宏故事，這個新版本更容易符合**西方**很多人信奉的自由、多元與民主價值觀。

這本書不是對**西方**的攻擊。相反地，我認為這本書是對**西方**與它的基本信念的頌揚。如果我們將本書討論到的各種**西方**宗譜拿來跟文明古國論壇目前提倡的並行文明反歷史模式兩相比較，那些基本信念就會更清晰：可變性、創新、以創造性角度重新詮釋過去。不管是希羅多德的《歷史》或肯迪的哲思，圖利婭的詩或瓦倫的演說，都具有這些特徵。還有什麼比審視、批判與質疑接收到的智慧更**西方**？有什麼比參與對談更**西方**？有什麼比重新詮釋歷史樣貌更**西方**？

＊ 譯注：Hittite，位於安那托利亞的古代帝國，是西亞青銅器時代的重要文明。

致謝

這本書能夠問世，我要在這裡感謝很多人付出的努力。首先是我的經紀人 Charlotte Merritt，感謝她超乎常人的耐心和持續不懈的鼓勵。還有我的編輯 Jamie Joseph 與 Cassidy Sachs，他們把我雜亂無章的文字變成連貫的論點，冷靜地處理我的突發奇想。也要感謝 Andrew Nurnberg Associates、Ebury and Dutton 等團隊的工作人員，尤其是 Amanda Waters。謝謝 Hanan Issa 慷慨同意我在本書第十三章翻印她的詩〈我的身體裝得下兩顆心〉。

我也衷心感謝以下幾位（依姓氏字母順序）：Rosa Andújar、Saiqa Chaudhry、Peter Frankopan、Lawrence Freedman、Rebecca Futo-Kennedy、Julia L. Hairston、Jan Heywood、John McLucas、Andrew Merrills、Jana Mokrišová、Cosimo Paravano、Josephine Crawley Quinn、Mira Seo、George Southcombe 和 Yana Xue。他們費心閱讀這本書各章節的初稿，不吝分享他們的專業知識，貢獻寶貴意見，檢查或撰寫譯文，推薦參考書目，提供合理又有益的建議，或大方分

享他們尚未出版的研究與著作。少了你們的協助，這本書會遜色許多。也要謝謝 Sharon Gauci Mestre、Mary Harlow、Mathias Hoermes 和 Yasmin Yasseri 的支持和鼓勵。沒有你們非刻意卻有益的干涉，我無法完成這本書。

這本書是從我的一項學術研究發展出來的，研究主題為特洛伊的神話宗譜，是二〇一七年我在哈佛大學希臘研究中心擔任研究員所做的研究。我要感謝中心的所有同仁，尤其是主任 Gregory Nagy，感謝他營造那麼激勵人心的學術環境。接下來那幾年，我有幸在許多場合發表我的論點，也得到珍貴的回饋。因此，我要感謝 Michae Okyere Asante和二〇一八年迦納古典學會開幕研討會的工作人員；Rebecca Rideal 和 HistFest 2018 的工作人員；Simon Soon和二〇一九年十月馬來亞大學歷史系專題研討會的工作人員；Daniel Jew 和二〇一九年新加坡國立大學歷史系專題研討會的工作人員。另外，感謝我在英國萊斯特大學（University of Leicester）優秀的前同事和學生，他們多次聽我陳述這本書的主要論點，也提出他們的意見。還有我目前在維也納大學的傑出同事和學生，他們也給予我相同協助。

謝謝我的長輩 John Nielsen，他從一開始就給我全力支持，花時間讀了整本書（而且不止一次），辛勤地核對事實，查找參考資料，提示我探索意想不到的新方向。最重要的是，謝謝你始終如一的愛護。還有我的另一半 John Vella，感謝你在我信心動搖時穩穩扶住我，在我離家工作時守護我們的家，散步時跟我討論，激發我很多巧妙點子，有時也會挑戰我的假設，跟我說些我需要聽、卻未必想聽的話。最重要的是，謝謝你陪我漫步沙丘與樹林。

American Revolution was It? Historians Interpret the Founding（2011）打開我的視野。市面上不乏格萊斯頓的傳記，我最喜歡的是Richard Aldous的*The Lion and the Unicorn: Gladstone vs Disraeli*（2009）。而在眾多討論大英帝國的書籍之中，我推薦普莉亞・沙蒂婭（Priya Satia）的《時間怪獸：被歷史塑造的大英帝國進步假象》（*Time's Monster: History, Conscience and Britain's Empire*, 2020）。

提摩西・布倫南（Timothy Brennan）二〇二一年發表的薩依德新傳記《心靈的棲地：愛德華・薩依德傳》（*Places of Mind: A Life of Edward Said*）會是愉快的閱讀體驗。Kwame Anthony Appiah的*The Lies that Bind: Rethinking Identity*（2018）以薩依德式的後殖民思維為基礎，巧妙地重新思考現代世界裡的文化與身分認同。日後市面上能不能看到林鄭月娥的傳記，現階段還言之過早，但有些書挑戰我對中國和全球權力平衡的看法，比如彼德・梵科潘的《絲綢之路》，以及馬凱碩（Kishore Mahbubani）的《中國贏了嗎？挑戰美國的強權領導》（*Has China Won? The Chinese Challenge to American Primacy*, 2020）。

（2008）引導我從不同角度思考鄂圖曼帝國與歐洲基督教國家之間的互動。坊間有不少書籍探討鄂圖曼歷史，我推薦Halil Inalcik的*The Ottoman Empire: The Classical Age 1300–1600*（2001）。

討論培根的書多不勝數，但我覺得Lisa Jardine和Alan Stewart合著的*Hostage to Fortune: The Troubled Life of Francis Bacon*（1998）特別有參考價值。探討啟蒙運動的書籍更多，我選擇的是Margaret C. Jacob的*The Enlightenment: A Brief History with Documents*（2001）。關於恩津加的生平，我仰賴Linda Heywood的出色著作*Njinga of Angola: Africa's Warrior Queen*（2017）。但如果要了解更全面的歷史背景，Toby Green的*A Fistful of Shells: West Africa from the Rise of the Slave Trade to the Age of Revolution*（2019）內容既震撼又啟發人心。

關於瓦倫其人其事，我推薦Christian Di Spigna的*Founding Martyr: The Life and Death of Dr. Joseph Warren, the American Revolution's Lost Hero*（2018）。有關美國開國元勛政治化的古典主義，我參考的是Thomas E. Ricks的*First Principles: What America's Founders Learned from the Greeks and Romans and How that Shaped Our Country*（2020）。關於惠特利的一生，目前已經有相當豐富的文獻可供參考，但我的優先選擇會是Vincent Caretta編纂的最新惠特利詩集*The Writings of Phillis Wheatley*（2019）。有關美國革命可受公評的政治運作，Alfred F. Young和Gregory Nobles共同創作的*Whose*

馬皇室女性的生活。關於羅馬帝國的歷史，我推薦Greg Woolf的*Rome: An Empire's Story*（2012）。

Peter Adamson的*Al-Kindī*（2007）篇幅不長卻是內容豐富，中肯地描述肯迪的生平。讀者如果想要更深入了解中世紀伊斯蘭的黃金時代，應該會喜歡Amira Bennison的*The Great Caliphs: The Golden Age of the Abbasid Empire*（2009）。Thomas Foerster編纂的*Godfrey of Viterbo and his Readers: Imperial Tradition and Universal History in Late Medieval Europe*（2015）收錄多篇文章 ，從不同面向探討戈弗雷的一生。關於神聖羅馬帝國更全面的歷史，我覺得Peter H. Wilson的*The Holy Roman Empire: A Thousand Years of Europe's History*（2016）值得一看。關於拉斯卡里斯的生平，我的資料來自Dimiter Angelov的精彩著作*The Byzantine Hellene: The Life of Emperor Theodore Laskaris and Byzantium in the Thirteenth Century*（2019），不過，Anthony Kaldellis的*Byzantium Unbound*（2019）對整個拜占庭帝國的介紹很能開拓讀者的視野。

想要進一步了解圖利婭和她的詩，Julia L. Hairston的*The Poems and Letters of Tullia d'Aragona and Others*（2014）是絕佳管道。另外，Hairston和McLucas合作的《可憐蟲》新譯本也已經在二〇二四年問世。Jerry Brotton的*The Renaissance: A Very Short Introduction*（2002）方便讀者更全面地認識文藝復興。有關莎菲耶蘇丹的學術資料不容易搜集，不過Margaret Meserve的*Empires of Islam in Renaissance Historical Thought*

推薦閱讀

這裡我只推薦英文書籍，因為本書最初也是以英文發表。關於**西方**在歷史上的發展，以及**西方**與其他地區的關係，我推薦Josephine Crawley Quinn的*How the World Made the West*（2024）。有幾本書審慎檢視世界歷史，幫助我們跳脫**東方**與**西方**的二元概念，比如彼德．梵科潘（Peter Frankopan）的《絲綢之路：從波斯帝國到當代國際情勢，橫跨兩千五百年人類文明的新世界史》（*The Silk Roads: A New History of the World*, 2015），以及伊安．摩里士（Ian Morris）的《西方憑什麼：五萬年人類大歷史，破解中國落後之謎》（*Why the West Rules – For Now*, 2011）。

關於希羅多德，不妨看看Christopher Pelling的*Herodotus and the Question Why*（2019）。想要了解古希臘世界，Robin Osborne的*Greek History: The Basics*（2014）是不錯的入門。當然，希羅多德的《歷史》本身就是趣味盎然的讀物，我偏好的英文版是企鵝出版社二〇〇三年版，譯者是Aubrey de Sélincourt，附有John Marincola撰寫的引言。專門討論莉薇拉的書並不多，不過Anneliese Freisenbruch的*The First Ladies of Rome: The Women Behind the Caesars*（2010）帶領我們探索羅

Wood, Ian N. 2013. *the Modern Origins of the Early Middle Ages*. Oxford: Oxford University Press.

Wood, Jennifer Linhart. 2015. "An Organ's Metamorphosis: Thomas Dallam's Sonic Transformations in the Ottoman Empire". *Journal for Early Modern Cultural Studies* 15 (4): 81–105.

Wood, Susan. 2001. *Imperial Women: A Study in Public Images, 40 B.C.–A.D. 68*. Leiden, NL: Brill.

Woods, Hannah Rose. 2022. *Rule, Nostalgia*. London: Penguin.

Woolf, Greg. 1998. *Becoming Roman: the Origins of Provincial Civilization in Gaul*. Cambridge: Cambridge University Press.

Wright, Elizabeth R. 2016. *the Epic of Juan Latino: Dilemmas of Race and Religion in Renaissance Spain*. Toronto: University of Toronto Press.

Wrigley, Chris. 2012. "Gladstone and Labour". In *William Gladstone. New Studies and Perspectives*, ed. Roland Quinault, Roger Swift and Ruth Clayton Windscheffel, 51–71. London: Routledge.

Young, Alfred F., and Gregory Nobles. 2011. *Whose American Revolution Was It? Historians Interpret the Founding*. New York: New York University Press.

Zagorin, Perez. 2020. *Francis Bacon*. Princeton, NJ: Princeton University Press.

Zanker, Paul. 1997. *Augustus und die Macht der Bilder*. 3rd ed. Munich: Beck.

Ženka, Josef. 2018. "A Manuscript of the Last Sultan of Al-Andalus and the Fate of the Royal Library of the Nasrid Sultans at the Alhambra". *Journal of Islamic Manuscripts* 9 (2–3): 341–76.

Zimmermann, Reinhard. 2001. *Roman Law, Contemporary Law, European Law: the Civilian Tradition Today*. Oxford: Oxford University Press.

Wheatley, Phillis. 1773. *Poems on Various Subjects Religious and Moral.* London: A. Bell.

Wheatley, Phillis, and Vincent Carrett a. 2019. *the Writings of Phillis Wheatley.* Oxford: Oxford University Press.

Wiencek, Henry. 2003. *An Imperfect God: George Washington, His Slaves, and the Creation of America.* New York: Farrar, Straus and Giroux.

Wignell, Peter, Sabine Tan, Kay L. O'Halloran and Rebecca Lange. 2017. "A Mixed Methods Empirical Examination of Changes in Emphasis and Style in the Extremist Magazines *Dabiq* and *Rumiyah*". *Perspectives on Terrorism* 11 (2): 2–20.

Wijma, Sara M. 2014. *Embracing the Immigrant: the Participation of Metics in Athenian Polis Religion (5th–4th Century BC).* Stuttgart: Franz Steiner Verlag.

Willis, Patricia. 2006. "Phillis Wheatley, George Whitefield, and the Countess of Huntingdon in the Beinecke Library". *Yale University Library Gazethe* 80 (3–4): 161–76.

Wilson, Peter H. 2016. *the Holy Roman Empire: A frousand Years of Europe's History.* London: Penguin.

Winckelmann, Johann Joachim. (1764) 2006. *History of the Art of Antiquity.* Trans. Henry Francis Malgrave. Los Angeles: Gett y Publications.

Winterer, Caroline. 2004. *the Culture of Classicism: Ancient Greece and Rome in American Intellectual Life, 1780–1910.* Baltimore: Johns Hopkins University Press.

Wiseman, T.P. 1995. *Remus: A Roman Myth.* Cambridge: Cambridge University Press.

Wiseman, T.P. 2004. *the Myths of Rome.* Exeter: University of Exeter Press.

Wolfe, Michael. 1993. *the Conversion of Henri IV: Politics, Power, and Religious Belief in Early Modern France.* Cambridge, MA: Harvard University Press.

Wong, Joshua, Jason Y. Ng and Ai Weiwei. 2020. *Unfree Speech: the threat to Global Democracy and Why We Must Act, Now.* London: Penguin Books.

Roman Imperial Portraiture. Leiden, NL: Brill.

Varotti, Carlo. 2012. "La Leggenda e La Storia: Erodoto Nella Storiografi a Tra Quattrocento e Primo Cinquecento". In *Hérodote à La Renaissance*, ed. Susanna Gambino Longo, 99–125. Turnhout: Brepols.

Varto, Emily. 2015. "Stories Told in Lists: Formulaic Genealogies as Intentional Histories". *Journal of Ancient History* 3 (2): 118–49.

Vasunia, Phiroze. 2013. *the Classics and Colonial India*. Oxford: Oxford University Press.

Villing, Alexandra, Udo Schlotzhauer and British Museum, eds. 2006. *Naukratis: Greek Diversity in Egypt: Studies on East Greek Pothery and Exchange in the Eastern Mediterranean*. London: British Museum Press.

Vlassopoulos, Kostas. 2013. *Greeks and Barbarians*. Cambridge: Cambridge University Press.

Waibel, Paul R. 2020. *Western Civilization: A Brief History*. Hoboken, NJ: Wiley-Blackwell.

Wallace-Hadrill, Andrew. 2008. *Rome's Cultural Revolution*. Cambridge: Cambridge University Press.

Ward Fay, Peter. 2000. *the Opium War, 1840–1842: Barbarians in the Celestial Empire in the Early Part of the Nineteenth Century and the War by Which they Forced Her Gates Ajar*. Chapel Hill: University of North Carolina Press.

Warraq, Ibn. 2007. *Defending the West: A Critique of Edward Said's Orientalism*. Amherst, NY: Prometheus Books.

Waswo, Richard. 1995. "Our Ancestors, the Trojans: Inventing Cultural Identity in the Middle Ages". *Exemplaria* 7 (2): 269–90.

Weber, Loren J. 1994. "The Historical Importance of Godfrey of Viterbo". *Viator* 25: 153–96.

Westad, Odd Arne. 2017. *the Cold War: A World History*. London: Allen Lane.

West, Martin L., ed. 2008. *Greek Lyric Poetry: the Poems and Fragments of the Greek Iambic, Elegiac, and Melic Poets (Excluding Pindar and Bacchylides) down to 450 B.C.* Oxford: Oxford University Press.

the Arab Conquest to Tamerlane. Princeton, NJ: Princeton University Press.
Stathakopoulos, Dionysios. 2014. *A Short History of the Byzantine Empire*. London: Bloomsbury.
Stedman Jones, Gareth. 2016. *Karl Marx: Greatness and Illusion*. Cambridge, MA: Harvard University Press.
Stock, Markus, ed. 2016. *Alexander the Great in the Middle Ages: Transcultural Perspectives*. Toronto: University of Toronto Press.
Stoneman, Richard. 2019. *the Greek Experience of India: From Alexander to the Indo-Greeks*. Princeton, NJ: Princeton University Press.
Strangio, Sebastian. 2020. *In the Dragon's Shadow: Southeast Asia in the Chinese Century*. New Haven, CT: Yale University Press.
Tatlock, John S. P. 1915. "The Siege of Troy in Elizabethan Literature, especially in Shakespeare and Heywood". *Proceedings of the Modern Language Association* 30 (4): 673–770.
Thomas, Lamont Dominick. 1986. *Rise to Be a People: A Biography of Paul Cuthe*. Champaign: University of Illinois Press.
Throop, Susanna A. 2018. *the Cr us ades*. Leeds, UK: Kismet Press.
Toal, Gerard. 2017. *Near Abroad: Putin, the West and the Contest over Ukraine and the Caucasus*. Oxford: Oxford University Press.
Tong, Elson. 2017. "Carrie Lam and the Civil Service Part I: Not a Typical Offi-cial". *Hong Kong Free Press*, 2 April 2017.
Toohey, Peter. 1984. "Politics, Prejudice, and Trojan Genealogies: Varro, Hyginus, and Horace: *Stemmata Quid Faciunt?* Juvenal, *Sat*. 8:1". *Arethusa* 17 (1): 5–28.
Trautsch, Jasper. 2013. "The Invention of the 'West'". *Bulletin of the German Historical Institute Washington*, Issue 53 (Fall 2013): 89–104.
Trigger, Bruce G. 1989. *A History of Archaeological thought*. Cambridge: Cambridge University Press.
Trudell, Scott A. 2020. "An Organ for the Seraglio: Thomas Dallam's Artificial Life". *Renaissance Studies* 34 (5): 766–83.
Varner, Eric R. 2004. *Mutilation and Transformation: Damnatio Memoriae and*

Northern Cemetery. Princeton, NJ: American School of Classical Studies at Athens.

Smail Salhi, Zahia. 2019. *Occidentalism*. Edinburgh, UK: Edinburgh University Press.

Smarr, Janet L. 1998. "A Dialogue of Dialogues: Tullia d'Aragona and Sperone Speroni". *Modern Language Notes* 113 (1): 204–12.

Smil, Vaclav. 2010. *Why America Is Not a New Rome*. Cambridge, MA: MIT Press.

Smith, Justin E.H. 2015. *Nature, Human Nature, and Human Difference: Race in Early Modern Philosophy*. Princeton, NJ: Princeton University Press.

Smith, Simon C. 2007. "Integration and Disintegration: The Attempted Incorporation of Malta into the United Kingdom in the 1950s". *Journal of Imperial and Commonwealth History* 35 (1): 49–71.

Somma, Thomas P. 2010. "American Sculpture and the Library of Congress". *Library Quarterly* 80 (4): 311–35.

Sowerby, Robin. 1992. "Chapman's Discovery of Homer". *Translation and Literature* 1: 26–51.

Sperber, Jonathan. 2005. *the European Revolutions, 1848–1851*. 2nd ed. Cambridge: Cambridge University Press.

Spielvogel, Jackson J. 2005. *Western Civilization: Combined Volume*. 6thed. Belmont, CA: Cengage Learning.

Squire, Michael. 2011. *the Iliad in a Nutshell: Visualizing Epic on the Tabulae Iliacae*. Oxford: Oxford University Press.

Stagno, Laura, and Borja Franco Llopis, eds. 2021. *Lepanto and Beyond: Images of Religious Alterity from Genoa and the Christian Mediterranean*. Leuven, Belgium: Leuven University Press.

Stahl, A.M. 1998. *Vergil's Aeneid: Augustan Epic and Political Context*. London: Duckworth in association with the Classical Press of Wales.

Stallard, Katie. 2022. *Dancing on Bones: History and Power in China, Russia and North Korea*. Oxford: Oxford University Press.

Starr, S. Frederick. 2015. *Lost Enlightenment: Central Asia's Golden Age from*

Seo, J. Mira. 2011. "Identifying Authority: Juan Latino, an African Ex-Slave, Professor, and Poet in Sixteenth-Century Granada". In *African Athena: New Agendas*, ed. Daniel Orrells, Gurminder K. Bhambra and Tessa Roynon, 258–76. Oxford: Oxford University Press.

Shalev, Eran. 2009. *Rome Reborn on Western Shores: Historical Imagination and the Creation of the American Republic*. Charlottesville: University of Virginia Press.

Shepard, Alan, and Stephen D. Powell, eds. 2004. *Fantasies of Troy: Classical Tales and the Social Imaginary in Medieval and Early Modern Europe*. Toronto: Centre for Reformation and Renaissance Studies.

Sheth, Falguni A. 2009. *Toward a Political Philosophy of Race*. Albany, NY: State University of New York Press.

Shields, John C., and Eric D. Lamore, eds. 2011. *New Essays on Phillis Wheatley*. Knoxville: The University of Tennessee Press.

Signorini, Maddalena. 2019. "Boccaccio as Homer: A Recently Discovered Self-Portrait and the 'Modern' Canon". In *Building the Canon through the Classics: Imitation and Variation in Renaissance Italy (1350–1580)*, ed. Eloisa Morra, 13–26. Leiden, NL: Brill.

Sims-Williams, Nicholas. 2022. "The Bactrian Inscription of Jaghori: A Preliminary Reading". *Bulletin of the Asia Intitute* 30, 67–74.

Sinclair, Patrick. 1990. "Tacitus' Presentation of Livia Julia, Wife of Tiberius' Son Drusus". *American Journal of Philology* 111 (2): 238–56.

Sinisi, Fabrizio. 2017. "Royal Imagery on Kushan Coins: Local Tradition and Arsacid Influences". *Journal of the Economic and Social History of the Orient* 60: 818–927.

Skilliter, S. A. 1965. "Three Letters from the Ott oman 'Sultana' Safiya to Queen Elizabeth I". In *Documents from Islamic Chanceries*, ed. Samuel M. Stern, 119–57. Columbia: University of South Carolina Press.

Skinner, Quentin. 2008. *Hobbes and Republican Liberty*. Cambridge: Cambridge University Press.

Slane, Kathleen W. 2017. *Tombs, Burials, and Commemoration in Corinth's*

Ruffing, Kai. 2018. "Gifts for Cyrus, Tribute for Darius". In *Interpreting Herodotus*, ed. Thomas Harrison and Elizabeth Irwin, 149–61. Oxford: Oxford University Press.

Rukuni, Rugare. 2021. "Negus Ezana: Revisiting the Christianisation of Aksum". *Verbum et Ecclesia* 42 (1): 1–11.

Russell, Rinaldina. 1997. "Introduction". In *Dialogue on the Infrnity of Love, by Tullia D'Aragona*, ed. Bruce Merry and Rinaldina Russell, 21–42. Chicago: University of Chicago Press.

Said, Edward W. 1970. "The Arab Portrayed". In *the Arab-Israeli Confrontation of June 1967: An Arab Perspective*, ed. Ibrahim Abu-Lughod, 1–9. Evanston: Northwestern University Press.

Said, Edward W. (1978) 1995. *Orientalism*. Reprinted with a new preface. London: Penguin.

Said, Edward W. (1978) 2003. *Orientalism*. London: Penguin.

Said, Edward W. 1993. *Culture and Imperialism*. London: Vintage.

Said, Edward W. 1999. *Out of Place: A Memoir*. London: Granta Books.

Said, Edward W. 2000. *Reflections on Exile: And Other Essays*. Convergences. Cambridge, MA: Harvard University Press.

Said, Suzanne. 2001. "Greeks and Barbarians in Euripides' Tragedies: The End of Differences?" In *Greeks and Barbarians*, ed. Thomas Harrison, 62–100. Edinburgh: Edinburgh University Press.

Satia, Priya. 2020. *Time's Monster: History, Conscience and Britain's Empire*. London: Allen Lane.

Schein, Seth L. 2007. " 'Our Debt to Greece and Rome': Canon, Class and Ideology". In *A Companion to Classical Receptions*, ed. Lorna Hardwick and Christopher Stray, 75–85. Hoboken, NJ: Wiley.

Schmidt-Colinet, Andreas. 2019. *Kein Tempel in Palmyra! Plädoyer Gegen Einen Wiederaufrau Des Beltempels*. Frankfurt am Mainz: Edition Fichter.

Schneider, Rolf Michael. 2012. "The Making of Oriental Rome: Shaping the Trojan Legend". In *Universal Empire*, ed. Peter Fibiger Bang and Dariusz Kolodziejczyk, 76–129. Cambridge: Cambridge University Press.

Quinault, Roland. 2009. "Gladstone and Slavery". *Historical Journal* 52 (2): 363–83.

Quinn, Josephine Crawley. Forthcoming. *How the World Made the West.* London:Bloomsbury.

Rady, Martyn. 2020. *the Habsburgs*. London: Penguin.

Reuter, Timothy. 1992. *Germany in the Early Middle Ages, c. 800–1056.* London: Longman Publishing.

Rhodes, Peter John. 2004. *Athenian Democracy*. Oxford: Oxford University Press.

Richard, Carl J. 1995. *the Founders and the Classics: Greece, Rome, and the American Enlightenment*. Cambridge, MA: Harvard University Press.

Richard, Carl J. 2015. "Cicero and the American Founders". In *Brill's Companion to the Reception of Cicero*, ed. William H.F. Altman, 124–43. Leiden: Brill.

Ricks, Thomas E. 2020. *First Principles: What America's Founders Learned from the Greeks and Romans and How frat Shaped Our Country*. New York: Harper.

Rienjang, Wannaporn, and Peter Stewart, eds. 2020. *the Global Connections of Gandhara Art: Proceedings of the third International Workshop of the Gandhara Connections Project, University of Oxford, 18th–19th March, 2019. Oxford:* Archaeopress.

Robinson, William H. 1977. "Phillis Wheatley in London". *CLA Journal* 21 (2): 187–201.

Rose, Charles Brian. 1997. *Dynastic Commemoration and Imperial Portraiture in the Julio-Claudian Period.* Cambridge: Cambridge University Press.

Rose, Charles Brian. 2013. *the Archaeology of Greek and Roman Troy.* Cambridge: Cambridge University Press.

Ross, Shawn A. 2005. "*Barbarophonos*: Language and Panhellenism in the *Iliad*". *Classical Philology* 100 (4): 299–316.

Rothe, Ursula. 2019. *the Toga and Roman Identity.* London: Bloomsbury Academic.

Daly. 2015. *Western Civilization: Ideas, Politics, and Society*. 11thed. New York: Cengage Learning.

Petersohn, Jurgen. 1992. "Friedrich Barbarossa und Rom". In *Friedrich Barbarossa. Handlungsspielräume und Wirkungsweisen*, ed. Alfred Haverkamp, 129–46. Stuttgart, Germany: Jan Thorbecke Verlag.

Petersohn, Jurgen. 2001. "Kaiser, Papst und römisches Recht im Hochmittelalter. Friedrich Barbarossa und Innocenz III beim Umgang mit dem Rechtsinstitut der langfristigen Verjahrung". In *Mediaevalia Augiensia: Forschung zue Geschichte des Mithelalters,* ed. Jurgen Petersohn, 307–48. Stutt gart, Germany: Jan Th orbecke Verlag.

Piersen, William D. 1988. *Black Yankees: the Development of an Afro-American Subculture in Eighteenth-Century New England*. Amherst: University of Massachusetts Press.

Plassmann, Alheydis. 2006. *Origo gentis: Identitäts-und Legitimitätsstifrung in früh-und hochmithelalterlichen Herkunfrserzählungen*. Berlin: De Gruyter.

Pohl, Walter, Clemens Gantner, Cinzia Grifoni and Marianne Pollheimer-Mohaupt, eds. 2018. *Transformations of Romanness: Early Medieval Regions and Identities*. Berlin: De Gruyter.

Porter, Roy S., and Mikulaš Teich, eds. 1981. *the Enlightenment in National Context*. Cambridge: Cambridge University Press.

Poser, Rachel. 2021. "He Wants to Save Classics from Whiteness: Can the Field Survive?" *New York Times*, 2 February 2021.

Prag, Jonathan. 2010. "Tyrannizing Sicily: The Despots Who Cried 'Carthage!' " In *Private and Public Lies*, ed. A. Turner, F. Vervaet and J.K. On Chong-Gossard, 51–71. Leiden: Brill.

Price, Bronwen, ed. 2018. *Francis Bacon's New Atlantis: New Interdisciplinary Essays*. Manchester: Manchester University Press.

Prins, Yopie. 2017. *Ladies' Greek: Victorian Translations of Tragedy*. Princeton, NJ: Princeton University Press.

Prosperi, Valentina. 2019. *the Place of the Father: the Reception of Homer in the Renaissance Canon*. Leiden, NL: Brill.

Athenian Culture. 2nd ed. Cambridge: Cambridge University Press.

Osborne, Robin. 2015. "Unity vs. Diversity". In *the Oxford Handbook of Ancient Greek Religion*, ed. Esther Eidinow and Julia Kindt, 11–20. Oxford: Oxford University Press.

Osborne, Roger. 2008. *Civilization: A New History of the Western World*. New York: Pegasus Books.

Outram, Dorinda. 2013. *the Enlightenment*. 3rd ed. Cambridge: Cambridge University Press.

Pagden, Anthony. 2011. *Worlds at War: the 2,500-Year Struggle between East and West*. Oxford: Oxford University Press.

Parker, Grant. 2002. "Ex Oriente Luxuria: Indian Commodities and Roman Experience". *Journal of the Economic and Social History of the Orient* 45 (1): 40–95.

Parkinson, Robert G. 2016. *the Common Cause: Creating Race and Nation in the American Revolution*. Chapel Hill: University of North Carolina Press.

Patterson, Cynthia. 2005. "Athenian Citizenship Law". In *the Cambridge Companion to Ancient Greek Law*, ed. Michael Gagarin, 267–89. Cambridge: Cambridge University Press.

Pedani, Maria Pia. 2000. "Safi ye's Household and Venetian Diplomacy". *Turcica* 32: 9–32.

Pegg, Mark Gregory. 2008. *A Most Holy War: the Albigensian Crusade and the Bafrle for Christendom*. Oxford: Oxford University Press.

Peirce, Leslie P. 1993. *the Imperial Harem: Women and Sovereignty in the Ottoman Empire*. New York: Oxford University Press.

Pelling, Christopher. 2012. "Tacitus and Germanicus". In *Oxford Readings in Tacitus*, ed. Rhiannon Ash, 81–313. Oxford: Oxford University Press.

Pelling, Christopher. 2019. *Herodotus and the Question Why*. Austin: University of Texas Press.

Peltonen, Markku, ed. 1996. *the Cambridge Companion to Bacon*. Cambridge: Cambridge University Press.

Perry, Marvin, Myrna Chase, James Jacob, Margaret Jacob and Jonathan W.

to Ethnicity in the Ancient Mediterranean, ed. Jeremy McInerney, 341–55. Hoboken, NJ: Wiley.

Murray, Douglas. 2017. *the Strange Death of Europe: Immigration, Identity, Islam*. London: Bloomsbury Continuum.

Murray, Douglas. 2022. *the War on the West: How to Prevail in the Age of Unreason*. London: HarperCollins.

Nakata, Sharilyn. 2012. "Egredere O Quicumque Es: Genealogical Opportunism and Trojan Identity in the Aeneid". *Phoenix* 66 (3–4): 335–63, 467.

Ndiaye, Noemie. 2022. *Scripts of Blackness: Early Modern Performance Culture and the Making of Race*. Philadelphia: University of Pennsylvania Press.

Nemeth, Andras. 2018. *the Excerpta Constantiniana and the Byzantine Appropriation of the Past*. Cambridge: Cambridge University Press.

Neville, Leonora. 2016. *Anna Komnene: the Life and Work of a Medieval Historian*. Oxford: Oxford University Press.

Ng, Diana Y., and Molly Swetnam-Burland. 2018. *Reuse and Renovation in Roman Material Culture: Functions, Aesthetics, Interpretations*. Cambridge: Cambridge University Press.

Nicol, Donald M. 1989. *Byzantium and Venice: A Study in Diplomatic and Cultural Relations*. Cambridge: Cambridge University Press.

Nishihara, Daisuke 2005. "Said, Orientalism, and Japan". *Alif: Journal of Comparative Poetics* 25: 241–53.

Noble, Thomas F. X., Barry Strauss, Duane Osheim, Kristen Neuschel and Elinor Accampo. 2013. *Western Civilization: Beyond Boundaries*. 7thed. Boston, MA: Cengage Learning.

Oliver, Peter. (1781) 1967. *Peter Oliver's Origin & Progress of the American Rebellion: A Tory View*. Stanford: Stanford University Press.

Olson, Kelly. 2012. *Dress and the Roman Woman: Self-Presentation and Society*. London: Routledge.

Osborne, Robin, ed. 2008. *the World of Athens: An Introduction to Classical*

Cambridge University Press.

Meiggs, Russell, and David Lewis. 1969. *A Selection of Greek Historical Inscriptions: To the End of the Fifth Century B.C.* Oxford: Clarendon Press.

Menzies, Gavin. 2003. *1421: the Year China Discovered the World*. London: William Morrow & Co.

Merrills, Andrew, and Richard Miles. 2010. *the Vandals*. Hoboken, NJ: Wiley.

Meserve, Margaret. 2008. *Empires of Islam in Renaissance Historical thought*. Cambridge, MA: Harvard University Press.

Mitchell, Peter, and Paul J. Lane, eds. 2013. *the Oxford Handbook of African Archaeology*. Oxford Handbooks. Oxford: Oxford University Press.

Mitt er, Rana. 2020. *China's Good War: How World War II Is Shaping a New Nationalism*. Cambridge, MA: Belknap Press.

Mokyr, Joel. 2009. *the Enlightened Economy: An Economic History of Britain, 1700–1850*. New Haven, CT: Yale University Press.

Moles, John P. 2002. "Herodotus and Athens". In *Brill's Companion to Herodotus*, ed. Egbert J. Bakker, Irene J.F. Jong and Hans Wees, 33–52. Leiden: Brill.

Momigliano, Arnaldo. 1958. "The Place of Herodotus in the History of Historiography". *History* 43 (147): 1–13.

Monoson, S. Sara. 2011. "Recollecting Aristotle: Pro-Slavery Th ought in Antebellum America and the Argument of *Politics* Book I". In *Ancient Slavery and Abolition: From Hobbes to Hollywood*, ed. Richard Alston, Edith Hall and Justine McConnell, 247–78. Oxford: Oxford University Press.

Morris, Ian. 2011. *Why the West Rules_–_for Now: the Patherns of History and What they Reveal about the Future*. London: Profi le Books.

Morton, Nicholas. 2016. *Encountering Islam on the First Crusade*. Cambridge: Cambridge University Press.

Moyer, Ian, Adam Lecznar and Heidi Morse, eds. 2020. *Classicisms in the Black Atlantic*. Oxford: Oxford University Press.

Munson, Rosaria Vignolo. 2014. "Herodotus and Ethnicity". In *A Companion*

Malamud, Margaret. 2009. *Ancient Rome and Modern America*. Hoboken, NJ: Wiley.

Malamud, Margaret. 2010. "Translatio Imperii: America as the New Rome c.1900". In *Classics and Imperialism in the British Empire,* ed. Mark Bradley. Oxford: Oxford University Press, 249–83.

Malamud, Margaret. 2016. *African Americans and the Classics: Antiquity, Abolition and Activism*. London: I.B. Tauris.

Malcolm, Noel. 2019. *Useful Enemies: Islam and the Ottoman Empire in Western Political frought, 1450–1750*. Oxford: Oxford University Press.

Malik, Kenan. 1996. *the Meaning of Race: Race, History and Culture in Western Society*. New York: New York University Press.

Malik, Kenan. 2013. "Seeing Reason: Jonathan Israel's Radical Vision". *New Humanist*, 21 June.

Malkin, Irad., ed. 2001. *Ancient Perceptions of Greek Ethnicity*. Cambridge, MA: Harvard University Press.

Marchand, Suzanne L. 1996. *Down from Olympus. Archaeology and Philhellenism in Germany, 1750–1970.* Princeton NJ: Princeton University Press.

Marchand, Suzanne L. 2009. *German Orientalism in the Age of Empire: Religion, Race, and Scholarship*. Cambridge: Cambridge University Press.

Marinella, Lucrezia, and Maria Gill Stampino. 2009. *Enrico; or, Byzantium Conquered: A Heroic Poem*. Chicago: University of Chicago Press.

Marshall, Peter. 2012. " 'Rather with Papists than with Turks': The Batt le of Lepanto and the Contours of Elizabethan Christendom". *Reformation* 17 (1): 135–59.

Mason, Rowena. 2022. "Tory Party Chairman Says 'Painful Woke Psychodrama' Weakening the West". *Guardian*, 14 February 2022.

Mattingly, D. J. 2011. *Imperialism, Power, and Identity: Experiencing the Roman Empire*. Princeton, NJ: Princeton University Press.

Mazzotta, Giuseppe. 2010. "Italian Renaissance Epic". In *the Cambridge Companion to the Epic*, ed. Catherine Bates, 93–118. Cambridge:

the Pro-Trump Insurrection Mean". *Tales of Times Forgotten* (blog). January 8, 2021. https://talesoftimesforgotten.com/2021/01/08/heres-what-the-costumes-and-flags-on-display-at-the-pro-trump-insurrection-mean.

McKenzie, Judith S., and Francis Watson. 2016. *the Garima Gospels: Early Illuminated Gospel Books from Ethiopia*. Oxford: University of Oxford.

McLaughlin, M. L. 1988. "Humanist Concepts of Renaissance and Middle Ages in the Tre-and Quattrocento". *Renaissance Studies* 2 (2): 131–42.

McLucas, John C. 2006. "Renaissance Carolingian: Tullia d'Aragona's Il Meschino, Altramente Detto Il Guerrino". *Olifant* 25 (1/2): 313–20.

McNeill, William. 1963. *the Rise of the West*. Chicago: University of Chicago Press.

Mac Sweeney, Naoise, ed. 2013. *Foundation Myths in Ancient Societies: Dialogues and Discourses*. Philadelphia: University of Pennsylvania Press.

Mac Sweeney, Naoise. 2018. *Troy: Myth, City, Icon*. London: Bloomsbury Academic.

Mac Sweeney, Naoise. 2021a. "Regional Identities in the Greek World: Myth and Koinon in Ionia". *Historia. Zeitschrift Für Alte Geschichte* 70 (2): 268–314.

Mac Sweeney, Naoise. 2021b. "Race and Ethnicity". In *A Cultural History of Race, Vol. I: Antiquity,* ed. Denise McCoskey, 103–18. London: Bloomsbury.

Mahbubani, Kishore. 2020. *Has China Won?: the Chinese Challenge to American Primacy*. New York: PublicAffairs.

Mairs, Rachel. 2016. *the Hellenistic Far East: Archaeology, Language, and Identity in Greek Central Asia*. Berkeley: University of California Press.

Mairs, Rachel, ed. 2020. *the Graeco-Bactrian and Indo-Greek World*. London: Routledge.

Majendie, Adam, Sheridan Prasso, Kevin Hamlin, Miao Han, Faseeh Mangi, Chris Kay, Samuel Gebre and Marcus Bensasson. 2018. "China's Empire of Money Is Reshaping Global Trade". Bloomberg.com, 1 August 2018. www.bloomberg.com/news/features/2018-08-01/china-s-empire-of-money-is-reshaping-lives-across-new-silk-road.

Lape, Susan. 2010. *Race and Citizen Identity in the Classical Athenian Democracy*. Cambridge: Cambridge University Press.

Lau, Kenneth. 2016. "Lam Bares the 'Bad Records' in Her Life". *the Standard*, 3 May 2016.

Levine, Philippa. 2020. *the British Empire: Sunrise to Sunset*. 3rd ed. London: Routledge.

Lewis, Bernard. 1990. "The Roots of Muslim Rage". *the Atlantic*, September, 47–60.

Lewis, Bernard, and Benjamin Braude, eds. 1982. *Christians & Jews in the Ottoman Empire: the Functioning of a Plural Society*. Vol. 2. New York: Holmes & Meier.

Li, Xue. 2019. "Exchanges and Mutual Learning among Civilisations". In *Routledge Handbook of the Belt and Road*, ed. Cai Fang and Peter Nolan, 272–7. London: Routledge.

Lifschitz, Avi. 2016. "Rousseu's Imagined Antiquity: An Introduction". *History of Political thought* 37:1–7.

Low, Polly. 2008. *the Athenian Empire*. Edinburgh Readings on the Ancient World. Edinburgh: Edinburgh University Press.

Lucas, Edward. 2008. *New Cold War: Putin's Russia and the threat to the West*. New York: St. Martin's Press.

Lupher, David A. 2002. *Romans in a New World: Classical Models in Sixteenth-Century Spanish America*. Ann Arbor, MI: University of Michigan Press.

Ma, John, Nikolaos Papazarkadas and Robert Parker, eds. 2009. *Interpreting the Athenian Empire*. London: Duckworth.

McConnell, Justine. 2013. *Black Odysseys: the Homeric Odyssey in the African Diaspora Since 1939*. Oxford: Oxford University Press.

McCoskey, Denise, ed. 2021. *A Cultural History of Race*. Vol. 1, *In Antiquity*. London: Bloomsbury Academic.

MacCulloch, Diarmaid. 2010. *A History of Christianity*. London: Penguin.

McDaniel, Spencer. 2021. "Here's What the Costumes and Flags on Display at

Andalus. London: Routledge.

Kidd, Thomas S. 2009. *the Great Awakening: the Roots of Evangelical Christianity in Colonial America*. New Haven, CT: Yale University Press.

Kidd, Thomas S. 2014. *George Whitefield: America's Spiritual Founding Father*. New Haven, CT: Yale University Press.

Kishlansky, Mark, Patrick Geary and Patricia O'Brien. 2006. *A Brief History of Western Civilization: the Unfinished Legacy*, Vol. 1. 5thed. New York: Longman Publishing.

Kleingeld, Pauline. 2007. "Kant's Second Thoughts on Race". *Philosophical Quarterly* 57 (229): 573–92.

Koch, Richard, and Chris Smith. 2006. *Suicide of the West*. London and New York: Continuum.

Kołodziejczyk, Dariusz. 2012. "Khan, Caliph, Tsar and Imperator: The Multiple Identities of the Ottoman Sultan". In *Universal Empire: A Comparative Approach to Imperial Culture and Representation in Eurasian History*, ed. Dariusz Kołodziejczyk and Peter Fibiger Bang, 175–93. Cambridge: Cambridge University Press.

Laihui, Xie. 2019. "The Belt and Road Initiative and the Road Connecting Different Civilisations". In *Routledge Handbook of the Belt and Road*, ed. Cai Fang and Peter Nolan, 165–69. London: Routledge.

Laird, Andrew. 2006. *the Epic of America: An Introduction to Rafael Landívar and the "Rusticatio Mexicana"*. London: Duckworth.

Laird, Andrew. 2007. "Latin America". In *A Companion to the Classical Tradition*, ed. Craig W. Kallendorf, 222–36. Chichester, UK: John Wiley & Sons.

Łajtar, Adam, and Grzegorz Ochała. 2021. "Language Use and Literacy in Late Antique and Medieval Nubia". In *the Oxford Handbook of Ancient Nubia*, ed. Geoff Emberling and Bruce Beyer Williams, 786–805. Oxford: Oxford University Press.

Lakomy, Miron. 2021. *Islamic State's Online Propaganda: A Comparative Analysis*. New York: Routledge.

of Europe: From Antiquity to the European Union, ed. Anthony Pagden, 72–90. Cambridge: Cambridge University Press.

Kalb, Judith. 2008. *Russia's Rome: Imperial Visions, Messianic Dreams, 1890–1940*. Madison, WI: University of Wisconsin Press.

Kaldellis, Anthony. 2007. *Hellenism in Byzantium: the Transformations of Greek Identity and the Reception of the Classical Tradition*. Cambridge: Cambridge University Press.

Kaldellis, Anthony. 2019a. *Byzantium Unbound*. Leeds: Arc Humanities Press.

Kaldellis, Anthony. 2019b. *Romanland: Ethnicity and Empire in Byzantium*. Cambridge, MA: Belknap Press.

Kamil, Jill. 2013. *Christianity in the Land of the Pharaohs: the Coptic Orthodox Church*. Milton Park, UK: Taylor and Francis.

Kammen, Michael. 1970. "The Meaning of Colonization in American Revolutionary Thought". *Journal of the History of Ideas* 31 (3): 337–58.

Kant, Immanuel. 2011 [1764]. *Observations on the Feeling of the Beautiful and Sublime and Other Writings*. Cambridge and New York: Cambridge University Press.

Kanter, Douglas. 2013. "Gladstone and the Great Irish Famine". *Journal of Liberal History* 81:8–14.

Kayaalp, Pinar. 2018. *the Empress Nurbanu and Ottoman Politics in the 16th Century: Building the Atik Valide*. Routledge Studies in Middle Eastern History 19. Milton Park, UK: Routledge.

Keen, Michael, and Joel Slemrod. 2021. *Rebellion, Rascals, and Revenue: Tax Follies and Wisdom through the Ages*. Princeton, NJ: Princeton University Press.

Keevak, Michael. 2008. *the Story of a Stele: China's Nestorian Monument and Its Reception in the West, 1625–1916*. Hong Kong: Hong Kong University Press.

Keevak, Michael. 2011. *Becoming Yellow: A Short History of Racial thinking*. Princeton, NJ: Princeton University Press.

Kennedy, Hugh. 1996. *Muslim Spain and Portugal: A Political History of al-*

Isba, Anne. 2003. "Trouble with Helen: The Gladstone Family Crisis, 1846–1848". *History* 88 (2 [290]): 249–61.

Israel, Jonathan I. 2001. *Radical Enlightenment: Philosophy and the Making of Modernity, 1650–1750*. Oxford: Oxford University Press.

Israel, Jonathan I. 2006. *Enlightenment Contested: Philosophy, Modernity, and the Emancipation of Man, 1670–1752*. Oxford: Oxford University Press.

Israel, Jonathan I. 2009. *A Revolution of the Mind: Radical Enlightenment and the Intellectual Origins of Modern Democracy*. Princeton, NJ: University Press.

Israel, Jonathan. 2011. *Democratic Enlightenment: Philosophy, Revolution, and Human Rights, 1750–1790*. Oxford: Oxford University Press.

Issa, Hanan. 2018. *My Body Can House Two Hearts*. Bristol, UK: Burning Eye Books.

Jackson, Maurice, and Susan Kozel, eds. 2015. *Quakers and their Allies in the Abolitionist Cause, 1754–1808*. New York: Routledge.

Jacob, Margaret C. 2001. *the Enlightenment: A Brief History with Documents*. Boston, MA: Bedford/St. Martin's.

Jacob, Margaret C. 2019. *the Secular Enlightenment*. Princeton, NJ: Princeton University Press.

James, C.L.R. 1989. *the Black Jacobins: Toussaint L'Ouverture and the San Domingo Revolution*. New York: Vintage Books.

Jardine, Lisa. 2004. "Gloriana Rules the Waves: Or, the Advantage of Being Excommunicated (and a Woman)". *Transactions of the Royal Historical Society* 14 (14): 209–22.

Jardine, Lisa, and Alan Stewart. 1998. *Hostage to Fortune: the Troubled Life of Francis Bacon (1651–1626)*. London: Gollancz.

Jeffers, Honorée Fanonne. 2020. *the Age of Phillis*. Middletown, CT: Wesleyan University Press.

Jenkins, Roy. 2012. *Gladstone*. London: Pan Macmillan.

Johnson, Marguerite. 2012. *Boudicca*. London: A& C Black.

Jordan, William Chester. 2002. " 'Europe' in the Middle Ages". In *the Idea*

Macmillan.

Hsing, I-Tien. 2005. "Heracles in the East: The Diffusion and Transformation of His Image in the Arts of Central Asia, India, and Medieval China". *Asia Major* 18 (2): 103–54.

Hume, David. 1994. *Political Essays*. Cambridge, UK: Cambridge University Press.

Hunt, Lucy-Anne. 2011. "A Deesis Mould in Berlin: Christian-Muslim Cultural Interchange between Iran, Syria and Mesopotamia in the Early Thirteenth Century". *Islam and Christian-Muslim Relations* 22 (2): 127–45.

Huntington, Samuel P. 1996. th*e Clash of Civilizations and the Remaking of the World Order*. London: Free Press.

Huxtable, Sally-Anne, Corinne Fowler, Christo Kefalas and Emma Slocombe. 2020. "Interim Report on the Connections between Colonialism and Properties Now in the Care of the National Trust Including Links with Historic Slavery". Swindon, UK: National Trust.

Inalcik, Halil. 2001. *the Ottoman Empire: the Classical Age 1300–1600*. London: Phoenix.

Innes, Matthew. 2000. "Teutons or Trojans? The Carolingians and the Germanic Past". In *the Uses of the Past in the Early Middle Ages*, ed. Yitzhak Hen and Matt hew Innes, 227–49. Cambridge: Cambridge University Press.

Irwin, Elizabeth. 2013. "To Whom Does Solon Speak? Conceptions of Happiness and Ending Life Well in the Later Fifth Century (Hdt. 1:29–33)". In *Herodots Wege Des Erzählens: Logos Und Topos in Den Historien*, ed. K. Geus, Elizabeth Irwin and Thomas Poiss, 261–321. Bern, Switzerland: Peter Lang Edition.

Isaac, Benjamin, Miriam Eliav-Feldon and Joseph Ziegler, eds. 2009. *the Origins of Racism in the West*. Cambridge: Cambridge University Press.

Isakhan, Benjamin, and Lynn Meskell. 2019. "UNESCO's Project to 'Revive the Spirit of Mosul': Iraqi and Syrian Opinion on Heritage Reconstruction after the Islamic State". *International Journal of Heritage Studies* 25 (11): 1189–204.

Herrin, Judith. 2007. *Byzantium: the Surprising Life of a Medieval Empire*. Princeton, NJ: Princeton University Press.

Herrin, Judith. 2020. *Ravenna: Capital of Empire, Crucible of Europe*. Princeton, NJ: Princeton University Press.

Heywood, Linda M. 2017. *Njinga of Angola: Africa's Warrior Queen*. Cambridge, MA: Harvard University Press.

Hildebrandt, Berit. 2017. *Silk: Trade and Exchange along the Silk Roads between Rome and China in Antiquity*. Oxford: Oxbow Books.

Hill, Lisa, and Prasanna Nidumolu. 2021. "The Influence of Classical Stoicism on John Locke's Theory of Self-Ownership". *History of the Human Sciences* 34 (3–4): 3–24.

Hingley, Richard. 2001. *Roman Officers and English Gentlemen: the Imperial Origins of Roman Archaeology*. London: Routledge.

Hingley, Richard. 2005. *Globalizing Roman Culture: Unity, Diversity and Empire*. London: Routledge.

Hingley, Richard. 2019. "Assessing How Representation of the Roman Past Impacts Public Perceptions of the Province of Britain". *Public Archaeology* 18 (4): 241–60.

Hobson, John M. 2004. *the Eastern Origins of Western Civilisation*. Cambridge, UK: Cambridge University Press.

Hobson, John M. 2020. *Multicultural Origins of the Global Economy: Beyond the Western-Centric Frontier*. Cambridge, UK: Cambridge University Press.

Hobsbawm, Eric. 1968. *Industry and Empire*. London: Penguin Books.

Hobsbawm, Eric, and Terence Ranger, eds. 2012. *the Invention of Tradition*. Canto Classics. Cambridge: Cambridge University Press.

Horsfall, Nicholas. 1986. "The Aeneas Legend and the 'Aenied'". *Vergilius* 32:8–17.

Horsfall, Nicholas, ed. 2000. *A Companion to the Study of Virgil*. Leiden, NL: Brill.

Hower, Jessica S. 2020. *Tudor Empire: the Making of Early Modern Britain and the British Atlantic World, 1485–1603*. Cham, Switzerland: Palgrave

Savage, and the Invention of the Human Sciences. London: Springer.
Hawkins, Mike. 1997. *Social Darwinism in European and American thought, 1860–1945: Nature as Model and Nature as threat*. Cambridge: Cambridge University Press.
Hazareesingh, Sudhir. 2020. *Black Spartacus: the Epic Life of Toussaint Louverture*. London: Allen Lane.
He, Xiao. 2019. "Ancient Civilisations Forum with the Belt and Road Initiative". In *Routledge Handbook of the Belt and Road*, 430–33. London: Routledge.
Healy, Jack. 2021. "These Are the 5 People Who Died in the Capitol Riot". *New York Times*, 11 January 2021.
Heather, Peter J. 1996. *the Goths*. The Peoples of Europe. Oxford: Blackwell.
Heather, Peter. 2009. *Empires and Barbarians: the Fall of Rome and the Birth of Europe*. Oxford: Oxford University Press.
Heather, Peter. 2017. *the Restoration of Rome: Barbarian Popes and Imperial Pretenders*. Oxford: Oxford University Press.
Hegel, Georg Wilhelm Friedrich, T. M. Know and Richard Kroner. 1975. *Early Theological Writings, G.W.F. Hegel*. Philadelphia: University of Pennsylvania Press.
Heng, Geraldine. 2018. *the Invention of Race in the European Middle Ages*. Cambridge: Cambridge University Press.
Henrich, Joseph. 2020. *the Weirdest People in the World: How the West Became Psychologically Peculiar and Particularly Prosperous*. London: Allen Lane.
Hepple, Leslie W. 2001. " 'The Museum in the Garden': Displaying Classical Antiquities in Elizabethan and Jacobean England". *Garden History* 29 (2): 109–20.
Hering, K. 2015. "Godfrey of Viterbo: Historical Writing and Imperial Legitimacy at the Early Hohenstaufen Court". In *Godfrey of Viterbo and His Readers: Imperial Tradition and Universal History in Late Medieval Europe*, ed. Thomas Foerster, 47–66. Church, Faith and Culture in the Medieval West. Farnham, UK: Ashgate Publishing.

Hackett, Helen. 2014. "A New Image of Elizabeth I: The Three Goddesses Theme in Art and Literature". *Huntington Library Quarterly* 77 (3): 225–56.

Hairston, Julia L. 2014. "Introduction". In *the Poems and Letters of Tullia d'Aragona and Others*, ed. Julia Hairston. The Other Voice in Early Modern Europe. Toronto: Iter.

Hall, Edith. 1989. *Inventing the Barbarian: Greek Self-Definition through Tragedy*. Oxford Classical Monographs. Oxford: Clarendon Press.

Hall, Edith, and Henry Stead. 2020. *A People's History of Classics: Class and Greco-Roman Antiquity in Britain and Ireland 1689 to 1939*. London: Routledge.

Hall, Jonathan M. 1997. *Ethnic Identity in Greek Antiquity*. Cambridge: Cambridge University Press.

Hall, Jonathan M. 2002. *Hellenicity: Between Ethnicity and Culture*. Chicago: University of Chicago Press.

Hanink, Johanna. 2017. *the Classical Debt: Greek Antiquity in an Era of Austerity*. Illustrated ed. Cambridge, MA: Harvard University Press.

Hansen, Mogens Herman, and Thomas Heine Nielsen, eds. 2004. *An Inventory of Archaic and Classical "*Poleis*": An Investigation Conducted by the Copenhagen Polis Centre for the Danish National Research Foundation*. Oxford: Oxford University Press.

Harloe, Katherine. 2013. *Winckelmann and the Invention of Antiquity: History and Aesthetics in the Age of Altertumswissenschaft*. Oxford: Oxford University Press.

Harris, Jonathan. 2003. *Byzantium and the Crusades*. London: Bloomsbury.

Harris, Jonathan. 2005. "The Debate on the Fourth Crusade". *History Compass* 2(1).

Harris, Jonathan. 2010. *the End of Byzantium*. New Haven, CT: Yale University Press.

Hartmann, Anna-Maria. 2015. "The Strange Antiquity of Francis Bacon's New Atlantis". *Renaissance Studies* 29 (3): 375–93.

Harvey, D. 2012. *the French Enlightenment and Its Others: the Mandarin, the*

Gordon, Andrew. 2007. " 'A Fortune of Paper Walls': The Letters of Francis Bacon and the Earl of Essex". *English Literary Renaissance* 37 (3): 319–36.

Gordon, William. 1788. *the History of the Rise, Progress, and Establishment, of the Independence of the United States of America: Including an Account of the Late War; and of the Thirteen Colonies, from their Origins to that Period, by William Gordon, D.D.* New York: Hodge, Allen, and Campbell.

Graeber, David, and David Wengrow. 2021. *the Dawn of Everything: A New History of Humanity*. London: Penguin.

Graziosi, Barbara. 2015. "On Seeing the Poet: Arabic, Italian and Byzantine Portraits of Homer". *Scandinavian Journal of Byzantine and Modern Greek Studies*, no. 1 (June): 25–47.

Green, Toby. 2019. *A Fistful of Shells: West Africa from the Rise of the Slave Trade to the Age of Revolution*. London: Allen Lane.

Greenblatt, Stephen. 2012. *the Swerve: How the World Became Modern*. W.W. Norton.

Greenwood, Emily. 2007. "Black Odysseys: The Homeric Odyssey in the African Diaspora since 1939". In *Classics in Post-Colonial Worlds*, ed. Lorna Hardwick and Carol Gillespie, 192–210. Oxford: Oxford University Press.

Greenwood, Emily. 2010. *Afro-Greeks: Dialogues between Anglophone Caribbean Literature and Classics in the Twentieth Century*. Classical Presences. Oxford: University Press.

Greenwood, Emily. 2011. "The Politics of Classicism in the Poetry of Phillis Wheatley". In *Ancient Slavery and Abolition: From Hobbes to Hollywood*, ed. Richard Alston, Edith Hall and Justine McConnell, 153–80. Oxford: Oxford University Press.

Gress, David. 1998. *From Plato to NATO: the Idea of the West and Its Opponents*. New York: Free Press.

Gutas, Dimitri. 1998. *Greek thought, Arabic Culture: the Graeco-Arabic Translation Movement in Baghdad and Early Abbasid Society (2nd–4th / 8th–10th Centuries)*. London: Routledge.

Antiquity 25 (1): 1–33.

Gajda, Alexandra. 2012. *the Earl of Essex and Late Elizabethan Political Culture*. Oxford Historical Monographs. Oxford: Oxford University Press.

Galinsky, Karl. 2020. “Herakles Vajrapani, the Companion of Buddha”. In *Herakles Inside and Outside the Church*, ed. Arlene L. Allan, Eva Anagnostou-Laoutides and Emma Stafford, 315–32. Leiden: Brill.

Gates, Henry Louis Jr. 2003. “Phillis Wheatley on Trial”. *New Yorker*, 20 January, 82–7.

Giovannozzi, Delfi na. 2019. “Leone Ebreo in Tullia d’Aragona’s Dialogo: Between Varchi’s Legacy and Philosophical Autonomy”. *British Journal for the History of Philosophy* 27(4): 702–17.

Gladhill, Bill. 2009. “The Poetics of Alliance in Vergil’s Aeneid”. *Dictynna. Revue de Poétique Latine*, no. 6 (June).

Glassner, Jean-Jacques. 2004. *Mesopotamian Chronicles*. Ed. Benjamin R. Foster. Writings from the Ancient World 19. Atlanta, GA: Society of Biblical Literature.

Goertz, Stefan. 2021. *Der neue Terrorismus: Neue Akteure, Strategien, Taktiken und Mithel*. 2nd ed. Wiesbaden, Germany: Springer Fachmedien.

Goff, Barbara, ed. 2005. *Classics and Colonialism*. London: Duckworth.

Goff, Barbara E. 2013. *“Your Secret Language”: Classics in the British Colonies of West Africa*. New York: Bloomsbury Academic.

Gogwilt, Christopher. 1995. *the Invention of the West. Joseph Conrad and the Double-Mapping of Europe and Empire*. Stanford, CA: Stanford University Press.

Goldberg, Jonah. 2018. *Suicide of the West: How the Rebirth of Tribalism, Nationalism, and Socialism Is Destroying American Democracy*. New York: Crown Forum.

Gomez, Michael. 2019. *African Dominion: A New History of Empire in Early and Medieval West Africa*. Princeton, NJ: Princeton University Press.

Goodwin, Jason. 1999. *Lords of the Horizons: A History of the Ottoman Empire*. London: Chatt o and Windus.

England's Colonial Connections. Leeds, UK: Peepal Tree.

Fowler, Robert L. 1999. "Genealogical Thinking, Hesiod's Catalogue, and the Creation of the Hellenes". *Cambridge Classical Journal* 44:1–19.

Frankopan, Peter. 2019. *the New Silk Roads: the Present and Future of the World*. London: Bloomsbury Publishing.

Frassett o, M., and D. Blanks, eds. 1999. *Western Views of Islam in Medieval and Early Modern Europe: Perception of Other*. New York: Palgrave Macmillan US.

Freed, John B. 2016. *Frederick Barbarossa: the Prince and the Myth*. New Haven, CT: Yale University Press.

French, Howard W. 2021. *Born in Blackness: Africa, Africans, and the Making of the Modern World, 1471 to the Second World War*. New York: Liveright Publishing.

Frisch, Peter. 1975. *Die Inschrithen von Ilion*. Vol. 3, *Inschrithen griechischer Städte aus Kleinasien*. Bonn: Habelt.

Frothingham, Richard. 1865. *Life and Times of Joseph Warren*. Boston, MA: Litt le, Brown.

Fuchs, Werner. 1975. "Die Bildeschichte der Flucht des Aeneas". *Aufstieg und Niedergang der römischen Welt* 1 (4): 615–32.

Fukuyama, Francis. 2022. *Liberalism and Its Discontents*. New York: Farrar, Straus and Giroux.

Furstenberg, Francois. 2007. *In the Name of the Father: Washington's Legacy, Slavery, and the Making of a Nation*. Reprint ed. Penguin Books.

Futo Kennedy, Rebecca. 2019. "On the History of 'Western Civilization,' Part 1." *Classics at the Intersections* (blog). April 2019. https://rfkclassics.blogspot.com/2019/04/on-history-of-western-civilization-part.html.

Futo Kennedy, Rebecca. 2022. "Classics and 'Western Civilization': The Troubling History of an Authoritative Narrative". In *Authority: Ancient Models, Modern Questions*, ed. Federico Santangelo and Juliana Bastos Marques, 87–108. London: Bloomsbury Academic.

Gagne, Renaud. 2006. "What Is the Pride of Halicarnassus?" *Classical*

Evrigenis, Ioannis D. 2006. "Hobbes's Thucydides". *Journal of Military Ethics* 5 (4): 303–16.

Fafinski, Mateusz. 2021. *Roman Infrastructure in Early Medieval Britain*. Amsterdam: Amsterdam University Press.

Falk, Seb. 2020. *the Light Ages: the Surprising Story of Medieval Science*. New York: W.W. Norton.

Fan, Xin. 2021. *World History and National Identity in China: the Twentieth Century*. Cambridge, UK: Cambridge University Press.

Fanon, Franz. 1963. *the Wretched of the Earth*. New York: Grove Press.

Fauvelle, Francois-Xavier. 2018. *the Golden Rhinoceros: Histories of the African Middle Ages*. Princeton, NJ: Princeton University Press.

Feile Tomes, Maya. 2015. "News of a Hitherto Unknown Neo-Latin Columbus Epic, Part II: Jose Manuel Peramas's 'De Invento Novo Orbe Inductoque Illuc Christi Sacrifi cio' (1777)". *International Journal of the Classical Tradition* 22 (2): 223–57.

Fernandez-Gotz, Manuel, Dominik Maschek and Nico Roymans. 2020. "The Dark Side of the Empire: Roman Expansionism between Object Agency and Predatory Regime". *Antiquity* 94 (378): 1630–39.

Field, Arthur. 1988. *the Origins of the Platonic Academy of Florence*. Princeton Legacy Library. Princeton, NJ: Princeton University Press.

Fierro, Maribel, ed. 2020. *the Routledge Handbook of Muslim Iberia*. Milton Park, UK: Taylor and Francis.

Filipec, Ondřej. 2020. *the Islamic State: From Terrorism to Totalitarian Insurgency*. London: Routledge.

Finkelstein, J. J. 1963. "Mesopotamian Historiography". *Proceedings of the American Philosophical Society* 107 (6): 461–72.

Flood, Finbarr Barry, and Jaś Elsner. 2016. "Idol-Breaking as Image-Making in the 'Islamic State'". *Religion and Society* 7: 116–27.

Forman, Samuel A. 2011. *Dr. Joseph Warren: the Boston Tea Party, Bunker Hill, and the Birth of American Liberty*. Gretna, LA: Pelican Publishing.

Fowler, Corinne. 2021. *Green Unpleasant Land: Creative Responses to Rural*

the Oxford History of Classical Reception in English Literature, ed. Rita Copeland, 251–68. Oxford: Oxford University Press.

Disney, A. R. 2009. *A History of Portugal and the Portuguese Empire: From Beginnings to 1807*. Vol. 2, *the Portuguese Empire*. Cambridge: Cambridge University Press.

Di Spigna, Christian. 2018. *Founding Martyr: the Life and Death of Dr. Joseph Warren, the American Revolution's Lost Hero*. New York: Crown.

Donnellan, Lieve. 2016. " 'Greek Colonization' and Mediterranean Networks: Patterns of Mobility and Interaction at Pithekoussai". *Journal of Greek Archaeology* 1:109–48.

Dorninger, Maria E. 1997. *Gottfried von Viterbo: Ein Autor in der Umgebung der frühen Staufer*. Salzburger Beitrage 31. Stutt gart: Heinz.

Dorninger, Maria E. 2015. "Modern Readers of Godfrey". In *Godthey of Viterbo and His Readers: Imperial Tradition and Universal History in Late Medieval Europe*, ed. Thomas Foerster, 13–36. Church, Faith and Culture in the Medieval West. Farnham, UK: Ashgate Publishing.

Doufikar-Aerts, Faustina C.W. 2016. "A Hero without Borders: 2 Alexander the Great in the Syriac and Arabic Tradition." In *Fictional Storytelling in the Medieval Eastern Mediterranean and Beyond*, ed. Bettina Kronung and Carolina Cupane, 1:190–209. Leiden: Brill.

Dreyer, Edward L. 2006. *Zheng He: China and the Oceans in the Early Ming Dynasty, 1405–1433*. New York: Pearson.

Drogin, Sara S. 2008. *Spare Me the Details!: A Short History of Western Civilization*. Bloomington, IN: iUniverse.

Eigen, Sara, and Mark Larrimore, eds. 2006. *the German Invention of Race*. Ithaca, New York: State University of New York Press.

Engels, Johannes. 2010. "Macedonians and Greeks". In *A Companion to Ancient Macedonia*, ed. J. Roisman and Ian Worthington, 81–98. Oxford: Wiley Blackwell.

Erskine, Andrew. 2001. *Troy Between Greece and Rome: Local Tradition and Imperial Power*. Reprint ed. Oxford: Oxford University Press.

Cambridge: Cambridge University Press.
Cole, Joshua, and Carol Symes. 2020. *Western Civilizations*. Brief Fifth ed. New York: W. W. Norton & Company.
Colvin, Steven. 2010. "Greek Dialects in the Archaic and Classical Ages". In *A Companion to the Ancient Greek Language*, ed. Egbert J. Bakker, 200–212. Blackwell Companions to the Ancient World. Chichester: Wiley-Blackwell.
Commager, Henry Steele, and Richard B. Morris. 1968. *the Spirit of Seventy-Six: the Story of the American Revolution As Told by Participants*. New York: Da Capo Press.
Conrad, Sebastian. 2012. "Enlightenment in Global History: A Historiographical Critique". *American Historical Review* 117 (4): 999–1027.
Cook, Robert Manuel. 1981. *Clazomenian sarcophagi*. Forschungen zur antiken Keramik: Reihe 2, Kerameus 3. Mainz on the Rhine: von Zabern.
Cook, William W., and James Tatum. 2010. *African American Writers and Classical Tradition*. Chicago: University of Chicago Press.
Creery, Jennifer. 2019. "Emotional Leader Carrie Lam Says She 'Sacrificed' for Hong Kong, as Police Use Tear Gas, Rubber Bullets to Clear Protests". *Hong Kong Free Press*, 12 June 2019.
Cunliffe, Emma, and Luigi Curini. 2018. "ISIS and Heritage Destruction: A Sentiment Analysis". *Antiquity* 92 (364): 1094–111.
D'Aragona, Tullia, John C. McLucas and Julia Hairston, eds. Forthcoming. *the Wretch, Otherwise Known as Guerrino, by Tullia D'Aragona*. The Other Voice in Early Modern Europe. Toronto: University of Toronto Press.
Dardenay, Alexandra. 2010. *Les Mythes Fondateurs de Rome: Images et Politique dans l'Occident Romain*. Paris: Picard.
De Angelis, Franco, ed. 2020. *A Companion to Greeks Across the Ancient World*. Vol. 158. Blackwell Companions to the Ancient World. Newark, NJ: John Wiley & Sons.
Delanty, Gerard. 1995. *Inventing Europe: Idea, Identity, Reality*. New York: St Martin's Press.
Desmond, Marilynn. 2016. "Trojan Itineraries and the Matter of Troy". In

Handbook of Hellenic Studies, ed. Phiroze Vasunia, George Boys-Stones and Barbara Graziosi, 166–72. Oxford: Oxford University Press.

Casali, Sergio. 2010. "The Development of the Aeneas Legend". In *A Companion to Vergil's Aeneid and Its Tradition*, ed. Joseph Farrell and Michael C.J. Putnam, 37–51. Hoboken, NJ: Wiley.

Castriota, D. 2005. "Feminizing the Barbarian and Barbarizing the Feminine: Amazons, Trojans, and Persians in the Stoa Poikile". In *Periclean Athens and Its Legacy: Problems and Perspectives*, ed. J.M. Barringer and J.M. Hurwitt, 89–102. Austin: University of Texas Press.

Catlos, Brian A. 2018. *Kingdoms of Faith: A New History of Islamic Spain*. Oxford: Oxford University Press.

Challis, Debbie. 2010. " 'The Ablest Race': The Ancient Greeks in Victorian Racial Theory". In *Classics and Imperialism in the British Empire*, ed. Mark Bradley, 94–120. Oxford: Oxford University Press.

Chang, Vincent K.L. 2022. "China's New Historical Statecraft : Reviving the Second World War for National Rejuvenation". *International Afrairs* 98 (3): 1053–69.

Chen, Xiaomei. 1995. *Occidentalism: A theory of Counter-Discourse in Post-Mao China*. New York and Oxford: Oxford University Press.

Chiasson, Charles C. 2003. "Herodotus' Use of Attic Tragedy in the Lydian Logos". *Classical Antiquity* 22 (1): 5–35.

Ching, Julia, and Willard G. Oxtoby, eds. 1992. *Discovering China: European Interpretations in the Enlightenment*. Library of the History of Ideas 7. Rochester, NY: University of Rochester Press.

Chrissis, Nikolaos G., Mike Carr and Christoph Maier, eds. 2014. *Contact and Conflict in Frankish Greece and the Aegean, 1204–1453: Crusade, Religion and Trade between Latins, Greeks and Turks*. Farnham, UK: Routledge.

Cobb, Paul. 2016. *the Race for Paradise: An Islamic History of the Crusades*. Oxford: Oxford University Press.

Cohn, Bernand S. 2012. "Representing Authority in Victorian India". In *the Invention of Tradition*, ed. Eric Hobsbawm and Terence Ranger, 165–210.

Middle Ages. Berkeley: University of California Press.

Burckhardt, Jacob. (1860) 1945. *Die Cultur der Renaissance in Italien: ein Versuch*. Basel: Schweighauser. Translated ed. by S.G.C. Middlemore. *the Civilisation of the Renaissance in Italy*. London: Spott iswoode and Co. Citations refer to Spottiswoode edition.

Burioni, Matt eo. 2010. "Vasari's Rinascita: History, Anthropology or Art Criticism?" In *Renaissance? Perceptions of Continuity and Discontinuity in Europe, c. 1300–c. 1550*, ed. P. Peporte, A. Lee and H. Schnitker, 115–27. Leiden: Brill.

Burke, Peter. 1980. "Did Europe Exist before 1700?" *History of European Ideas* 1 (1): 21–9.

Burnham, James. 1964. *Suicide of the West: An Essay on the Meaning and Destiny of Liberalism.* New York: Encounter Books.

Butler, Todd. 2015. "The Cognitive Politics of Writing in Jacobean England: Bacon, Coke, and the Case of Edmund Peacham". *Huntington Library Quarterly* 78 (1): 21–39.

Buttigieg, E. 2021. "A Habsburg Thalassocracy: Habsburgs and Hospitallers in the Early Modern Mediterranean, c. 1690–1750". In Stefan Hans and Dorothea McEwan, eds., *the Habsburg Mediterranean 1500–1800*, 99–118. Vienna: Austrian Academy of Sciences.

Campbell, Chris. 2022. "The Rhetoric of Hobbes's Translation of Th ucydides". *Review of Politics* 84 (1): 1–24.

Campbell, Peter B. 2013. "The Illicit Antiquities Trade as a Transnational Criminal Network: Characterizing and Anticipating Trafficking of Cultural Heritage". *International Journal of Cultural Property* 20: 113–53

Carless Unwin, Naomi. 2017. *Caria and Crete in Antiquity: Cultural Interaction between Anatolia and the Aegean*. Cambridge: Cambridge University Press.

Carrett a, Vincent. 2003. "Who Was Francis Williams?" *Early American Literature* 38 (2): 213–37.

Cartledge, Paul. 2009. "Hellenism in the Enlightenment". In *the Oxford*

Cartographiques Africaines”. In *Hérodote à La Renaissance*, ed. Susanna Gambino Longo, 167–74. Turnhout: Brepols.

Bowersock, Glen Warren. 1994. *Roman Arabia*. Cambridge, MA: Harvard University Press.

Bradley, Mark, ed. 2010. *Classics and Imperialism in the British Empire*. Oxford: Oxford University Press.

Brashear, William. 1990. “Classics in China”. *the Classical Journal* 86: 73–78.

Brendon, Piers. 2007. *the Decline and Fall of the British Empire*. London: Johnathan Cape.

Brennan, Timothy. 2021. *Places of Mind: A Life of Edward Said*. London: Bloomsbury.

Briggs, John Channing. 1981. “Chapman’s Seaven Bookes of the Iliades: Mirror for Essex”. *Studies in English Literature, 1500–1900* 21 (1): 59–73.

Brott on, Jerry. 2006. *the Renaissance: A Very Short Introduction*. Oxford: Oxford University Press.

Brott on, Jerry. 2016. *this Orient Isle: Elizabethan England and the Islamic World*. London: Allen Lane.

Brown, Michelle P. 2003. *the Lindisfarne Gospels: Society, Spirituality and the Scribe*. Toronto: University of Toronto Press.

Brownlee, Kevin. 2007. “Dante and the Classical Poets”. In *the Cambridge Companion to Dante*, ed. Rachel Jacoff, 2nd ed., 141–60. Cambridge Companions to Literature. Cambridge: Cambridge University Press.

Brucia, Margaret A. 2001. “The African-American Poet, Jupiter Hammon: A Home-Born Slave and His Classical Name”. *International Journal of the Classical Tradition* 7 (4): 515.

Brusasco, Paolo. 2016. “The Assyrian Sculptures in the Mosul Cultural Museum: A Preliminary Assessment of What Was on Display Before Islamic State’s Att ack”. *Journal of Near Eastern Studies* 75 (2): 205–48.

Bulut, Mehmet. 2001. *Ottoman-Dutch Economic Relations in the Early Modern Period 1571–1699*. Hilversum, Netherlands: Uitgeverij Verloren.

Bumke, Joachim. 1991. *Courtly Culture: Literature and Society in the High*

Penguin.
Beaton, Roderick. 2021. *the Greeks: A Global History*. London: Faber & Faber.
Beck, Hans, and Peter Funke. 2015. *Federalism in Greek Antiquity*. Cambridge: Cambridge University Press.
Bellemore, Jane. 1995. "The Wife of Sejanus". *Zeitschrifrfür Papyrologie und Epigraphik* 109:255–66.
Bennison, Amira K. 2009. *the Great Caliphs: the Golden Age of the 'Abbasid Empire*. New Haven, CT: Yale University Press.
Berlin, Andrea M., and J. Andrew Overman (ed). 2003. *the First Jewish Revolt: Archaeology, History and Ideology*. London: Routledge.
Berruecos Frank, Bernardo. 2022. "Classical Traditions and Internal Colonialism in Early Eighteenth-Century Mexico: Text, Translation, and Notes on Three of Villerias' Greek Epigrams". *International Journal of the Classical Tradition* 29 (3): 281–306.
Bindman, David. 2002. *Ape to Apollo: Aesthetics and the Idea of Race in the 18th Century*. London: Reaktion Books.
Birley, Anthony R. 1997. *Hadrian: the Restless Emperor*. London: Routledge.
Bland, Ben. 2017. *Generation HK: Seeking Identity in China's Shadow*. Melbourne, Australia: Penguin.
Boeck, Elena N. 2015. *Imagining the Byzantine Past: the Perception of History in the Illustrated Manuscripts of Skylitzes and Manasses*. Cambridge: Cambridge University Press.
Bonner, Stanley. 2012. *Education in Ancient Rome: From the Elder Cato to the Younger Pliny*. London: Routledge.
Bonnett, Alastair. 2004. *the Idea of the West: Culture, Politics and History*. Basingstoke, UK: Palgrave Macmillan.
Bonnett, Alastair. 2021. *Multiracism: Rethinking Racism in Global Context*. 1st ed. Cambridge, UK: Polity Books.
Borgstede, Simone Beate. 2011. *"All Is Race": Benjamin Disraeli on Race, Nation and Empire*. Munster: LIT Verlag.
Boulegue, Jean. 2012. "Un Écho d'Hérodote Dans Les Representations

Authoritarianism. New York: Anchor.
Arbo, Desiree. 2018. "Plato and the Guarani Indians". *Bulletin of Latin American Research* 37 (S1): 119–31.
Asheri, David, Alan B. Lloyd, Aldo Corcella, Oswyn Murray and Alfonso Moreno. 2007. "General Introduction". In *A Commentary on Herodotus Books I–IV*, 1–57. Oxford: Oxford University Press.
Atakuman, Ciğdem. 2008. "Cradle or Crucible: Anatolia and Archaeology in the Early Years of the Turkish Republic (1923–1938)". *Journal of Social Archaeology* 8 (2): 214–35.
Aubriet, Damien. 2013. "Mylasa et l'identite carienne". *Publications de l'Institut Français d'Études Anatoliennes* 28 (1): 189–208.
Aughterson, Kate. 2002. "Strange Things so Probably Told: Gender, Sexual Difference and Knowledge in Bacon's New Atlantis". In *Francis Bacon's New Atlantis*, ed. Bronwen Price, 156–78. Manchester: Manchester University Press.
Baer, Marc. 2021. *the Ottomans: Khans, Caesars and Caliphs*. New York: Basic Books.
Barbier, Brooke, and Alan Taylor. 2017. *Boston in the American Revolution: A Town versus an Empire*. Cheltenham: History Press.
Baritz, Loren. 1961. "The Idea of the West". *American Historical Review* 66 (3): 618–40.
Barth, Fredrik. 1969. *Ethnic Groups and Boundaries: the Social Organization of Culture Ditherence*. Bergen, Norway: Universitetet i Bergen.
Bates, Alan. 2010. *the Anatomy of Robert Knox: Murder, Mad Science and Medical Regulation in Nineteenth-Century Edinburgh*. Sussex, UK: Sussex Academic Press.
Beard, Mary. 2009. *the Roman Triumph*. Cambridge, MA: Harvard University Press.
Beasley, Edward. 2010. *the Victorian Reinvention of Race: New Racisms and the Problem of Grouping in the Human Sciences*. New York: Routledge.
Beaton, Roderick. 2019. *Greece: Biography of a Modern Nation*. London:

Andujar, Rosa, Elena Giusti and Jackie Murray, eds. Forthcoming. *the Cambridge Companion to Classics and Race*. Cambridge: Cambridge University Press.

Andujar, Rosa, and Konstantinos P. Nikoloutsos. 2020. "Staging the European Classical in 'Latin' America: An Introduction". In *Greeks and Romans on the Latin American Stage*, ed. Rosa Andujar and Konstantinos P. Nikoloutsos, 1–15. London: Bloomsbury.

Angelicoussis, Elizabeth. 2004. "The Collection of Classical Sculptures of the Earl of Arundel, 'Father of Vertu in England'". *Journal of the History of Collections* 16 (2): 143–59.

Angelov, Dimiter G. 2011. " 'The "Moral Pieces' by Theodore II Laskaris" *Dumbarton Oaks Papers* 65–6:237–69.

Angelov, Dimiter. 2019. *the Byzantine Hellene: the Life of Emperor theodore Laskaris and Byzantium in the thirteenth Century*. Cambridge: Cambridge University Press.

Angelov, Dimiter, and Judith Herrin. 2012. "The Christian Imperial Tradition–Greek and Latin". In *Universal Empire: A Comparative Approach to Imperial Culture and Representation in Eurasian History*, ed. Peter Fibiger Bang and Dariusz Kolodziejczyk, 149–74. Cambridge: Cambridge University Press.

Angold, Michael. 2009. "The Greek Rump States and the Recovery of Byzantium". In *the Cambridge History of the Byzantine Empire c. 500–1492*, ed. Jonathan Shepard, 729–58. Cambridge: Cambridge University Press.

Ansary, Tamim. 2010. *Destiny Disrupted: A History of the World through Islamic Eyes*. New York: Public Aff airs.

Appiah, Kwame Anthony. 2016. "There Is No Such Thing as Western Civilisation". *Guardian*, 9 November 2016, sec. World News.

Appiah, Kwame Anthony. 2018. *the Lies that Bind: Rethinking Identity*. New York: Liveright.

Applebaum, Anne. 2020. *Twilight of Democracy: the Seductive Lure of*

Akrigg, Ben. 2019. *Population and Economy in Classical Athens*. Cambridge Classical Studies. Cambridge: Cambridge University Press.

Aldous, Richard. 2007. *the Lion and the Unicorn: Gladstone vs Disraeli*. New York: W.W. Norton.

Al-Kindī, Yaʿqūb Ibn-Isḥāq al-Sabāh, Peter Adamson and Peter E. Pormann. 2012. *the Philosophical Works of Al-Kind*. Studies in Islamic Philosophy. Oxford: Oxford University Press.

Al-Khalili, Jim. 2011. *the House of Wisdom: How Arabic Science Saved Ancient Knowledge and Gave Us the Renaissance*. New York: Penguin Books.

Allaire, Gloria. 1995. "Tullia d'Aragona's *II Meschino Altramente Detto I Guerrino* as Key to a Reappraisal of Her Work". *Quaderni d'italianistica* 16 (1): 33–50.

Allaire, Gloria. 1999. "From Medieval Realism to Modern Fantasy: Guerrino Meschino through the Centuries". In *Modern Retellings of Chivalric Texts*, ed. Gloria Allaire, 133–146. London: Routledge.

Allen, Archibald. 1993. *the Fragments of Mimnermus: Text and Commentary*. Palingenesia 44. Stutt gart: Steiner.

Allen, Robert C. 2009. *the British Industrial Revolution in Global Perspective*. Cambridge: Cambridge University Press.

Allen, Theodore W. 1994. *the Invention of the White Race*. Vol. 1, *Racial Oppression and Social Control*. London: Verso Books.

Allen, Theodore W. 1997. *the Invention of the White Race*. Vol. 2, *the Origin of Racial Oppression in Anglo-America*. London: Verso Books.

Allison, Graham. 2018. *Destined for War: Can America and China Escape Thucydides' Trap?* London: Scribe UK.

Al-Masūdī, Alī Ibn-al-Ḥusain, C. Barbier de Meynard and Abel Pavet de Courteille. 1861–1917. *Maçoudi. Les prairies d'or. Texte et Traduction*. Collection d'ouvrages orientaux. Paris: Imprimerie imperiale.

Ames, Christine Caldwell. 2015. *Medieval Heresies: Christianity, Judaism, and Islam*. Cambridge: Cambridge University Press.

參考書目

Abernethy, David. 2002. *the Dynamics of Global Dominance: European Overseas Empires, 1415–1980*. Illustrated ed. New Haven, CT: Yale University Press.

Adamson, Peter. 2004. "Al-Kindī and the Reception of Greek Philosophy". In *the Cambridge Companion to Arabic Philosophy*, ed. Richard C. Taylor, 32–51. Cambridge Companions to Philosophy. Cambridge: Cambridge University Press.

Adamson, Peter. 2007. *Al-Kindi*. Great Medieval Th inkers. Oxford: Oxford University Press.

Adolph, Anthony. 2015. *Brutus of Troy: And the Quest for the Ancestry of the British*. Barnsley, UK: Pen & Sword Books.

Adorno, Theodor W., and Max Horkheimer. (1972) 1997. *Dialectic of Enlightenment.* London: Verso Books.

Aerts, Willem J. 2012. "Troy in Byzantium". In *Troy: City, Homer, Turkey*, ed. Jorrit M. Kelder, Gunay Uslu and Omer F. Şerifoğlu, 98–104. Zwolle: WBOOKS.

Agbamu, Sam. 2019. "Mare Nostrum: Italy and the Mediterranean of Ancient Rome in the Twentieth and Twenty-First Centuries". *Fascism* 8: 250–274.

Ahmad, Aijaz. 1992. *In theory: Classes, Nations, Literatures*. London: Verso Books.

Ailes, Marianne. 2012. "Charlemagne 'Father of Europe': A European Icon in the Making". *Reading Medieval Studies* 38: 59–76.

Akers, Charles W. 1978. "Religion and the American Revolution: Samuel Cooper and the Bratt le Street Church". *William and Mary Quarterly* 35 (3): 477–98.

4. 持這種論點的包括上個世代英語世界幾位知名古典學者，比如 Victor Davis Hanson 的書 *Why the West Has Won* (London: Faber & Faber, 2001)。

5. 公開主張這個論點最負盛名（或罵名）的古典學者或許是 Danel Padilla Peralta，見 Poser 2021。想了解古典學者之間的爭辯與後續發展，我推薦蕾貝卡・富托・肯尼迪，見她的網誌：*Classics at the Intersections* (https://rfkclassics.blogspot.com)。關於古典文學這門學科的精彩討論、它的發展和它跟帝國主義與殖民主義的共謀，見本書各章，尤其建議參考 Goff 2013; Bradley 2010; Goff 2005。

27 January 2021, accessed 26 February 2022, www.xinhuanet.com/english/2021-01/27/c_139702049.htm。

63. Creery 2019.

64. Anne Marie Roantree and James Pomfret, "Beholden to Beijing", Reuters, 28 December 2020, accessed 26 February 2022, www.reuters.com/investigates/special-report/hongkong-security-lam.

65. 二〇一九年林鄭月娥對商業界領袖的談話，路透社報導："Exclusive: The Chief Executive 'Has to Serve Two Masters' – HK Leader Carrie Lam – Full Transcript", Reuters, 12 September 2019, accessed 26 February 2022, www.reuters.com/article/us-hongkong-protests-lam-transcript-excl-idUSKCN1VX0P7。

65. "CE Addresses Business Sector on Opportunities Brought About by 14th Five-Year Plan", press release, 3 June 2021, accessed 26 February 2022, www.info.gov.hk/gia/general/202106/03/P2021060300736.htm.

66. Speech at the opening of the M+ centre in the West Kowloon Cultural District, November 11, 2021.

67. "CE Addresses Business Sector on Opportunities Brought About by 14th Five-Year Plan", press release, 3 June 2021, accessed 26 February 2022, www.info.gov.hk/gia/general/202106/03/P2021060300736.htm.

68. "Speech by CE at Bauhinia Culture International Forum", press release, 16 June 2022, accessed 18 Augut 2022, www.info.gov.hk/gia/general/202206/16/P2022061600318.htm.

結論

1. 感謝我在維也納的同事馬提亞斯・霍內斯（Matthias Hoernes）博士跟我分享他對歷史的真實性與事實的本質的寶貴見解。

2. Woods 2022 探討數百年來英國政治如何引導懷舊情結。

3. Applebaum 2020; Fukuyama 2022.

外交如何強化一帶一路政策，見 He 2019。

50. 見 Frankopan 2018 的詳細討論。
51. He 2019; Laihui 2019; Li 2019.
52. 王毅在文明古國論壇第一次大會的演說：「煥發古老文明新活力，共建人類命運共同體」，www.mfa.gov.cn/ce/ceno/eng/zgwj_1/t1456650.htm。這種公開承認歷史的政治性在中國並不是新鮮事，也不只與一帶一路政策相關。畢竟毛澤東就曾經呼籲「讓歷史為現實服務」，見 Fan 2021, 161。
53. Speech at the opening of the M+ centre in the West Kowloon Cultural District, November 11, 2021.
54. 接下來描述的林鄭月娥早年生活在各種訪談和特寫都能看到，最便於取得的是 "Hong Kong Protests: 8 Things You Might Not Know about Carrie Lam, Hong Kong's Chief Secretary", *Straits Times*, 3 October 2014, accessed 26 February 2022, www.straitstimes.com/asia/eastasia/hong-kong-protests-8-things-you-might-not-know-about-carrie-lam-hong-kongs-chief。
55. Lau 2016.
56. Lau 2016.
57. "Hong Kong Protests: 8 Things You Might Not Know".
58. Tong 2017.
59. Bland 2017.
60. Wong 2020 概述他們的政治發展。
61. "New Hong Kong Leader's Rude Nickname Portends Challenges Ahead", *Business Times*, 27 March 2017, accessed 26 February 2022, www.businesstimes.com.sg/government-economy/new-hong-kong-leaders-rude-nickname-portends-challenges-ahead.
62. 關於對「愛國」的強調，見 "Xi Focus: Xi Stresses 'Patriots Governing Hong Kong' When Hearing Carrie Lam's Work Report", Xinhua,

Ancient Civilization Forum Opens", Xinhua, New China, 25 April 2017, accessed 26 February 2022, www.xinhuanet.com//english/2017-04/25/c_136232938.htm.

39. AFP, " 'Ancient Civilizations' Team Up to Protect Heritage from Terrorism", *Times of Israel*, 24 April 2017, accessed 26 February 2022, www.timesofisrael.com/ancientcivilizations-team-up-to-protect-heritage-from-terrorism.
40. Li 2019.
41. He 2019.
42. 中國大學在古希臘羅馬研究上向來居領先地位，比如人民大學、復旦大學、南京大學、北京大學、上海師範大學、東北師範大學和北京師範大學，見 Brashear 1990。
43. 見中國人民大學官網二〇二二年一月二十七日：「中華文明與希臘文明的精神對話學術會議在北京舉行」。www.ruc.edu.cn/archives/34651。
44. "New Academic Era with the Establishment of Sino-Greek Cooperation Programme", Study in Greece, 22 October 2021, accessed 16 February 2022, www.studyingreece.edu.gr/new-academic-era-with-the-establishment-of-sino-greek-cooperation-programme.
45. "New Academic Era".
46. 見「中華文明與希臘文明的精神對話學術會議在北京舉行」。
47. He 2019, 432.
48. 這場會議的網頁見埃卡特立尼・拉斯卡瑞德斯基金會（Aikaterini Laskaridis Foundation）：www.laskaridisfoundation.org/en/china-and-greece-fromancient-civilizations-to-modern-partnerships/#:~:text=The%20Sympsium%20%E2%80%9CChina%20and%20Greece,diplomatic%0relations%20between%20China%20and。
49. Majende et al. 2018。關於以古代中國與古希臘對比為基礎的文化

1990。

30. 關於**西方**觀點如何看待中國的歷史思維，見 Stallard 2022。

31. 「文明古國論壇創立大會雅典宣言」，中國外交部二〇一七年四月二十四日發布。

32. "Kotzias in Bolivia for Ancient Civilizations Forum", *Kathimerini*, 14 July 2018, accessed 26 February 2022, www.ekathimerini.com/news/230701/kotzias-inbolivia-for-ancient-civilizations-forum.

33. Wang Kaihao, "Ancient Civilizations Forum Meets in Beijing", 3 December 2019, accessed 26 February 2022, www.chinadaily.com.cn/a/201912/03/WS5de5aed1a310cf3e3557b79c.html.

34. "Lima Declaration, Ancient Civilizations Forum, Fourth Ministerial Meeting, 15th of December of 2020, Lima, Republic of Peru", accessed 26 February 2022, http://www.peruthai.or.th/news.php.

35. Media3, "Acting Head of Department of International Organizations and Conferences Participates in the Fourth Ministerial Meeting of Forum of Ancient Civilizations," Republic of Iraq, Ministry of Foreign Affairs, 20 December 2020, accessed 26 February 2022, www.mofa.gov.iq/2020/12/?p=19956.

36. "Statement by Vahe Gevorgyan, Deputy-Minister of Foreign Affairs of Armenia, at the 5th Ministerial Meeting of the Ancient Civilizations Forum", Ministry of Foreign Affairs of the Republic of Armenia, 17 December 2021, accessed 26 February 2022, www.mfa.am/en/speeches/2021/12/17/dfm-ancient_civilization_speech/11245.

37. "Athens Declaration on the Establishment of the Ancient Civilizations Forum", Ministry of Foreign Affairs of the People's Republic of China, 14 April 2017, accessed 26 February 2022, www.fmprc.gov.cn/mfa_eng/wjdt_665385/2649_665393/201704/t20170428_679494.html.

38. "Spotlight: Countries Turn to Cement Cultural, Economic Ties as

12. 二〇一五年二月達伊沙公布一段令人髮指的影片，內容是摩蘇爾博物館（Mosul Museum）的工藝品與雕像被砸毀，其中亞述館與哈特拉館（Hatrene）損失最慘重。Brusaco 2016 評估該館遭到的破壞，Isakhan and Meskell 2019 討論達伊沙垮台後聯合國教科文組織制訂的重建與修復計畫。
13. Campell 2013.
14. Cunliffe and Curini 2018針對社群媒體的使用模式進行情緒分析，以評估國際間對這些事件的反應。
15. 引用自前英國首相鮑里斯・強森（Boris Johnson）的演說，英國廣播公司二〇一六年四月十九日報導。www.bbc.com/news/uk-36070721。
16. Schmidt-Colinet 2019.
17. Schmidt-Colinet 2019, 42.
18. Plokhy 2017, chapter 19.
19. 關於這句話的使用，見 Toal 2017, chap. 2。
20. Lucas 2008.
21. 這篇文章是在二〇二一年七月十二日發表在克里姆林宮官網 http://en.kremlin.ru/events/president/news/66181。
22. 關於俄國身分認同在歷史上的發展，以及烏克蘭在過程中代表的意義，見 Plokhy 2017, chap. 7 與 Toal 2017。
23. 譯文出自 Poe 2001。
24. 譯文出自 Plokhy 2017, chapter 2。
25. Poe 2001; Kolb 2008, 17–18; Trautsch 2013.
26. Kolb 2008, 195.
27. Allison 2018.
28. 關於二十世紀中葉中國學術界的這番辯論，見 Fan 2021。
29. 關於更多林志純的事蹟，見 Fan 2021, 87；關於這本教科書，見 Fan 2021, 159；關於中國對古希臘羅馬世界的研究，見 Brashear

突與世界秩序的重建》書名就是由此而來。

37. 關於這個重要主題，見 Marchand 2009。
38. Nishihara 2005.
39. 關於亞洲，見 Chen 1995；關於非洲，見 Smail Salhi 2019。
40. Said (1978), 1995, xix.
41. Said (1978) 1995, 55.
42. Mac Sweeney 2018; Vlassopoulos 2013, 172; Ross 2005.
43. Said 1993, 407–8.
44. Said 2000, 173.
45. Issa 2018。感謝伊薩同意本書翻印這首詩。

第十四章

1. 二〇二一年十一月十一日西九文化區M＋視覺文化博物館開幕致詞。
2. Healy 2021.
3. Mahbubani 2020; Strangio 2020; Frankopan 2018.
4. 摘自布希二〇〇一年九月二十日對美國國會聯席會議與美國人民的演說。https://georgewbush-whitehouse.archives.gov/news/releases/2001/09/20010920-8.html。
5. 關於伊斯蘭國，見 Filipec 2020。
6. 關於達伊沙的經濟狀況，見 Filipec 2020, 165–83。
7. Goertz 2021, 123–68與Lakomy 2021分析達伊沙在這方面的技巧。
8. Sahih Muslim, bk. 041, Hadith 6294.
9. 關於《達比克》與《羅馬》的分析，見Wignell et al. 2017; Lakomy 2021, 125–206。
10. “Know Your Enemy: Who Were the Safawiyyah?” *Dabiq*, no. 13 (2016): 12.
11. Flood and Elsner 2016 深入探討這個議題。

1999，也參考內容豐富、考證嚴謹的 Brennan 2021。
14. 關於薩依德的早年生活，見 Brennan 2021, chap. 1。
15. Said 1999, 44.
16. Said 1999, 183.
17. Said 1999, 118–21.
18. Said 1999, 190.
19. Said 2000, 558.
20. Said 2000, 559。關於這段時期的薩依德，見 Brennan 2021, chap. 2。
21. Said 1999, 278。關於薩依德的求學生涯，見 Brennan 2021, chap. 3。
22. Said 1999, 279.
23. Said 1999, 290.
24. 關於薩依德與亞努斯的婚姻，見 Brennan 2021, chap. 4。
25. Brennan 2021 指出，學生時代的薩依德並不像他自傳裡所說那般不關心政治，畢竟他一直留意中東政局。
26. Said 1970.
27. Said 2019; Brennan 2021, chap. 6.
28. Brennan 2021.
29. Said 1993, 380.
30. Said (1978) 1995, 26.
31. Said (1978) 1995, 1.
32. Said (1978) 1995, 3.
33. Said (1978) 2003 二十五週年版前言。
34. Said (1978) 1995, 2.
35. Warraq 2007.
36. Lewis 1990。「文明衝突」這個詞據說也是路易斯創造出來的，後來哈佛大學教授薩謬爾・杭亭頓那本頗受爭議的作品《文明衝方的自殺》（*The Suicide of the West*）為書名，呼應 Burnham 1964。Murray 2022 譴責「卑劣學者」犯下「知性詐騙」，因為他們鼓勵許多善良卻愚蠢的人們批評**西方**，導致他們步入歧途。Murray 2017 以歐洲視角探討這個問題。

3. 摘自保守黨主席奧利佛・道登（Oliver Dowden）發表的演說，見 Mason 2022。
4. 《反西方戰爭》（*The War on the West*）是英國政論家道格拉斯・莫瑞（Douglas Murray）二〇二二年發表的作品，這裡的句子摘自該書第十三頁。
5. Said 1993 討論拉斯金的觀點。
6. Borgstede 2011, 10–17.
7. 關於大英帝國的終結，見 Brendon 2007。
8. 一九五六到六二年的阿爾及利亞（Algeria）獨立戰爭是一場殘酷的殺戮，那段記憶夾帶太多羞愧與創傷，接下來幾十年法國政府將所有相關文件列為高度機密，見 Fanon 1963，「論暴力」（On Violence）。在天平的另一端，一九六四年馬爾他（Malta）脫離英國獨立是在雙方協議下以和平方式達成，見 Smith 2007。
9. 關於冷戰，見 Westad 2017。（譯注：Cold War，指第二次世界大戰後美蘇與各自的盟友形成兩大陣營，在政治與外交上彼此對壘。時間大約是一九四七到一九九一年蘇聯解體為止。）
10. 關於冷戰期間美蘇對立之外的全球結盟情況，見 Westad 2017。
11. 這句話出自福山一九九二年的暢銷作品《歷史之終結與最後一人》（*The Last Man and the End of History*），雖然用了這樣的書名，但福山在書中並沒有說世界歷史不會再有重大事件或改變。
12. *Out of Place* 是薩依德自傳的書名。薩依德是在診斷出罹患白血病後著手寫這本自傳，在一九九九年出版。（譯注：中文版譯名為《鄉關何處》。）
13. 關於薩依德的生平，我的資料部分來自他自己的著作 Said

in Europe: Its Nature, its Growth, and its Decline），London: MacMillan and Co., 1877。

65. 參考 Bradley 2010 與 Hingley 2001 收錄的論文。
66. 摘自《印度之友報》（*Friend of India*）一八六一年「我們的封地」（Our Feudatories），見 Vasunia 2013, 121。
67. 摘自黑格爾一八〇九年發表的演講〈論古典文學研究〉（*On Classical Studies*），收錄在近期出版的 Hegel and Knox 1975。
68. 美國古典學教授蕾貝卡·富托·肯尼迪（Rebecca Futo Kennedy）探討「西方文明」這個詞的出現時機，找到的文獻包括一八四四年一份大學與神學教育推廣協會（Society for the Promotion of Collegiate and Theological Education）的報告，以及一八四六年一篇評論旅遊書籍的文章。我感謝她在這方面提供的引導。見 Futo Kennedy 2019。
69. 《荷馬與荷馬時代的研究》vol. 1, 513。
70. 摘自塔卡德卡一八四一年七月二十八日發表在《孟買公報》（*Bombay Gazette*）的信函，引用自 Vasunia 2013, 122。
71. Vasunia 2013, 124–5.
72. 引用自 Goff 2013, 71。
73. 摘自布魯斯《羅馬長城》（*The Roman Wall: A Description of the Mural Barrier of the North of England*），London: Longmans, Green, Reader and Dyer, 1851。
74. Malamud 2016.
75. Prins 2017.
76. Hall and Stead 2020.

第十三章

1. Said 1993, 1.
2. 比方說，Goldberg 2018 和 Koch and Smith 2006 都直接以《西

41. 摘自迪斯雷利《坦克里德，又名新十字軍》，London: Henry Colburn, 1847。
42. 《荷馬與荷馬時代的研究》，Cambridge: Cambridge University Press, 2010 (1858), vol. 2, 523。
43. 《談古希臘在天佑世界裡的地位》（*Address on the Place of Ancient Greece in the Providential Order of the World*），London, Gilbert Murray, 1865, 10。
44. 《談古希臘在天佑世界裡的地位》64。
45. 《荷馬與荷馬時代的研究》vol. 1, 5。
46. Mac Sweeney 2018; Vlassopoulos 2013, 172; Ross 2005.
47. 《荷馬與荷馬時代的研究》vol. 1, 548。
48. 《荷馬與荷馬時代的研究》vol. 2, 537。
49. 《談古希臘在天佑世界裡的地位》4。
50. 《荷馬與荷馬時代的研究》vol. 2, 532。
51. Marchand 2009, 293–300.
52. 《荷馬與荷馬時代的研究》vol. 2, 530。
53. 《荷馬與荷馬時代的研究》vol. 2, 525。
54. 《談古希臘在天佑世界裡的地位》57。
55. 《荷馬與荷馬時代的研究》vol. 3, 2。
56. 《荷馬與荷馬時代的研究》vol. 1, 67。
57. 《荷馬與荷馬時代的研究》vol. 1, 499。
58. 《荷馬與荷馬時代的研究》vol. 3, 207。
59. 《荷馬與荷馬時代的研究》vol. 2, 483。
60. 《荷馬與荷馬時代的研究》vol. 3, 217。
61. 《荷馬與荷馬時代的研究》vol. 3, 244。
62. 《保加利亞的慘狀與東方的問題》11–12。
63. 《保加利亞的慘狀與東方的問題》10。
64. 弗里曼《歐洲鄂圖曼勢力的本質與興衰》（*Ottoman Power*

21. Hobsbawm and Ranger 2012.
22. Cohn 2012.
23. 關於考古學這門學科的發展，見 Trigger 1989。
24. 關於格萊斯頓的生平，我的資料來源主要是 Jenkins 2012，不過這本傳記偏重他的私人和宗教生活。關於他早期的生活和家庭狀況，參考 Jenkins 2012 第一章；關於他父親的蓄奴背景，見 Quinault 2009。
25. 摘自格萊斯頓《日記》（*Diaries*）1, 290。
26. Quinault 2009, 366.
27. 庫戈阿諾的《對邪惡的奴隸偷渡與人口交易的想法與感受》一七八七倫敦出版。艾奎亞諾的《非洲人奧托巴・庫戈阿諾精彩的生命故事》一七八九年出版。
28. Quinault 2009, 367.
29. Quinault 2009, 369.
30. Quinault 2009, 386.
31. 關於格萊斯頓早年挫折連連的戀愛史，見 Jenkins 2012 第四章。關於他與凱瑟琳的婚姻，見 Jenkins 2012 第四章。
32. 關於格萊斯頓的性衝動，見 Aldous 2007, 52–6; Jenkins 2012 第七章。
33. Isba 2003.
34. Ward Fay 2000, 203–6.
35. Kanter 2013–14.
36. Aldous 2007, 157.
37. Wrigley 2012, 68.
38. Aldous 2007, 142–51; Jenkins 2012, chap. 15.
39. 摘自迪斯雷利一八七二年六月二十四日在水晶宮（Crystal Palace）的演說。關於格萊斯頓與迪斯雷利的敵對，見 Aldous 2007。
40. Borgstede 2011.

的《波蘭與西方文明的影響與責任》（*Poland and the Interests and Duties of Western Civilization*），福布斯呼籲重視俄羅斯與斯拉夫的威脅。

6. Trautsch 2013, 94–5.
7. 摘自湯瑪斯·巴賓頓·麥考利（Thomas Babington Macaulay）《印度教育會議紀錄》（*Minute on Indian Education*），見 Gogwilt 1995, 221–2。
8. 引用自 Bonnett 2004, 24–5。
9. 摘自席尼爾的《一八五七年秋至一八五八年初土耳其與希臘旅行日記》（*A Journal Kept in Turkey and Greece in the Autumn of 1857 and the Beginning of 1858*）226–7，London: Longman Brown, Green, Longmans, and Roberts, 1859。
10. 席尼爾《一八五七年秋至一八五八年初土耳其與希臘旅行日記》227。
11. 吉卜林一八九九年〈白種人的重擔〉第一節。
12. Bonnett 2004 第一章敏銳地探討這一點。
13. 摘自史柏展《面相學概述》（*Outlines of the Physiognomical System*），London: Baldwin, Craddock and Joy, 1815, 58。Malik 1996, 88 也引用了這段話。
14. 關於諾克斯，見 Bates 2010。
15. 摘自諾克斯《人類的種族》（*The Races of Men*），Philadelphia: Lea and Blanchard, 1850, 8。
16. 摘自諾特與喬治·格里登（George R. Gliddon）的《人類的類別》（*Types of Mankind*），Philadelphia: J. B. Lippincott, 1854, 79。
17. Hawkins 1997, 61–81.
18. 見一八六四年一月十六日《週六評論》。
19. Sperber 2005.
20. 關於馬克思，見 Stedman Jones 2016。

Gazette）。

38. 即〈喬治·華盛頓閣下〉（His Excellency General Washington, 1775）。
39. Ricks 2020.
40. 摘自〈悼伍斯特將軍〉（On the Death of General Wooster, 1778）。
41. 關於庫柏與他在革命運動中扮演的角色，見 Akers 1978。
42. 摘自〈獻給梅塞納斯〉，Wheatley 1773, 9–12。
43. Wheatley 1773, 15–16.
44. 關於古典主義這個概念的歷史，見 Schein 2007。
45. 關於溫克爾曼的生平與影響，見 Harloe 2013, pt. 1。Marchand 1996 也從溫克爾曼出發，探討德國古典學術傳統的出現。有趣的是，溫克爾曼對於完美身軀和古典藝術的觀點，也啟發了十九世紀的種族主義理論，見 Challis 2010。
46. Harloe 2013 持這種論點，107–15。
47. Winckelmann (1764) 2006, pt. 2, II.a（Potts 翻譯）。
48. Winckelmann (1764) 2006, pt. 2, III.c（Potts 翻譯）。

第十二章

1. 摘自威廉·格萊斯頓《保加利亞的慘狀與東方的問題》（*Bulgarian Horrors and the Question of the East*），London: J. Murray, 1876。
2. 關於大英帝國的歷史，市面上的書籍不下數百本，我建議從 Levine 2020 入門。關於歷史文獻在帝國扮演的角色，見 Satia 2020。
3. Allen 2009 從經濟面探討英國工業革命，Mokyr 2009 則是從文化面切入。關於這段時期的不列顛，Hobsbawm 1968 是經典之作。
4. Trautsch 2013, 90–93.
5. 參考蘇格蘭旅行家休·福布斯（Hugh Forbes）一八六三年發表

表政治著作時都在英國，相較之下，惠特利和威廉士的古典詩都在美國創作。

19. 關於惠特利的生平與創作，見 Gates 2003、Shields et al. 2011、惠特利詩集引言、Carretta 2019 和 Jeffers 2020。
20. 這些早期非裔美國人處境艱難，依然在新英格蘭創造出他們自己的鮮明文化，見 Piersen 1988。
21. Wheatley 1773, 68–71.
22. 關於大覺醒，見 Kidd 2009。
23. Kidd 2014, 123.
24. 大屠殺犧牲者的葬禮吸引數以千計懷著怨氣的波士頓人，其中或許就包括惠特利和她的主人，見 Willis 2006, 165。
25. Kidd 2014, 250.
26. 關於惠特利為懷菲德寫的輓歌複雜的出版歷程，見 Willis 2006。
27. Greenwood 2011; Cook and Tatum 2010, 7–48.
28. Wheatley 1773, 46.
29. Wheatley 1773, 51.
30. Wheatley 1773, 65.
31. Greenwood 2011 反駁質疑惠特利學識的評論家。
32. 關於惠特利的倫敦行，見 Robinson 1977。
33. 關於波士頓在革命運動中的重要性，見 Barbier and Taylor 2017。
34. 摘自惠特利一七六八年的作品〈致最卓越的陛下〉（To the King's Most Excellent Majesty），這首詩也收錄在惠特利一七七三年的詩集。
35. 摘自惠特利一七七二年的作品〈致正義又尊貴的威廉·達特茅斯伯爵〉（To the Right Honourable William, Earl of Dartmouth），這首詩也收錄在惠特利一七七三年的詩集。
36. 摘自〈致正義又尊貴的威廉·達特茅斯伯爵〉。
37. 一七七四年三月十一日登在《康乃迪克公報》（*The Connecticut*

重新思考他的種族觀念，見 Kleingeld 2007。

8. 艾倫的論點見 Allen 1994 and 1997。

9. Allen 1997, vol. 2, 239–53.

10. Allen 1997, vol. 2, 242.

11. Jefferson 1825, *Notes on the State of Virginia, Philadelphia: H. C. Carey and I. Lea*（這篇專論最早是在一七八四年以私人出版品方式發表。）

12. Malamud 2016, 10.

13. 這是第二次大覺醒（譯注：Second Great Awakening，十八世紀末十九世紀初發生在美洲大陸的宗教復興）的時期，福音教派在北美盛行，而且成長迅速。

14. 比如貴格會信徒約翰與莎拉·伍爾曼夫妻（John and Sarah Woolman），見 Jackson and Kozel 2015。

15. 關於保羅·庫夫的一生，見 Thomas 1986。

16. 關於阿莫的生平，見 Appiah 2018。Smith 2015 提供更多細節。

17. 關於威廉士的生平，見 Carretta 2003。儘管威廉士有這樣的成就，不到二十年後新任牙買加總督愛德華·隆恩（Edward Long）一七七四年發表的《牙買加歷史》（*History of Jamaica*）依然聲稱，黑人和白人本質上是不同的物種。

18. 接下來那幾十年，更多黑人作家與社運人士發表知名作品。比如十八世紀非裔英國作家奧拉達·艾奎亞諾（Olaudah Equiano）和非裔英國廢奴主義者奧托巴·庫戈阿諾（Ottobah Cugoano）。庫戈阿諾在一七八七年出版《對邪惡的奴隸偷渡與人口交易的想法與感受》（*Thoughts and Sentiments on the Evil and Wicked Traffic of the Slavery and Commerce of the Human Species*），艾奎亞諾則是在一七八九年出版《非洲人奧托巴·庫戈阿諾精彩的生命故事》（*The Interesting Narrative of the Life of Olaudah Equiano; or, Gustavus Vassa, the African*）。有趣的是，艾奎亞諾和庫戈阿諾發

Bourbon）取代，西班牙波旁王朝第一任國王菲力普五世（Philip V）在一七〇〇年登基。

59. Andujar and Nikoloutos 2020, 4; Lupher 2002.
60. Berruecos Frank 2022.
61. Laird 2006.
62. Feile Tomes 2015; Arbo 2018.
63. Laird 2007, 222–3.
64. 關於古希臘羅馬在殖民時期與後殖民時期（尤其是二十世紀）的加勒比海地區扮演的複雜角色，見 Greenwood 2007 and 2010（加勒比海英語區），以及 McConnell 2013（加勒比海法語區）。
65. 關於盧維杜爾激勵人心卻悲傷的故事，見 James 1989 和 Hazareesingh 2020。
66. Andujar 2018, 176–7.

第十一章

1. 摘自惠特利一七七三年的詩《尼俄柏》（*Niobe*）。
2. Wheatley 1773, vii.
3. 詳細討論見 Gates 2003。
4. Wheatley 1773, 124.
5. Wheatley 1773, vii.
6. 關於這個過程的更詳細討論，見 Smith 2015。關於科學種族偏見在德國啟蒙思想家圈子的發展，見 Eigen and Larrimore 2008。關於科學種族偏見在英語世界作家與思想家之間的發展，見 Bindman 2002。
7. 休謨一七四八年《論國民性格》（*On National Characters*），一九九四年重印；康德一七六四年《關於美感與崇高的觀察》（*Observations on the Feeling of the Beautiful and the Sublime*），二〇一一年重印（Frierson and Guyer 譯）。不過，康德後來確實

45. 關於西塞羅在美國革命論述中的特殊地位，見 Richard 2015。

46. 見老富蘭克林手札（Commonplace Book of Benjamin Franklin the Elder），美國古文物收藏家協會收藏（American Antiquarian Society）。

47. 阿姆斯《曆書》，1758。

48. 這封信的日期無法確定，但應該是在一七六九年一月十七日以前。小富蘭克林的朋友蘇格蘭外科醫師亞歷山大・斯莫爾（Alexander Small）也說過類似的話。他在一七六四年十二月一日寫給小富蘭克林的信裡說：「我們幾乎已經不干涉你們的西方世界，現在最害怕的是被你們甩開。」關於早期使用「**西方**」指稱北美的現象，參考 Baritz 1961。

49. 摘自一七七三年一月五日小富蘭克林寫給美國政治家湯瑪斯・庫欣（Thomas Cushing）的信。

50. 摘自一七七四年三月二十一日華盛頓寫給維吉尼亞軍團上尉彼得・霍格（Peter Hogg）的信。

51. 漢考克費城演說，一七七五年七月二十八日。

52. 摘自一七七五年十月梅西・奧蒂斯・瓦倫寫給約翰・亞當斯的信。資料取自國家檔案線上創始人，https://founders.archives.gov/documents/Adams/06-03-02-0142。

53. 摘自一七七六年七月十七日斯凱勒寫給華盛頓的信。

54. Malamud 2010.

55. 例如 Malamud 2009 與 Smil 2010。

56. 關於當時的情景，以及美國革命分子穿著托加袍的現象，見 Shalev 2009, 114ff。

57. 關於羅馬世界的托加袍，見 Rothe 2019。

58. 我們在第四和第七章討論過，哈布斯堡王朝的帝國主義語彙通常以羅馬的傳承宣揚自己的正統性。不過，到了十八世紀中期北美革命運動發生時，哈布斯堡王朝已經被波旁王朝（House of

28. 見約翰・亞當斯《日記與自傳》（*Diary and Autobiography*）一七六九年九月六日條目。
29. 雖然聲稱是簡短報告，這份小冊子內容卻長達八十一頁。
30. Di Spigna 2018, 110–13.
31. 諷刺的是，波士頓傾茶事件抗議的是減稅，而非增稅，很多人記錯這件事。關於波士頓傾茶事件的真相和其他有趣的賦稅故事，見 Keen and Slemrod 2021。
32. Di Spigna 2018, 130–39.
33. 這年十月份瓦倫留在波士頓監督活動進展，約翰與山繆爾・亞當斯則前往費城出席第一屆大陸議會。Di Spigna 2018, 163–7。
34. Di Spigna 2018, 151–3.
35. Di Spigna 2018, 167–71.
36.《波士頓公報》一七七三年五月十七日。詩題的三個星號隱去伊莉莎白的姓氏後三個字母，換句話說，「WAR***」代表「WARREN」。瓦倫這麼做應該是為了保護家人的隱私，不過認識他們的人輕易就能看得出來。
37. 關於瓦倫使用筆名的情況，見 Forman 2011, 454。
38. Di Spigna 2018, 47.
39. Richard 1995、Shalev 2009 和 Ricks 2020 深入探討這個現象。關於現代美國政治論述中的羅馬，見 Malamud 2009。
40. 比方說，亞歷山大・漢彌爾頓（Alexander Hamilton）使用普布利烏斯（Publius）這個化名，見 Winterer 2004。
41. 傑弗遜是個例外，他更偏重的是希臘，而非羅馬，見 Ricks 2020。
42. Rhodes 2004.
43. 要到日後，意圖維持奴隸制度的人才會開始引用古希臘，特別是亞里斯多德的著作。主張繼續奴役非洲人與非洲人後裔的人常會引用亞里斯多德的天生奴隸論來為自己辯解，見 Monoson 2011。
44. Shalev 2009, 230.

America）。次年潘恩發表另一份名為《常理》（*Common Sense*）的小冊子，支持美國革命。

17. 這段話摘自美國獨立戰爭期間的英國效忠派彼得·奧利佛（Peter Oliver）的回憶錄。Oliver（1781）1967, 128。
18. 不過，在哈佛那段時間，瓦倫好像結交了社會地位比他高的朋友，比如他最後兩年的室友分別在學校排名中位居第六與第八。關於瓦倫在哈佛的學習生涯，見 Di Spigna 2018, 31–50。
19. 這句話出自牙買加平原（Jamaica Plain）本堂牧師威廉·戈登（William Gordon）為瓦倫撰寫的悼詞，發表在他敘述美國獨立戰爭的著作裡（Gordon 1788, vol. 2, 50）。牙買加平原目前是波士頓的一區，當時則是城外的農業區。
20. 這句話出自約翰·亞當斯一七六四年四月十三日寫給未來的妻子艾比蓋兒·史密斯（Abigail Smith）的信。關於瓦倫的醫師生涯，見 Di Spigna 2018, 51–66。
21. Boston Town Records, 1764.
22. 關於瓦倫與伊莉莎白的婚姻，見 Di Spigna 2018, 67–71。
23. 關於瓦倫在這段時期的革命活動，見 Di Spigna 2018, 74–89。
24. 見一七六五年十月七日《波士頓公報》。
25. 據我們所知，瓦倫一生中至少擁有一名奴隸。一七七〇年六月二十八日一份銷售票據顯示，瓦倫向約書亞·格林（Joshua Green）購買一名「黑人男孩」，支付現金與「陶器」。
26. 比方說，一七六六年六月六日瓦倫在《波士頓公報》發表文章：「你的愚蠢會跟你的邪惡一樣昭然若揭。先生，（寫到這裡我內心沉痛）你為你那些可笑的激情，恣意犧牲本省居民的幸福。」
27. 據說由瓦倫填詞的〈新麻薩諸塞自由歌〉一七七〇年二月十三日在波士頓音樂廳首演。這首歌選用的旋律是帝國軍隊最喜歡的〈不列顛擲彈兵進行曲〉，換了全新歌詞後變成激進的政治歌曲。

2018。

3. 這句話摘自法蘭西斯·羅頓哈斯丁（Francis Rawdon-Hastings）一七七六年六月二十日的信件。當時他在英國擲彈兵團第五軍團擔任中尉，信件是寫給他舅舅亨廷頓伯爵（Earl of Huntingdon），見 Commager and Morris 1968, 130–31。
4. Allen 1993, vol. 1.
5. 這句話出自華盛頓一七七六年二月十日寫給陸軍中校約瑟夫·里德（Joseph Reed）的信。
6. 費爾法克斯決議 art. 5，與會者一致同意，「這次會議的結論是，在我們目前所處的艱難與困苦中，不該再有任何奴隸輸入這塊大陸的英國殖民地。我們趁這個機會表達我們最誠摯的心願，希望永遠禁絕這種邪惡殘酷、違反自然的貿易」。
7. 見湯瑪士·納爾遜（Thomas Nelson）一七七七年一月二日寫給傑弗遜的信。
8. 見華盛頓一七七七年三月十八日寫給漢考克的信。
9. 費爾法克斯決議 art. 17。關於華盛頓與奴隸制度，見 Furstenberg 2007 和 Wieneck 2003。
10. Kammen 1970.
11. 見一七八三年三月十五日對陸軍軍官發表的新堡演說（Newburgh Address）。資料來源 www.mountvernon.org/education/primary-sources-2article/newburgh-address-george-washington-to-officers-of-the-army-march-15-1783 (last accessed October 2022)。
12. General Orders, 18 April 1783.
13. Young and Nobles 2011, 144–72; Parkinson 2016.
14. Young and Nobles 2011, 172–92.
15. 見詹森一七七五年發表的《稅收不是暴政》（*Taxation No Tyranny*）。
16. 這份小冊子名為《美國的非洲奴隸》（*African Slavery in*

31. Heywood 2017, 65.
32. Heywood 2017, chap. 4.
33. Heywood 2017, 117.
34. Heywood 2017, 121.
35. Heywood 2017, 130.
36. Heywood 2017, 143–4.
37. Heywood 2017, 210.
38. 這段文字摘自加埃塔神父的著作，譯文見Heywood 2017, 188–9。
39. Heywood 2017, 236.
40. 關於恩津加的身後餘韻，見 Heywood 2017 的結語。
41. Cavazzi, bk. 1, chap. 1:5。關於卡瓦齊的文本和原稿的注解，見波士頓大學非裔美國人研究「約翰・桑頓的非洲文本」，www.bu.edu/afam/people/faculty/john-thornton/john thorntons-african-texts。
42. Cavazzi, bk. 1, chap. 1:3.
43. Cavazzi, bk. 2, chap. 8:91.
44. 關於早期現代遊記如何引用希羅多德，見 Boulegue 2012 and Varotti 2012。
45. Lupher 2003.
46. Cavazzi, bk. 2, chap. 1:1.
47. Smith 2015, Chapter 6.
48. Keevak 2011.

第十章

1. 約瑟夫・瓦倫《波士頓大屠殺演說》(*Boston Massacre Oration*)。
2. 除了幾個知名例外，學者對瓦倫的研究不像對美國革命運動其他人物那麼普遍或廣泛，主要作品包括 Frothingham 1865、Forman 2011 和 Di Spigna 2018。本書敘述的瓦倫生平主要參考 Di Spigna

德格（Martin Heidegger）和法國哲學家米歇爾・傅柯（Michel Foucault）的觀念，將種族界定為一種社會技術（social technology）。

11. 近來為**西方**讀者介紹非洲歷史的豐富性與複雜度的書籍包括 French 2021、Green 2019、Gomez 2019 和 Fauvelle 2018。關於非洲考古學，見 Mitchell and Lane 2013。
12. Green 2019, 39。關於馬利帝國的概述，見同書 45–67。
13. 關於葡萄牙在這段時期的擴張，見 Disney 2009, chap. 16。
14. 關於鄭和下西洋，Menzies 2003 的描述趣味十足，更正確的敘述見 Dreyer 2006。
15. 關於剛果王國和王國與葡萄牙的關係，見 Heywood 2017, 3 和 2019, chap. 5。
16. Green 2019 針對西非奴隸問題複雜的經濟因素提出精闢見解。
17. Heywood 2017, 19.
18. Heywood 2017, 24.
19. Heywood 2017, 27.
20. Heywood 2017, 31.
21. Heywood 2017, 29.
22. 關於恩津加的詳細生平，我的資料來源主要是 Heywood 2017。如果想進一步了解恩津加這個人，我真心推薦這本書。
23. Heywood 2017, 15, 45.
24. Heywood 2017, 59.
25. Heywood 2017, 44.
26. Heywood 2017, 50.
27. Heywood 2017, 63–4.
28. 摘自卡瓦齊修士的引述，譯文見 Heywood 2017, 51。
29. Heywood 2017, 75.
30. Heywood 2017, 64.

46. 關於啟蒙時代思想家對古希臘的看法，見 Cartledge 2009。

第九章

1. 這段話收錄在喬瓦尼·安東尼奧·卡瓦齊（Giovanni Antonio Cavazzi）的《福音使命》（*Missione Evangelica*），bk. 2, 24，譯文出自 Heywood 2017, 51。
2. 這個人類學理論的經典構想來自 Barth 1969。關於更現代的構想和更廣泛的討論，見 Appiah 2018。
3. 關於都鐸王朝時期的英國帝國主義，見 Hower 2020。
4. 有關大英帝國的書籍多不勝數，Levine 2020 是不錯的入門書，Satia 2020 則分析大英帝國如何塑造我們對歷史的認知（反之亦然）。
5. 想了解現代歐洲帝國主義，坊間有不少書籍可供參考，不過 Abernathy 2000 提供全面性的介紹。
6. 關於這個種族建構定義與種族的概念，我受益於 Ndiaye 2022 與 Heng 2018。我也要感謝 *The Cambridge Companion to Classics and Race*（Andujar et al.，即將出版）的撰稿人，我跟他們在線上讀書會一起閱讀並討論這方面的著作。
7. Isaac et al. 2009 探討過歷史上各種劃分種族和種族化（racialisation）的方法，比如中世紀歐洲（Heng 2018）、現代早期（Ndiaye 2022）和古代（McCoskey 2021; Andujar et al.，即將出版）。關於現今世界各地不同形式的種族化與種族偏見，見 Bonnett 2021 的精彩討論。
8. Keevak 2011, 29.
9. Ndiaye 2022, 6。恩迪亞耶在這本書裡提出以種族為基本架構的實用觀點，在這個架構裡，不同因素在不同時代具有不同含義。
10. Sheth 2009, 22。謝斯在這本書裡指出，或許我們該少操心種族的定義，多操心種族的作用。她運用德國哲學家馬丁·海

1998, 121; Gordon 2007; Gajda 2012。

27. 關於埃塞克斯伯爵叛變的細節，以及對這件事的正反兩面見解，見 Gajda 2012, 27–66。關於培根在這場審判中扮演的角色，見 Jardine and Stewart 1998, 240–47。
28. Jardine and Stewart 1998, 245–7.
29. 關於培根與科克，見 Jardine and Stewart 1998, 151, 253, 340; Zagorin 2020, 163–4, 196。
30. Butler 2015.
31. Jardine and Stewart 1998, 190.
32. Jardine and Stewart 1998, 290.
33. Jardine and Stewart 1998, 450–62.
34. Jardine and Stewart 1998, 464–6.
35. 關於培根生命中最後這幾年，見 Jardine and Stewart 1998, 473–8。
36. 關於《新亞特蘭提斯》的分析與學術成就，見 Price 2018。
37. Aughterson 2013.
38. 出自《沉思錄》（*Meditationes Sacrae,* 1597）。
39. 《新亞特蘭提斯》。
40. 《新工具論》的名稱取自亞里斯多德探討邏輯的作品《工具論》（*Organon*）。有趣的是，培根在這本書裡探討他向古代借用了哪些知識，書名也套用古代的作品。
41. 《新工具論》，79。
42. 《新工具論》，71。
43. 關於培根如何巧妙運用柏拉圖理論建構《新亞特蘭提斯》的歷史，見 Hartmann 2015。
44. 《新工具論》，72。
45. Hepple 2001, 109。關於阿倫德爾伯爵的收藏，見 Angelicoussis 2004。這批雕像後來變成牛津阿什莫林博物館（Ashmolean Museum）希臘羅馬雕像的基本館藏。

10. Outram 2013.
11. 關於英國歷史學家伊斯雷爾（Jonathan Israel）對啟蒙運動的觀點在學術界引發的辯論，見 Israel 2001, 2006, 2009 and 2011。伊斯雷爾曾經接受訪談討論這個議題，見 Malik 2013。
12. 關於不同國家的啟蒙運動樣貌，見 Porter and Teich 1981。
13. Conrad 2012。美國哲學史學者史密斯（Justin Smith）說得很好：「我們想要了解歐洲自然哲學與自然史的發展，就必須將它們視為全球自然哲學與自然史發展的地區性變化。」見 Smith 2015。
14. 譯文出自 Harvey 2012, 42。關於中國科學與技術對英國工業革命的影響，見 Hobson 2004, 190–218。
15. Ching and Oxtoby 1992.
16. Graeber and Wengrow 2021 提出的這個論點受到強烈質疑，因為它依靠的是以實證主義觀點來閱讀那篇文章，排除任何虛構筆法。
17. 比方說，培根並不承認肯迪（見本書第三章）等伊斯蘭學者的成就。
18. 我在引言裡提到過，關於這個主題我推薦 Morris 2011。
19. 關於培根在科學方面的貢獻，見 Rossi, Kusukawa and Malherbe in Peltonen 1996。關於培根的其他思想與他後來的影響，見 Zagorin 2020。
20. Abraham Cowley，引用自 Jardine and Stewart 1998。
21. 關於培根的生平，見 Jardine and Stewart 1998。
22. 關於培根的劍橋生涯，見 Jardine and Stewart 1998, 34–7。
23. 關於培根這段遊學經歷，見 Jardine and Stewart 1998, 39–66。
24. Nicholas Hilliard, *Francis Bacon, 1st Viscount St Alban*, 1578, National Portrait Gallery, NPG 6761.
25. Jardine and Stewart 1998, 95.
26. 關於培根兄弟與埃塞克斯伯爵之間的關係，見 Jardine and Stewart

60. 勒班陀戰役已經變成神話，Stagno and Franco Llopis 2021 檢視大量文獻，探討各種媒體對這場戰役的描述。
61. 有關胡安・拉蒂諾和他的史詩，以及現代早期西班牙種族與文學的發展，見 Seo 2011 和 Wright 2016。
62. Baer 2021, 177.

第八章

1. 培根《新工具論》（*Novum Organum*）78。感謝 John Nielsen 鼓勵我從歷史的角度探討培根這個人物，也引導我更深入認識啟蒙運動。
2. Jacobs 2019.
3. 討論啟蒙運動的書不少，我覺得 Jacobs 2001 是不錯的入門。
4. 關於霍布斯與修昔底德，見 Evrigenis 2006；關於洛克與斯多葛學派，見 Hill and Nidumolu 2021。
5. Lifschitz 2016, 1.
6. Skinner 2008.
7. 霍布斯〈論臣民的自由〉（Of the Liberty of Subjects），出自霍布斯一六五一年發表的《利維坦》（*Leviathan; or, The Matter, Forme and Power of a Commonwealth Ecclesiasticall and Civil*）。謝謝 George Southcombe 提供這個觀點和這段引述。
8. McNeill 1963, 599.
9. 這段話改寫自康德的名言「Aufk larung ist der Ausgang des Menschen aus seiner selbst verschuldeten Unmundigkeit」，出自他一七八四年發表在《柏林月刊》的文章〈Beantwortung der Frage: Was ist Aufk larung?〉。也有學者批評這個觀點，比如德國知名社會理論學家阿多諾（Theodore Adorno）和霍克海默（Max Horkheimer）。他們說，啟蒙時代的觀念也造就了恐怖的納粹政權和史達林主義，見 Adorno and Horkheimer [1972] 1997。

41. Skilliter 1965, Document 2.
42. Baer 2021, 220–23.
43. Skilliter 1965, 143（Skilliter 譯）。
44. Malcolm 2019, 67–8.
45. Kołodziejczk 2012.
46. Inalcik 2001, chap. 6（Inalcik 翻譯）。
47. 弗里德加《編年史》（*Chronicle*）4:45–6。關於中世紀拉丁文本如何描述土耳其人與特洛伊的淵源，見 Malcolm 2019, 25–9; Mac Sweeney 2018, 122–5; Meserve 2008, 22–64。
48. Florentius Liquenaius de Tours，翻譯出自 Meserve 2008, 40。
49. Giovanni Mario Fileflo，翻譯出自 Meserve 2008, 42。
50. Critoboulos，翻譯出自 Meserve 2008, 43。
51. 關於文藝復興時期的起點，見 Greenblatt 2012。
52. Adolph 2015; Shepard and Powell 2004。正如一名現代學者所說：「在伊莉莎白時代，特洛伊圍城比任何傳統故事都受歡迎。」（Tatlock 1915, 673）。
53. Hackett 2014。〈伊莉莎白一世與三女神〉（*Elizabeth I and the Three Goddesses*）1569, London, Royal Collection, RCIN 403446；〈伊莉莎白一世與三女神〉ca. 1590, London, National Portrait Gallery, NPG 6947。並參考英國作家喬治・皮爾（George Peele）一五八九年的劇本《帕里斯受審》（*The Araygement of Paris*）。
54. 關於這個譯本在政治上的影響力，見 Briggs 1981 與 Sowerby 1992。
55. Coke, 3 *Reports* 4 (1602), preface viii a.
56. Skilliter 1965, 131: Document 1（Skilliter 譯）。
57. Skilliter 1965, 132: Document 1（Skilliter 譯）。
58. Skilliter 1965, 133: Document 1（Skilliter 譯）。
59. Malcolm 2019, 59–63.

係，見 Buttigieg 2021。

24. Inalcik 2001, chap. 7.
25. Brotton 2016, 78 摘錄這封信更完整的內容。
26. 關於莎菲耶蘇丹的身世和早年生活，見 Skilliter 1965, 145 和 Peirce 1993, 308n2。關於威尼斯大使的報告，見 Pedani 2000。
27. 消息來源是鄂圖曼大臣索羅門．烏斯克（Solomon Usque）。烏斯克原本是葡萄牙的猶太人，跟著家人先後逃離葡萄牙和義大利，最後落腳伊斯坦堡（見 Skilliter 1965, 145）。
28. 據說努爾巴努隱瞞穆拉德的父親過世的消息，直到穆拉德回到伊斯坦堡才公布，以免王位落入穆拉德的弟弟手中。見 Kayaalp 2018, 26 和 Peirce 1993, 261。
29. 關於努爾巴努以太后身分主持政務，見 Kayaalp 2018 和 Peirce 1993。
30. 關於莎菲耶和努爾巴努之間的爭鬥，見 Kayaalp 2018, 31ff。
31. 關於這段故事，見 Kayaalp 2018, 34–6 和 Peirce 1993, 94。
32. 關於努爾巴努的死亡和她的死對穆拉德的影響，見 Peirce 1993, 238。
33. 關於努爾巴努的出身，見 Kayaalp 2018。
34. 關於法蘭西大使賈明尼（Jacques de Germigny）的埋怨，見 Kayaalp 2018, 30。關於英格蘭大使哈博恩（William Harborne）的鬱悶，見 Brotton 2016, 99。
35. 關於莎菲耶對英格蘭的支持，見 Peirce 1993, 224。關於經歷幾年緊繃關係後英格蘭正式派駐大使，見 Brotton 2016, 121。
36. Brotton 2016, 145.
37. Peirce 1993, 97.
38. Brotton 2016, 186.
39. 關於這些書信的內容、翻譯與評論，見 Skilliter 1965。
40. Skilliter 1965, Document 1（Skilliter 譯）。

見 Jardine 2004 and Brotton 2016, 226–32。

3. 關於伊莉莎白一世送給穆罕默德三世的神奇管風琴和湯瑪斯・達拉姆此人，見 Wood 2015 和 Trudell 2020。
4. 關於宗教改革，見 MacCulloch 2010, chap. 17。
5. 關於反宗教改革，見 MacCulloch 2010, chap. 18。
6. Wolfe 1993.
7. Bulut 2001, 111–12.
8. 傳統鄂圖曼文本用「奧斯曼」（Osmanlı）指稱鄂圖曼的統治階層，使用「土耳其」（Turk）這個詞多半帶有貶義，但當時歐洲的基督教作家交替使用「鄂圖曼」和「土耳其」這兩個詞。見 Meserve 2008, "Note on Nomenclature"。
9. Brotton 2016, 157.
10. Brotton 2016, 10, 23; Malcolm 2019, 96.
11. Brotton 2016, 75.
12. Malcolm 2019, 83.
13. Brotton 2016, 14.
14. Marshall 2012 舉例說明英格蘭新教徒的反鄂圖曼情緒。
15. 關於這個論點，見 Meserve 2008，Brotton 2016 和 Malcolm 2019。
16. 關於鄂圖曼人的歷史，參考 Baer 2021，Goodwin 2011 和 Inalcik 2001。
17. Lewis and Braude 1982.
18. Malcolm 2019, 105–6.
19. 關於法鄂聯盟，見 Malcolm 2019, 110–18。
20. 關於哈布斯堡王朝，見 Rady 2020。
21. 關於神聖羅馬帝國歷史，也可以參考 P. H. Wilson 2016。
22. 關於鄂圖曼人和奧地利哈布斯堡家族之間的敵對，見 Malcolm 2019, 57ff。
23. 關於哈布斯堡家族與馬爾他的醫院騎士團（Hopitalier）之間的關

錄》或許就是為了駁斥斯佩羅尼對女性、尤其對她的描寫。

31. Russell 1997, 37.
32. Russell 1997, 39.
33. Allaire 1995; McLucas and Hairston（即將出版）。
34. 關於圖利婭的《可憐蟲》與她取材的各種文本，見 McLucas and Hairston（即將出版）。關於不同作家以這個故事為題材創作的作品，見 Allaire 1999。
35. 這部史詩的摘要見 McLucas 2006。
36. 有關祭司王約翰的神話眾說紛紜，有人說他是非洲人，也有人說他在印度。中世紀與文藝復興時期許多文本都有這個角色，將他描寫成完美的基督教君王。
37. Mazzotta 2010.
38. Allaire 1998.
39. McLucas and Hairston（即將出版）。
40. 《可憐蟲》所有譯文引用自 McLucas and Hairston（即將出版）。
41. 其中我最喜歡的是眼睛長在胸口的獨眼人（《可憐蟲》11:49），讓人聯想到希羅多德《歷史》裡荒誕的無頭人。
42. 關於《可憐蟲》裡傳達的反伊斯蘭觀點，見 McLucas and Hairston（即將出版）。
43. 見 Meserve 2008 的精彩討論，也可參考 Frassetto and Blanks 1999。
44. 關於盧克雷齊婭·馬里內拉的生平與著作，見 Marinella and Stampino 2009 的引言。
45. 瓦薩里《藝術家的生平》前言。

第七章

1. 莎菲耶蘇丹《給英格蘭伊莉莎白一世的信》（*Letter to Elizabeth I of England*），Skilliter 1965, 131: Document 1（Skilliter 翻譯）。
2. 關於伊莉莎白一世這次派使節晉見穆罕默德三世和莎菲耶蘇丹，

14. 關於安達魯斯，見 Kennedy 1996，Catlos 2018 和 Fierro 2020（尤其是 Carvajal López 那篇探討物質文化的精彩內容）。
15. 關於阿吉羅普洛斯與西瓜，見 Harris 2010。關於義大利的拜占庭學者，Wilson 2016。
16. Ženka 2018.
17. 這句話是 Alessandro Arrighi 對圖利婭的評價，見《圖利婭·達拉戈納詩集》（*Rime della Signora Tullia D'Aragona*）53。
18. 有關圖利婭的生平，我要感謝 Julia Hairston 的著作，包括她為《詩集》（2014）撰寫的引言，以及她與 John McLucas 合寫、尚未出版的新書。這本書首度收錄英文版《可憐蟲》。我要感謝他們兩位跟我分享新書的原稿，以及他們對我的支持與鼓勵，更要謝謝他們撥冗閱讀本章的初稿。
19. Hairston 2014, 10.
20. Hairston 2014, 11–14.
21. Hairston 2014, 14–15.
22. 這些話摘自 Battista Stambellino 寫給 Isabella d'Este 的信，引用自 Hairston 2012, 18。
23. Russell 1997, 22.
24. Hairston 2012, 37.
25. Hairston 2012, 17.
26. Hairston 2012, 25–6.
27. Hairston 2012, 24.
28. Hairston 2012, 27–9.
29. Giovannozzi 2019。感謝 Julia Hairston 和 John McLucas 鼓勵我廣泛研究圖利婭的同代作家和她對當時文壇的影響。
30. Smarr 1998 討論這兩本對談集的交互影響。圖利婭在自己的《對話錄》裡是知性化、性格豐滿的人物。反之，斯佩羅尼則是將她貶低為譁眾取寵的交際花、被情感操控的女人。圖利婭寫《對話

47. 相關討論見 Angelov 2019, 213–15。
48. 《駁拉丁人講辭之二》4。
49. Angelov 2019, 206–7.
50. 《駁拉丁人講辭之二》10。
51. 《書信》125:24。
52. 關於第一次十字軍東征期間攻詰「他者」的複雜詞彙，見 Morton 2016。
53. Angelov 2019, app. 3.
54. Prosperi 2019.

第六章

1. 圖利婭・達拉戈納《可憐蟲》（*Il Meschino*）12:69，譯文出自 McLucas and Hairston（即將出版）。
2. 以文藝復興時期為主題的歷史著作多不勝數，Brotton 2006 和 Greenblatt 2012 是不錯的起點。
3. 感謝 Julia Hairston 提供這個論點。
4. 布克哈特《義大利文藝復興時代的文化》一九四五年英文版，292。
5. 《義大利文藝復興時代的文化》一九四五年英文版，89。
6. 《義大利文藝復興時代的文化》一九四五年英文版，91–2。
7. Burioni 2010; McLaughlin 1988.
8. Heather 2017.
9. Brownlee 2007.
10. Signorini 2019; Graziosi 2015.
11. Field 1988.
12. MacCulloch 2010, 492–3.
13. 關於鄂圖曼帝國征服君士坦丁堡，見 Goodwin 1999, chap. 4 與 Baer 2021, chap. 4。

25. 關於「哲學家」拉斯卡里斯，見 Angelov 2019, 181–201。
26. Angelov 2019, 76.
27. Angelov 2019, 72–4.
28. 關於拉斯卡里斯與伊蓮娜的關係，見 Angelov 2019, 129–32。
29. Angelov 2019, 61.
30. Angelov 2019, 105–8.
31. Angelov 2011; Angelov 2019, 149。凱卡烏斯二世一度奪回王位，只是再次被推翻。他生命的最後一段歲月是在蒙古王廷度過。
32. Angelov 2019, 169–71.
33. Angelov 2019, 152–65.
34. Heather 2017 探討「西羅馬帝國的陷落」和後續各種復辟企圖。關於**西方**評論家無視拜占庭人的羅馬身分，見 Kaldellis 2019a and 2019b。
35. Kaldellis 2019a, 35.
36. 關於拉斯卡里斯如何提倡希臘精神作為政治身分，參考 Kaldellis 2007, 327–9; Angelov 2019, chap. 10。
37. 例如《書信》30:13; 52:40; 89:10 和 217:61。
38. 《書信》51。
39. 《書信》59。
40. 《書信》204:59–60, 129。
41. 《書信》214:34–5。
42. 拉斯卡里斯堅持稱他的國家是羅馬國度，百姓是羅馬人，見《書信》27:39; 214:30。
43. 拉斯卡里斯也稱他的國家是希臘國度，百姓是希臘人，見《書信》5:14; 40:19; 40:28; 51:30; 109:48; 125:24。
44. 《書信》77:40。
45. 《書信》125:52，譯文出自 Angelov 2019, 213。
46. 《書信》118:24。

但全書一〇一六頁之中，只用區區五頁談論衣索比亞教會，其他東方教會總共只有九頁。事實上，這本書嚴重受到**西方文明**故事制約，將基督教歷史的開端設定在古希臘世界。對此，作者的解釋是，希臘思想為後來的基督教思想奠定知性基礎。見 MacCulloch 2010。

11. 關於拜占庭帝國與威尼斯之間關係的變化，見 Nicol 1989。
12. 關於第四次十字軍東征，見 Throop 2018, chap. 4；Nicol 1989, chap. 8 與 Harris 2003, chaps. 10 and 11。學者對第四次十字軍東征見解互異，相關討論見 Harris 2005。
13. Nicol 1989, chap. 9.
14. 關於法蘭克統治期，見 Chrissis, Carr and Maier 2014。
15. Angold 2009.
16. Angold 2009, 731.
17. 拉斯卡里斯曾在一二四一年率軍圍攻君士坦丁堡長達數月，期間或許確實曾經入城進行和平協商，但文獻上找不到相關證據，畢竟在城外也方便協商。見 Angelov 2019, 92。
18. 關於現代希臘的歷史與有關希臘精神的現代觀點，見 Beaton 2019。
19. 有關拉斯卡里斯的生平與時代，參考 Angelov 2019 的精彩討論。
20. 關於「心愛的土地」，見《書信》111:16–17；關於「故鄉安那托利亞」，見《書信》281:84 附錄的通訊。拉斯卡里斯的書信至今保存超過兩百封，他實際上撰寫的應該多得多。Angelov 2019 附錄一整理並概略介紹他的作品。
21. Angelov 2019, 33。在血緣上，約翰是艾琳的長輩。
22. Angold 2009.
23. Angelov 2019, 109 提到宮廷的「青年文化」，並且對照拉斯卡里斯的世代與「受辱世代」的「創傷視角」。
24. Angelov 2019, 69.

40. 《君王之鏡》：MGH SS 22:66:5–10。
41. 《君王之鏡》：MGH SS 22:93:4– 9。這裡的譯文與原文略有出入，但保留了主要含義與原文的節奏與押韻。
42. Wood 2013 提到，當時的學者後來大多各自強調德意志或羅馬的起源神話。感謝 Andy Merrills 提供我這項訊息。
43. Weber 1994 持這個見解。
44. 《普世之書》：MGH SS 22:203:7–9。

第五章

1. 狄奧多雷・拉斯卡里斯《書信》（*Epistle*）125:25。
2. 關於十字軍東征的中肯敘述，見 Throop 2018。從穆斯林文獻的視角看待十字軍東征，見 Cobb 2016。
3. 見傑弗遜寫給美國政治家喬治・威思（George Wythe）的信，一七八六年八月十三日。Founders Online, National Archives, https://founders.archives.gov/documents/Jefferson/01-10-02-0162#:~:text=Your%20wishes%2C%20which%20are%20laws,proposed%20to%20treat%20you%20with。
4. Ames 2015 廣泛探討中世紀的「異端」概念，超越基督教的視角，將猶太教與伊斯蘭納入「異端」範圍。
5. Pegg 2008.
6. Mackenzie and Watson 2016; Rukuni 2021.
7. 關於科普特教會，見 Kamil 2013；關於中世紀敘利亞、美索不達米亞與伊朗的基督徒，見 Hunt 2011。
8. Keevak 2008.
9. *Itinerarium fratris Willielmi de Rubruquis de ordine fratrum Minorum, Galli, Anno gratiae 1253 ad partes Orientales* 14.
10. 比方說，英國歷史學家麥克庫洛赫（Diarmaid MacCulloch）的《基督教歷史》（*A History of Christianity*）整體上相當出色，

20. 有關戈弗雷的家庭背景與早年生活，見 Dorninger 1997, 33–6。
21. Weber 1994.
22. 關於帝國文書處，見 Freed 2016, 107–10。
23. Freed 2016, 109–10。關於抄寫員 Arnold II.C 的字跡與戈弗雷相同，至今沒有定論（見 Weber 1994），但學界普遍認同（見 Dorninger 2015, 19 與 Hering 2015, 55–6）。
24. 戈弗雷《腓特烈的功績》（*The Deeds of Frederick*）：MGH SS 22:321:37–323:27。
25. 《腓特烈的功績》：MGH SS 22:326:33–5。
26. 《緬懷過往》：MGH SS 22:105:24–36，譯文引用自 Bumke 1991, 460–61。
27. 這是 Weber 1994 提出的關鍵論點。
28. 《普世之書》：MGH SS 22:271:43–5。
29. Weber 1994, 165n71.
30. Weber 1994, 164.
31. 《君王之鏡》：MGH SS 22:21:3–7。
32. 《君王之鏡》：MGH SS 22:31:26。
33. Waswo 1995; Innes 2000; Shepard and Powell 2004; Desmond 2016; Mac Sweeney 2018。關於中世紀初期更多宣稱繼承特洛伊血統的例子，見 Plassmann 2006。
34. Snorri Sturluson, *Prose Edda*, prologue 3.
35. Henry of Huntingdon, *History of the English* 7:38.
36. Boeck 2015, 264。關於這個現象的更廣泛討論，見 Aerts 2012 and Desmond 2016。
37. 《君王之鏡》：MGH SS 22:45:47ff。
38. 《君王之鏡》：MGH SS 22:62:40ff。
39. 《君王之鏡》：MGH SS 22:62:4–6。這幾句我的譯法不算太貼近原義，主要是為了捕捉拉丁文短句的神韻。

第四章

1. 戈弗雷《君王之鏡》序言 22–3。
2. 在那個時代沒有人稱他「紅鬍子」，這個綽號出現在十三世紀，以便跟他的孫子腓特烈二世區別，見 Freed 2016, xviii。
3. 戈弗雷《緬懷過往》22:105:24–36，譯文引用自 Weber 1994, 175。
4. 關於神聖羅馬帝國歷史，參考 P. H. Wilson 2016。
5. 關於紅鬍子的生平，見 Freed 2016。
6. 關於霍亨斯陶芬王朝與天主教會之間不容樂觀的關係，見 P. H. Wilson 2016, 62–7。
7. MacCulloch 2009, 350。關於「羅馬性」這個概念在中世紀如何被（重新）詮釋，見 Pohl et al. 2018。
8. 查理曼悄悄拋開這個頭銜，避免跟拜占庭帝國衝突。關於查理曼作為古羅馬帝國的後繼者，見 Heather 2017。
9. Petersohn 1992, 2001.
10. 這個觀點到了十二世紀特別流行，見 Reuter 1992。
11. P. H. Wilson 2016, 37.
12. Kaldellis 2019b.
13. MacCulloch 2010, 374。關於拉丁與拜占庭教會的發展，見 MacCulloch 2010, pt. IV（拉丁教會）與 pt. V（拜占庭教會）。
14. P. H. Wilson 2016, 14。Burke 1980 指出，在這個時期，「歐羅巴」這個詞是用來強調拉丁**西方**與正教**東方**的區別。
15. Delanty 1995, 28; Jordan 2002; Ailes 2012.
16. *Karolus magnus et Leo papa* II.529.
17. Sedulius: *Seduli Scotti carmina* ii.14:8. Notker: *Notkeri Balbuli Gesta Karoli Magniimperatis*, in MGH, *Scriptores rerum Germanicum* vol. 12, bk. 1, 40.
18. Angelov and Herrin 2012.
19. 關於兩個帝國之間的敵對，見 P. H. Wilson 2016, 138–43。

and Pormann 2012, lxix–lxx。

43. Adamson 2007, 4–5.
44. Ibn Abī Uṣaybiʿah, *Best Accounts,* 15:40:3.
45. 賈希茲《守財奴之書》71–8.
46. 也有人主張這段故事的主人翁不是哲學家肯迪，而是另一個跟他同名的人。不過，賈希茲在《守財奴之書》其他地方確實明確提到肯迪（見 Adamson 2007, 17–18）。一般認為這封信是偽造的，是賈希茲為了喜劇效果編造出來的。只是，如果這樣的故事有笑點，那麼賈希茲想必是在嘲諷肯迪性格上廣為人知的一面，這麼一來這則故事就有幾分真實性（見 Adamson and Pormann 2012, xxi）。
47. 關於阿拔斯學術圈的競爭文化，見 Bennison 2009, 178。
48. Ibn Abī Uṣaybiʿah, *Best Accounts,* 10:1:7.
49. Al-Jāhiz, *The Book of Animals*，譯文出自 al-Khalili 2011。
50. Al-Khalili 2011.
51. 《論第一哲學》II.4，譯文引用自 Adamson and Pormann 2012。
52. 《論第一哲學》II.3，譯文引用自 Adamson and Pormann 2012。
53. Adamson 2004.
54. Gutas 1998, 88. *Al-Masūdi, Murūjaḏ-Ḏahabwa-Maʿādin al-Jawhar* (Mas'*ū*dī, edition by Barbier de Meynard and Pavet de Courteill, 1861-1917, vol. 2, sec. 25, 243).
55. Gutas 1998, 87.
56. Gutas 1998, 90– 93.
57. Gutas 1998, 83– 95.
58. Stock 2016; Doufikar-Aerts 2016.
59. 《論第一哲學》III.1– 2，譯文引用自 Adamson and Pormann 2012。
60. Ibn Abī Uṣaybiʿah, *Best Accounts,* 10:1:6.
61. Adamson 2007, 5.

23. Sinisi 2017.
24. Sims-Williams 2022.
25. Galinksy 2009.
26. Hsing 2005.
27. 參考 McKenzie and Watson 2016。感謝 Dr. Mai Musié 提供這個訊息。
28. Łajtar and Ochała 2021.
29. 關於當時的巴格達和建城經過，參考 Bennison 2009, 69–71。關於巴格達的人口估算，見 al-Khalili 2011, 7。
30. 關於穆斯林統治下的西班牙與葡萄牙，見 Kennedy 1996、Catlos 2018 和 Fierro 2020。關於中亞與伊斯蘭黃金時代的關係，見 Starr 2015。關於學界對西非各帝國的新見解，見 Gomez 2019。
31. 關於阿拔斯王朝的詳盡介紹，見 Bennison 2009。從伊斯蘭視角看世界歷史，見 Ansary 2010。
32. 關於阿拔斯王朝的貿易，見 Bennison 2009, chap. 4。
33. 關於肯迪的生平與著作，我的資料主要來自 Adamson 2007。
34. Ibn Abī Uṣaybiʿah, *The Best Accounts of the Classes of Physicians*, 10:1:1-4. 並參考 Adamson 2007, 4。
35. 關於智慧宮的創建與研究成果，見 al-Khalili 2011, chap. 5 和 Ansary 2010, chap. 7。
36. 關於當時學術上的進展與新發現，參考 al-Khalili 2011。
37. 關於阿拔斯王朝的翻譯運動，見 Bennison 2009, chap. 5、Gutas 1998 和 al-Khalili 2011。
38. Adamson 2007, 6–12.
39. 肯迪《論第一哲學》II.5.
40. Adamson 2007, 18.
41. Ibn al-Qifti, *History of Learned Men* 1–6.
42. Ibn Abī Uṣaybiʿah, *Best Accounts,* 16:10.1.12. 譯文出自 Adamson

7. 關於羅馬法在現今各國法律的運用，見 Zimmerman 2001。
8. 關於羅馬帝國道路在中世紀早期的使用（與失修），見 Fafinski 2021。
9. Sulpicius Severus, *Vita Martini* 12–15.
10. 這是十八世紀晚期英國歷史學家愛德華・吉朋提出的論點，雖然如今已經被全面否定，卻仍然經常被提及。
11. 關於繼西羅馬帝國後建立的各王國，見 Heather 2009。關於在拉溫納（Ravenna）建立的義大利王國，見 Herrin 2020。關於哥德人，見Heather 1998。關於汪達爾人，見Merrills and Miles 2010。
12. 關於奧爾德雷德在林迪斯法恩福音書附加的注釋，見 Brown 2003, 90–204。
13. 關於羅馬公共建築在中世紀早期的西歐如何變更與再利用，見 Ng and Swetnam-Burland 2018。
14. Heather 2017, chap. 7.
15. Kaldellis 2019b.
16. 關於安娜・科穆寧，見 Neville 2016。
17. Németh 2018.
18. 正如當代歷史學家安東尼・卡爾德利斯（Anthony Kaldellis）所說：「作品無法流傳下來，未必是因為被認定為危險或反動，而是因為人們不感興趣，或覺得沒有用處。」（Kaldellis, 2019a, 57–8）。
19. 關於印度希臘王國，見 Mairs 2016 和 Mairs 2020。關於巴克特里亞與地中海地區之間的學術（特別是哲學）交流，見 Stoneman 2019。
20. Parker 2002.
21. 參考《愛利脫利亞海周航記》，巴里加扎見第四十九則；穆澤里斯見第五十六則。
22. 關於犍陀羅藝術，參考 Rienjang and Stewart 2020。

見的造型是她還在人世時製作的，有著一頭精心梳理的鬈髮，後期雕像的髮型比較簡單。

48. Wood 2001, 190–200; Varner 2004, 94–5.
49. 關於這兩個女人之間的冷戰，見 Tacitus, *Annals* 4:12。
50. Tacitus, *Annals* 2:43; Suetonius, *Caligula* 1.
51. Rose 1997, 29 特別提到這點。
52. Cassius Dio 58:11:7.
53. Suetonius, *Tiberius* 53.
54. Hingley 2019; Moyer et al. 2020, 24.
55. 骨骸的同位素分析已經證實，羅馬帝國時代非洲與不列顛之間存在人口遷徙，見 Chenery et al. 2011; Eckhardt et al. 2016; Leach 2009。
56. Agbamu 2019.
57. 例如，美國退休將領麥可・佛林（Michael Flynn）於二〇二〇年十二月二十日分享當時亞利桑那州共和黨主席凱莉・沃德（Kelli Ward）的推特發文。

第三章

1. 肯迪《論第一哲學》（*On First Philosophy*）II.4，譯文出自 Adamson 2007, 23。
2. 英文版的拜占庭介紹，見 Herrin 2007 或 Stathakopoulos 2014。
3. 這個詞的原文是「by the skin of our teeth」，是藝術史學家肯尼斯・克拉克（Kenneth Clark）頗具影響力的知名影片《文明》（*Civilisation: A Personal View*）第一集的標題，至今依然經常被引用。
4. Falk 2020.
5. 關於這方面的討論，見 Falk 2020, 2–5。
6. Huntington 1996, 70.

32. 歷史學家塔西佗描寫這時期日耳曼尼庫斯和阿格里皮娜受到的熱烈擁戴，說那實在「驚人」（Tacitus, *Annals* 1:7）。
33. 關於日耳曼尼庫斯為了慶祝他在北方的勝利舉辦的盛大凱旋式，見 Beard 2009, 107–9 和 Strabo 7:1:4。關於他有限的功績，見 Tacitus, *Annals* 1:55。關於塔西佗筆下的日耳曼尼庫斯，見 Pelling 2012。
34. Tacitus, *Annals* 2:43.
35. Tacitus, *Annals* 2:62–3.
36. 塔西佗認為是塞揚努斯主動勾引莉薇拉，既為了謀求個人與政治上的利益，也出於對德魯蘇斯的憎恨（Tacitus, *Annals* 4:3）。只是，塔西佗對許多皇室女性的描述可信度不高。再者，莉薇拉後來受到的對待顯示，她在這樁婚外情和當時的宮鬥中扮演的角色，比過去史家所認定的更積極主動。
37. 提比留斯甚至親切地稱塞揚努斯是他的「工作夥伴」（Tacitus, *Annals* 4:2）。
38. Suetonius, *Tiberius* 62:3.
39. Tacitus, *Annals* 2:84.
40. 羅馬：BMC 95（提比留斯）、Cohen 1（德魯蘇斯）、RIC 42（提比留斯）。科林斯：RPC 1171。昔蘭尼加：RPC 946。
41. 薩拉米斯（Salamis，塞浦路斯首都）：IGRR 3:997。以弗所：*Forsch.Eph.* 7:2:4773 = *IvEph* 4337。
42. Tacitus, *Annals* 2:71–3.
43. Cassius Dio 57:22:1–2; Tacitus, *Annals* 4:8; Tacitus, *Annals* 4:10–11.
44. Tacitus, *Annals* 4:39; Sinclair 1990, 250–53.
45. 塞揚努斯的結婚對象史料沒有明確記載，但很可能就是莉薇拉，相關討論見 Bellemore 1995, 259–60。
46. 代幣見大英博物館 R.4456 和柏林錢幣館 18237641。
47. 關於阿格里皮娜雕像類型的討論，見 Wood 2001, 220。其中最常

17. Schneider 2012.
18. Erskine 2001, 19–20。當時就有人評論凱撒的策略，見羅馬歷史學家蘇埃托尼烏斯（Suetonius）的《羅馬十二帝王傳・尤里烏斯・凱撒》6:1。
19. Toohey 1984.
20. Erskine 2001, 19。奧古斯都大肆宣揚自己是特洛伊後代，當時也有作家記載此事，見羅馬詩人賀拉斯（Horace）的 *Satires* 2:5:63、*Carminae* 4:15-21-32 和 *Carminae Saeculae* 50。
21. 關於這個圖像的仿作，見 Fuchs 1975，Dardenay 2010, 43–51 與 Zanker 1997。關於埃涅阿斯的故事廣為流傳，見 Erskine 2001, 15–23 和 Squire 2011。
22. Casali 2010; Horsfall 2000.
23. Gladhill 2009。其中某些新創的含糊語句是借故事裡的人物傳達出來。那些人物算是「宗譜投機主義者」，致力重寫宗譜，見 Nakata 2012。
24. Rose 2013, 223–7.
25. Tacitus, *Annals* 4:3.
26. 後來元老院發布一篇對她的讚揚，明白提到莉薇亞和提比留斯對她的高度評價（*Senatus Consultum de Gn. Pisonem Patre* 142–5）。
27. Zonaras 10:36.
28. Cassius Dio 55:10:18.
29. 關於阿拉比亞，參考 Pliny Nat. Hist. 6:32 與 Bowersock 1994, 56。關於美索不達米亞，參考 Velleius Paterculus 2:101。關於蓋烏斯的受傷與死亡，參考 Cassius Dio 55:10a.8 和 Velleius Paterculus 2:102。
30. Cassius Dio 57:13:1; Cassius Dio 57:14:7.
31. 莉薇拉的女兒茱莉亞幼年體弱多病。據說奧古斯都臨終前還特別關心她虛弱的身體，希望她恢復健康（Suetonius, *Augustus* 99）。

第二章

1. Frisch 1975, no. 88 = *IGRR* IV.20.
2. 有關莉薇拉生平概要，參考 Wood 2001, 180–84 及 Sinclair 1990。
3. 有關特洛伊城的考古研究，參考Rose 2013與Mac Sweeney 2018。
4. Erskine 2001; Wiseman 1995, 2004.
5. Erskine 2001, 6–10 探討這個誤解的歷史。
6. Flavio Bartolucci, writing in *Il Primato Nazionale*, 29 January 2019.
7. Wiseman 2004.
8. 關於哈德良，見 Birley 1997。關於羅馬的希臘文化教學，見 Bonner 1977。
9. 關於羅馬帝國早期的混合文化，見 Wallace-Hadrill 2008。
10. 關於中國絲綢輸往羅馬，見 Hildebrandt 2017。關於羅馬世界的染髮風潮，見 Olson 2012。
11. 來自伊比利亞的有圖拉真（Trajan）和哈德良；來自利比亞的有塞提米烏斯·塞維魯（Septimus Severus）和卡拉卡拉（Caracalla）；來自阿拉比亞的有菲利普（Philip）；來自敘利亞的是埃拉加巴盧斯（Elagabalus）；來自色雷斯（保加利亞）的有馬克西米努斯（Maximinus Thrax）和加列里烏斯（Galerius）；來自伊利里亞（包括克羅埃西亞與阿爾巴尼亞）的有戴克里先（Diocletian）、奧勒良（Aurelian）和君士坦丁（Constantine）。
12. Woolf 1998; Hingley 2005; Mattingly 2011 從被征服的族群和行省的視角出發，對羅馬帝國進行由下而上的研究。
13. Johnson 2012.
14. Berlin and Overman 2003.
15. 近期某些羅馬帝國研究強調這類殘暴行為，比如 Fernandez-Gotz et al. 2020。
16. 關於利用神話作為帝國擴張的工具，見 Horsfall 1986。關於《埃涅阿斯記》和它的羅馬政治背景，見 Stahl 1998。

48. 關於希羅多德和他與雅典帝國的關係，參考 Moles 2002。

49. 摘自《歷史》序文。

50. 接下來的篇幅希羅多德詳細講述利底亞人的歷史與文化，見《歷史》1:6–94。

51. 關於雅典人創造這個字，參考 Thucydides 1:96:2。關於希羅多德使用 phoros 這個字引發的共鳴，參考 Irwin 2013, 275–6; Ruffing 2018。

52. 關於慷慨的法老雅赫摩斯（Amasis），見《歷史》（5:172–9）；關於英勇的塞西亞女王托米莉斯（Tomyris），見《歷史》（1:205–14）；關於巴比倫工程師與農業家，見《歷史》（1:192–3）；關於衣索比亞人擁有世上最俊美的相貌，見《歷史》（3:144）。

53. 不過，在現代有關古代希臘性的討論中，膚色卻占了一席之地：很多現代學者認為古希臘人應該是白種人。有關這個現象的精彩討論，以及古代希臘對膚色更為開放的態度，見 Derbew 2022。有關古代對種族的普遍看法，見 McCoskey 2021。有關古代地中海地區種族（race）與族裔（ethnicity）的區別，見 Mac Sweeney 2021b。

54. 不過，並非只有雅典人利用這個意識形態獲取政治利益。在西西里的希臘城邦之中，敘拉古（Syracuse）狄諾梅尼王朝（Deinomenid）的專制君主面對腓尼基和迦太基蠻族時，也運用了希臘團結的詞彙，藉此強調敘拉古統治周遭希臘城邦的正當性，見 Prag 2010。

55. Mac Sweeney 2018; Vlassopoulos 2013, 172; Ross 2005.

56. Said 2001.

57. Thucydides, 1:2–3.

己的口吻陳述。相反地，這些話是借雅典政治人物之口說出來的，用來說服斯巴達人他們不會在戰爭中投向波斯人。因此，我們無法確定希羅多德本人是不是用這些話定義希臘性，也不確定這是不是他對雅典人的描述。

34. 關於語言與文字的差異，見 Colvin 2010；關於教派的差異，見 Osborne 2015。
35. 關於克拉佐美納伊的陶棺，見 Cook 1981；關於科林斯北墳場的墓室，見 Slane 2017。
36. 公牛睪丸的說法頗有爭議，有些學者認為那些是阿提米絲的眾多乳房。
37. Donnellan 2016.
38. Villing et al. 2006.
39. Aristotle, *Politics* 1327b.
40. 關於這個時期雅典與雅典所在的阿提卡半島的人口估計，參考 Akrigg 2019。
41. 關於提洛同盟（Delian League）與雅典帝國，見 Ma et al. 2009; Low 2008。
42. Thucydides 5:84–116。修昔底德（Thucydides）寫過一段雅典人與米洛斯人之間的外交對談，即為著名的米洛斯對話（Melian Dialogue），被認為是政治理論的重要著作。
43. Aristotle, *Ath. Pol.* 26:4; Plutarch, Pericles 37:3。關於伯里克里斯的新公民法與他以種族偏見處理雅典身分認同的新做法，更廣泛的含義參考 Lape 2010。關於雅典公民法，參考 Patterson 2005。
44. 關於外邦人在雅典公民信仰中扮演的角色，見 Wijma 2014。
45. 西元前五世紀的這項發展被稱為「捏造的蠻族」，文獻有詳細記載，參考 Hall 2002; Hall 1989。
46. 關於西元前五世紀的波斯人刻板印象，見 Castriota 2005。
47. Hanink 2017 形容這個過程為「雅典建立自己的品牌」。

Aubriet 2013。也有人說尼阿西斯是希羅多德的叔父。

19. 希臘文獻稱呼這樣的君王為 tyrannos（意為城邦統治者），不過這個字的現代英譯 tyrant（暴君）帶有負面意義。
20. 關於希羅多德的遊歷，參考 Asheri et al. 2007, 6–7。
21. 關於西元前五世紀的雅典，參考 Robin Osborne 2008。
22. 希羅多德的《歷史》跟索福克里斯的《安蒂岡妮》（*Antigone*）有明顯相似之處，顯示兩人討論過自己的作品，或許分享資料來源與靈感。後來索福克里斯為希羅多德寫了一首歌曲，顯示兩人既是朋友，也是合作關係。《安蒂岡妮》903ff 和《歷史》3:119 的相似點就是一例。關於他們的友誼，古代的文獻參考 *Anth. Lyrica Graeca* I3 79 Diehl，Plutarch *Mor*. 785b，並參考 Chiasson 2003。
23. 關於希羅多德作品的公開朗讀，參考 Eusebius *Chronica Arm* 83 和 Diyllus *FGrHist* 73 F3。關於西元前五世紀一塔蘭特的價值，參考 Thucydides 6:8。
24. 關於這段歷史，參考 Beaton 2019。
25. 關於二者意識形態上令人憂慮的關係，參考 Hanink 2017。
26. 城邦名冊參考 Hansen and Nielsen 2004。
27. Beck and Funke 2015; Mac Sweeney 2021a.
28. Engels 2010.
29. 關於這個更廣大的希臘世界，見 De Angelis 2020。關於古代至今「希臘性」概念的變遷，見 Beaton 2021。
30. 關於古代對馬其頓種族的看法，參考 Engels 2010。關於希羅多德對種族與希臘性的看法，見 Munson 2014。
31. 關於古希臘世界的宗譜，見 Fowler 1999 和 Varto 2015。
32. Hall 1997, 2002; Malkin 2001; Vlassopoulos 2013; Mac Sweeney 2013.
33. 希羅多德對希臘性所做的這個定義有點疑義，因為他並不是以自

4. Pagden 2011.
5. Cicero, *De Legibus* 1:5.
6. 關於美索不達米亞的史料，見 Glassner 2004。有關這方面更廣泛的討論，見 Finkelstein 1963。關於早期韻文體希臘史書，見古希臘詩人米涅莫斯（Mimnermus）的 *Smyrneis* (Allen 1993; West 200)。
7. Pelling 2019.
8. 《歷史》4:71。
9. 《歷史》3:80–83。
10. 《歷史》2:25–7。
11. 《歷史》5:35。
12. 這個綽號出自普魯塔克的文章〈論希羅多德的惡意〉（On the Malice of Herodotus），收錄在他的《道德小品》（*Moralia*）；參考 Momigliano 1958。
13. 挖黃金的螞蟻見《歷史》3:102；狗頭人見《歷史》4:191。
14. 骨笛吹母馬陰道見《歷史》4:2；廟妓《歷史》1:199。
15. 坎比塞斯在埃及瘋狂刺殺聖牛阿比斯（Apis），讓牠流血至死（《歷史》3:29）。薛西斯氣惱赫勒斯滂（Hellespont，現今達達尼爾海峽）的暴風毀損橋梁，命人對海水施加鞭刑與烙印作為處罰（《歷史》7:35）。
16. 阿里斯塔格拉斯發動愛奧尼亞起義，只是因為不想償還債務，也不想失去他在米利都的地位（《歷史》5:35）。特米斯托克利利用職務之便向住在島上的希臘人索取錢財（《歷史》8:112）。
17. 關於這個地區的文化混雜性，參考 Mac Sweeney 2013。關於哈利卡那索斯的文化，參考 Gagné 2006 與 Carless Unwin 2017。
18. 見《蘇達辭書》（*Suda*）「希羅多德」與「尼阿西斯」辭條。這種同一家族出現希臘人名與卡里亞人名的情況似乎相當常見，並且記錄在當時的碑文上，參考 Meiggs and Lewis 1969, 32 與

16. 我們會在第二章討論到，羅馬帝國的版圖不只涵蓋歐洲大部分地區，還包括北非和西亞。這些地區的百姓都是羅馬人，都擁有同等的法律地位。
17. 第五章會談到，十字軍既攻打歐洲的異教徒，也攻打離經叛道的基督徒。
18. Bonnett 2004 主張，「**西方**」這個概念之所以被捏造出來，並且永存不朽，正是因為它在意識形態上的效益。
19. 至少古希臘學者史特拉波（Strabo）討論《伊里亞德》的「船舶目錄」（*Iliad* 2:558）時這麼說，見 Strabo, 9:1:10。
20. Atakuman 2008.
21. Mitter 2020。Stallard 2022 認為此事值得憂慮，Chang 2022 認為值得慶賀。關於現代中國的歷史政治化現象，Fan 2021 提供更廣泛的觀點。
22. Huxtable et al. 2020。這份報告很大程度以英國學者柯琳．法勒（Corinne Fowler）的研究為依據，見 Fowler 2021。有關當時英國歷史與英國在歷史方面的自我認知引發的辯論，Woods 2022 有精彩討論。

第一章

1. 希羅多德《歷史》4:45。
2. 比方說，過去二十五年來已經出版至少七種新的英文版希羅多德，平均每三到四年就有一本。包括 Peter Frankopan 2020，Robin Waterfield 譯；James Romm 2014，Pamela Mensch 譯；Paul Cartledge 2014，Tom Holland 譯；Robert Strassler 2009，Andrea Purvis 譯；Carolyn Dewald 2008，Robin Waterfield 譯；John Marincola 2003，Aubrey de Selincourt 譯；Rosalind Thomas 1997，George Rawlinson 譯。
3. Huntington 1996, 42.

7. Roger Osborne 2008.
8. 我指的當然是美國作家雷克・萊爾頓（Rick Riordan）的波西・傑克森（Percy Jackson）系列。這段有關**西方文明**的文字出現在這套書的第一集《波西傑克森：神火之賊》（*Percy Jackson and the Olympians: The Lightning Thief*），二〇〇五年初版，二〇一〇年電影上映。
9. 事件經過見 McDaniel 2021。抗議群眾帶著聯盟旗和繪有十字軍十字架的旗子，身上的裝扮刻意模仿古代日耳曼戰士。他們比較喜歡的古希臘語句是 *molon labe*，意思是「自己來拿」。據說在西元前四八〇年的溫泉關戰役（Battle of Thermopylae）中，波斯人要求斯巴達人放下武器，斯巴達國王列奧尼達（Leonidas）就是用這句話回應。雖然列奧尼達不大可能說過這樣的話，不過前不久美國贊成持有槍械人士在遊說中引用了這句話。
10. 這件事在當時頗具爭議性，見 Agbamu 2019。
11. 賓・拉登錄製了聲明，半島電視台在二〇〇四年一月六日發布其中片段。
12. 關於殖民地建築風格，見 Vasunia 2013, 157–92。
13. 在後殖民時代的研究與哲學中都能看到這樣的觀點，比如 Appiah 2016；Appiah 2018, Chapter 6 提到「金塊」概念；Ahmad 1992, 166。古典課程裡也充斥這樣的說法，比如 Futo Kennedy 2019, 2022；Greenwood 2010, Introduction。
14. 有關這方面新穎又全面的觀點，我推薦 Quinn 2023。美國歷史學家威廉・麥克尼爾（William H. McNeill）一九六三年的經典著作《西方的興起》（*The Rise of the West*）一九九一年版也認同這個觀點。也可以參考 Hobson 2004 與 2020。
15. 我們會在第一章看到，古雅典並不是真正的民主政體，因為女性、奴隸和所有無法證明自己擁有純正雅典血統的人都沒有參政權。

注釋

引言

1. 有學者主張**西方人**由於心理上的制約，思考模式受到限制，見 Henrich 2020。
2. 「從柏拉圖到北約」（*From Plato to NATO*）這句話曾經十分流行，用來形容各種內容廣泛的文化課程。這些課程主要集中在美國，專門探討**西方文明**。丹麥歷史學家大衛・格萊斯（David Gress）一九九八年發表的知名**西方**歷史書籍也用這句話當書名。
3. 如果你想找一本探討**西方**多元進程的優質書籍，我推薦 Morris 2011。Trautsch 2013, 89nn1–2 整理出有關這個主題的書單，這些書多半採取高高在上的視角。
4. 關於國會圖書館雕像布置的分析，見 Somma 2010, 321–3。Somma 指出，閱覽室是「知識傳遞的主要場所，是過去、現在與未來三段歷史時期的現行交會點。現代讀者可以在這裡直接取得人類文明的書面紀錄，那是推動**西方**文化穩定前進的原料」。(321–2)
5. Noble et al. 2013, xxiii。具有類似基本架構的近期教科書與暢銷歷史書包括 Cole and Symes 2020；Waibel 2020；Perry et al. 2015；Spielvogel 2005；Drogin 2008；Roger Osborne 2008；Kishlansky, Geary and O'Brien 2006；Gress 1998。
6. 關於「傳承」，見 Roger Osborne 2008；關於「演進」，見 Gress 1998；關於「祖先」，見 Perry et al. 2015, 9（以希伯來人與希臘人為**西方**精神上的先祖），以及 Perry et al. 2015, 32（埃及與美索不達米亞不是**西方**精神上的先祖）。

關於作者

諾伊絲・麥克・斯維尼（Naoíse Mac Sweeney）

維也納大學古典考古學教授，之前在英國萊斯特大學與劍橋大學任職，也曾擔任哈佛希臘研究中心研究員。她在古典時代與神話起源方面的研究曾獲頒許多獎項，作品《特洛伊：神話、城市、符號》（*Troy: Myth, City, Icon*）入圍美國專業與學術傑出出版獎。她曾接受英國廣播公司電視與電台採訪。

陳錦慧－譯者

自由譯者，加拿大 Simon Fraser University 語言教育碩士，從事書籍翻譯十五年，譯作超過五十冊。2023 年以《傾聽地球之聲》獲頒金鼎獎圖書翻譯獎。

賜教信箱：c.jinhui@hotmail.com。

NEXT 327

西方是什麼：
從十四位古今人物的生命故事，顛覆你對西方世界如何形成的想像

The West: A New History of an Old Idea

作者	諾伊絲・麥克・斯維尼（Naoíse Mac Sweeney）
譯者	陳錦慧
資深編輯	張擎
責任企劃	林欣梅
封面設計	許晉維
內頁排版	張靜怡
人文線主編	王育涵
總編輯	胡金倫
董事長	趙政岷
出版者	時報文化出版企業股份有限公司 108019 臺北市和平西路三段 240 號 7 樓 發行專線｜02-2306-6842 讀者服務專線｜0800-231-705｜02-2304-7103 讀者服務傳真｜02-2302-7844 郵撥｜1934-4724 時報文化出版公司 信箱｜10899 臺北華江橋郵政第 99 信箱
時報悅讀網	www.readingtimes.com.tw
人文科學線臉書	http://www.facebook.com/humanities.science
法律顧問	理律法律事務所｜陳長文律師、李念祖律師
印刷	紘億印刷有限公司
初版一刷	2024 年 12 月 20 日
定價	新臺幣 680 元

ISBN 978-626-396-958-2｜Printed in Taiwan

時報文化出版公司成立於一九七五年，並於一九九九年股票上櫃公開發行，於二〇〇八年脫離中時集團非屬旺中，以「尊重智慧與創意的文化事業」為信念。

西方是什麼：從十四位古今人物的生命故事，顛覆你對西方世界如何形成的想像／
諾伊絲・麥克・斯維尼（Naoíse Mac Sweeney）著；陳錦慧譯 .
-- 初版 . -- 臺北市：時報文化出版企業股份有限公司，2024.12｜512 面；14.8×21 公分 .
譯自：The West: A New History of an Old Idea｜ISBN 978-626-396-958-2（平裝）
1. CST：文明史 2. CST：西洋文化 3. CST：世界傳記 4. CST：歐洲｜740.3｜113016396